AF347134

LE
RÉGIME DOUANIER
DES
COLONIES FRANCAISES

(DROITS DE DOUANES — DROITS DE SORTIE — OCTROI DE MER
TAXES DE CONSOMMATION, ETC...)

PRINCIPES — APPLICATION — JURISPRUDENCE

PAR

A. GIABICANI
Inspecteur des Douanes
Chef du Service des Douanes de l'Ile de la Réunion

BASTIA
IMPRIMERIE ANTOINE PIAGGI
1925

BIBLIOGRAPHIE

Annales des Douanes.

BOYER-PERELEAU. — Les Antilles Françaises 1825.

Bulletin Officiel de l'Ile de la Réunion.

DALLOZ. — Recueil périodique de Jurisprudence générale.

DARESTE. — Recueil de Législation, de Doctrine et de Jurisprudence coloniales.

DISLERE. — Traité de Législation coloniale - Edit. 1886 et 1914.

FRANÇOIS. — Le Budget local des Colonies 1903.

GIRAULT. — Législation coloniale 1922.

NANTEUIL. — Législation de l'Ile de la Réunion, 1863.

Observations préliminaires du tarif des Douanes — Edition Officielle 1921.

PALLAIN. — Les Douanes Françaises, 1913.

PENANT. — Recueil général de Jurisprudence, de Doctrine et de législation coloniales.

PETIT. — Organisation des Colonies françaises 1894.

L. THERY. — L'octroi de mer — Thèse de doctorat. Paris 1906

F. THIBAULT. — Traité du Contentieux des Douanes, 1891.

à Monsieur le Gouverneur ESTEBE
Gouverneur de l'Ile de la Réunion

Monsieur le Gouverneur,

Permettez-moi de vous offrir ce livre que vous m'avez encouragé à écrire au cours des deux années qui viennent de s'écouler .Les documents que vous avez mis à ma disposition et vos conseils éclairés, m'ont permis de mener à bien, cette étude sur le régime douanier de nos colonies.

Ce travail, comme vous le savez, n'est qu'un essai de codification des règles actuellement suivies. La première partie résume les principes de législation coloniale qui s'appliquent également aux droits et taxes. La deuxième partie est consacrée aux droits de douane, à leur mode d'établissement, à leur application. Elle se poursuit par un exposé analogue relatif aux taxes locales perçues à l'entrée ou à la sortie des colonies par le service des Douanes, telles que droits de sortie, droits d'octroi de mer, taxes de consommation, etc... Enfin, la troisième partie est réservée à la jurisprudence qui appuie les principes et la solution des cas d'espèce signalés.

Une quatrième partie qui aurait compris les tarifs en vigueur n'a pu terminer l'ouvrage faute d'une documentation suffisamment précise. Les tarifs sont, depuis quelque temps, modifiés si fréquemment qu'il était pratiquement impossible de les présenter utilement au public. Ils feront l'objet d'une publication séparée, en admettant que celle-ci reçoive quelque faveur.

L'étude qui paraît aujourd'hui, s'adresse aux fonctionnaires chargés de l'élaboration ou de l'application des textes sur le régime fiscal des colonies ; aux Jurisconsultes appelés à solutionner les contestations en cette matière ; aux commerçants qui veulent s'initier au mécanisme de ce régime pour en dégager la portée théorique et pratique ; enfin, aux groupements économiques ayant pour mission de rechercher, pour chaque partie de notre vaste empire colonial, le régime douanier susceptible de favoriser le mieux son développement.

Si, malgré ses imperfections, cet ouvrage peut rendre quelques services, je vous prie, Monsieur le Gouverneur, d'en agréer l'hommage, en souvenir des dernières années pendant lesquelles j'ai eu l'honneur de servir sous votre haute et sage autorité et qui terminent, trop tôt, la longue et brillante carrière que vous avez consacrée à la France coloniale.

A. G.

Saint-Denis (Réunion) le 1er septembre 1922.

ABRÉVIATIONS ET SIGNES

Cass. civ.......... Cassation, Chambre civile.

Cass. cr............. Cassation, Chambre criminelle

Cass. req......... Cassation, Chambre des requêtes.

Cass. Ch. Réun.... Cassation, toutes Chambres réunies.

D. P............. Dalloz périodique.

Obs. prélim....... Observations préliminaires du tarif
officiel des Douanes.

Trib. com........ Tribunal de Commerce.

Trib............. Tribunal.

  * L'astérisque renvoie au texte figurant dans l'ordre chronologique à la 3ᵉ partie.

PRÉFACE

Ce livre a pour but d'exposer les principes et les règles du régime douanier des Colonies françaises actuellement en vigueur. La loi du 11 janvier 1892 a divisé nos Colonies en deux groupes douaniers : celui où la législation douanière métropolitaine est applicable et celui des colonies qui sont régies au point de vue douanier, par des décrets spéciaux à chacune d'elles. Certaines des dispositions de la loi de 1892 sont communes aux deux groupes, notamment celles relatives aux relations commerciales des colonies entre elles.

L'application aux Colonies soit de la législation de la Métropole, soit de réglementations spéciales, est soumise aux principes généraux de la législation coloniale. Pour mieux comprendre cette application, il faut d'abord connaître ces principes ou du moins ceux d'entre eux qui peuvent intéresser les questions douanières et fiscales. Cette nécessité nous a conduit à consacrer la première partie aux principales règles qui président à l'organisation des colonies et notamment au mode d'application des lois, décrets ou arrêtés, édictés spécialement pour elles ou simplement étendus à leur territoire conformément aux principes constitutionnels.

Les droits de douane proprement dits font l'objet de la deuxième partie. Celle-ci comprend également les droits de sortie et d'octroi de mer institués dans certaines colonies. Par leur nature et leur mode de perception ces droits présentent parfois de telles affinités avec les droits de douane, qu'il était difficile de les en séparer. Enfin, les taxes locales de consommation et autres, perçues généralement par le service des Douanes, ne pouvaient que trouver place dans le dernier chapitre de cette deuxième partie qui forme la partie substantielle de l'ouvrage.

Les principes et les règles exposés sont toujours corroborés de décisions de jurisprudence, de textes ou d'instructions qui, reproduits dans l'ordre chronologique, forment la troisième et dernière partie.

St Denis (Ile de la Réunion) 1ᵉʳ septembre 1929.

1ʳᵉ PARTIE

———

PRINCIPES DE LEGISTATION COLONIALE

———

PREMIÈRE PARTIE

PRINCIPES DE LEGISLATION COLONIALE [1]

CHAPITRE PREMIER

Empire colonial français

ARTICLE PREMIER

SITUATION GEOGRAPHIQUE

1. — L'Afrique du Nord, dite Afrique mineure, (Maroc, Algérie, Tunisie) forme un groupement spécial dont nous n'aurons pas à nous occuper, puisqu'il n'est pas soumis à la législation coloniale proprement dite (2).

Il en est de même de la Syrie où le régime du « mandat » n'est pas encore nettement défini.

Les Colonies françaises proprement dites sont énumérées ci-après :

AMÉRIQUE	Gouvernement de St Pierre et Miquelon ; d° de la Martinique. d° de la Guadeloupe et ses dépendances (les Saintes, Marie Galante,la Désirade. St Barthélemy et une partie de St Martin) ; d° de la Guyane française.
AFRIQUE	Gouvernement général de l'Afrique occidentale comprenant : (3) a) Le Sénégal (Lieutenant gouverneur). b) La Mauritanie (Lieutenant gouver.).

(1) Pour les parties historiques consulter Disière — Traité de législation coloniale et Girault — Législation coloniale : 1922.

(2) Girault — Législation coloniale : 1922.

(3) Les Colonies du Togo et du Cameroun, échues à la France à la suite de la guerre 1914-1918, sont administrées chacune par un Commissaire sous l'autorité directe du Ministre des Colonies. (Décret du 23 mars 1921).

AFRIQUE	c) Le Soudan français (Lieutenant gouv.) d) La Guinée d° e) La Côte d'Ivoire d° f) La Haute Volta d° g) Le Niger d° h) Le Dahomey d° Gouvernement général de l'Afrique Equatoriale comprenant : a) Le Gabon (Lieutenant gouverneur). b) Le Moyen Congo d° c) L'Oubangui Chari d° Gouvernement de la Côte Française des Somalis.
OCÉAN INDIEN	Gouvernement général de Madagascar et dépendances (Nossi Bé, Ste Marie, Mayotte et les Comores). Gouvernement de la Réunion.
ASIE	Gouvernement des Etablissements français de l'Inde (Pondichéry, Karikal, Chandernagor, Yanaon, Mahé). Gouvernement général de l'Indo-Chine comprenant : a) Gouvernement de la Cochinchine. b) l'Annam (Protectorat administré par un résident supérieur). c) le Tonkin (Protectorat administré par un résident supérieur) d) le Cambodge d° d° e) Le Laos d° d° f) Territoire de Kouang Tchéou-Wan, en Chine, cédé à bail à la France (administrateur).
OCÉANIE	Gouvernement de la Nouvelle Calédonie et dépendances (Iles Loyalty, Wallis et Futuna) étendant son autorité sur les intérêts français dans le Condominium des Nouvelles Hébrides. (Le Gouverneur de la Nouvelle Calédonie ajoute à son titre celui de Commissaire de la République française dans l'Océan Pacifique). Gouvernement des établissements français de l'Océanie comprenant : a) Tahiti et Moréa. b) Les Iles sous le vent. c) les Marquises. d) les Tuamotu. e) les Gambier.

ARTICLE 2

ADMINISTRATION GENERALE

2. —   Nos colonies sont administrées par des Gouverneurs, de hauts commissaires ou des Gouverneurs généraux, suivant leur importance. Toutes, qu'elles prennent le nom de Colonie, Possession, Établissement, Protectorat, sont placées sous l'autorité du Ministre des Colonies.

Le Ministère des Colonies a été créé par la loi du 23 mars 1894. Antérieurement, l'Administration centrale des Colonies était constituée sous les formes et les titres les plus divers. Tour à tour Ministère, Direction rattachée à la Marine ou séparée de cet organe, elle a subi depuis Richelieu (1626) une douzaine de remaniements.

CHAPITRE II

Législation

SECTION PREMIERE

HISTORIQUE

3. —   Plus ou moins dépendantes de la Métropole, avant la Restauration, les Colonies furent soumises par la Charte du 4 juin 1814 au régime des lois et règlements particuliers. Mais en fait, jusqu'en 1833, la Constitution de nos Colonies fut réglée par l'ordonnance du 21 août 1825, appliquée d'abord à Bourbon, puis à la Martinique et à la Guadeloupe. Le Gouverneur, représentant du Pouvoir central, gouverne avec l'assistance de chefs de service responsables, d'un Conseil privé et d'un Conseil général qui donne son avis et émet des vœux.

Les lois des 24 avril 1833 et 25 juin 1841, règlent par des lois les actes principaux de la vie coloniale, laissant subsister, pour le reste, les ordonnances et les décrets coloniaux rendus par un Conseil élu.

La Révolution de 1848 qui abolit l'esclavage et la Constitution de 1852 laissent le régime des Colonies dans une situation assez confuse, qui n'est mise au point que par le Senatus Consulte du 3 mai 1854. Désormais la constitution des Colonies est réglée ainsi : lois pour le régime commercial ; Senatus Consultes, décrets en Conseil d'Etats ou décrets simples pour le reste, et action locale très limitée d'un Conseil général. Cette constitution, d'ailleurs, ne s'applique qu'à la Martinique, la Guadeloupe et la Réunion ; les autres colonies sont régies, aux termes même de l'article 18 du Senatus Consulte, par des décrets simples.

Le Senatus Consulte du 4 juillet 1866 complétait celui du 3 mai 1854. Il a été modifié, au point de vue financier, par les lois des 13 avril 1900, 31 mars 1910, 30 juin 1917, par l'article ·55 de la loi du 29 juin 1918 et par la loi du 4 janvier 1920 (1).

SECTION DEUXIEME

PRINCIPES GENERAUX

4. — De cette législation un peu éparse et de l'interprétation qui l'accompagne, il convient de déduire quelques règles générales qui peuvent être les suivantes :

ARTICLE PREMIER

PRINCIPE DE SOUVERAINETE

5. — Quelles que soient les prérogatives laissées à ses Colonies, la Métropole conserve à leur égard :

le droit, par le Parlement et le Gouvernement, de faire des lois et règlements, applicables aux Colonies ;

le droit de défense des Colonies qui exclut l'existence de troupes spéciales à chacune d'elles et relevant de leur seule autorité ;

le droit de choisir certains fonctionnaires tels que les gouverneurs, les magistrats coloniaux etc...

le droit de régler les relations des Colonies avec d'autres Colonies et les gouvernements étrangers.

Signalons à ce sujet que, en cas d'occupation étrangère d'une colonie, la loi de l'étranger cesse d'agir en même temps que l'occupation, mais les actes faits régulièrement pendant la domination étrangère restent acquis en faveur des personnes qui en ont bénéficié (2).

ARTICLE DEUXIEME

DEUX GROUPES DE COLONIES

6. — On distingue les Colonies qui sont soumises au régime des lois et celles qui sont soumises au régime des décrets simples. Cette distinction consacrée par le Senatus consulte du 3 mai 1854, comporte quelques exceptions et observations :

(a) DROITS DE DOUANE. — Dans les deux groupes, les droits de douane ne peuvent être fixés que par décrets en Conseil d'Etat, s'ils n'y ont pas déjà été établis par une loi. (Loi du 7 mai 1881 et du 11 janvier 1892).

---

(1) Ces lois sont relatives notamment à l'établissement des impôts et taxes.

(2) Dislère 1914. Tome I, page 191 — Cassation, requêtes — 1er février 1837 ; affaire Magill.

(b) DROITS D'OCTROI DE MER. — Dans les deux groupes, les délibérations des Conseils généraux relatives au mode d'assiette, aux règles de perception et au mode de répartition des droits d'octroi de mer, doivent être approuvées par un décret rendu dans la forme des règlements d'administration publique (Loi du 11 janvier 1892).

c) ÉVOCATION DU POUVOIR SUPÉRIEUR. — Le Parlement et le Gouvernement peuvent toujours régler par une loi ou un décret en Conseil d'État une matière qui, dans l'un ou dans l'autre groupe, était réglée par décret simple mais l'évocation du pouvoir supérieur n'a d'effet que pour cette matière, et le régime législatif de la Colonie ou des Colonies envisagées, n'est pas modifié dans son ensemble.

Exemple : la loi municipale de 1884 a été appliquée aux vieilles colonies, Martinique, Réunion, bien que le Senatus Consulte de 1854 ait disposé que l'organisation municipale serait régie par des règlements d'administration publique

On admet que lorsqu'une loi porte *in fine* qu'elle est « applicable aux Colonies » ses dispositions ne peuvent plus, dans les colonies où elle est appliquée, être modifiées que par une autre loi. Il est à souhaiter que le Parlement se préoccupe, au moment de voter une loi, de son applicabilité aux Colonies et le spécifie clairement, au lieu de manifester son intention de façon irrégulière, comme il le fait habituellement ; et de jeter ainsi une confusion regrettable dans les principes de législation coloniale (1).

d) RÉUNION DE DEUX COLONIES DE RÉGIME DIFFÉRENT. — Le régime antérieur reste applicable à chacune d'elles. Seule une loi pourrait abroger le régime ancien de l'une d'elles et lui substituer celui de la principale.

e) LOIS ET DÉCRETS APPLICABLES SANS PROMULGATION. — Il en est ainsi pour certains droits et obligations résultants de lois générales qui s'appliquent sur toute l'étendue du territoire français, de la Métropole ou de ses colonies, tels que les lois militaires, sur la Légion d'honneur... etc.

ARTICLE III

COLONIES SOUMISES AU REGIME DES LOIS

7. — La Martinique, la Guadeloupe et la Réunion sont soumises par le Senatus Consulte du 3 mai 1854 au régime des Senatus Consultes (remplacés par des lois depuis 1870 date de leur suppression) des lois, des décrets rendus dans la forme des règlements d'administration pu-

____

(1) Voir Tribune des Colonies et des Protectorats. Année 1895, page 433 ; étude de Mrs Sauvel et Girault : Législation coloniale 2me partie I, chapitre 4.

blique et des décrets   simples, suivant les cas déterminés expressément par ce texte constitutif.

Ainsi le régime commercial ne pouvait être établi que par des lois ou dans l'intervalle des sessions par des règlements d'aministration publique, ratifiés ensuite par des lois. Il est vrai que le Senatus Consulte du 4 juillet 1866 a abrogé cette disposition en   accordant aux Conseils généraux le pouvoir de voter définitivement les tarifs d'octroi de mer et de fixer provisoirement les droits de Douane sous réserve de l'approbation par décret en Conseil d'Etat. Par la suite, la loi du 11 janvier 1892 a supprimé cette prérogative des Conseils généraux, et rendu le tarif métropolitain applicable à certaines colonies ; mais les droits spéciaux, autres que ceux du tarif métropolitain, sont toujours fixés par des décrets rendus dans la forme des règlements d'administration publique ; il en est de même des tarifs d'octroi de mer, après délibération des Conseils généraux.

8. --   En dehors des cas limitativement désignés par le Senatus Consulte de 1854, pour lesquels une loi ou un règlement d'administration   publique sont nécessaires un décret simple suffit, même pour les Colonies à lois, ainsi qu'ailleurs que l'article 7 du Senatus Consulte de 1854 le spécifie.

ARTICLE IV

COLONIES SOUMISES AU REGIME DES DECRETS

9. —   En principe, les Colonies autres que la Martinique, la Guadeloupe, la   Réunion, sont régies par des décrets simples, aux termes de l'article 18 du Senatus Consulte du 3 mai 1854. Toutefois, dans la pratique, ce principe a subi de nombreuses dérogations. Certaines lois en vigueur dans la Métropole ont été rendues applicables dans ces Colonies : état de siège, recrutement, lois douanières, régime financier, pensions, etc...). D'autre part, certaines matières ont été soumises au régime des décrets rendus dans la forme des règlements d'administration publique. Il en est ainsi notamment, pour certaines parties du régime douanier et le régime financier. Enfin, le mode d'assiette et les règles de perception des contributions et taxes doivent être approuvés par décrets en Conseil d'Etat (1).

10. --·   Pour les Colonies à décrets, la question s'est posée de savoir si le pouvoir de *légiférer*, conféré au chef d'Etat pouvait aller jusqu'à lui permettre d'abroger une loi, par un décret qui en l'espèce, a également force de loi. Le décret du 4 octobre 1889 institue à la Guyane des tribunaux maritimes compétents pour juger tous individus, y

---

(1) V. Girault : Législation coloniale ; 2me partie I, chap. 4.

compris les citoyens libres prévenus de complicité, dans
l'évasion ou la tentative d'évasion des condamnés ou libérés.

Ce décret est-il applicable ? Le Garde des Sceaux le
pense et la Cour de Cassation l'affirme dans un arrêt du
21 juin 1895 *.

Cette solution n'est pas en opposition avec les principes déjà posés. En effet, il ne s'agit pas ici, d'une évocation du pouvoir supérieur — le Parlement — excluant
toute intervention du pouvoir exécutif légiférant par décret. Le décret du 6 mars 1877 a rendu le Code Pénal
applicable à la Guyane. Le décret du 4 octobre 1889,
pouvait fort bien, comme il l'a fait, régler un point spécial de compétence, même contraire aux principes de la
Législation pénale, qui avait été appliquée à la Guyane,
par un décret également. Dans les deux cas, le chef de
l'État a légiféré dans les limites des pouvoirs qui lui
sont conférés par le Senatus Consulte du 3 mai 1854. Autre chose eût été si la législation pénale avait été appliquée à la Guyane par une loi ; un décret postérieur n'aurait pu modifier aucun des points touchants à cette législation : mais tel n'était pas le cas (1).

11. — Terminons cet article par l'appréciation d'un juris-
consulte, sur le régime des décrets :

« En vertu du Senatus Consulte du 3 mai 1854 qui
« n'aurait pas dû survivre à la constitution impériale
« dont il est le corollaire, mais qui cependant est toujours
« en vigueur c'est le pouvoir exécutif qui fait en prin-
« cipe la loi aux Colonies à coup de décrets. Ce systè-
« me, qui donne à un Ministre la possibilité de détruire
« d'un trait de plume toute l'œuvre de son prédécesseur,
« cause, une mobilité extrême. Il suffit de l'arrivée au
« pouvoir d'un homme imbu d'idées différentes de celles
« de ses devanciers, ou simplement désireux de signaler
« son passage aux affaires par une série de réformes,
« pour bouleverser complètement toute l'organisation des
« Colonies. De plus, avec ce régime, il n'y a pas de ces
« travaux préparatoires, exposés des motifs, rapports des
« Commissions, discussions publiques dans les Chambres,
« dont l'examen est si précieux pour celui qui veut démê-
« ler la raison d'être et la portée de la règle nouvelle.
« Tout au plus, en effet, le décret est-il précédé d'un
« rapport du Ministre au chef de l'État, rapport généra-
« lement très sec, et qui ne présente dans tous les cas
« qu'un côté de la question sans s'attarder à développer
« et à réfuter les objections possibles. Aussi est-il fré-
« quemment difficile de trouver un motif à ces change-
« ments incessants dont les véritables raisons nous échap-
« pent. Grâce au régime des décrets, la législation co-

____

(1) Girault, op. cit. 2me partie I. Chap. 4.

« loniale change trop souvent, et en même temps on ne
« peut savoir pourquoi » (I).

SECTION III

PROMULGATION ET PUBLICATION
DES LOIS, DECRETS ET ARRETES

12. — Par quel mécanisme, les lois et décrets sont-ils appliqués aux Colonies ? Cette question est une des plus
délicates de la Législation coloniale ; aussi convient-il,
d'envisager méthodiquement les nombreux cas qui peuvent
se produire et de déduire de la jurisprudence très abon-
dante et très touffue sur ce point quelques règles prati-
tiques faciles à retenir.

ARTICLE Ier

PRINCIPES GENERAUX
§ I — Ier PRINCIPE

13. — Les lois et décrets spécialement faits pour les Colonies y deviennent applicables, par le seul fait de leur promulgation, par un arrêté du Gouverneur.

§ II — 2e PRINCIPE

14. — Les lois et décrets faits pour la Métropole ou une
Colonie déterminée, ne peuvent être appliqués dans les
autres Colonies que si un décret les y rend applicables ;
de plus, ces textes doivent être promulgués par un arrêté
du Gouverneur. Cassation ch. cr. 15 Novembre 1894*.
Cassation ch. cr. 30 mars 1900)*.

La promulgation par arrêté est donc essentielle dans
tous les cas. Voir une dérogation pour Madagascar, art.
3 § 10. (Cassation du 13 juillet 1898*.

Ce principe consacré par la Cour de Cassation, dans
son arrêt du 13 juillet 1898, a été rappelé par le Ministre des Colonies, dans sa dépêche du 13 septembre de la
même année*. Ce texte précise « qu'il ne peut être sup-
« pléé, en aucune manière à une promulgation régulière,
« faite par arrêté du Gouverneur, dans les formes prescri-
« tes ». Et il ajoute que cette formalité est indispensable
« même pour les lois et décrets « formellement déclarés
« applicables aux Colonies, par un de leurs articles ».
Cette prescription est renouvelée dans d'autres dépêches
ou circulaires ministérielles. (Dépêche ministérielle du 22
novembre 1907)*.

____

(I) Penant : 1896 page 275 : intérêt scientifique de l'étude de la législation coloniale par M. A. Girault. Voir Dareste ; 1915, doctrine, page I ;
le législateur colonial et Girault : Législation coloniale, I, 2me partie, n°
169.

La publication d'une texte au Journal Officiel de la Colonie, ne suffit pas pour le rendre exécutoire dans cette Colonie ; il faut qu'il soit précédé de l'arrêté de promulgation. (Cassation Req. 23 juillet 1898)* (Cassation cr. 4 septembre 1902)*.

ARTICLE II

CAS DIVERS

15. — § 1ᵉʳ - LE TEXTE PROMULGUÉ SE RÉFÈRE A DES ARTICLES D'UN TEXTE NON PROMULGUÉ

Ces articles seuls deviennent exécutoires comme le texte promulgué lui-même ; à l'exception des autres articles du texte visé et non promulgué. Ainsi les articles 1 à 4 de la loi électorale du 7 juillet 1874, auxquels se réfère expressément la loi du 30 novembre 1875, promulguée dans l'Inde, sont devenus exécutoires dans cette Colonie. (Cassation 5 juillet 1882) Dislère p. 219.

En sens contraire arrêt Cassat. cr. 19 Mars 1921 qui décide qu'un décret visé par une loi promulguée n'est pas exécutoire s'il n'a pas été publié régulièrement. Cette solution est contraire à celles qui précèdent et à celles du n° 21 infra.

Les textes cités dans les visas du texte promulgué et exécutoire, ne suivent pas le même sort et ne se trouvent pas promulgués. Il en est ainsi du décret du 28 février 1890 qui, bien que visé par deux autres décrets régulièrement promulgués au Tonkin, n'y devenait pas applicable. (Cassation cr. 16 mai 1895)* (Cassation cr. 27 février 1897)*

§ 1ᵉʳ bis — TEXTE PROMULGUÉ QUI CONTIENT VIRTUELLEMENT DES DISPOSITIONS EDICTÉES PAR UN TEXTE NON PROMULGUÉ

16.— Le texte non promulgué se trouve en fait applicable. Ainsi la loi du 21 germinal, an XI, sur la pharmacie, en son article 30 renvoie aux lois antérieures pour procéder contre ceux qui exerceraient la pharmacie sans autorisation légale. Les articles 25 et 26 contiennent *virtuellement* les dispositions de la déclaration du 25 avril 1877, sur le même objet. La Cour de Cassation estime que cette dernière déclaration, tout au moins les dispositions nécessaires à l'application de la loi du germinal an XI, devient applicable dans les mêmes conditions que la loi. (Cassation cr. 22 mai 1913) *.

17. — § 2 - UN TEXTE (LOI OU DÉCRET) NON DÉCLARÉ APPLICABLE PAR DÉCRET ET NON SPÉCIAL AUX COLONIES, EST PROMULGUÉ PAR ARRÊTÉ DU GOUVERNEUR

La promulgation n'est légale et le texte exécutoire,

que si l'objet se trouve compris dans les matieres relevant des attributions spéciales du Gouverneur. Dans ce cas, le Gouverneur fait sien le texte et l'applique au même titre qu'un arrêté qu'il aurait pris en cette matière. Dans tout autre cas, le texte serait inexistant et appliqué à tort. Les Tribunaux ne pourraient, d'ailleurs en appliquer les dispositions (Dislère I p. 306).

18. —   § 3 - DÉLAIS DE PROMULGATION

A quel moment après l'arrivée dans la colonie du *Journal Officiel* contenant le texte à promulguer l'arrêté de promulgation doit-il être pris ? Aucun délai n'est imparti au Gouverneur : le Ministre seul peut lui donner des ordres à ce sujet. Pour les lois douanières, voir section III, article 4. Avis du Conseil d'État du 29 juin 1898).

DÉLAI DE PUBLICATION

Lorsque le délai d'exécution d'un texte promulgué est de 24 heures après la publication au *Journal Officiel*, ce délai se calcule de minuit à minuit. Ainsi un décret publié le 1er mars au *Journal Officiel* et exécutoire 24 heures après cette publication ne pourra être appliqué que le 2 mars à minuit (Tribunal de St Denis, Réunion, 7 août 1905).

Le décret du 15 janvier 1853 dispose que les lois, décrets et arrêtés promulgués aux Colonies sont exécutoires

1") Au chef-lieu, le jour de leur publication au *Journal Officiel* ; 2") pour les autres localités, dans les délais qui seront déterminés proportionnellement aux distances par des arrêtés des Gouverneurs.

Dans les établissements coloniaux où il n'existe pas d'imprimerie, ni de journaux, la promulgation sera soumise au mode déterminé par les Gouverneurs ou Commandants des dits établissements.

Par « jour de la publication », il faut entendre le lendemain. (Jugement du Tribunal de Valenciennes du 1er mai 1863 rendu en matière d'enregistrement).

19. — § 4 - TEXTE APPLICABLE A UNE COLONIE
ET PROMULGUE DANS CETTE COLONIE
ALORS QU'IL EST ABROGE

La promulgation est inopérante et le texte reste caduc. Le Code de Commerce (1828) ayant été promulgué à la Martinique par arrêté du 15 juin 1848, les Tribunaux refusèrent d'appliquer cet arrêté qui violait la loi du 24 avril 1833, postérieure au Code de Commerce.

Toutefois, lorsqu'un texte de la législation métropolitaine a dûment été promulgué par arrêté pour servir dans une matière entrant dans les attributions d'un Gouverneur, il devient applicable même s'il a été modifié ou complété par un autre texte métropolitain, antérieurement à sa promulgation coloniale et les dispositions du nouveau texte, non promulguées dans la colonie n'y sont pas applicables. Tel est le cas du décret du 25 août 1861, fixant le tonneau d'affrêtement à 1 mètre cube ; ce décret promulgué à la Côte d'Ivoire en 1909 y est applicable bien qu'il ait été modifié par celui du 25 septembre 1864 qui fixe le tonneau à 1 mètre cube 44, et qui n'ayant pas été promulgué dans la colonie, n'y est pas applicable. (Cassation cr. 7 mars 1916) *.

Il s'agit, notons-le, non d'un texte colonial mais d'un texte métropolitain dont le Gouverneur s'est servi pour régler une matière spéciale rentrant dans ses attributions, et dont il a fait siennes les dispositions, en vertu de ses pouvoirs (Voir aussi Cass. civ. 6 novembre 1923)*

20. — § 5 - Le texte promulgué ne peut être modifié. Il doit être promulgué tel quel.

§ 6. — Le texte promulgué doit-il être publié au *Journal Officiel* de la Colonie ? Cette publication n'est pas nécessaire, si le texte a déjà paru au *Journal Officiel* de la Métropole. (Cassation cr. 20 juin 1868)*. (Cassation civ. 14 mars 1893)*, (Cass. cr. 1er mai 1852)*.

22. — § 7 - L'arrêté de promulgation doit être pris régulièrement. Ainsi l'avis du Conseil privé ou d'administration est indispensable à peine de nullité, lorsqu'il est imposé par les textes organiques (Cass. req. 23 juillet 1898)*.

23. —   § 8 - LOIS APPLICABLES SANS
                        PROMULGATION

Indépendamment de certaines lois qui régissent tous les Français (lois militaires, etc. (1), sont applicables bien que n'ayant pas été promulguée aux Colonies :

1°) Les lois votées du 22 août 1794 (Constitution du 5 fructidor, an III) au 13 décembre 1799 (constitution du 22 frimaire an VIII) puisque toutes les lois métropolitaines de cette période étaient applicables sans aucune formalité aux possessions françaises. Sont dans ce cas, la Guadeloupe, la Réunion, le Sénégal et la Guyane

2°) Les lois et décrets d'une application constante,

---

(1) L'article 65 de la loi de finance du 22 avril 1905, exigeant que tout fonctionnaire sous le coup d'une mesure de répression administrative soit, au préalable, appelé à consulter son dossier n'a pas été rendu applicable aux Colonies, mais le Ministre des Colonies dans ses instructions et le Conseil d'Etat dans de nombreux arrêts ont décidé que cette disposition n'avait pas besoin pour être applicable d'office à tous les fonctionnaires coloniaux, d'être étendue aux Colonies par décret ; elle y est applicable *ipso facto* comme ayant une portée générale. Cette théorie est controversée. (Voir Dareste, 1922, Doctrine page I une étude très savante de « l'application et la promulgation des lois aux Colonies ».)

tei est le cas de l'article 5 de la loi du 27 vendémiaire an II, qui constamment appliqué à la Martinique y a été considéré comme promulgué par la Cour suprême (Cassation ch cr. 29 janvier 1892) lorsque l'applicabilité de cet article a été contestée.

Il en est de même de la loi des 6-22 août 1791 sur les Douanes, dont la promulgation a la Martinique n'a pu être prouvée ; la Cour de Cassation a jugé que la promulgation de cet acte devait être admise,étant donné qu'il était couramment appliqué dans cette colonie,depuis 1814, époque à laquelle prenait fin une longue période de troubles politiques, et que dès lors, les prescriptions de cette loi devaient être suivies, et les Tribunaux en faire état. (Cassation req. 16 mai 1899)*.

24. — § 9. — Une convention internationale intéressant ou non les Colonies, doit-elle y être promulguée pour y être appliquée ? La Cour de cassation répond par l'affirmative dans tous les cas. (Cassation ch. cr. 16 janvier 1913. Affaire du Ngoc. Truong - Dislère p. 227).

25. — § 10 - TERRITOIRES NOUVEAUX

1°) Simple adjonction à l'ancien territoire. — La législation de celui-ci devient applicable à l'ensemble. (Cassation cr. 6 septembre 1877. Dislère I, p. 227). (Cassation cr. 30 janvier 1913)* .

2°) Nouvelle Colonie. — Les lois ou décrets qui suivront régulièrement la domination française, devront y être promulgués régulièrement. La législation métropolitaine antérieure à la domination française doit y être promulguée également au fur et à mesure des besoins. C'est l'avis du Conseil d'Etat (3 décembre 1909 - Dislère I p. 229). La Cour de Cassation a affirmé le contraire dans ses arrêts du 29 décembre 1909*. Elle a déclaré applicable à Madagascar, les lois françaises, antérieures au décret du 28 décembre 1895,qui dispose que « les lois françaises sont et deviennent promulguées dans l'Ile et ses dépendances ».

Cette question donne lieu à une controverse des plus importantes et des plus délicates. Il convient de l'exposer brièvement :

Le décret du 28 décembre 1895 dispose en son article 2.

« En toute matière, les tribunaux français de Mada« gascar appliquent les lois françaises qui sont et de« meurent promulguées dans l'Ile et ses dépendances, ainsi « que les lois locales visées pour exécution par le Rési« dent général.

« La publication des lois résultera de l'arrêté du Rési« sident général,ordonnant leur dépôt au greffe du Tribu« nal de Première instance, pour être tenues à la disposi« tion des justiciables.

« Toutefois, une disposition spéciale et motivée de
« l'arrêt pourra constater, en fait, que la loi française
« est actuellement inapplicable ».

Le décret du 9 juin 1896, portant organisation de la
justice à Madagascar dispose en son article 38 ; « seront
« promulguées, selon les formes prescrites, les disposi-
« tions des lois et codes français, qui sont rendus appli-
« cables à Madagascar et dépendances ».

Enfin la loi d'annexion du 6 août 1896 dispose que
« selon le régime du droit commun en matière coloniale,
« les lois françaises s'étendront désormais à l'Ile de Ma-
« dagascar, mais modifiées ou non, elles n'y entreront en
« application qu'au fur et à mesure qu'elles auront fait
« l'objet d'une promulgation spéciale ».

Ces deux textes qui semblent avoir abrogé le décret
du 28 décembre 1895, sont conformes au principe du droit
commun, en matière de législation coloniale, qui exige la
promulgation régulière des lois et décrets avant de les
appliquer. Telle est l'opinion de M. Feuilloley, avocat général de la Cour de Cassation (Tribune des Colonies
et des Protectorats, mai 1910). Le Conseil d'Etat a motivé dans le même sens son arrêt du 3 décembre 1909. Mais
la Cour de Cassation, dans plusieurs arrêts et notamment
dans ceux du 29 décembre 1909*, a fixé la jurisprudence
dans un sens nettement contraire et déclare que le décret
du 28 décembre 1895 avait disposé pour le passé ; en
conséquence, les lois métropolitaines antérieures à ce décret sont en vigueur à Madagascar.

Quant au décret du 9 juin 1896 et à la loi du 6 août
suivant, ces textes ne disposent que pour l'avenir et
n'abrogent nullement le décret du 28 décembre 1895, qui
a réglé une autre matière, celle de la législation métropolitaine antérieure à la conquête. Il en est si bien ainsi,
que pour parer aux inconvénients qui pourraient résulter
de l'extension immédiate à Madagascar, de toute la législation métropolitaine, le § 3 de l'article 2 du décret du
28 décembre 1895, a donné aux juges le pouvoir de déclarer qu'en fait, telle ou telle loi ne pouvait être appliquée.
(Cassation cr. 14 mai 1910)*.

La liberté de ce choix qui s'explique quand il s'agit
d'une promulgation en bloc de toutes les lois françaises,
ne se comprendrait plus si elle devait être étendue à des
textes métropolitains, régulièrement promulgués par l'au-
torite locale. (Cass. cr. 24 décembre 1919)*.

Cette jurisprudence devant laquelle il ne reste qu'à
s'incliner, trouve en tout cas son fondement dans une situation de fait, acquise au moment où elle s'était établie.

Avant la conquête et dans les premières années qui la
suivirent, les lois françaises étaient appliquées avec ou sans
promulgation, soit en vertu des principes de souveraineté que
l'influence française à Madagascar, vieille de deux siècles et

demi, justifiait, soit en vertu de ce décret du 28 décembre 1895 qui pouvait être considéré comme ayant réglé la question pour le passé. Si la Cour Suprême avait méconnu cette circonstance et appliqué le principe rigide de la promulgation spéciale, il s'en fût suivi un trouble insupportable dans l'ordre social et l'annulation de la plupart des actes accomplis depuis la conquête. La solution intervenue est une sage mesure, elle règle et prévient des conflits qui, sans cela, seraient inextricables.

28. — 3° Période d'occupation militaire. — Le Commandant en chef d'un corps expéditionnaire, qui est chargé par le Gouvernement d'une « autorité absolue » se trouve investi du pouvoir législatif et peut prendre telles dispositions qu'il conviendra, pour organiser le pays confié à son commandement. C'est ainsi, qu'il peut par arrêté, non seulement innover, mais encore et à *fortiori*, rendre exécutoire des textes métropolitains, lois ou décrets, sans être soumis à la règle générale, qui exige qu'une disposition du texte ou un décret en autorise l'application. Et ces textes ainsi appliqués restent en vigueur, même après l'occupation militaire, tant qu'ils n'ont pas été modifiés ou abrogés par l'autorité civile. S'il en était autrement, l'organisation d'un pays conquis serait pratiquement impossible dès la première heure, et c'est ce qu'il fallait éviter. (Cassation cr. 22 mai 1913)* (1).

29. — § II - CONSTITUTIONNALITÉ DES DÉCRETS COLONIAUX
CONTRE-SEING D'UN SEUL MINISTRE

L'article 3 de la loi Constitutionnelle du 25 février 1875, dispose en son dernier alinéa, « que chacun des actes du Président de la République doit être contresigné par un Ministre ». Comme d'autre part, le Président de la République est constitutionnellement irresponsable, la responsabilité ministérielle se substitue, pour le contre-seing, à cette irresponsabilité. Le contre-seing d'un seul Ministre suffit pour la validité des décrets présidentiels. (Cassation civ. 10 juin 1912)*.

RAPPORT PRÉALABLE. — Aux termes de l'article 6 du Senatus Consulte du 3 mai 1854 « les décrets dans la forme des règlements d'administration publique statuent sur diverses matières énumérées à cet article. Ces dispositions ne s'appliquent qu'aux Colonies de la Martinique, la Guadeloupe et la Réunion, car l'article 18

---

(1) Un territoire occupé militairement ne peut être considéré comme une partie du territoire national et la tentative d'exportation des marchandises prohibées à la sortie à destination de ce territoire, doit être punie comme si l'opération délictueuse était effectuée à destination d'un pays étranger (Cassation cr. 20 décembre 1919)*

du même texte dispose que les autres Colonies sont « régies
par décret de l'Empereur ». Il en résulte que pour les
Colonies autres que la Guadeloupe, la Martinique et la
Réunion, la forme des règlements d'administration publique n'est pas nécessaire et que les décrets peuvent être
rendus, sans rapport préalable du Garde des Sceaux,
malgré les termes de l'article 4 du décret du 1er décembre 1858, ainsi conçu :

« Les décrets ayant pour objet de modifier dans les
« Colonies, soit la législation civile, correctionnelle et de
« simple police, soit l'organisation judiciaire, sont rendus
« sur le rapport du Ministre de l'Algérie et des Colonies
« et du Garde des Sceaux, ministre de la justice, dans
« les formes et les limites déterminées par les articles
« 3, 6, et 18 du Senatus Consulte du 3 mai 1854 ». Ce
décret ne s'applique qu'aux vieilles Colonies (Cassation
ch. civ. 10 Juin 1912)[*].

30. — § 12 - TEXTE DONT L'APPLICATION AUX
COLONIES EST SUBORDONNÉE
A LA RÉALISATION D'UNE CONDITION

Le texte ne peut être promulgué et son exécution légale, tant que la condition n'est pas réalisée. Ainsi l'article 47 de la loi du 24 février 1887 rendait applicable à
l'Indo-Chine le tarif douanier métropolitain mais le même
article disposait qu'un règlement d administration publique déterminerait les articles qui, par exception, seraient
l'objet d'une tarification spéciale. La loi disposait, de
plus, que le tarif métropolitain serait applicable, à compter du 1er juin 1887 ; le Gouverneur de l'Indo-Chine
avait pris un arrêté rendant ce tarif applicable pour
compter du 1er juillet suivant, bien que le règlement d'administration publique relatif aux exceptions ne fût pas
édicté. Celui-ci, rendu le 8 septembre 1887, fut publié au
Journal Officiel de la Métropole le 10 septembre et promulgué en Indo-Chine le 17 octobre suivant, la Cour de
Cassation a cassé deux arrêts de la Cour d'Appel de
l'Indo-Chine, qui déclaraient que les droits perçus du
1er juillet au 19 octobre étaient légalement perçus, et
déclaré « *toutes chambres réunies* » que le tarif général
n'a pu être appliqué en Indo-Chine avant la promulgation du règlement d'administration publique du 8 septembre, soit avant le 19 octobre, et que les droits perçus avant
cette date, en vertu du tarif métropolitain, ont été irrégulièrement perçus. (Cassation ch. réun. 7 décembre 1896)[*].

Il n en est pas de même si un règlement d'administration publique devant être pris pour l'application d'une
loi régulièrement promulguée, n'a pas été lui-même promulgué, pourvu qu'un texte antérieur à la loi permette
d'appliquer celle-ci. Tel est le cas de la loi du 12 juillet 1916 sur l'opium. Cette loi est applicable en Océanie

bien que le règlement d'administration publique du 14 septembre 1916 n'y ait pas été promulgué, puisque l'ordonnance royale du 29 octobre 1846 restée en vigueur permet d'en assurer l'application (Cass. cr. 1er décembre 1923)*

31. — § 13 - TEXTE RENDU EN PARTIE APPLICABLE AUX COLONIES PAR DÉCRET

La partie non applicable ne peut être considérée comme promulguée, même si l'arrêté local de promulgation est suivi du texte entier. Ainsi l'article 39 de la loi du 15 mars 1849 n'ayant pas été visé par le décret du 8 mars 1879 qui a rendu cette loi partiellement applicable à la Nouvelle Calédonie, ne pouvait être invoqué. (Cassation cr. 27 février 1897)*.

32. — § 14 — GOUVERNEMENTS GENERAUX AFRIQUE OCCIDENTALE

Les textes promulgués par le Gouverneur général s'appliquent à toutes les parties de l'Afrique Occidentale, bien que non promulgués dans chacune d'elles. (Cassation Req. 28 avril 1913)*

33. — § 15- ABROGATION TACITE LOIS GENERALES ET LOIS SPECIALES

Les lois générales ne dérogent pas aux lois spéciales à moins d'un texte formel ou de dispositions absolument conciliables. C'est ainsi que le décret au 27 novembre 1915 organisant le Service des Douanes en Afrique occidentale qui punit seulement l'exportation des monnaies ne saurait abroger la loi du 17 août 1915 sur la prohibition d'exportation des monnaies et la tentative de cette infraction, alors qu'il ne comporte aucune disposition inconciliables avec cette loi. (Cassation cr. 20 décembre 1919)*.

Une autre application très intéressante de ce principe fait l'objet de l'arrêt de Cassation du 9 août 1913*.

ARTICLE III

LEGISLATION DOUANIERE

34. — § 1er — GENERALITES

L'application de la législation douanière, qui nous intéresse particulièrement, mérite une place à part, dans l'exposé des principes et des règles spéciales relatifs à la promulgation aux Colonies.

Disons tout d'abord, que les Colonies se divisent au point de vue douanier, en deux groupes :

a) — le groupe des Colonies soumises au régime métropolitain ;

b) — le groupe des autres Colonies -- Dans ces dernières Colonies, la législation et la règlementation douanière
sont purement locales ; elles sont soumises aux règles générales ou particulières, communes à tous les autres textes faits pour la colonie ou promulgués chez elle.

Dans les Colonies du premier groupe, au contraire,
le régime douanier est en principe identique à celui de la
Métropole, avec quelques modifications qui seront étudiées plus loin. Le tarif métropolitain y est appliqué ainsi que la règlementation qu'il comporte : C'est le régime
institué par la loi du 11 janvier 1892. Mais l'introduction dans nos possessions d'outre-mer de ce tarif et de
cette règlementation est soumise à certaines règles qui sont
tantôt celles de la promulgation des autres lois et décrets, tantôt des règles spéciales qu'il est intéressant
d'étudier ici. En effet le régime douanier métropolitain
comprend les éléments suivants :

34. — 1° Un tarif. Toutefois, chaque colonie a tarif métropolitain peut, pour certains articles qui l'intéressent
plus spécialement, se donner par décret un tarif d'exception qui exclut, pour ces articles seulement, l'application
du tarif métropolitain.

2°. -- Une règlementation composée de lois, décrets,
arrêtés ministériels, circulaires, notes explicatives, qui
fait corps avec le tarif lui-même et doit le suivre etroite-
ment sinon l'application de celui-ci est pratiquement impossible.

3° Des pénalités en cas de fausses déclarations, contrebande, inobservation des règlements douaniers et dont
l'application est aussi indispensable que la règlementation elle-même qui sans elles, resterait dépourvues de
sanction et serait bientôt lettre morte.

Dans quelles conditions ces trois éléments principaux entrent-ils en jeu pour réaliser l'application du régime douanier métropolitain aux colonies du premier groupe ? C'est ce que nous allons examiner.

§ 2 — TARIF

35. — Avant 1892 les droits de douane étaient soit votés
par les Conseils généraux, soit établis par décret, dans les
conditions prévues par le Senatus Consulte du 4 juillet
1866 et appliqués suivant les règles générales de la promulgation, déjà exposés.

La loi du 11 janvier 1892 dispose que le tarif qu'elle
édicte sera appliqué aux colonies du premier groupe
(Martinique, Guadeloupe, Guyane, Réunion, Indo-Chine,
Nouvelle Calédonie et Gabon) dans le délai d'un an, ce
délai ayant pour but de permettre aux autorités coloniales intéressées de proposer un tarif d'exceptions qui serait
fixé par décrets pris en la forme des règlements d'administration publique. Ce tarif devait comprendre surtout

les produits nécessaires à l'alimentation et ceux que la production nationale était dans l'impossibilité de fournir utilement aux colonies. (Dép. min. du 31 déc. 1891)*

Ainsi la loi du 11 janvier 1892 fut appliquée dans le délai d'un an aux colonies du premier groupe et son application était précédée d'un décret relatif au tarif spécial établi pour chacune d'elles.

36. — Remarquons qu'une loi douanière métropolitaine, dont l'application à une colonie est subordonnée à celle d'un décret établissant un tarif spécial, ne peut entrer en vigueur avant ce décret, même si elle fixe un délai d'application. (Voir ci-dessus § 12).

Toutefois la loi du 11 janvier 1892 dispose expressément, en son article 3, § 5, que si les règlements d'administration publique fixant le tarif spécial à chaque colonie, ne sont pas intervenus dans le délai d'un an (à compter du 1ᵉʳ juin 1892, date d'application de la loi conformément à l'article 18) le tarif sera appliqué à l'expiration de ce délai. Cette disposition a, sans doute, pour but de prévenir les difficultés nées pour l'Indo-Chine de l'application du tarif métropolitain de la loi de 1881 et solutionnées par la Cour de Cassation dans le sens que l'on sait Section 3, § 12 Nᵒ 30). Elle a été reproduite, pour les mêmes raisons, dans la loi du 29 mars 1910, art. 7* mais le délai d'un an fixé par cette loi a été prorogé, par celle du 30 mars 1911 jusqu'au 30 juin 1911.

37. — Le tarif douanier doit être promulgué par arrêté local, dans tous les cas Voir ci-dessus art. 1ᵉʳ, § 2. Nᵒ 14). Il en est de même des modifications au tarif. Celles-ci, d'ailleurs, n'intéressent pas le tarif spécial, qui reste en vigueur tant qu'il n'a pas été modifié expressément. (Circ. min. des 13 sept. 1895 et 18 mai 1897)·

38. — Il avait d'abord été admis, que les lois modifiant le tarif douanier, devaient être promulguées dès l'arrivée du *Journal Officiel*, mais en fait cette pratique présente des inconvénients. Les administrations locales émues par les conséquences de certaines modifications de tarif, ont demandé au département de surseoir à leur promulgation, afin de préparer une tarification spéciale. Le Conseil d'Etat, consulté, a été d'avis que si la loi de 1892 avait accordé aux colonies un délai d'un an pour la mettre en application, un délai de six mois est suffisant pour la promulgation des lois modifiant le tarif Circ. min. du 9 août 1898 et avis du Conseil d'Etat du 28 juin 1898)*. La circulaire ajoute que le délai de six mois part de la publication des lois au *Journal Officiel* de la Métropole. Elle précise enfin que dans le cas où, « les Conseils lo- « caux auraient demandé une exception au nouveau ta- « rif, la dite promulgation sera retardée jusqu'à ce qu'il « soit statué définitivement sur leurs propositions·

39. — Voilà pour les modifications apportées par la loi.

Mais les lois des 6 mai 1916 et 31 décembre 1921 ont autorisé le gouvernement à modifier les droits de douane, par décret bien entendu ; c'est ainsi que le décret du 8 juillet 1919 a fixé des cofficients de majoration revisables *tous les mois* et que le décret du 28 mars 1921, ainsi que d'autres décrets postérieurs ont modifié le tarif général lui-même. Ces décrets sont applicables aux colonies du premier groupe, puisque ces possessions sont soumises au tarif métropolitain, et cela bien que le décret du 9 juillet 1919 dispose qu'il est applicable à l'Algérie ce qui pourrait laisser supposer que les colonies sont exclues de cette applicabilité. Le Comité du Contentieux du Ministère des Colonies le déclare dans son avis du 30 mars 1920* mais il ajoute « en raison des doutes qu'a pu fai-« re naître la rédaction de ces décrets (14 juin et 8 juil-« let 1919) et de l'argument qu'on a pu tirer de leur ap-« plication, expressément énoncée, à l'Algérie, il serait de « bonne administration, pour éviter toute contestation de « procéder par voie législative à la ratification des « mesures prises par les Gouverneurs, en vue de la pro-« mulgation de ces décrets (coefficients) aux colonies ». Tous les décrets relatifs aux coefficients de majoration et aux modifications du tarif général des Douanes sont ratifiés par une loi, mais qui est votée généralement bien longtemps après leur application aux Colonies (1).

40. — Une autre question se pose : Ces décrets modificatifs de droits sont-ils applicables aux colonies intéressées dès la promulgation locale qui suit l'arrivée du *Journal Officiel* ou seulement six mois après leur publication dans la Métropole, comme le désire le Conseil d'Etat ? Le Ministre des Colonies, dans une dépêche du 12 octobre 1921* déclare :

1° que les coefficients de majoration sont applicables « ipso facto » aux colonies du premier groupe, après promulgation locale, évidemment.

2° que les droits des Conseils locaux de demander des exceptions, dans un délai de six mois, reste intact, mais que si le besoin d'exception ne se fait pas sentir dans certaines colonies, il convient d'assurer rapidement l'application des coefficients, sans attendre l'expiration de ce délai et dans le cas contraire de le saisir de propositions « avec la plus grande célérité ».

41. — Ces instructions s'expliquent par la mobilité actuelle des tarifs qui, si elle n'était pas suivie pas à pas, serait insaisissable aux colonies et l'on s'exposerait à y promulguer, en observant le délai de six mois, des coefficients

---

(1) Les pouvoirs du Gouvernement en cette matière expirant le 1er janvier 1923 aux termes de la loi du 31 décembre 1921, es modifications du tarif des Douanes survenues après cette date sont réalisées d'emblée par une loi.

déjà modifiés dans la métropole : or, un texte abrogé ne peut être promulgué à moins que le Gouverneur n'en emprunte les dispositions pour régler une matière relevant de ses attributions (Voir ci-dessus N° 19) et tel n'est pas le cas pour les coefficients de majoration.

42. Cette variabilité des coefficients et du tarif douanier, entraîne dans l'application une complexité extrême. Celle-ci est aggravée par la disposition nouvelle, exceptionnelle, qui est insérée dans les décrets modificatifs de droits et d'après laquelle les chargements expédiés directement pour la France avant l'application d'un tarif sont soumis au tarif antérieur. Il faut sans doute entendre par tarif antérieur, celui qui était en vigueur, au moment de l'expédition, car ce tarif a pu avant l'arrivée du chargement être modifié plus d'une fois. Cette clause exige de la part du Service des Douanes, une attention minutieuse et un classement chronologique rigoureux des divers tarifs promulgués, ceux-ci pouvant être appliqués simultanément si plusieurs expéditions s'échelonnent de telle sorte que deux ou trois tarifs, bien qu'ils se soient modifiés les uns les autres, leur deviennent applicables.

43.   Il nous reste à signaler les anomalies résultant de l'assimilation douanière des colonies du premier groupe en matière de changement de tarif différentiel.

44.   Ainsi que nous le verrons plus loin (2° partie) la loi du 11 janvier 1892 dispose en son article 3 que les marchandises étrangères emportées dans une colonie ne peuvent être admises dans une autre que sous réserve du paiement de la différence des droits applicables dans les deux colonies : si la colonie d'importation applique 50 frs les 100 kgs à un article et la colonie d'exportation 40 frs, le tarif à payer dans la première, par cet article importé par la deuxième sera de 10 frs. C'est le régime du « tarif différentiel ». Nous n'envisagerons ici que les changements de tarif et leur promulgation dans les colonies soumises au tarif métropolitain :

45. a) - RÉGIME ANTÉRIEUR AUX COEFFICIENTS. — Sous ce régime, les modifications du tarif devaient être promulguées dans les six mois de leur publication dans la Métropole. Leur application dans les colonies avait lieu à des dates différentes, suivant les distances ou d'autres circonstances locales. Prenons deux colonies du premier groupe, voisines, Madagascar et la Réunion ; le tarif des tissus est modifié. La modification est applicable dans les deux colonies mais la loi qui l'ordonne est promulguée à Madagascar, avec un retard d'un mois, par rapport à la Réunion. Les tissus placés en entrepôt fictif à la Réunion et par suite non encore dédouanés, pourront, dans l'intervalle, être réexportés à Madagascar et y acquitter l'ancien tarif, alors que s'ils étaient mis à la consommation à la Réunion, pendant la même période, ils subiraient le changement intervenu.

46. — C'est une anomalie de la promulgation non simultanée. Il y en a d'autres. Supposons que la Réunion n'applique pas un tarif nouveau plus élevé, promulgué à Madagascar et demande un tarif spécial. Madagascar ignore toujours ces dispositions. Les marchandises entreposées à la Réunion y sont mises à la consommation au bénéfice de l'ancien tarif et sont admises en franchise à Madagascar ; l'importateur se trouve exonéré irrégulièrement, de la différence entre les deux tarifs.

47. — Autre cas plus curieux. — La Réunion a demandé un tarif spécial à l'occasion d'un changement aggravant qui a été promulgué dans la Grande Ile. Celle-ci est prévenue. Donc elle appliquera aux marchandises qui ont passé par la Réunion, la différence entre le tarif ancien, encore en vigueur dans cette dernière colonie, et le nouveau qu'elle applique. Rien de plus naturel s'il s'agit de marchandises venues primitivement de l'étranger. Mais s'il s'agit de marchandises françaises, donc admises en franchise à la Réunion, le même régime leur sera appliqué à Madagascar, soit la différence entre les deux tarifs. En effet, il est impossible au Service des Douanes d'origine, de certifier qu'une marchandise prise à la consommation est de telle ou telle provenance primitive ; il se bornera à déclarer qu'elle a été prise à la consommation. Madagascar taxera, comme étrangère, une marchandise française, faute d'uniformité complète entre le régime douanier des deux colonies.

48. — b) - RÉGIME DES COEFFICIENTS. — Le tarif applicable est celui qui était en vigueur au moment de l'expédition directe pour la colonie. Soit deux colonies voisines : un intervalle de quelques jours sépare les dates de promulgation de tel coefficient dans chacune d'elles. Les marchandises étrangères entreposées pourront être expédiées entre les deux promulgations à destination de la colonie retardataire et bénéficier de l'ancien tarif alors qu'elles auraient acquitté les nouveaux droits dans la première.

* * *

49. — Les hypothèses qui précèdent se réalisent sans aucun doute assez souvent et condamnent le système actuel de promulgation des tarifs douaniers aux colonies assimilées. L'uniformité parfaite qui devrait le caractériser, est loin d'être réalisée. L'isolement géographique et administratif de possessions soumises théoriquement, à un même régime est une source,dans la pratique, d'anomalies et de conséquences contraires au principe d'assimilation. Il serait utile de remédier à cette situation en décidant, une fois pour toutes, que les tarifs douaniers sont applicables dans les colonies dites assimilées exactement à la

3

même date ; soit par exemple, six mois ou huit mois, après leur publication dans la métropole. S'il craignait sur ce point l'oubli des pouvoirs locaux, le département pourrait, quelques jours avant l'échéance, les rappeler à leurs obligations. L'élaboration des tarifs spéciaux devrait également être plus rapide et *signalée largement à toutes les colonies du même groupe*, de sorte que, l'échéance venue, chaque possession serait exactement fixée sur le régime des autres. L'administration et le commerce y gagneraient et les transactions seraient effectuées en toute sécurité. Il est vrai de reconnaître que cette réforme ne vise que le régime normal. Elle ne peut s'appliquer à celui de la période actuelle, toute de transition et de mobilité, dictée par les circonstances. Mais il serait possible, pour les coefficients eux-mêmes, de fixer une date uniforme d'application, soit deux mois après la publication métropolitaine puisque, en fait, ce délai est généralement atteint. Cette mesure mettrait fin aux anomalies signalées.

50. — § 3 - *REGLEMENTATION DOUANIERE*. — Les règles de perception des droits de douane métropolitains appliqués aux colonies « ipso facto » dans les conditions que nous venons de voir y sont-elles applicables d'office et sans promulgation ? Doivent-elles, au contraire, y être promulguées comme les tarifs eux-mêmes, ou enfin doivent-elles y être rendues applicables et promulguées ensuite, d'après la règle générale ?

Autant de questions qui se sont posées pour la première fois à l'occasion de l'application de la loi douanière du 11 janvier 1892.

51. — Antérieurement, cette question était réglée par le Senatus Consulte du 4 juillet 1866, dont l'article 3 était ainsi conçu :

« Le Conseil général délibère sur le mode d'assiette
« et les règles de perception des contributions et taxes ».
Sous ce régime, l'assemblée locale votait les droits de douane et en assurait aussi la réglementation.

La loi du 11 janvier 1892, en enlevant aux conseils locaux le pouvoir de voter les droits de douane, est muette sur les règles de perception, et le Sous-Secrétaire d'Etat des Colonies a consulté le Conseil d'Etat, sur la question de savoir, si les Conseils généraux avaient conservé le droit d'établir les règles de perception des droits de douane.

Dans un avis émis le 17 janvier 1893* la Haute Assemblée a déclaré, que le silence du législateur de 1892 ne pouvait être interprété, comme une approbation du statu-quo, qui serait contraire « au bon ordre financier et à la
« notion même de l'impôt qu'il s'agit d'appliquer ; qu'on
« ne peut séparer les droits eux-mêmes de leur mode
« d'assiette et de perception ; que les tarifs métropoli-
« tains étendus aux colonies désormais confondus en

« principe avec la France continentale, en un seul terri-
« toire douanier, doivent être considérés comme y empor-
« tant *ipso facto* toutes les règles en vigueur dans la mê-
« me Patrie, qui en déterminent les bases, les exceptions,
« les tempéraments et les exemptions ; ....qu'il y a lieu de
« considérer la faculté conférée aux Conseils généraux
« des colonies par le Senatus Consulte du 4 juillet 1866
« et le décret du 11 août suivant de fixer, sauf approba-
« tion par décret, les règles d'assiette et de perception
« des droits de douane, comme supprimées par l'article
« 17 de la loi du 11 janvier 1892 ».

52. — Dans son arrêté du 27 avril 1894, la Cour de Cassation reconnaît directement le même principe. Elle admet
que la loi de 1892, a pour but et pour résultat de substituer, dans les colonies du premier groupe, les droits de
douane de la métropole et les « règlements en vigueur
« dans la Mère Patrie qui en déterminent les bases, les
« exceptions,les tempéraments et les échéances, aux droits
« qui étaient antérieurement perçus et aux règlements
« coloniaux qui en établissaient les bases ».

53. — L'arrêt du 30 juin 1888 avait décidé, dans le même
sens, que les règlements de l'Enregistrement se trouvaient
promulgués à la Nouvelle Calédonie, puisque l'arrêté
créant ce service dans la Colonie, déclarait qu'il serait assuré
dans les mêmes conditions que dans la Métropole, et bien
que les règlements métropolitains n'aient pas été publiés
à la Nouvelle Calédonie.

54. — Bien plus, un arrêt de la Chambre des Requêtes du
29 décembre 1909 dit que lorsqu' « un service similaire à
« ceux de la Métropole a été régulièrement introduit dans
« une colonie les lois et règlements qui assurent le fonction-
« nement de ce Service y deviennent exécutoires par voie
« de conséquence ».

Il s'agissait ici de la règlementation douanière, devenue applicable à Madagascar, en même temps que la loi
du 11 janvier 1892.

55. — Ainsi, la Jurisprudence est bien établie. Tous les règlements métropolitains édictés en France pour assurer
l'application des droits de douane, sont applicables aux
colonies soumises au tarif métropolitain. Sont notamment
dans ce cas : le recueil officiel des règlements douaniers,
ayant pour titre « Observations préliminaires du tarif
douanier ». Les « Notes explicatives » servant à la reconnaissance des marchandises, le « Répertoire général du
tarif » portant classification des marchandises pour l'application des droits, ainsi que tout règlement, arrêtés
ministériels, circulaires, décisions et lettres administratives,
rendus pour interpréter les lois sur le tarif des droits et
en faciliter l'application.

56. — Cette applicabilité exclut. naturellement, l'obligation
d'un décret préalable. Cela résulte des arrêts et avis que

nous venons de citer. Est-il nécessaire, au moins, de promulguer aux colonies du premier groupe, conformément à la règle générale, les textes rendus applicables « ipso facto » par l'institution, sur leur territoire, des lois douanières métropolitaines ? Pas plus la Cour de Cassation que le Conseil d'Etat ne s'étaient clairement exprimés sur ce point, jusqu'à ces derniers temps. Il semblait même, à s'en tenir aux termes de leurs décisions, que cette promulgation était inutile. En lisant l'avis du 1er janvier 1893, émis par la Haute Assemblée et les arrêts de Cassation des 20 juin 1888, 27 avril 1894 et 29 déc. 1909* on a l'impression que la loi de 1892 et celles qui ont pu la modifier une fois promulguées dans une colonie « assimilée » il ne reste plus qu'à se munir d'un tarif métropolitain, du tarif spécial de la colonie, s'il y en a un, enfin d'un recueil des lois et règlements à l'usage des douanes métropolitaines et d'appliquer le tout sans crainte de se tromper. Rien ne serait plus imprudent !

57. — Dans un avis émis le 16 mai 1916* le Conseil d'Etat, tout en déclarant, comme en 1893, que l'extension des tarifs douaniers métropolitains aux colonies doit être regardée comme emportant « ipso facto » dans les dites colonies, toutes les règles en vigueur dans la Métropole qui en déterminent « les bases », « les exceptions, les tem-« péraments et les échéances », précise que « l'application « des textes déterminant les modalités de perception insé-« parables des tarifs et prévues par les règlements métro-« politains, n'est subordonnée dans nos possessions colo-« niales qu'à l'accomplissement d'une formalité de pro-« mulgation par arrêté des gouverneurs ».

58. — Cette précision était nécessaire, la plupart des colonies assimilées, pour ne pas dire toutes, s'étant bornées jusqu'ici à appliquer la réglementation douanière métropolitaine sans promulgation ou publication préalables

C'est ainsi que le recueil des règlements douaniers intitulé « Observations préliminaires du tarif des Douanes », approuvé par arrêté du Ministre des Finances, fait l'objet d'un décret conformément aux dispositions de l'article 6 de la loi du 29 mars 1910*. Ce décret doit, à notre avis, être promulgué dans les colonies assimilées, pour que cette réglementation officiellement modifiée y soit exécutoire. Il n'en est pas de même des décisions, circulaires et lettres administratives de la Direction générale des Douanes, interprétative de règles ou de lois et décrets en vigueur. Ces documents — une fois notifiés aux bureaux des Douanes — sont exécutoires, et cette règle s'applique évidemment aux colonies assimilées.

59. — Pour le « Répertoire général du Tarif » portant classement des marchandises, pour l'application des droits, il convient de remarquer que l'Aministration des Douanes publie au *Journal Officiel* les décisions qu'elle prend à cet effet, en vertu de son pouvoir d'assimilation. Ces décisions sont de deux sortes :

1°) — Les unes déterminent le régime applicable à des articles nouveaux.

2° — Les autres modifient le régime applicable à des articles non dénommés au tarif. Les unes et les autres sont, en principe, applicables dans les conditions générales fixées pour la promulgation, la publication, l'exécution des lois et décrets. Il en résulte qu'elles devraient être publiées au *Journal Officiel* de chaque colonie « assimilée » pour être exécutoires et opposables aux tiers. Il est à noter, de plus, que les décisions portant « surclassement » c'est-à-dire tarification plus élevée d'un article déjà compris sous une dénomination quelconque, ne sont applicables qu'à l'expiration du délai d'un mois à compter de l'insertion de la décision au *Journal Officiel* (Circulaire des Douanes n° 4.500 du 19 février 1914)'. Ces règles devraient être suivies dans les colonies assimilées car il s'agit en fait, d'un changement de tarif qui devrait être porté, au préalable, à la connaissance du public appelé à en subir les effets ? Or, nous sommes portés à croire que cette publication locale n'a pas lieu, habituellement.

60. — En résumé, l'assimilation est loin d'être aussi complète que les décisions de jurisprudence l'affirment. Les colonies assimilées sont encore loin d'être « confondues « en principe, avec la France continentale en un seul territoire douanier », pour employer la phrase consacrée par le Conseil d'Etat. Sans parler des pénalités, qui ne peuvent être appliquées *ipso facto*, ainsi que nous le verrons tout à l'heure, et des tarifs spéciaux à chaque colonie assimilée, qui sont une grave dérogation au principe d'unification, il y a lieu de remarquer que l'assimilation ne vise que les droits de douane fixés par la loi du 11 janvier 1892 et par les lois qui l'ont modifiée. Elle ne vise pas les droits de sortie, rétablis dans la Métropole ; les taxes douanières accessoires, telles que : statistique, timbre, plomb, dépôt, entrepôt, navigation, les surtaxes d'entrepôt et d'origine, les modérations de droits consenties en vertu de traités de commerce, à moins d'une clause spéciale et une série d'autres dispositions qui pourraient, pratiquement, être appliquées aux colonies, et dont nous aurons l'occasion de nous occuper dans la deuxième partie de cet ouvrage.

Quoiqu'il en soit, il serait indispensable, pour fixer définitivement la portée exacte du principe d'assimilation de codifier minutieusement les règles de perception en matière douanière et de les promulguer dans chacune de nos colonies soumises au régime métropolitain. Cette mesure mettrait fin à l'incertitude qui règne sur ce point et qui restera toujours si elle n'est clairement dissipée, une

source de procès et d'interprétation plus ou moins contradictoires (1).

61. — Résumons le § 3, relatif à la règlementation :

La règlementation des droits douaniers métropolitains
étendus aux colonies du premier groupe, y est applicable et
n'a besoin que d'y être promulguée par arrêté du Gouverneur, sauf les pénalités.

62. — § 4 - *PÉNALITÉS DOUANIÈRES*. — Pour les
pénalités, aucune incertitude. Le Senatus Consulte de
1854 exigeait un décret en forme de règlement d'administration publique pour les colonies de la Martinique,
la Guadeloupe et la Réunion (art. 6) ou un décret simple pour les autres colonies (art. 18) lorsqu'il s'agissait
d'édicter des pénalités correctionnelles.

Ce principe est resté en vigueur. Il fait partie du
droit public. La loi du 11 janvier 1892 n'y a porté aucune atteinte, puisqu'elle s'est bornée a fixer un tarif et
des règles d'application. L'arrêt du 27 avril 1894* l'a ré-
pété et a précisé que le Gouverneur d'une colonie ne
pouvait promulguer les textes métropolitains relatifs aux
pénalités douanières, sous aucun prétexte : un décret
d'applicabilité était indispensable.

63. — C'est en vertu de ce principe que le décret du 16
février 1895 a déclaré applicables aux colonies régies par
les lois douanières métropolitaines la plupart des textes
répressifs douaniers* (2). Comme il s'agissait ici de textes qui devaient être appliqués sans être modifiés, le décret d'applicabilité fut pris dans les conditions fixées par
l'article 8 du Senatus Consulte du 3 mai 1854, c'est-à-
dire sans l'intervention de l'assemblée générale du Conseil d'Etat, réservée aux décrets rendus dans la forme des
règlements d'administration publique.

64. — Toutefois, la Cour de Cassation a déclaré applicables à Madagascar toutes les lois douanières, y compris
celles relatives aux pénalités, antérieures à la conquête et
promulguées *in globo* dans cette possession par le décret
du 28 décembre 1895. Cassation civ. 24 déc. 1919*.

---

(1) Ainsi, l'application aux Colonies de la loi du 11 janvier 1892 n'y a
pas étendu celle des dispositions métropolitaines relatives à l'ouverture
et à la fermeture des bureaux de douane. Le Gouverneur agit en cette
matière eu vertu et dans la limite de ses propres pouvoirs. Il ne peut,
dès lors, fermer par arrêté un bureau qui a été ouvert par une ordonnance. (Cass. civ. 31 janvier 1923*)

(2) Mais la promulgation d'une loi métropolitaine dans une colonie
n'en change ni le sens ni la portée. La promulgation aux Colonies, par
le décret du 15 février 1895 des lois sur la police des frontières de terre
ne saurait s'étendre à celles relatives à la police des frontières maritimes
si ces lois n'ont pas été spécialement promulguées. (Cass. cr. 21 nov.
1901*). C'est le cas notamment de l'article 85 de la loi du 8 floréal, an
IX qui, non promulgué aux colonies ne peut y être appliqué. Il vise la
circulation de certaines marchandises dans un myriamètre des côtes,

Pour ce cas, ni décret d'applicabilité, ni promulgation, ni publication, si ce n'est la promulgation du décret lui-même, du 28 décembre 1895, qui a été effectuée, attendu dit l'arrêt, « que sont applicables à Madagascar et « Dépendances, notamment les lois relatives aux Douanes « antérieures à l'annexion et auxquelles se réfère,en ce qui « concerne la procédure et les pénalités.... ».

65. — C'est on ne peut plus formel et nous ne reviendrons pas sur cette question. En dehors de cette exception, dictée par des circonstances spéciales, le principe a toujours été respecté.

Dans son avis du 16 mai 1916, le Conseil d'Etat fait état de l'arrêt de la Cour de Cassation du 27 avril 1894, pour le proclamer une fois de plus. Il est établi en conséquence, que la loi douanière de 1892 étant muette sur l'applicabilité aux colonies des pénalités que sa violation pourrait entraîner, celles-ci ne peuvent être étendues dans nos possessions « assimilées » que dans les conditions fixées par les articles 6 et 8 du Senatus Consulte du 3 mai 1854, soit :

1° — pour les textes métropolitains édictant des pénalités et devant être appliqués sans modifications, par décret du chef de l'Etat en vertu de l'article 8 ;

2° — pour les textes métropolitains portant des pénalités et devant être modifiés avant d'être appliqués aux colonies, par décrets en forme de règlement d'administration publique (art. 6) ;

3° — pour les colonies autres que la Martinique, la Guadeloupe et la Réunion, par des décrets simples (art. 18).

66. — C'est ainsi que l'expertise légale en matière douanière, organisée par les lois du 5 avril 1910 (art. 2) 27 juillet 1822 (art. 19) 7 mai 1881 (art. 4) et 11 janvier 1892 (art. 9) peut être appliquée aux colonies assimilées par simple arrêté local en ce qui concerne la réglementation, tandis que les pénalités prévues par ces textes ne peuvent y être appliquées que dans les conditions qui viennent d'être appliquées (1).

C'est d'ailleurs à l'occasion de l'applicabilité de l'expertise légale que la Haute Assemblée a émis son avis du 16 mai 1916. Notons que les dispositions pénales relatives à l'expertise légale avaient été omises dans le décret du 16 février 1895 rendant applicables aux colonies « assimilées » les pénalités douanières métropolitaines.

Cet oubli a motivé l'avis qui vient d'être cité, et qui du

---

(1) L'expertise légale n'est pas nécessaire si le juge trouve dans les faits des éléments suffisants pour établir sa conviction. Le fait de savoir si le montant du fret qui doit concourir à former la valeur d'une marchandise taxée *ad valorem* doit être celui qui est porté sur le connaissement ou celui qui est porté sur une contre-lettre relève de l'appréciation souveraine du juge (Cass. req. 3 janvier 1911)*

reste, n'a pas été suivi d'effet. Le décret qui doit réparer cette omission n'a pas encore paru, si bien que, la réglementation de l'expertise légale qui pouvait être rendue exécutoire par simple arrêté, restera, en fait, lettre morte, tant que les pénalités qu'elle est susceptible d'entraîner ne seront pas rendues applicables, par un décret promulgué dans les colonies dites « assimilées ». La plupart de celles-ci sont obligées, actuellement, d'avoir recours aux règles du droit commun, dans le cas où l'expertise légale se justifie (1).

67. — Qu'il nous soit permis, en terminant cette étude rapide de la promulgation aux colonies, des lois douanières, de regretter que l'assimilation ne comporte pas de plein droit l'application des pénalités, comme celle de la règlementation. Ces deux éléments, règle et sanction, sont inséparables et l'on conçoit difficilement que l'extension à nos possessions du premier soit plus facile que celle du second. Il y a lieu d'espérer que, profitant des leçons du passé, le législateur appelé à fixer le prochain régime douanier colonial, forgera un instrument à la fois plus robuste, plus souple et plus harmonieux que celui qui nous a servi jusqu'ici.

LÉGISLATION FINANCIÈRE DES COLONIES
ARTICLE Ier
RÉGIME FINANCIER

68. — Le régime financier est fixé par le décret du 30 décembre 1912, dont les principales dispositions sont les suivantes :

§ Ier — BUDGETS

69. — Chaque colonie ou groupe de colonies pourvoit à ses charges. Le budget, annuel, est préparé par le chef de la

---

(1) Les pénalités prévues par un texte spécial doivent être appliquées de préférence aux pénalités douanières. Lorsqu'une prohibition d'importation « est sanctionnée par des lois spéciales, les lois de douane, qui répriment la contrebande ne sont pas applicables ». (Thibault : Notes I, 2, 3. Penant : Recueil de jurisprudence, année 1919, p. 173). M. Thibault cite à l'appui de ce principe, des exemples nombreux et notamment :

a) La loi du 28 avril 1816 est appliquée de préférence aux lois douanières en cas d'importation de cartes à jouer.

b) La loi du 23 juin 1857 interdit les importations de produits étrangers revêtus de marques de fabrique françaises et les importations de l'espèce n'étaient pas considérées comme des infractions douanières, cette loi ayant un caractère général et un caractère fiscal. Il est vrai que l'article 15 de la loi du 11 janvier 1892 attache aux importations d'objets portant des marques ou des signes pouvant laisser croire qu'ils sont fabriqués en France le caractère d'infractions douanières ;

c) La loi du 17 août 1915 édicte des peines contre les infractions aux prohibitions de sortie. La Cour de Cassation reconnaît que ces infrac-

colonie, Gouverneur ou Gouverneur général et délibéré par le Conseil général dans les colonies qui en sont pourvues (Martinique, Guadeloupe, Guyane, Réunion, Nouvelle Calédonie et Inde) ou par le Conseil d'administration dans les autres, ou enfin par le Conseil colonial (Indo-Chine).

Le budget est arrêté et rendu exécutoire par le Gouverneur en Conseil avant le début de l'exercice dans les colonies pourvues d'un Conseil général, approuvés par décret dans les autres colonies.

Pour les établissements de l'Océanie, le Gouverneur arrête le budget en Conseil d'administration, et le rend exécutoire. Le budget des Nouvelles Hébrides est établi par le Haut Commissaire et approuvé par le Ministre des Colonies. Celui des Iles Wallis et Futuna est établi par le Commissaire général de la République française dans le Pacifique et approuvé par le Ministre des colonies. Il en est de même des budgets du Cameroun et du Togo.

70. — Le budget est alimenté par les six sources de revenus ci-après :

      1°) Taxes et contributions.
      2°) Droits de Douanes
      3°) Revenus des propriétés appartenant à la colonie.
      4°) Produits divers.
      5°) Subventions.
      6°) Prélèvements sur les fonds de réserve.

Nous avons seulement à nous occuper des deux premières.

§ 2 TAXES ET CONTRIBUTIONS

71. — Les taxes et contributions indirectes sont établies :

72. — a) dans les colonies groupées en un Gouvernement général, par le Gouverneur général en Conseil de Gouvernement, le mode d'assiette et les règles de perception sont approuvées par décret (1). Il en est ainsi même pour le Sénégal qui est pourvu d'un Conseil colonial ;

73. — b) dans les colonies non groupées en Gouvernement général et non pourvues d'un Conseil général, les impôts sont établis par des arrêtés du Gouverneur qui ne

---

tions ont un caractère mixte et elle admet que la confiscation peut être demandée par l'Administration des Douanes, mais elle ne lui attribue pas l'amende fiscale de 500 frs prévue par le code des Douanes de 1791 (Cass. cr. du 10 nov. 1916) ;

d) Les lois de 1906 et 1913 prohibant l'importation de boites de conserves non munies de certaines marques ont un caractère d'intérêt général et les infractions à ces lois ne sauraient entraîner l'application des lois de douanes sur l'importation des marchandises prohibées.

(1) Les irrégularités d'un arrêté pris dans ces conditions se trouvent couvertes par le décret qui l'approuve. (Cass. civ. 21 janv. 6me et 7me moyen)·

sont exécutoires qu'après approbation ministérielle. Si dans le délai de six mois, ces arrêtés ne sont ni annulés, ni approuvés, ils deviennent exécutoires de plein droit ;

74. — c) dans les colonies pourvues d'un Conseil général, les taxes et contributions sont établies dans les conditions fixées par l'article 55 de la loi du 29 juin 1918, ainsi conçu :

75. — Article 55. — Les alinéas 8 et 9, du paragraphe 2 et le paragraphe 3 de l'article 33 de la loi de finances du 13 avril 1900 (modifié par l'article 10 de la loi du 30 mars 1916 et complété par l'article 2 de la loi du 30 juin 1917) sont remplacés par les dispositions suivantes :

76. — a) Dans les colonies d'Amérique et de la Réunion, la nomenclature des dépenses obligatoires est établie par décret en Conseil d'Etat, rendues après avis du Conseil général.

Si les dépenses obligatoires ont été omises ou si le Gouverneur, en Conseil privé, estime que les allocations portées pour une ou plusieurs de ces dépenses sont insuffisantes, le Gouverneur peut y pourvoir provisoirement, soit à l'aide de fonds de dépenses diverses et imprévues soit au moyen d'une réduction des dépenses facultatives, soit d'une imputation sur les fonds libres. Il en réfère d'urgence au Ministre des Colonies, et, le cas échéant, le crédit nécessaire est inscrit d'office au budget par un décret rendu dans la forme de règlement d'administration publique et inséré au *Journal Officiel* de la République Française et au *Journal Officiel* de la colonie. Il est pourvu au paiement des dépenses inscrites d'office comme il est dit ci-dessus, et à défaut, au moyen d'une majoration de taxes faite par le décret d'inscription d'office.

77. — b) Les Conseils généraux des colonies délibèrent sur le mode d'assiette et les règles de perception des taxes et contributions autres que les droits de douane, qui restent soumis aux dispositions de la loi du 11 janvier 1892.

Ces délibérations ne sont applicables qu'après avoir été approuvées par décrets en Conseil d'Etat. Ces décrets devront être rendus dans les neuf mois de la date de la clôture de la session où les délibérations auront été prises. Passé ce délai, ces délibérations seront considérées comme approuvées ; elles deviendront définitives et exécutoires.

Si le Conseil d'Etat estime qu'il y a lieu de procéder à un complément d'information ou que la délibération qui lui est soumise ne peut être approuvée qu'après certaines modifications, son avis indique les pièces et renseignements à produire ou les modifications qu'il juge nécessaire d'apporter au texte dont il est saisi.

Cet avis est communiqué d'urgence au Ministre des Colonies, qui, dans les quinze jours de sa réception le notifie au Président du Conseil général et au Président de la Commission coloniale par l'intermédiaire du Gouverneur. Cette double notification interrompt le délai de neuf mois ci-dessus spécifié.

Si le Conseil général appelé à se prononcer à nouveau, adopte les modifications proposées par le Conseil d'État, sa délibération devient exécutoire par arrêté du Gouverneur rendu dans le délai d'un mois à dater de la clôture de la session. Au cas contraire, la nouvelle délibération reste soumise aux mêmes conditions de validité que la délibération primitive.

78. — c) Les Conseils généraux des colonies votent également les tarifs des taxes et contributions de toute nature nécessaires pour l'acquittement des dépenses de la colonie, autres que les droits de douane. Les délibérations des Conseils Généraux relatives au tarif des taxes et contributions, sont définitives et deviennent exécutoires, si dans le délai de quatre mois pour les colonies, de l'Atlantique, et de six mois pour les autres colonies, elles n'ont pas été annulées par décret rendu sur le rapport motivé du Ministre des Colonies. Ce délai court à partir de la date de la clôture de la session.

Ces délibérations peuvent être rendues immédiatement exécutoires par décision du Ministre des Colonies.

Le délai d'annulation des dispositions relatives aux tarifs prises en même temps que les délibérations portant sur le mode d'assiette et les règles de perception des taxes et contributions, est réduit à un mois, à dater du jour où ces dernières seront devenues définitives.

§ 3 — DROITS DE DOUANE

79. — Les droits de douane sont établis de la manière suivante :

Dans les colonies soumises au tarif douanier métropolitain, ces droits sont appliqués par la promulgation de la loi métropolitaine ; toutefois des droits spéciaux peuvent être substitués à ceux du tarif général, par décret en Conseil d'État, après avis du Conseil général, s'il y a lieu.

Dans les colonies qui ne sont pas soumises au tarif métropolitain, les droits de douane sont fixés par décret (1).

L'étude des droits de douane, de l'octroi de mer et des taxes perçues par le service des Douanes, fera l'objet de la deuxième partie.

---

(1) Dans toutes les colonies les droits de douane pouvaient être suspendus par le Gouverneur pendant la guerre 1914 à 1918, à l'entrée dans la colonie pour les denrées d'alimentation de première nécessité. Le décret du 22 août 1914* ratifié par la loi du 14 août 1915* devait cesser de produire son effet au plus tard six mois après la signature du Traité de Paix. Les droits ont été rétablis avant ce délai ou automatiquement le jour où il est arrivé à expiration.

IIᵐᵉ PARTIE

DROITS ET TAXES

DEUXIÈME PARTIE

DROITS DE DOUANE -- DROITS DE SORTIE
OCTROI DE MER -- TAXES DE CONSOMMATION & AUTRES
LIQUIDÉES OU PERÇUES PAR LE SERVICE DES DOUANES

CHAPITRE PREMIER

DROITS DE DOUANE

SECTION PREMIERE

NOTIONS HISTORIQUES

ARTICLE Ier

PREMIERE PERIODE — DE L'ORIGINE A 1866

80. — Pendant cette période, le pacte colonial imposa aux colonies, à quelques exceptions près, tour à tour créées et supprimées, l'obligation de n'exporter ses produits que dans la Métropole et sous pavillons français. Les bâtiments étrangers ne pouvaient aborder dans nos colonies. Après, d'autres compagnies privilégiées qui ne firent pas de brillantes affaires, celles des Indes Occidentales et des Indes Orientales, monopolisèrent le commerce outre-mer.

Les exportations de France à destination des possessions françaises étaient exemptes de droits de sortie ainsi que les marchandises étrangères servant à l'avitaillement des navires armés pour la même destination.

De leur côté, les produits coloniaux étaient, à leur importation dans la Métropole, l'objet d'une détaxe sous la forme d'une prime proportionnée au chargement et à la durée du voyage.

L'entrepôt, et, pour certains d'entre eux, le transit, leur furent accordés en franchise en 1717, lorsqu'ils étaient destinés à l'étranger, alors que les produits étrangers acquittaient dans ces deux cas, des droits d'entrée ou de sortie par mer et des droits de transit dont le nombre variait avec l'itinéraire suivi à l'intérieur avant de quitter le territoire. Les droits perçus sur les sucres bruts étaient restitués à l'exportation pour l'étranger si le raffinage avait eu lieu à Bordeaux, la Rochelle, Rouen ou Dieppe.

81. — Après une ère assez courte de liberté commerciale (1793-1802) dont les guerres de la Révolution ne permirent guère de mesurer les effets ; les colonies furent de nouveau soumises par les arrêtés de l'an X à l'ancien régime.

82. — La Restauration respecta le principe du pacte colonial en y apportant quelques tempéraments. Les colonies pouvaient expédier à l'étranger sous tous pavillons les marchandises françaises ou étrangères et certaines denrées du crû. Les marchandises françaises étaient admises en franchise à leur importation dans nos colonies.

83. — Les ordonnances de 1845 et 1846 établirent les droits d'entrée pour les marchandises étrangères importées aux colonies et ces marchandises pouvaient être de toute provenance, pourvu qu'elles fussent transportées sous pavillon français lorsqu'elles venaient d'Europe ou des pays européens situés sur la Méditerranée.

84. — La loi du 3 juillet 1861 mit fin au pacte colonial en adoptant les principales dispositions suivantes :

1° — Toutes les marchandises étrangères non prohibées en France pouvaient être importées aux colonies sous le régime du tarif métropolitain augmenté s'il y avait lieu, du tarif imposé aux produits similaires français ;

2° — Les produits coloniaux pouvaient être expédiés à l'étranger directement ;

3° — Les mêmes produits importés en France sous pavillon français, furent admis en franchise à l'exception du sucre et ses dérivés ;

4° — Les marchandises étrangères purent être importées aux colonies sous tous pavillons mais celles importées par navires étrangers furent soumises à des surtaxes de pavillon de 10 à 30 francs par tonneau d'affrètement suivant la provenance et la destination ;

5° — Moyennant le paiement de ces surtaxes les navires étrangers purent naviguer entre la France et ses colonies.

85. — Ce régime d'assimilation dura jusqu'en 1866. Entre temps la loi du 16 mai 1863 conférait aux produits d'admission temporaire transformés en France, la franchise complète des droits de douane à leur entrée aux Antilles et à la Réunion.

ARTICLE II

DEUXIEME PERIODE. De 1866 à 1892

86. — C'est une période d'autonomie commerciale dont les résultats soulevèrent de vives critiques dans la Métropole.

Le Senatus Consulte du 4 juillet 1866 dispose en son article 2 que le Conseil général vote le tarif d'octroi de mer sur les objets de toute provenance ainsi que les tarifs de douane sur les produits étrangers, naturels ou fabriqués, importés dans la Colonie. A la faveur de cette disposition les Conseils généraux des Colonies qui en étaient pourvues supprimèrent successivement, en totalité ou en partie, les droits de douane qui existaient avant 1866 et votèrent des droits d'octroi de mer qui frappaient les importations françaises et étrangères.

La Métropole de son côté répondait à cette mesure par la suppression des détaxes qui favorisaient l'importation des sucres coloniaux.

Les colonies non pourvues de Conseil général continuaient d'être régies par des décrets émanants directement du pouvoir central.

87. — Après quelques années de cet isolement si préjudiciable aux intérêts réciproques de la Métropole et des Colonies à autonomie commerciale on revint, des deux côtés, à de meilleurs sentiments ; les conseils généraux votèrent des droits de douane sur les marchandises étrangères, de 1884 à 1885. En échange, la Métropole consentit à conférer des avantages spéciaux aux produits des colonies. Les sucres des Antilles et de la Réunion bénéficièrent d'une détaxe sous forme de fabrication, d'abord exempt de droits, puis soumis à la moitié du tarif plein (loi du 5 août 1890).

Le tarif métropolitain était peu à peu étendu à la plupart de nos possessions et l'autonomie momentanée se transformait rapidement en assimilation de plus en plus complète.

C'est dans cette situation de concessions réciproques que se préparait la réforme réalisée par la Loi du 11 janvier 1892 et qui constitue l'état actuel de la législation douanière coloniale.

SECTION II

LOI DU 11 JANVIER 1892

ARTICLE Iᵉʳ

DEUX GROUPES DE COLONIES

88. — La loi de 1892 divise les Colonies en deux groupes douaniers. Le premier comprend la Guadeloupe, la Martinique, la Guyane, l'Indo-Chine, la Nouvelle Calédonie, la Réunion, Madagascar et les Comores, le Gabon (1).

Le deuxième groupe comprend toute l'Afrique occidentale (2) et équatoriale (3), sauf le Gabon, Djibouti et

---

(1) On entend par Gabon, la partie du Congo français comprise entre la frontière du Cameroun et la Rivière Settecama ; l'autre partie du Congo fait partie du deuxième groupe.

(2) Le Sénégal, la Guinée française, la Côte d'Ivoire, le Dahomey, le Soudan français, (ex-Haut Sénégal Niger), la Haute Volta, la Mauritanie, le territoire du Niger (décret du 4 décembre 1920, observations prélim. n° 373).

(3) Moyen Congo (Congo français du bassin conventionnel) l'Oubangui-Chari-Tchad y compris le territoire militaire du Tchad (décret du 15 janvier 1910).

la Côte des Somalis (1), l'Inde française, les Établissements français de l'Océanie (2) et, depuis 1912, Saint-Pierre et Miquelon qui étaient autrefois rattachés au premier groupe.

Cette distinction est basée sur la nécessité de laisser à certaines possessions insuffisamment préparées au régime de l'assimilation inaugurée par la nouvelle loi, une certaine autonomie. Certaines d'entre elles étaient liées par des Conventions internationales, d'autres étaient trop vastes et encore trop peu organisées pour que le tarif métropolitain pût leur être imposé sans inconvénients.

ARTICLE II
COLONIES DU PREMIER GROUPE
§ 1er — TARIF GENERAL

89. — La loi de 1892 impose à ces Colonies le tarif en vigueur dans la Métropole. Les prérogatives accordées aux Conseils généraux par le Senatus Consulte du 4 juillet 1866 se trouvent donc abolies. Les assemblées locales n'ont plus à voter les droits de douane : ceux de la Métropole sont appliqués dans la colonie au fur et à mesure de la promulgation de la loi qui les a créés et suivant les règles déjà étudiées. 1re partie nos 34 et suivants).

§ 2 — TARIF SPÉCIAL

90. — Toutefois aux termes de l'article 3 § 4 de la loi du 11 janvier 1892 des décrets en forme de règlements d'administration publique rendus sur le rapport du Ministre du Commerce, de l'Industrie et des Colonies, et après avis des Conseils généraux ou Conseils d'administration des Colonies détermineront les produits qui, par exception à la disposition qui précède, seront l'objet d'une tarification spéciale. Cette mesure d'exception peut être également, aux termes de l'article 4, proposée par les Conseils généraux ou les Conseils d'administration et sanctionnée, s'il y a lieu, par un décret pris dans la forme des règlements d'administration publique 3).

Ces tarifs spéciaux comprennent un petit nombre d'articles variant pour chaque colonie suivant ses besoins, notamment des produits de première nécessité que la Métropole ne peut fournir tels que le riz, poissons secs, pièces de rechange de certaines machines, etc....

---

(1) Territoire d'Oboch et protectorat, la côte Côte des Somalis, de Tadjourah et des pays Danakils.

(2) Tahiti et Dépendances, archipels des Marquises, des Gambiers, des Tubai, des Rapa, des Tuamotu.

(3) Toutefois le Conseil d'Etat vient de décider qu'un décret approuvant une délibération du Conseil Général suffit pour, en créant le Monopole des tabacs dans une Colonie (Nouvelle Calédonie) entrainer la prohibition d'importation des tabacs pour les particuliers (Penant, mars 1923).

Le tarif spécial est unique et s'applique, pour les produits qu'il frappe, à ceux de toute origine étrangère.

91. — § 3 — RELATIONS DES COLONIES DU 1ᵉʳ GROUPE AVEC LES PAYS ÉTRANGERS

Aux termes de l'article 2 § 3 de la loi de 1892, les produits étrangers importés dans les Colonies sont soumis aux mêmes droits que s'ils étaient importés en France. Il s'agit des droits de douane proprement dits tels qu'ils ont été fixés par cette loi et par toutes celles qui l'ayant modifiée ont été régulièrement promulguées dans le groupe.

Les droits de douane sont inscrits au tarif et liquidés d'après la règlementation métropolitaine. Celle-ci codifiée en un volume connu sous le nom « d'Observations préliminaires » a dû être ou devrait être promulgué également en tant qu'elle se rapporte à la liquidattion et à la perception des droits de douane. Les modifications apportées à cette règlementation doivent être appliquées dans les mêmes conditions, à mesure qu'elles se produisent. Un « Répertoire général » établi et modifié par l'administration donne le classement des marchandises, les « Notes explicatives » les décrivent et aident à leur reconnaissance. Ces notes font partie de la loi (1) Enfn les pénalités inscrites dans les lois métropolitaines promulguées aux Colonies du premier groupe par le décret du 16 février 1895 ou plus tard, ainsi que les lois postérieures, également promulguées, servent à sanctionner les infractions relatives à la perception des droits de douane.

92. — Le tableau des droits comprend le tarif général qui s'applique aux pays, ne jouissant pas d'un traitement de faveur ; le tarif minimum, réservé aux pays contractants, et la surtaxe d'entrepôt qui frappe les marchandises d'origine extra-européenne importées en France par la voie des pays d'Europe. Cette surtaxe et la surtaxe d'origine, qui s'applique aux marchandises européennes importées en France d'un pays tiers (autre que celui d'origine), ne sont pas applicables aux Colonies (Observations préliminaires nᵒ 372). Quant aux modérations de droits résultant des traités et conventions, elles s'appliquent aux colonies du premier groupe dans les mêmes conditions qu'en France.

Bien entendu, le tarif spécial et unique de chaque colonie est seul applicable aux produits étrangers qu'il reprend et quelle que soit la nature des arrangements intervenus.

93. — Les traités, conventions, arrangements et accords conclus par la France avec les divers États, s'appliquent aux colonies et possessions françaises, sauf dans le cas où le

____

(1) Pallain. Les douanes françaises. Tome quatrième, p. 903.

contraire a été stipulé. Les seules stipulations de ce genre sont jusqu'ici, contenues :

1°) la première, dans le traité du 20 février 1911, accordant le tarif minimum au Portugal ; ce régime n'est pas applicable aux colonies françaises des deux groupes.

2°) la seconde dans l'article 19 de la convention du 19 août 1911 entre la France et le Japon ainsi conçu :

« Article 19. — Les dispositions de la présente con« vention sont applicables à l'Algérie. Elles pourront être
« ultérieurement étendues en tout ou partie aux colonies
« françaises et pays de protectorat, par une déclaration
« concertée entre les deux Gouvernements ». A la même date, 19 août 1911, le Gouvernement français déclarait adhérer à la convention pour les colonies suivantes : Martinique, Guadeloupe, Guyane, Saint-Pierre et Miquelon, Afrique Occidentale, Afrique Équatoriale, Côte des Somalis, Madagascar, Réunion, Inde française, Nouvelle Calédonie Observation préliminaire n° 495 Japon, et n° 497). Restent en dehors de la convention et appliquent dès lors, le tarif de droits communs aux produits japonais : l'Indo-Chine et les Etablissements d'Océanie.

94. — Les Etats contractants jouissent du régime de faveur en France et dans les colonies françaises pour leurs territoires européens sauf pour Malte et Gibraltar qui restent soumis au tarif général.

95. — Les territoires étrangers situés hors d'Europe ne bénéficient du régime de faveur que si ce régime leur a été concédé expressément soit par l'acte d'arrangement, soit par un acte unilatéral, loi ou décret, rendu par la France. C'est ainsi que les produits des colonies anglaises ne jouissent pas du tarif minimum, sauf les denrées coloniales auxquelles il a été spécialement consenti.

96. — Ajoutons que le régime de la nation la plus favorisée entre les pays contractants et les colonies françaises, joue intégralement sous réserve de réciprocité pour tout ce qui concerne le transit, l'entrepôt, la réexportation, les droits de douane, les échantillons, de même pour tout ce qui a rapport à l'exercice du commerce et de l'industrie. (Observations préliminaires n° 497).

97. — Enfin, les navires des pays contractants jouissent dans les colonies françaises du traitement de la nation la plus favorisée. Observations préliminaires n° 527).

I. — Taxes Intérieures ou Complémentaires

98. — L'assimilation ne vise, nous l'avons vu, que les droits de douane inscrits au tarif, résultant de traités conventions, arrangements et accords, ainsi, évidemment que les coefficients de majorations. Les autres taxes, intérieures, complémentaires ou accessoires, en vigueur en France, ne sont pas applicables aux colonies assimilées ; celles-ci sont soumises à ce point de vue, à un autre régime, étranger à l'assimilation douanière et fixé par le décret financier colonial du 30 décembre 1912 et l'article 55 de la loi du 29 juin 1918[*].

99. — Lorsque la taxe intérieure ou complémentaire se trouve inscrite au tableau des droits, elle doit être déduite de la liquidation à l'entrée dans une colonie française. Ainsi, la soude et les autres dérivés du sel marin sont passibles dans la Métropole, lorsqu'ils sont importés de l'étranger, non seulement du droit de douane mais encore d'une taxe dite « complémentaire », destinée à compenser les frais d'exercice auxquels sont soumis les fabricants français. La taxe complémentaire est inscrite au tableau des droits, cumulativement avec le droit de douane.

Comme elle ne constitue pas un droit de douane, elle n'est pas due aux colonies et doit être déduite au moment de la liquidation. Le taux en est indiqué séparément à la fin du tarif et dans les observations préliminaires. (Observations préliminaires n° 148).

100. — Il en est de même de la taxe de fabrication sur la bière perçue en France en même temps que les droits de douane auxquels elle est incorporée. Cette taxe ne doit pas être perçue aux colonies et il y a lieu de la déduire des droits de douane (dépêche ministérielle du 8 mars 1894)[*].

Exemple : Le tarif de la bière est de 40 fr. les 100 kilos. La taxe de fabrication intérieure est fixée à 2 frs par degré hectolitre. Il est admis que la bière est à 6° et qu'un hectolitre de bière pèse au brut 150 kilos. Comme la bière est taxée, à l'entrée, sur le poids brut, 150 kilos bruts de bière acquitteront 12 francs de taxe de fabrication qu'il faut déduire de 60 francs (150 k. à 40 %) soit donc 48 fr. pour 150 kilos et pour 100 kilos, $48 \times 100 : 150 = 32$ francs.

Il faudrait opérer de même pour établir la déduction à opérer sur le tarif minimum.

101. — Les taxes intérieures de consommation, de fabrication, de surveillance, etc., sur un certain nombre de produits, tantôt perçues par les Douanes Métropolitaines séparément ou cumulativement avec le droit de douane, tantôt perçues par le Service des Contributions Indirectes, sont dans le même cas.

Elles ne sont pas dues aux colonies et ne doivent pas être liquidées (Voir le tarif des Douanes de France, taxes intérieures et Observations préliminaires n° 148 et suivants).

102. — Cette remarque s'applique enfin au sucre et à ses dérivés, bonbons, sirops, fruits confits, confitures au sucre, jaunes d'œufs sucrés, lait et farine sucrés dont le droit de douane comprend :

1° — une taxe de consommation, inscrite au tarif des droits de douane ;

2° — une surtaxe qui constitue le véritable droit de douane ;

3° — une taxe de raffinage applicable aux sucres

étrangers raffinés en compensation de celle qui est perçue dans les raffineries de l'intérieur ;

4° — une taxe de surveillance perçue dans les mêmes conditions et pour la même raison.

Le sucre importé de l'étranger aux colonies françaises n'y sera soumis, au titre des droits de douane, qu'à la surtaxe douanière, à l'exclusion des autres taxes, celles-ci n'étant pas des droits de douane. Si la colonie importatrice a institué une ou plusieurs de ces taxes à l'intérieur, elle pourra les appliquer évidemment, mais seulement comme taxe locale et pouvant dès lors, différer des taxes inscrites au tarif métropolitain (1).

Les jaunes d'œufs sucrés, qui sont passibles à l'importation dans la Métropole :

1°) d'un droit de douane,

2°) d'une taxe de consommation,

3°) d'une taxe de raffinage,

sur le sucre raffiné entrant dans le produit, n'acquitteront à l'entrée dans une colonie du premier groupe que le droit de douane. Si une taxe de consommation sur le sucre existe dans cette colonie, elle sera appliquée à ce titre à la condition que les jaunes d'œufs soient repris à la nomenclature locale des produits taxables et que la taxe de consommation soit applicable au sucre contenu dans ce produit.

103. — Par contre les surtaxes inscrites au tableau des droits pour certaines catégories de tissus (fabrication, impression) font partie du droit de douane et doivent être appliquées aux tissus étrangers importés dans les colonies assimilées. Ces surtaxes, en effet, ne correspondent pas à une charge équivalente imposée à l'industrie française et traduite à l'intérieur sous forme de taxe ; elles constituent un véritable droit de douane qui s'applique ou non suivant que le tissu a subi ou non certaines opérations complémentaires de fabrication.

104. — Pour les vins et boissons fermentés non dénommés, une remarque s'impose. Le droit de douane qui frappe ces produits est basé, en partie pour les vins de raisin frais et en totalité pour les vins de raisin sec et les boissons non dénommées, sur la taxe de consommation de l'alcool. Cette taxe n'est ici qu'un point de comparaison pour établir le droit de douane. C'est à ce dernier titre qu'elle est perçue et il s'agit, par conséquent, de la taxe de consommation, en vigueur dans la Métropole (dépêche ministérielle du 30 mars 1893). Du reste, cette taxation n'exclut pas l'application de la taxe intérieure qui peut être due par ces boissons et qui sera perçue par les Contributions Indirectes. Cette dernière taxe ne serait due aux colonies que

---

(1) Cette interprétation est conforme à la jurisprudence de la Cour de Cassation (14 mars 1914*)

si elle existait au titre local et conformément au tarif de chaque possession.

Il est bien entendu que les distinctions qui précèdent sont inopérantes lorsqu'il s'agit de produits soumis au tarif spécial des droits de douane établis pour la colonie. Ce tarif se substitue dans ce cas à celui de la Métropole.

105.   II. — COEFFICIENTS DE MAJORATION

Ils s'appliquent dans les mêmes conditions que dans la Métropole. Ils n'intéressent pas les droits du tarif spécial. Celui-ci ne peut être modifié que dans les conditions qui ont servi de base à son établissement

106.   III. — CHANGEMENTS DE TARIF

Ils s'appliquent aux colonies assimilées dans les mêmes conditions que dans la Métropole sous réserve des délais de promulgation et d'exécution spéciaux aux colonies (1re partie, section III § 4).

107. — Ici une question se pose. La règle générale en matière d'application de tarif, est que le droit dû est celui en vigueur le jour où la déclaration est enregistrée au bureau, alors que la marchandise est déjà arrivée, débarquée ou non, et peut être présentée au Service. Les marchandises en entrepôt, étant réputées à l'étranger, doivent acquitter les droits en vigueur au momont de leur sortie régulière. Contrairement à cette règle générale, il arrive parfois que le texte modificatif, loi ou décret, dispose expressément que les marchandises *expédiées directement* pour la France antérieurement à sa promulgation, seront soumises aux droits antérieurement en vigueur. Même dans ce cas, les marchandises entreposées acquitteront les droits en vigueur au moment de l'inscription de la déclaration de mise à la consommation, étant données qu'elles sont réputées à l'étranger et qu'elles ne sont pas considérées comme ayant été expédiées directement pour la France. Cette interprétation paraît trop rigoureuse, au moment surtout où, comme actuellement, des changements incessants de tarif, réalisés par décret en vertu des dispositions de la loi du 6 mai 1916, mettent les importateurs dans l'impossibilité matérielle de parer à la mobilité incessante des droits. Aux colonies surtout, cet inconvénient se fera lourdement sentir. Les entrepôts fictifs des colonies sont ouverts généralement à toutes les marchandises. Des stocks de tissus, de métaux etc... constitués péniblement, peuvent y séjourner deux ans. Ils ont été commandés sous l'empire d'un tarif douanier déterminé. L'écoulement de ces stocks, si utiles cependant à l'approvisionnem nt de nos îles lointaines par ces temps de crises économiques, est plus ou moins lent. Des capitaux considérables ont été mobilisés pour l'achat de ces marchandises. Lorsqu'un changement de tarif se produit, l'entrepôsitaire n'a donc que le choix entre deux solutions extrêmes :

1°) ou bien mettre à la consommation le jour même de la publication du changement, le stock entreposé et se priver ainsi de la faculté de réexporter, avant l'acquittement, des marchandises dont il peut ne pas avoir besoin.

2°) ou bien supporter le nouveau tarif qui par le jeu des coefficients, peut être double, triple, parfois quadruple de celui qu'il avait escompté au moment de la commande de l'expédition. Solutions souvent pénibles, toujours onéreuses qui viennent aggraver un malaise déjà excessif né de l'incertitude, de la lenteur et des difficultés sans nombre qui président aux transactions en période de crise.

Il serait équitable, au cas qui nous occupe, de faire bénéficier du régime le plus favorable les marchandises réellement expédiées avant l'application d'un nouveau tarif, que ces marchandises soient en cours de route ou en entrepôt au moment de cette application. Cette mesure ne viserait, bien entendu que les modifications qui tiennent compte des chargements antérieurs et ne ferait pas échec à la règle générale, relative aux modifications réalisées par une loi d'après le droit commun en matière douanière.

IV. — Mode de transport

108. — Les règles sur le transport direct et les justifications auxquelles sont subordonnées les modérations de droits s'appliquent aux colonies assimilées dans les mêmes conditions que dans la Métropole. Des dérogations spéciales et provisoires en matière de droiture ont été consenties depuis 1914 pour remédier aux difficultés occasionnées par la guerre.

Elles sont destinées à disparaître avec les raisons qui les ont motivées. Voir p. 62 bis, des observations préliminaires).

109. — À ce sujet il est bon de noter que l'obligation du transport direct, si elle se justifie pour la Métropole par la nécessité de favoriser les relations directes de la France avec les pays étrangers et par celle d'éviter toutes les possibilités de fraude en proscrivant les ruptures suspectes de chargement, est souvent un obstacle fâcheux aux transactions des colonies avec les pays étrangers voisins sans présenter les avantages qui en expliquent le principe.

Prenons des exemples :

Les marchandises japonaises ne peuvent être admises à la Réunion, au régime de faveur, si elles ont transbordé à l'île Maurice, pour les raisons suivantes :

1°) Maurice est soumis au tarif général et son contact fait perdre le bénéfice du tarif minimum aux marchandises japonaises qui, en principe, ont droit au régime de faveur.

2°) le transbordement n'a pas lieu généralement sur un navire de la même compagnie ; le navire importateur est japonais et celui qui transporte les marchandises de Maurice à la Réunion est français ou anglais. Si les deux navires appartenaient à la même Compagnie, le bénéfice de la droiture ne pourrait davantage être appliqué, la seconde partie du voyage étant secondaire alors qu'elle devrait constituer la partie principale du voyage total. (Observations préliminaires n° 59).

Comme il est pratiquement impossible de demander aux navires japonais qui desservent les ports de Maurice, de continuer leur voyage jusqu'à la Réunion, cette dernière colonie ne peut recevoir par cette voie des marchandises japonaises que sous réserve de l'application du tarif général bien que le Japon ait droit dans les colonies assimilées comme dans la Métropole, au traitement de la Nation la plus favorisée.

Cette situation est anormale ; elle gêne des transactions conformes à l'esprit des traités sans favoriser pour cela les relations directes de la Réunion et du Japon, étant donnée la faible importance du courant commercial qui relie ces deux pays. Par contre, ces mêmes marchandises japonaises pourront être transbordées à Maurice pour Madagascar, sur des navires français ou étrangers et de la Grande Ile être importées à la Réunion, soit après dédouanement, soit à la suite de transbordement. En effet, Madagascar jouit, à titre provisoire il est vrai, de la faculté d'importer des marchandises de toute origine et avec le bénéfice du transport direct, après transbordement à Zanzibar, Durban et Maurice, pays exclus du régime de faveur, sous réserve de la production d'un certificat consulaire, attestant la régularité du transbordement. (Observations préliminaires n° 62 bis). Venant de Madagascar après transbordement, ces marchandises japonaises seront admises à la Réunion au régime de faveur alors que ce régime leur serait refusé si elles transbordaient à Maurice.

Ces anomalies devraient cesser. La situation particulière de chaque colonie devrait être envisagée et des facilités établies pour concilier leurs besoins avec les nécessités économiques de la Métropole et les clauses des conventions douanières avec les divers Etats.

110   V. — VISITE DES MARCHANDISES

La visite des marchandises s'effectue dans les mêmes conditions que dans la Métropole. Il suffit, sur ce point, de se reporter aux Observations préliminaires du tarif. Les contestations relatives à l'espèce, la qualité, l'origine, la valeur des marchandises sont réglées dans le même sens si les lois et règlements en cette matière ont été régulièrement promulgués aux Colonies. Les pénalités qui découlent des fausses déclarations, doivent obligatoirement, nous l'avons vu, (Avis du Conseil d'Etat du 16 mai 1916) avoir été rendues applicables aux Colonies et y avoir été promulguées spécialement (1-2). Dans la négative, et c'est le cas le plus fréquent, les contestations qui sont déférées dans la Métropole, aux experts légaux, seraient réglées aux Colonies par les tribunaux d'après les règles du droit commun ? Solution lente, aléatoire et compliquée qui implique des poursuites et les phases multiples de la procédure. D'autre part, le recours aux experts légaux présente de gros inconvénients pour les possessions lointaines. Le choix des experts légaux est difficile, à grande distance, leur décision ne parvient le plus souvent qu'au bout de plusieurs mois. Les marchandises en litige auront pu, il est vrai, être enlevées dès le début, mais une caution sera nécessaire dont la solvabilité pourra devenir douteuse avant la fin. Le dossier d'expertise est assez compliqué. Un envoi d'échantillons s'impose, la qualité de ces échantillons peut s'altérer pendant le long trajet qu'ils ont à subir. Leur poids peut aussi être gênant et coûteux lorsqu'il s'agit de sacs entiers destinés à témoigner de l'origine des produits. Enfin le déclarant peut refuser d'adhérer à l'expertise et créer au service, dans des pays lointains où les formalités sévères et complexes sont volontiers taxées de tracasserie et de routine, une impopularité fâcheuse. Il semblerait plus expédient de confier le litige à un comité local, qui au vu de documents authentiques, réclamés directement au besoin, pourrait décider sainement dans tous les cas.

La plupart des colonies offrent aujourd'hui assez d'éléments pour assurer en cette matière une compétence et une impartialité suffisantes. Il est à remarquer d'ailleurs que les importations litigieuses, si elles sont importantes, ne peuvent donner lieu pratiquement à de grandes difficultés. Il paraît impossible de recevoir un chargement dont l'origine, la qualité ou la valeur ne puissent être déterminées à destination. S'il s'agit, au contraire, de quantités sans importance de produits spéciaux, n'est-il pas préférable de s'exposer à une erreur relative que de mettre

---

(1) Une fausse déclaration ne peut être punie comme une introduction frauduleuse. La confiscation du magasin qui abrite des marchandises faussement ou non déclarées n'est prévue par aucune loi et ne peut être prononcée (Cassation cr. 26 décembre 1902)*. La fraude par substitution consistant à présenter à la visite des marchandises conformes à la déclaration et à retirer ensuite des marchandises non vérifiées d'un poids supérieur ou d'une espèce plus fortement taxée constitue une importation sans déclaration (Cassation civile 5 novembre 1920)*

(2) La contre vérification des marchandises peut avoir lieu tant que, non retirées par les destinataires des magasins de visite ou des quais où s'opèrent les vérifications, elles sont encore sous la main de la douane. (Cass. req. 23 janvier 1906 - s. 1906 - 1-27).

L'arrêt du 17 octobre 1922 (Cass. civ. Penant. Janvier 1923) décide que la contre-vérification est légale tant que les marchandises se trouvent dans le rayon douanier.

en mouvement un appareil qui, simple et rapide en France, perd ces qualités dans nos possessions outre-mer ?

En tout cas, une expérience coloniale déjà longue nous conduit à penser que l'expertise légale n'a jamais paru indispensable autour de nous. Les expertises locales instituées pour l'application des taxes de consommation et d'octroi de mer, ont paru jusqu'ici pleinement suffisantes.

Rappelons en terminant que les tribunaux ne peuvent dans les colonies où elle a été rendue applicable ; ils avoir recours à l'expertise légale métropolitaine même doivent chercher dans la cause les éléments de leur conviction. Lorsqu'il s'agit notamment d'arbitrer la valeur d'une marchandise de fraude en vue de déterminer l'amende, ils doivent au besoin arriver à un résultat par une mesure d'instruction. (Cassation cr. 14 mai 1910)*. (Cassation requêtes 3 janvier 1911)*.

VI. — DROITS ADDITIONNELS

111. — Les droits de douane inscrits au tarif et applicables aux colonies assimilées comprennent :

    1° — un droit principal.

    2° — deux décimes par franc, soit 20 % du principal.

    3° — 4 % du principal et des décimes.

À ce propos, signalons que le supplément de 4 % a été fixé par la loi du 30 décembre 1873.

Le législasteur a voulu ajouter 5 % au principal des amendes qui, déjà augmenté de deux décimes (20 %) par les lois antérieures, se trouva en définitive majoré de 25 %. Une amende fixée par la loi à 100 francs, s'élève avec les décimes et 5 % à 125 frs.

Mais comme les droits de douane comprenaient déjà deux décimes, le législateur a cru devoir limiter à 4 % la majoration qui dars son esprit devait aboutir à une augmentation de 5 % du total (droit principal et décimes antérieurs).

Ainsi un droit de douane de 100 frs en principal auquel deux décimes avaient déjà été ajoutés, donnait 120 fr. La majoration de 4 % portant sur 120 frs total, devient 124 f. 80 au lieu de 125. Si le législateur avait établi une majoration de 5 % comme pour les amendes, le total serait devenu non 125 frs mais 126 frs. D'où ce chiffre de 4 qui s'explique par un désir de simplification. S'il avait fallu fixer la majoration exactement pour obtenir 5 % sur le principal des droits et les deux décimes, comme pour les amendes on eût été obligé de prendre un nombre fractionnaire 4,1666... (Voir « Annales des douanes » année 1903 p. 106).

Quoiqu'il en soit, les droits de douane fixés par la loi de 1892 et les lois ultérieures sont applicables aux colonies assimilées, y compris les deux décimes et 4 % qui font corps avec eux

112. — Il en est autrement des pénalités pécuniaires régulièrement promulguées également dans le premier groupe.

Le principal des amendes a été successivement majoré de deux décimes, puis de 5 %, soit deux décimes et demi, enfin de deux décimes et demi supplémentaires fixés par la loi du 25 juin 1920. La majoration ainsi réalisée égale 50 %.

Les décimes des amendes étaient d'abord considérés comme faisant corps avec l'amende, appliqués et recouvrés dans les mêmes conditions (Cass. cr. 27 août 1868 D. P. 69 1.161 ; Cass. Ch réunies 28 juillet 1871). Dans son arrêt du 5 décembre 1896 (Cass. Cr. 5 décembre 1896)*, la Cour suprême a émis l'opinion contraire et déclaré que les décimes applicables aux amendes sont un supplément d'impôt dont le contentieux appartient aux tribunaux civils. L'administration se trouvait dès lors obligée de décerner contrainte pour les décimes et d'en poursuivre le recouvrement au même titre que les droits. Les lois des 13 avril 1900, art. 5* et 30 mars 1902, art. 33*, ont mis fin à cet état de choses en stipulant que la condamnation de l'amende entraîne de plein droit l'obligation de payer les décimes et demi-décimes ; que ceux-ci seront recouvrés en vertu des mêmes titres et dans les mêmes formes et conditions que le principal de l'amende ;. enfin, que, en matière de douane, de contributions indirectes et d'octroi, le Tribunal compétent pour prononcer la condamnation au principal de l'amende doit prononcer en même temps, sur les conclusions de la partie chargée des poursuites, la condamnation aux décimes et demi-décimes.

Les lois précitées n'ont pas cependant défini le caractère des décimes. Ils semblent être considérés comme un supplément d'impôt, conformément à l'opinion de la Cour suprême et ne sauraient, à ce titre, être appliqués aux colonies. Seules les pénalités nettement établies par la loi y sont applicables. Ni comme pénalité, ni comme impôt les décimes ne peuvent bénéficier d'un tel régime. Comme pénalité, il serait nécessaire que les lois qui les ont fixés fussent décrétées applicables aux colonies. Comme impôt, ils ne pourraient y être perçus que s'ils y étaient établis au même titre que les taxes autres que les droits de douane, par les autorités locales. Aucune des deux éventualités qui précèdent n'a été envisagée jusqu'ici (1).

VII. — Mode d'acquittement des Droits

113. — Le paiement des droits de douane s'effectue en principe, aux colonies comme dans la Métropole, en vertu de l'assimilation douanière à la condition toutefois que la

______

(1) Il en est autrement des deux décimes et demi qui doivent accompagner la consignation de l'amende de pourvoir en Cassation Ils sont dûs aux colonies (Cass. cr. 8 nov. 1895*) (Cass. cr. 30 janvier 1908*) (Cass. cr. 5 mars 1921*).

règlementation métropolitaine sur ce point ait été régulièrement promulguée dans les colonies assimilées.

Le Gouverneur général de Madagascar ayant préparé un projet de décret destiné à permettre l'enlèvement des marchandises sans paiement des droits de douane et des taxes de consommation, ainsi que le paiement de ces droits et taxes au moyen de traites à 4 mois, le Conseil d'Etat (Section des finances, de la guerre, de la marine et des colonies) saisi de ce projet le 18 février 1916* a fait connaître :

1°) que le mode et les conditions de paiement envisagés pour les droits de douane, font partie de 'a règlementation métropolitaine rendue applicable de plein droit à Madagascar et qu'il appartient au Gouverneur général de prendre pour leur mise à exécution les mesures qui, dans la Métropole sont dévolues au Ministre des Finances.

2°) que le crédit de droits en matière de taxe de consommation, est une des matières qui, aux termes de l'article 74 § C du décret du 30 décembre 1912, doivent être réglées par arrêté du Gouverneur général en conseil et que par suite le projet de décret est sans objet.

En fait, les contingences locales ont empêché le plus souvent l'adaptation aux colonies de la règlementation métropolitaine et chacune des possessions assimilées a élaboré des règlements à sa convenance, capables de concilier les principes de l'assimilation et celui de son régime financier.

114. — Le crédit d'enlèvement des marchandises avant paiement et le crédit des droits ne fonctionnent pas d'une manière uniforme ; à plus forte raison certains modes de paiement (chèques barrés, récépissés, mandats de virement sur la Banque de France, mandats sur le Trésor etc...) qui ne peuvent s'adapter à l'organisation financière des colonies.

VIII. — LIQUIDATION ET PERCEPTION DES DROITS

114. bis. — La perception des droits est effectuée tantôt par des receveurs de Douane, dispensés d'ailleurs de cautionnement et appliquant les règles de la comptabilité, tantôt, comme dans les vieilles colonies, par le Trésor directement sur bulletins de liquidation établis par le Service des Douanes (1). Ce dernier mode est évidemment plus pratique et moins onéreux que le premier. Plus pratique en ce qu'il supprime un intermédiaire entre le redevable et le percepteur, le receveur des Douanes, et en même temps, des écritures de toute sorte qui nécessiteraient une centralisation de la comptabilité par un receveur principal ou un comptable centralisateur. Plus sûr, en substituant à la responsabilité disséminée de plusieurs receveurs des Douanes la responsabilité unique du Trésorier-payeur

---

(1) Décret du 26 septembre 1855.

qui encaisse directement ou par l'intermédiaire de ses percepteurs. Plus économique en supprimant un receveur des Douanes pour chaque bureau et des auxiliaires chargés de la perception et des écritures comptables. Un agent suffit au Trésorier pour centraliser la comptabilité douanière, d'où économie de personnel, de matériel, de temps et concentration de responsabilité pécuniaire sur un seul agent, le Trésorier, qui est chargé de la perception de toutes les taxes et contributions locales.

On ne saurait à notre avis, hésiter à étendre à toutes nos colonies, le système de la perception directe.

IX. — ENTREPOT, TRANSIT, ADMISSION TEMPORAIRE

115. — La règlementation métropolitaine relative à ces régimes, est applicable aux colonies du premier groupe sans autre formalité que la promulgation par arrêté des Gouverneurs, des lois et décrets qui en font l'objet. Les pénalités sont soumises comme toujours à l'applicabilité préalable par décret. Quant aux taxes spéciales qui peuvent s'imposer pour le fonctionnement régulier de la règlementation, elles ne peuvent être établies que par les pouvoirs locaux comme les taxes, autres que les droits de douane. Il en serait ainsi notamment pour les taxes de plombage des colis expédiés en transit, de la taxe de magasinage pour l'entrepôt. Mais ces principes, bien établis, se heurtent dans la pratique à des difficultés réelles du fait de l'admission des marchandises françaises sous le paiement de taxes de consommation et d'octroi de mer.

Prenons l'exemple des entrepôts : ceux-ci sont de deux sortes ; l'entrepôt réel et l'entrepôt fictif. Pour l'entrepôt réel, qui est destiné seulement aux marchandises étrangères, aucune difficulté. La règlementation métropolitaine peut être appliquée exactement aux colonies du premier groupe et fonctionner dans les mêmes conditions qu'en France. En fait, l'utilité des entrepôts réels aux colonies disparaît lorsque le régime de l'entrepôt fictif y est appliqué à toutes les marchandises sans distinction. En effet, la faculté de recevoir dans leurs magasins des marchandises françaises ou étrangères qu'ils pourront dédouaner au fur et à mesure des besoins ou réexporter avant l'acquittement des droits, est précieuse pour les commerçants coloniaux. Ils peuvent ainsi constituer des stocks au gré des cours et ne payer les droits et taxes qu'au moment de la vente.

La règlementation de la Métropole sur l'entrepôt fictif pourrait être appliquée aux colonies du premier groupe par simple promulgation, mais elle ne viserait alors que les marchandises étrangères et une partie seulement de ces marchandises, notamment les matières premières, à l'exclusion de la plupart des produits manufacturés, ceux-ci sont au contraire les seuls ou à peu près qui soient importés aux colonies, où les industries sont rares. De plus, les colonies reçoivent surtout des marchandises françaises et celle-ci devraient, si la règlementation métropolitaine était appliquée strictement, être exclues de l'entrepôt fictif. Enfin, le régime de l'entrepôt ayant pour effet de suspendre la perception des droits de douane ne pourrait avoir celui de suspendre la perception des taxes intérieures, consommation et octroi de mer, dont la perception est règlementée par les pouvoirs locaux dans les conditions fixées par les lois ou décrets relatifs au régime financier des colonies, notamment par le décret du 30 décembre 1912 et la loi du 29 juin 1918. Il faudrait alors, pour les mêmes marchandises, établir un règlement spécial en ce qui concerne les taxes locales et appliquer le régime métropolitain en ce qui concerne les droits de douane. Emu de cette situation, le Conseil d'Etat a solutionné la difficulté en prescrivant de fixer le régime de l'entrepôt fictif dans chaque colonie, par un décret rendu dans la forme des règlements d'administration publique sur l'avis des Assemblées et Conseils locaux (dépêche ministérielle du 2 avril 1908)*. C'est ce qui a été fait dans certaines colonies où l'entrepôt fictif fonctionnait déjà antérieurement à la loi du 11 janvier 1892, en vertu de l'ancienne législation douanière et fiscale.

116. — On pourrait se demander, il est vrai, si la solution préconisée par la Haute Assemblée est bien conforme à l'esprit d'assimilation douanière contenu dans la loi de 1892, maintes fois invoquée par le département et la jurisprudence dans le sens d'une extension fidèle aux colonies du premier groupe, des règles douanières de perception édictées dans la Métropole. L'interprétation nouvelle paraît contraire à ce principe, mais il est permis de soutenir que si des tarifs spéciaux de douane peuvent soustraire à l'assimilation une partie du tarif métropolitain, à plus forte raison des décrets pris dans la même forme peuvent-ils adapter la règlementation douanière de France aux besoins de chaque colonie assimilée. Ce sera l'explication la plus juridique de l'obligation pratique où l'on se trouve assez souvent de régler certains points du régime douanier des colonies du premier groupe, régime que la jurisprudence a voulu identifier à celui de la Métropole mais que les faits tendent par la force des choses, à localiser et à différencier de celui-ci.

X. — PROHIBITIONS

117. — Les prohibitions édictées par les lois douanières régulièrement promulguées, sont assurées, aux colonies du premier groupe, dans les mêmes conditions que dans la Métropole. Il en est ainsi notamment pour celles qui résultent de l'établissement des monopoles (tabacs, allumettes, cartes à jouer, poudre) à moins que les tarifs spéciaux de chaque colonie n'y aient dérogé expressément en autorisant l'importation étrangère de marchandises prohibées en France. Tel est le cas généralement pour le tabac et les allumettes (1).

Notons à ce sujet un arrêt de la Cour de Cassation du 12 nov. 1901* qui paraît être en opposition avec le principe de l'assimilation douanière posé par la loi du 11 janvier 1892. Cette loi, promulguée en Indo-Chine, prévoit au tableau des droits qui l'accompagne, la prohibition d'importation des allumettes pour le compte des particuliers mais elle taxe à 12 frs les 100 kilos les allumettes en bois importées pour le compte du monopole ; le tarif spécial de l'Indo-Chine n'a pas dérogé à cette disposition. Il semble donc que, le monopole des allumettes n'existant pas dans cette colonie, les importations d'allumettes pour le compte des particuliers, doivent y être interdites. Or, dans l'arrêt précité, la Cour suprême déclare que, à défaut de monopoles, la prohibition des allumettes étrangères n'existe pas en Indo-Chine et que les importations pour le compte des particuliers doivent acquitter les droits de douane, applicables aux importations pour le compte du monopole en vertu de la règle d'assimilation, d'après laquelle un produit non dénommé au tarif doit acquitter les droits de celui qui présente avec lui le plus d'analogie. Cette solution paraît constituer une application imprévue du droit d'assimilation réservé à l'Administration des Douanes. Ce droit en effet, ne doit s'exercer que sur les produits omis au tarif (Nos 111 et 116 des obs. prél. du tarif) et ce n'était pas le cas pour les allumettes. D'autre part, si le monopole n'existait pas en Indo-Chine il appartenait aux pouvoirs locaux de déroger à la prohibition par un droit spécial établi avant la promulgation de la loi du 11 janvier 1892 mais une fois cette loi rendue **exécu**toire dans la colonie, il semble qu'il fallait s'en tenir aux prohibitions qu'elle édictait, ou les remplacer par des droits spéciaux régulièrement établis.

Il est vrai de dire que les prohibitions douanières résultant des monopoles, s'expliquent difficilement aux colonies. Le monopole a pour principal objectif une source de revenus réservés à la Métropole et qui ne saurait profiter aux possessions outre-mer. Celles-ci ont un budget autonome qu'elles alimentent par leurs propres moyens, elles ne peuvent contribuer à la défense des monopoles métropolitains qui sont étrangers, d'ailleurs, à toute idée de protection économique. Bien plus, les produits monopo-

---

(1) Les importations par la poste (paquets ou colis postaux) de marchandises prohibées n'engagent pas la responsabilité du destinataire s'il refuse de prendre livraison et s'il donne simplement l'ordre de réexpédier les marchandises à l'expéditeur, mais la confiscation doit toujours être prononcée en vertu du principe d'après lequel « la confiscation d'une marchandise prohibée n'a rien de personnel, qu'elle affecte la marchandise, qu'elle doit donc l'atteindre en quelque main qu'elle soit » (Cass. cr. 31 janv. 1918* F. Thibault op. cit, p. 122).

lisés exportés de la Métropole à destination des colonies,
sont cédés par l'État à des prix spéciaux ou exempts des
taxes intérieures applicables aux mêmes produits consommés en France. Enfin, les tabacs et allumettes importés
d'une colonie dans une autre, sont exempts de droits de
douane comme tous les produits échangés dans les mêmes
conditions (art. 5 de la loi du 11 janvier 1892).

Pour ces raisons, les prohibitions résultant de monopoles et inscrites dans les lois douanières, devraient faire
l'objet de tarifs spéciaux. Quoiqu'il en soit, celle des allumettes paraissait devoir être respectée en Indo-Chine
alors qu'elle n'était pas rapportée.

§ 4 — RELATIONS DES COLONIES DU 1er GROUPE AVEC LA FRANCE

A — IMPORTATION DE FRANCE AUX COLONIES

118. — Les marchandises françaises ou nationalisées par le
paiement des droits, sont admises aux colonies en franchise. Elles n'y acquittent que les taxes intérieures qui
frappent également les produits similaires préparés, récoltés ou fabriqués sur place et la taxe d'octroi de mer,
s'il y a lieu.

Les ordonnances de 1845 et 1846 disposent, en effet,
que les marchandises françaises jouissent de la franchise
aux colonies (Martinique, Guadeloupe, Réunion).

Toutefois les eaux-de-vie françaises restaient à la
Réunion, soumises à un droit de douane. Il en était de
même à la Guyane pour toutes les marchandises françaises. Enfin, la loi du 13 juillet 1861, laisse entendre que les
marchandises nationales ne sont pas évidemment exemptes
de droits à leur entrée dans les colonies. Son article 5 est
ainsi conçu :

« Les produits étrangers dont les similaires français
« sont soumis actuellement à un droit de douane à leur
« entrée aux colonies, acquittent le même droit augmenté
« de celui qui est fixé par le tarif de France ». (Pallain,
Douanes Françaises, p. 217) s'exprime ainsi : « les pro
« duits français ou francisés importés aux colonies, etc....
« sont admis en franchise. Voilà la règle du nouveau ré
« gime ». Il s'agit de la loi du 11 janvier 1892 et l'auteur se réfère à l'article 5 de cette loi* qui ne s'occupe
que des relations des colonies entre elles. Or si la franchise accordée aux produits français ou nationalisés à leur
entrée aux colonies est conforme à l'esprit d'assimilation
douanière, elle ne résulte pas, à l'évidence, de la lecture
des textes. Il n'eût pas été superflu, semble-t-il, de fixer ce
point expressément (1).

119. — La navigation entre la France et les colonies des
deux groupes, peut être effectuée par tout pavillon mais

____

(1) Petit : Les Colonies françaises. T. II. page 544.

les produits susceptibles d'obtenir un régime de faveur doivent être transportés directement, sous réserves des dérogations spéciales provisoires ou permanentes, régulièrement consenties (Voir obs. prél. n° 62 bis et 380).

120. — La justification de l'origine française est établie à l'aide de passavants qui accompagnent les marchandises. A défaut de ces titres, qui s'égarent souvent, le destinataire souscrit une soumission cautionnée, par laquelle il s'engage à produire le passavant ou un certificat douanier en tenant lieu, dans un délai déterminé suivant les distances, ou à payer les droits de douane sur les marchandises dont l'origine n'aura pu être justifiée. Cette mesure est indispensable. Elle permet d'éviter l'admission en franchise de produits étrangers qui n'ont que transité en France, ou qui sont extraits des entrepôts ou qui enfin, proviennent d'admission temporaire et sont passibles par suite des droits sur les matières premières étrangères qu'ils renferment.

121. — Notons que les passavants doivent être remis au Capitaine par les chargeurs et que la Compagnie de Navigation ne peut être rendue responsable au lieu et place du capitaine, si ce dernier a omis de prendre le passavant justificatif (tribunal de com. du Havre, du 6 mai, 1891)*. En fait, les disparitions de passavants sont très fréquentes et les échanges de correspondance qu'elles entraînent, sont une gêne pour le commerce, aussi bien que pour le Service des Douanes qui doit, de son côté, exercer un contrôle minutieux et effectuer parfois de longues recherches. Ces inconvénients seraient considérablement réduits, si les indications du manifeste de sortie au départ de France étaient suffisantes et certifiées par le service des **Douanes** qui certifierait en même temps l'origine française de tout le chargement, s'il y avait lieu. Une seule pièce d'origine, le manifeste, servirait de justification à destination au lieu de volumineuses liasses de passavants sujettes à disparition et dont l'examen est long et fastidieux.

122. — Le transport des marchandises soumises à un régime de faveur, doit être toujours effectué directement conformément à la règle générale (Pallain op. cit. I p. 225). Des dérogations expresses temporaires ou permanentes peuvent être apportées à cette règle (voir obs. préliminaires n° 62 bis).

122 bis. — En principe, les marchandises étrangères qui n'ont pas acquitté les droits de douane dans la Métropole, doivent les acquitter aux colonies. Il en est ainsi, notamment de celles qui ont transité et de celles qui sont extraites des entrepôts. Dans la colonie de destination, elles suivent le même régime douanier que si elles avaient été dédouanées en France. Les pièces justificatives d'origine (factures, connaissements, certificats, etc...) et le mode de transport déterminent le régime applicable.

123. — Les marchandises étrangères admises en France temporairement pour y subir une transformation et être réexportées aux colonies, y acquittent les droits sur les produits étrangers qu'elles contiennent et dans les mêmes conditions que si elles avaient été déclarées pour la consommation dans la Métropole. Les passavants indiquent la proportion et la quotité des droits. Toutefois aux termes de l'article 30 de la loi du 16 mai 1863 les marchandises d'admission temporaire exportées à destination de la Martinique, de la Guadeloupe et de la Réunion y sont admises en franchise. Bien que cet article paraisse avoir été implicitement abrogé par la loi du 11 janvier 1892 qui dispose que les produits étrangers sont soumis aux colonies aux droits du tarif métropolitain, il résulte d'un avis du Conseil d'Etat émis le 16 juin 1892, que l'article 30 reste en vigueur (1). Nous donnons ci-après l'avis de la Haute Assemblée suivi de celui de M. Pailain (Douanes françaises I p. 576 Note 1) :

« Loi du 16 mai 1863, art. 30. Avis Cons. d'Etat, 16
« juin 1892. Considérant que la loi du 11 janvier 1892,
« en décidant que les produits étrangers importés dans
« nos colonies seront soumis aux mêmes droits que s'ils
« étaient importés en France, n'a fait que revenir au ré-
« gime de la loi du 3 juillet 1861, qui avait déjà décidé
« que les marchandises étrangères seraient assujetties, à
« leur importation aux colonies, aux mêmes droits de
« douane qu'en France ; que dès lors la loi du 16 mai
« 1863, qui, dans son article 30, stipule que les produits
« étrangers admis temporairement en France pour y être
« fabriqués ou y recevoir une main-d'œuvre, par applica-
« tion de l'article 5, de la loi du 5 juillet 1836, pourront
« être exportés dans les colonies des Antilles et de la
« Réunion en franchise de tout droit de douane, peut se
« concilier avec la loi du 11 janvier 1892, comme avec
« celle du 3 juillet 1861 ; qu'on ne saurait donc la con-
« sidérer comme implicitement abrogée par l'article 17 de
« la loi du 11 janvier 1892 ; qu'il en résulte que le régime
« édicté par le législateur en 1863, doit continuer à rece-
« voir son application ; considérant, à la vérité, que dans
« un avis du 2 août 1887, le Conseil d'Etat a considéré que
« l'admission dans l'Indo-Chine, comme produits français,
« de produits fabriqués avec des matières premières im-
« portées sous le régime de l'admission temporaire devant

(1) Cet article a été abrogé par la loi du 24 décembre 1922. Journal Officiel de la République du 9 janvier 1923. Par suite, les matières premières travaillées en France sous le régime de l'Admission temporaire et réexpédiées, sous forme de produits, à la Réunion, à la Martinique ou à la Guadeloupe, y acquitteront les droits de douane si elles y arrivaient directement de l'étranger.

La question traitée ci-dessus, n'a plus dès lors qu'un intérêt documentaire.

« avoir pour résultat d'exonérer ces matières premières
« tout droit de douane, il y avait lieu de retrancher du
« projet de décret soumis à son examen, l'article qui con-
« sacrait cette disposition ; mais qu'une pareille solution,
« qui s'imposait, en ce qui concerne l'Indo-Chine et nos
« autres colonies, ne saurait s'appliquer à la Martinique,
« la Guadeloupe et la Réunion qui ont fait l'objet d'une
« disposition spéciale de la loi du 16 mai 1863 ».

« Cet avis se concilie difficilement avec les intentions du
« législateur. La loi du 11 janvier 1892 porte que les pro-
« duits étrangers, introduits dans les colonies soumises au
« tarif métropolitain, sont passibles des mêmes droits que
« s'ils étaient importés en France. Quand des fils étran-
« gers, importés temporairement en France, reçoivent une
« main-d'œuvre, ils ne peuvent être livrés à la consomma-
« tion intérieure qu'à charge du paiement du droit de la
« matière brute. Les mêmes ouvrages réexportés dans les
« trois colonies désignées par la loi du 16 mai 1863, doi-
« vent, aux termes de l'avis du Conseil d'Etat, y être ad-
« mis en franchise. L'égalité des conditions se trouve
« donc détruite. Le consommateur colonial est 'raité plus
« favorablement que le consommateur métropolitain. En
« sens inverse, l'industriel colonial qui met en œuvre des
« fers étrangers, acquitte les droits sur ces fers, tandis que
« les mêmes fers ouvrés en France, entrent librement dans
« les colonies dont il s'agit. Ici c'est l'industriel métropo-
« litain qui se trouve traité plus favorablement que l'in-
« dustriel colonial. Dans les deux cas, l'esprit de la loi
« aurait été méconnu. Alors que l'Algérie, l'Indo-Chine
« etc..., sont comme la Martinique, la Guadeloupe et la
« Réunion, placées sous le régime métropolitain, existe-
« t-il un motif quelconque pour établir des différences en-
« tre les unes et les autres en ce qui concerne les admis-
« sions temporaires ? On peut affirmer que ces différences
« de régime ne s'expliquent que par une lacune de la loi
« ou plutôt par un oubli du législateur, et il serait à dé-
« sirer, semble-t-il, qu'il fut réparé ». (Pallain).

Signalons que le remboursement des droits accordés
à certains tissus fabriqués avec des fils étrangers et exportés de France, remboursement dit « à forfait », n'est pas
effectué lorsque les expéditions ont lieu à destination des
colonies du premier groupe qui imposent les droits du
tarif métropolitain à ces fils (Pallain O.P. cit. I, p. 226).
La protection douanière dont bénéficie dans ces colonies
l'industrie française, justifie en effet cette disposition, le
remboursement à forfait ayant pour but de favoriser l'industrie de certains tissus tout en maintenant la protection
douanière des filatures françaises. Les droits métropolitains réunissant aux colonies du premier groupe cette
double condition, le remboursement à forfait n'a aucune
raison d'être pour cette destination.

B. — EXPORTATION DES COLONIES DU 1er GROUPE
A DESTINATION DE LA FRANCE

124. — Les produits du crû des colonies de ce groupe sont admis en France, en franchise des droits de douane (loi du 5 août 1913) s'ils sont expédiés directement et accompagnés de certificats d'origine, établis par les douanes coloniales. En cas de doute sur l'origine des produits, le certificat ne lierait pas la douane et le recours à l'expertise légale s'imposerait.

125. — Pour les colis postaux, l'origine peut être certifiée par l'agent des postes sur la déclaration modèle C. (Obs. préliminaires n° 375).

126. — Les poivres bénéficient seulement d'une détaxe de 104 frs sur le tarif minimum, sous réserve de l'importation directe et de la justification d'origine.

Ce régime de faveur n'est accordé qu'aux poivres de l'Indo-Chine, jusqu'à concurrence d'un crédit annuel fixé tous les trois ans.

127. — Le sucre (1) importé directement et muni de justifications d'origine, est exempt de droits de douane à son entrée en France, il y acquitte la taxe de consommation seulement et les taxes intérieures s'il y a lieu. La taxe de consommation est inscrite au tableau des droits. Elle est appliquée en raffiné après déduction des cendres et du glucose et de 1 1/2 % pour déchet de fabrication.

128. — Il en est de même des dérivés du sucre (mélasses, sirops, bonbons, fruits confits, lait concentré additionné de sucre, confitures au sucre, biscuits sucrés). (Obs. préliminaires n° 372). Notons que les sucres en poudre des colonies françaises, bénéficient de la détaxe de distance de 2 fr. 25 par 100 k. de raffiné pour les Antilles, Martinique, Guadeloupe et la Guyane, après déduction des cendres, du glucose et de 1 fr. 50 % à titre de déchet de fabrication. Cette détaxe représente les frais de transport entre la fabrique et la raffinerie. Elle est de 2 fr. 50 pour les sucres des autres colonies. Les taux de 2 f. 25 et de 2 fr. 50 sont des maxima. S'ils étaient supérieurs aux frais de transport ceux-ci seulement seraient dus. En fait, ces taux sont très inférieurs aux frais pour les sucres coloniaux. La détaxe est payée sous forme de « bons de droits » détachés d'un registre à souche et transmissible par endossement. Ces bons sont reçus comme numéraire en apurement des comptes d'admission temporaire. Ils sont valables pendant deux mois à partir de leur délivrance (Obs. préliminaires n° 273).

Les vergeoises sont taxées comme les sucres bruts mais sans déduction du glucose.

Les sucres bruts et vergeoises acquittent, en plus, une

---

(1) Voir régime des sucres dans Pallain. Douanes françaises, I p. 676 et suivantes.

taxe de raffinage et une taxe de surveillance égales à celles qui sont imposées aux sucres admis dans les raffineries. soit 2 f. 08 par 100 kilos de raffiné.

129. - Quant aux produits dont les similaires étrangers sont prohibés en France par mesure d'ordre public ou par suite de monopoles, ils ne peuvent être admis dans la Métropole pour les mêmes raisons. Sont dans ce cas, notamment : le tabac, les allumettes et bois pour allumettes, les médicaments composés non autorisés, les contrefaçons en librairie, les cartes à jouer etc... Cette disposition est inscrite au tableau E annexée à la loi du 11 janvier 1892 et est reproduite par les Observations préliminaires (Obs. préliminaires n" 372) qui précisent que les tabacs coloniaux, importés comme tabac de santé et d'habitude sont soumis aux droits inscrits au tarif. Les allumettes importées pour le compte du monopole sont assujetties aux droits fixés par les importations à la même destination, provenant de l'étranger. Cette assimilation de tabacs et allumettes, de fabrication coloniale aux produits similaires étrangers, paraît être en opposition avec la loi du 5 août 1913* qui dispose que les produits des colonies du premier groupe, autres que les sucres et leurs dérivés et les poivres sont exempts. S'il est admissible que les produits monopolisés en France ou prohibés soient frappés d'interdiction, même lorsqu'ils sont importés des colonies françaises, on comprend moins que dans les cas exceptionnels où leur importation est autorisée ils soient soumis aux mêmes droits que les produits similaires étrangers, importés dans les mêmes conditions. La franchise dans ce cas serait plus conforme au principe de la législation douanière, relative aux colonies du premier groupe. Il en est ainsi du reste pour les médicaments composés qui, prohibés s'ils ne sont pas inscrits dans une pharmacopée légale, sont admis en franchise si l'importation en est autorisée.

130. — Ajoutons d'ailleurs que la tarification des tabacs et allumettes ne résulte pas des termes de la loi de 1892 et du tableau E annexé à cette loi mais d'une interprétation formulée dans ce tableau et qui n'est pas indiquée dans le texte voté par le Parlement.

Les marchandises étrangères importées aux colonies et réexpédiées en France, y sont soumises aux droits comme si elles provenaient de l'étranger. Toutefois les denrées coloniales qui ont acquitté des taxes spéciales aux colonies, sont admises en France aux droits du tarif général diminués de la taxe déjà perçue aux colonies (loi du 24 février 1900, art. 3*).

131. — Il est de règle que les produits étrangers similaires de ceux des colonies qui bénéficient à leur entrée en France d'une détaxe, soient frappés à leur entrée dans une colonie, des droits du tarif métropolitain. Cette règle, rappelée par une dépêche ministérielle du 28 avril 1913* à

l'occasion de la détaxe générale des produits originaires
des colonies du premier groupe, n'est pas toujours suivie
et les lacunes qui peuvent se produire à ce sujet se trouvent comblées par le jeu de la loi du 24 février 1900 précitée, de sorte que les denrées coloniales étrangères qui seraient importées en France après avoir été dédouanées aux
colonies françaises, acquitteraient invariablement les droits
du tarif général soit en une seule fois aux colonies, soit
en deux portions dont l'une serait acquise à la colonie de
prime abord et la différence à la Métropole.

132. — La disposition relative aux marchandises étrangères
autres que les denrées coloniales, importées aux colonies
et de là en France, n'est inscrite dans aucun texte, mais
elle se déduit de celles qui règlent expressément les conditions du privilège colonial.

133. — Quel serait le régime applicable dans la Métropole
aux objets fabriqués dans les colonies du premier groupe avec des matières premières étrangères ? Deux cas
peuvent se présenter :

a) la transformation a eu lieu sous le régime de l'admission temporaire. Dans ce cas, seule, la matière première
devrait être taxée dans la colonie au tarif applicable suivant son origine, et seulement, si le produit nouveau était
mis à la consommation. Il devrait en être de même, si le
produit nouveau était importé dans la Métropole, par application du principe d'assimilation posé par la loi du 11
janvier 1892. Toutefois, nous pensons que les opérations
de ce genre doivent être assez rares, le développement industriel de nos colonies n'étant pas encore avancé au
point de justifier le régime de l'admission temporaire tel
qu'il fonctionne dans la Métropole. Au surplus, il serait
possible de soutenir que les produits d'admission temporaire obtenus aux colonies, n'ont pas droit à la franchise,
à leur importation en France, sous réserve de l'acquittement des droits sur la matière première car le privilège
colonial ne s'applique qu'aux produits d'origine coloniale. Il est vrai que l'origine d'un produit se trouve modifiée
par la transformation de la matière première, obtenue
dans certaines conditions. Aux termes du n° 502 des Observations préliminaires « les marchandises ou les pro-
« duits qui ont été travaillés dans un pays tiers étranger
« bénéficiant d'un tarif plus favorable que leur pays
« d'origine, sont admis aux droits du tarif afférent au
« pays tiers suivant leur état de préparation :

« Marchandises ou produits travaillés dans un pays
« étranger autre que le pays d'origine. Les marchandises
« ou les produits qui ont été travaillés dans un pays tiers
« étranger soumis à un tarif moins favorable que le pays
« d'origine, sont passibles des droits du tarif afférent au
« pays tiers suivant l'état de préparation dans lequel ils
« sont importés, avec application, s'il y a lieu, de la surtaxe
« d'entrepôt ou d'origine ».

L'application de ces règles aux relations des colonies du premier groupe avec la Métropole, devrait donner les résultats suivants :

Les produits d'admission temporaire obtenus en France ou dans ces colonies devraient, s'ils réunissent l'une des deux conditions sus-indiquées, bénéficier de l'origine métropolitaine ou coloniale suivant le cas, et être admis en franchise indistinctement en France lorsqu'ils proviennent des colonies et aux colonies lorsqu'ils proviennent de France. Or, il n'en est rien. Les produits d'admission temporaire acquittent dans les colonies du premier groupe les droits sur la matière première. Les produits d'admission temporaire obtenus aux colonies, seraient admis en France pensons-nous, également sous le paiement des droits afférents à la matière première.

b) La transformation a eu lieu avec des matières premières étrangères soumises aux droits. Ces matières premières étant versées à la consommation et transformées ensuite, le produit qui en résulte est admis en France au bénéfice de l'origine coloniale. Il en est ainsi pour les dentelles et broderies de Madagascar fabriquées avec des fils de toute origine. Le produit obtenu par la transformation doit, semble-t-il, réunir les conditions fixées par les « Observations préliminaires », à défaut de quoi il doit être taxé comme s'il provenait directement de l'étranger. L'article 89 de la loi du 25 juin 1920, apporte une importante dérogation aux règles qui précèdent. Il est ainsi conçu :

Article 89. — « Est réservée à l'Etat l'importation des
« alcools d'origine ou de provenance étrangère ou colo-
« niale.

« Dans le cas où, par dérogation à cette disposition, la
« prohibition d'importation serait levée, les vins de li-
« queur, les eaux-de-vie, rhums, liqueurs, gins, whiskys et
« autres préparations alcooliques, consommables en l'état
« d'origine coloniale ou étrangère, seront assujettis au
« paiement d'une surtaxe, sur l'alcool contenu, égale à la
« différence entre les prix d'achat et de cession par l'Etat
« des alcools cédés pour la conservation des fruits frais
« et sucs de fruits, en vigueur au moment du dédouane-
« ment .

« Les rhums des colonies françaises seront exempts de
« cette surtaxe, s'ils proviennent de la mise en œuvre de
« matières premières (cannes ou mélasses) récoltées ou fa-
« briquées dans ces colonies. Un décret déterminera les
« conditions d'application de la présente disposition » (1).

______

(1) L'article 9 de la loi de finances du 31 décembre 1922 limite à 110.000 hectolitres d'alcool pur les rhums et tafias coloniaux qui pourront être admis annuellement en France sans surtaxe, Le décret du 20 février 1923 fixe le mode de répartition de ce contingent entre les colonies Les rhums importés au-delà du contingent sont soumis la sur-

134. — Ces dispositions, très précises d'ailleurs, sont rappelées dans la circulaire adressée par le Ministre des colonies, le 11 mars 1922, aux Gouverneurs des colonies Mais elles permettent, à contrario, de penser que les produits obtenus aux colonies « assimilées » avec des matières premières étrangères, seraient admis en France au bénéfice de l'origine coloniale, si la transformation était complète ou représentait au moins 50 % de la valeur totale au produit obtenu.

On pourrait supposer en effet, que la matière première entrant dans la fabrication de produits obtenus aux colonies assimilées, doit être taxée dans tous les cas :

1°) si elle a acquitté les droits, elle doit être taxée en France au même titre que les produits étrangers dedouanés aux colonies ;

2°) si elle ne les a pas acquittés, à plus forte raison. Il y aurait lieu, d'autre part, de tenir compte de l'application du tarif spécial qui a pu être faite aux matières premières. Or, nous venons de voir, qu'en fait, les produits fabriqués aux colonies du premier groupe, sont admis en franchise à leur entrée dans la Métropole.

135. — Ainsi le régime des produits obtenus aux colonies avec ou sans acquittement des droits sur les matières premières, ne paraît pas à l'heure actuelle, nettement défini. Il donne lieu, pratiquement, à des décisions particulières qui interprètent la législation d'une manière plus ou moins uniforme. Il serait utile de fixer la question avec précision dans le prochain statut douanier des colonies françaises.

136. — Les boites en fer blanc renfermant des vanilles des colonies françaises, ainsi que les flacons et bouteilles contenant des produits des colonies admis à la détaxe, sont remis en franchise, à moins que les expéditions ne les signalent comme d'origine étrangère.

137. — Les sacs servant au transport des produits admis ou reconnus originaires et importés des colonies ou possessions françaises, bénéficieront de la même origine et sont, conséquemment, admissibles en franchise ou au demi droit du tarif minimum (N°s 127 et 131 des observations préliminaires). Les marchandises françaises expédiées aux colonies et réexpédiées en France, y sont considérées comme étrangères en principe. Exceptionnellement elles pourraient bénéficier de la franchise, soit qu'elles aient fait l'objet de réserves de retour à leur sortie de France, soit que l'Administration ait cru devoir déroger à la règle dans des cas particuliers où l'origine nationale des marchandises ne fait aucun doute.

138. — Les préparations composées de sucre ou de café,

---

taxe prévue par l'article 89 de la loi du 25 juin 1920. Cette surtaxe est égale au prix d'achat et de cession par l'Etat de l'alcool cédé pour la conservation des fruits frais et sucs de fruits au moment du dédouanement.

cacao, thé, cassia, lignea, cannelle ou vanille, sont admissibles sous le seul paiement des taxes intérieures sur la proportion de chaque produit (observations préliminaires 372).

§ 5 — RELATIONS DES COLONIES ENTRE ELLES

A) Produits du crû. — Les produits d'une colonie française importés dans une autre colonie française, ne seront soumis à aucun droit de douane (art. 5 de la loi du 11 janvier 1892). Il faut ajouter que l'origine des produits doit être dûment justifiée par des certificats de la douane du port de départ. Le passage de ces produits par les entrepôts de la Métropole, ne modifie pas ce régime.

139. — Exceptionnellement, les produits originaires de l'Inde française ne sont plus, aux termes de la loi du 19 avril 1904, admis en franchise dans les autres colonies. Ils y sont soumis aux droits du tarif minimum ou, s'il y a lieu, aux droits du tarif spécial à chaque colonie. Toutefois, les filés et tissus de l'Inde sont admis en franchise dans les autres colonies dans les proportions fixées par la loi du 19 avril 1904 et les conditions fixées par le décret du 17 février 1906. Des certificats d'origine sont délivrés à cet effet par le service des contributions et les colis plombés. Un compte ouvert est tenu dans l'Inde pour les exportations effectuées dans ces conditions, si bien que les colonies de destination n'ont pas à contrôler les expéditions qui leur sont faites, au point de vue des quantités admises au régime de l'exemption.

140. — La franchise est également appliquée en vertu des dispositions de la loi de 1892 art. 3 aux guinées tissées en France, qui après avoir été envoyées en écru dans l'Inde française, sous le couvert de passavants attestant leur origine nationale, en sont réexpédiées après teinture avec des certificats d'origine en due forme. Il va sans dire que ces réimportations de guinées françaises ne seront pas imputées sur les crédits annuels. (Circ. de la Direction générale des Douanes n° 3.860, du 23 février 1906).

B) Produits étrangers. — L'article 5 de la loi du 11 janvier 1892 dispose que les produits étrangers importés d'une colonie française dans une autre colonie française, sont assujettis, dans cette dernière, au payement de la différence entre les droits du tarif local et celui du tarif de la colonie d'exportation.

141. — L'application de cette mesure ne soulève aucune difficulté lorsque les tarifs des deux colonies n'ont pas subi de modifications pendant la période comprise entre la date d'arrivée de la marchandise dans la colonie exportatrice et celle de son arrivée dans la colonie de destination. Il suffit dans ce cas, d'établir la différence des deux tarifs. Il en est autrement lorsque des modifications sont survenues dans l'un ou l'autre tarif durant cette période. La colonie destinataire appliquera le tarif en vigueur au moment où la marchandise est présentée pour la mise en consommation, conformément à la règle générale, diminué s'il y a lieu de celui de la colonie d'exportation.

142. — Mais comment déterminer ce dernier tarif, s'il a été modifié. Plusieurs cas peuvent se présenter.

1°) le tarif de la colonie de provenance a été modifié après l'expédition. Il n'y a pas alors à s'en occuper à destination ; la comparaison se fera sur le dernier tarif en vigueur avant l'expédition.

2°) le tarif de la colonie de provenance, a été modifié avant l'expédition, mais après l'arrivée de la marchandise dans cette colonie. Si cette date d'arrivée pouvait être connue, le tarif intervenu postérieurement ne serait pas à considérer. Seul serait déduit celui qui a été appliqué à la marchandise. Pratiquement, cette date ne peut être certifiée par le service expéditeur, qui n'a aucun contrôle à exercer sur les marchandises mises à la consommation, si bien que le tarif à considérer, sera celui en vigueur au moment de l'expédition. Si donc ce tarif est inférieur à celui qui a été appliqué à la marchandise, la différence déterminée à destination, ne sera pas exacte et la marchandise supportera, à l'arrivée, des droits supérieurs à ceux qu'elle y acquitterait si elle avait été importée directement de l'étranger. Si, au contraire, ce tarif est supérieur au tarif appliqué à la marchandise, celle-ci bénéficiera, à l'arrivée à destination, de la différence entre les deux tarifs de la colonie de départ, celui qu'elle a supporté et celui qui sera comparé au tarif de destination.

Les mêmes difficultés se présenteront si le tarif applicable à destination est inférieur à celui de la colonie de départ. Dans ce cas, la marchandise sera admise en franchise, mais si le tarif acquitté à l'arrivée dans la colonie de prime abord, se trouvait inférieur à celui de la 2ᵉ colonie de destination définitive, la marchandise bénéficierait indûment de la différence.

143. — Ces inconvénients se présentent notamment en période de crise commerciale et tarifaire pour les expéditions effectuées entre colonies voisines, qui entretiennent des relations suivies et bien que ces colonies soient soumises au même régime douanier, ainsi que nous l'avons signalé au sujet de la promulgatiton des tarifs (1ᵉʳᵉ partie. chap. 5) Ils s'aggravent d'ailleurs de ce fait qu'une colonie ignore le plus souvent les changements intervenus dans le tarif des autres, aucune cohésion sérieuse n'ayant été réalisée à ce point de vue.

144 — Au surplus, le principe du tarif différentiel, posé par l'article 5 de la loi du 11 janvier 1892, ne semble pas justifier les inconvénients signalés. Au point de vue économique et protecteur, il peut aboutir on le voit, à des anamalies. Au point de vue fiscal, il prive les colonies qui l'applique d'une source de revenus qui serait intacte, si les importations venaient directement de l'étranger.

Il en est ainsi notamment lorsque le tarif de la colonie de destination est inférieur à celui de la colonie de prime abord. Dans l'application, il favorise sinon la fraude, du moins les combinaisons suspectes, qui peuvent avoir pour effet de le fausser. La Métropole a prévu la difficulté en conservant le droit d'appliquer son tarif aux marchandises étrangères importées des colonies françaises. La même disposition pourrait être appliquée aux relations inter-coloniales.

145. — *C) Produits français.* — Les marchandises françaises ou nationalisées par le paiement des droits, sont admises en franchise lorsqu'elles sont importées d'une colonie dans une autre. Cette disposition qui n'est inscrite nulle part, découle naturellement de nos principes généraux de colonisation. Dans la pratique, il est presque impossible d'établir l'origine nationale d'une marchandise qui, prise à la consommation dans une de nos colonies, est expédiée dans une autre et on n'a d'autre ressource, dans ce cas, que d'appliquer, s'il y a lieu, le tarif différentiel. Anomalie criante qu'il est impossible cependant d'éviter à moins de suivre par le compte ouvert, les marchandises dédouanées et mises à la consommation. Il est vrai d'ajouter, que la circulation des marchandises françaises, d'une colonie à l'autre, est très rare et, comme pour les marchandises étrangères, n'est pratique qu'entre colonies voisines et à titre exceptionnel.

§ 6 — RELATIONS DES COLONIES DU Ier GROUPE AVEC L'ALGERIE

146. — Les produits des Colonies du Ier Groupe sont admis en Algérie dans les mêmes conditions que dans la Métropole. Ils y entrent, par suite, exempts de droits s'ils sont importés directement ou par les entrepôts de la Métropole, sauf les poivres qui bénéficient de la détaxe, les sucres, les tabacs, les allumettes. Les sucres acquittent seulement les taxes de consommation et d'octroi de mer ; ils sont exempts de la surtaxe douanière.

147. — Les tabacs supportent les droits du tarif local et les allumettes ceux qui sont imposés dans la Métropole aux importations effectuées pour le compte du monopole. Cette disposition, inscrite dans l'article 27 de la loi du 8 avril 1910, se trouve actuellement en opposition avec celle du décret du 24 avril 1917, qui fixe à 72 frs les droits applicables en Algérie aux allumettes étrangères et des colonies française, ce droit n'étant plus celui des importations effectuées en France pour le compte du monopole.

Quoiqu'il en soit, l'Algérie se trouve au point de vue de l'assimilation douanière dans une position intermédiaire entre le régime métropolitain et le régime colonial.

148. — Les importations de marchandises algériennes ayant acquitté les droits en Algérie, sont effectuées dans les colonies des deux groupes, aux mêmes conditions que les importations venant de la Métropole (Observations préliminaires n° 356) soit, en franchise dans les colonies du 1ᵉʳ groupe et aux conditions du tarif local dans celles du 2ᵉ groupe. Ainsi, les tabacs fabriqués en Algérie avec une proportion plus ou moins forte de feuilles qui ont acquitté les droits, sont admis en franchise dans les colonies du premier groupe. Le Conseil d'État a émis un avis dans ce sens le 11 mai 1897 en s'appuyant sur les considérations suivantes :

1°) les produits originaires d'une colonie française ne sont soumis à aucun droit de douane à leur importation dans une autre colonie française aux termes de l'article 5 de la loi du 11 janvier 1892. Or, il n'est pas contesté que l'Algérie est au point de vue douanier rangée dans les colonies et possessions françaises ;

2°) un produit manufacturé dans un pays tiers acquitte les droits applicables aux importations de ce dernier pays si la transformation a pour effet de classer le produit dans une catégorie plus fortement imposée (Observations préliminaires n° 502, 1908). C'est le cas pour les feuilles de tabacs transformées en tabac fabriqué. Donc, les tabacs fabriqués en Algérie avec des feuilles étrangères, doivent bénéficier de l'origine algérienne et être admis en franchise aux Colonies, comme produit du crû, importé d'une colonie dans une autre ;

3°) enfin, le tarif des tabacs en feuilles étant en Algérie supérieur à celui des colonies soumises au tarif metropolitain, aucun droit n'était dû dans celles-ci sur les tabacs algériens pour les feuilles étrangères qu'ils contenaient en vertu de la disposition de l'article 5 de la loi du 11 janvier 1892, d'après laquelle les produits étrangers importés d'une colonie dans une autre à tarif plus élevé sont passibles dans celle-ci de la différence entre les deux tarifs. Si le tarif de la 2ᵉ Colonie était moins élevé que celui de l'Algérie, il n'y aurait rien à percevoir.

149. — S'il est donc entendu que l'Algérie est, au point de vue douanier, une colonie au même titre que les autres, on peut se demander si les denrées originaires de ces dernières ne devraient pas y être admises en franchise au lieu d'y être soumises, comme les tabacs, les allumettes et les produits du 2ᵉ groupe au tarif local et si la loi du 24 février 1900 en disposant autrement, n'a pas méconnu les principes du statut douanier fixés par la loi du 11 janvier 1892.

D'autre part, il résulte des règles de perception posées par l'administration (Observations préliminaires n° 358), que les tabacs fabriqués dans les entrepôts spéciaux de l'Algérie avec des feuilles qui n'ont pas acquitté les droits doivent être taxés aux Colonies comme s'ils provenaient directement de l'étranger. Et le droit de douane s'appliquera non aux feuilles entrant dans la fabrication, mais aux tabacs dans l'état où ils seront importés aux colonies, ainsi que le Ministre des colonies le déclare expressément dans sa circulaire du 23 décembre 1905*. Cette règle est conforme à celle des manipulations effectuées dans les entrepôts de la Métropole et fixée par la loi du 29 décembre 1917, dont l'article 10 est ainsi conçu :

« Les produits réexportés par suite d'entrepôt dans
« les colonies françaises, devront être accompagnés d'ac-
« quits à caution spéciaux, indiquant leur origine étran-
« gère et dans le cas où ils auraient été l'objet de mélan-
« ges opérés en entrepôt, le droit de douane sera perçu
« sur chacun des éléments du mélange d'après les pro-
« portions mentionnées au titre de mouvement, sauf dans
« le cas où les mélanges seraient spécialement tarifés en
« cet état.

« Dans les mélanges comportant une part de produits
« français, le droit de douane ne sera perçu que sur la
« part de produits étrangers ».

D'après ces dispositions, les produits provenant de manipulations effectuées dans un pays tiers, de produits bruts, originaires d'un pays moins favorisé, seront plus favorablement traités que s'ils sont obtenus dans les entrepôts de la Métropole ou de l'Algérie. En effet, dans le premier cas, les produits nouveaux seront admis au régime du pays de provenance que nous supposons plus favorable que celui du pays d'origine, conformément à la règle édictée au n° 502 des Observations préliminaires. Dans le second cas, celui des produits obtenus en entrepôt en France ou en Algérie, le droit s'appliquera au produit en tenant compte de son origine primitive. Ce résultat paraît de nature à encourager plutôt les importations par les pays étrangers, bénéficiant d'un régime de faveur que celles de produits similaires originaires de pays à tarif général et transformés dans des entrepôts français ou algériens.

150. — Signalons également que l'assimilation spéciale de l'Algérie à la Métropole, par rapport aux autres colonies françaises, exclut la possibilité de taxer, dans celles-ci, les marchandises étrangères ayant acquitté les droits en Algérie au tarif différentiel prévu par l'article 5 de la loi du 11 janvier 1892.

En effet, les marchandises qui ont acquitté les droits en Algérie sont admises en franchise dans les colonies du premier groupe, comme celles de la Métropole qui y ont été nationalisées par les droits.

Cette règle est contraire à celle que pose l'article 5 de la loi précitée et le Conseil d'Etat, dans son avis, du 11 mai 1897. Or, l'Algérie, malgré son assimilation douanièrc avec la Métropole, est dotée d'un tarif spécial parfois inférieur à celui des colonies du 1er groupe, qui est le tarif métropolitain, si bien que des produits plus faiblement taxés en Algérie que dans les colonies du premier groupe, bénéficieront de la différence des deux tarifs, s'ils ont traversé l'Algérie après avoir acquitté les droits.

Cette situation peut porter préjudice aux colonies en les privant des droits de douane qui s'appliqueraient aux importations de l'espèce, si elles étaient faites directement.

§ 7. — RELATIONS DES COLONIES DU 1er GROUPE AVEC LA TUNISIE

151. — La Tunisie est-elle une colonie au point de vue douanier et se trouve-t-elle visée par l'article 5 de la loi de 1892, qui accorde la franchise aux échanges intercoloniaux de produits du crû ? Nous pensons qu'elle reste soumise au régime spécial de la loi du 19 juillet 1890, qui n'accorde la franchise aux importations de France en Tunisie et vice-versa que pour certains articles déterminés, le surplus étant soumis aux droits du tarif local dans la Régence et du tarif minimum en France. (Observ. prélim. n° 370). Les importations d'origine et de provenance coloniale, seraient donc soumises aux droits les plus favorables appliqués aux similaires étrangers. Telle paraît être la solution d'une question qui n'a pas été réglée et qui présente, au surplus, peu d'intérêt pratique.

151 bis   § 8. — RELATIONS DES COLONIES DU 1er GROUPE AVEC LE MAROC

Les produits marocains sont soumis aux colonies aux droits les plus favorables appliqués aux produits étrangers. Il en est de même pour les produits coloniaux importés au Maroc. (Observations prélim. n° 495).

§ 9. — RELATIONS AVEC LA SARRE

152. — La Sarre forme avec la France un seul et même territoire douanier. Les relations des Colonies avec ce territoire sont, par suite, identiques à celles des colonies avec la France. Toutefois, comme les marchandises allemandes seront admises en franchise en Sarre pendant 5 ans à dater de l'exécution du traité de Versailles, les importations d'origine et de provenance sarroise, doivent être accompagnées de justifications et les matières allemandes qui, importées en franchise dans le bassin, entrent dans les produits sarrois, doivent être taxées en France ou aux colonies d'après la règle générale, si les importations dépassent le contingentement normal fixé par le Gouvernement français.

Les justifications nécessaires sont établies par les autorités locales ou françaises et vérifiées par le service des Douanes françaises. (Observ. prélim. n° 341 sexiès).

ARTICLE III
COLONIES DU DEUXIEME GROUPE
§ 1ᵉʳ — GENERALITES

153. — Le régime du tableau E, annexé à la loi du 11 janvier 1892 ne s'applique pas aux territoires qui en sont exceptés expressément par cette loi (art. 3 § 2) et dont l'énumération est donnée plus haut (n° 88).

Ces territoires, la loi de 1892 ne s'est occupée que pour les exclure de l'assimilation qu'elle appliquait au 1ᵉʳ groupe, pour dire que leurs produits seraient admis en France au bénéfice du tarif minimum et que des décrets en Conseil d'Etat, arrêteraient pour chacun d'eux la nomenclature des produits qui seraient admis en France soit en franchise, soit au bénéfice d'une détaxe déterminée (art. 3).

Enfin, les articles 5 et 6 relatifs aux relations des colonies entre elles et à l'établissement des taxes d'octroi, s'appliquent à toutes les colonies, y compris celles du second groupe. Mais les droits de douane de chacune des colonies de ce groupe restent régis par les dispositions de l'article 3 § 2 de la loi du 7 mai 1881* ainsi conçu :

« Pour les colonies qui ne sont pas régies par le Sena-
« tus Consulte du 3 mai 1854, complété par celui du 4
« juillet 1866, les tarifs de douane seront établis par
« décret du Gouvernement métropolitain, Conseil d'Etat,
« entendu ».

Ces dispositions ne s'appliquent plus, depuis que la loi du 11 janvier 1892 divise les colonies en deux groupes, qu'à celles du 2ᵉ groupe. Elles sont reproduites également aux observations préliminaires du tarif (Obs. pr. n° 6-5°).

154. — Pour la colonie de St Pierre et Miquelon, qui reprise d'abord au 1ᵉʳ groupe en a été séparée par la loi du 11 novembre 1912*, les droits de douane sur les produits étrangers, y compris le tarif, l'assiette et les règles de perception, font l'objet d'un décret en forme de règlement d'administration publique, rendu sur la proposition du ministre des Colonies, du ministre du Commerce et de l'Industrie, après avis du Conseil d'administration de la colonie (Obs. prél. n° 6-7). Les Conseils généraux des colonies du 2ᵉ groupe n'ont plus, par conséquent, à s'occuper des droits de douane. Le Conseil d'Etat en a exprimé l'avis le 17 janvier 1893* au sujet des colonies soumises au tarif métropolitain ; mais cette interprétation peut s'appliquer aux colonies du 2ᵉ groupe en raison des dispositions de la loi du 7 mai 1781.

Ainsi, chaque colonie du 2ᵉ groupe est dotée d'un tarif douanier fixé par décrets en Conseil d'Etat.

155. — Le fondement de cette distinction des colonies en deux groupes, se trouve dans les considérations suivantes :

Les conventions internationales, comme celle du 14

juin 1898 avec l'Angleterre pour la Côte d'Ivoire et le
Dahomey, contiennent des stipulations qui seraient en
opposition avec l'établissement des tarifs douaniers métropolitains. Aux termes de la convention de 1898, les
produits étrangers ne peuvent être imposés dans les territoires visés à des droits supérieurs à ceux qui frappent
les produits français. Il en est de même du régime douanier du bassin conventionnel du Congo, qui a fait l'objet
d'un protocole signé à Lisbonne en 1892 et maintes fois
prorogé pour aboutir au décret du 11 octobre 1912 (1). De
plus, l'impossibilité matérielle pratique d'établir un cor-
don douanier autour de certains territoires comme ceux
de l'Afrique Occidentale et Équatoriale, constituant au
point de vue politique une véritable mosaïque d'influence
et, de plus, s'étendant considérablement vers le centre du
continent africain, a imposé aux nations intéressées l'obligation de se concerter pour arriver à une sorte d'entente
douanière, dont le but est de respecter autant que possible
les droits de chacun.

156. — L'établissement du tarif douanier dans un territoire
a une répercussion plus ou moins sensible sur le mouvement économique. Si ce tarif est plus élevé que ceux des
territoires étrangers voisins, les importations à destination
de ce territoire seront déroutées, s'effectueront dans les
territoires à régime favorable et passeront en fraude, par
l'intérieur, dans la zone à tarif élevé. Le trafic se déplace
au gré des changements de tarif, qui troublent ainsi l'évo-
lution économique de ces régions. Dans un article de
l' « Économiste français », n° du 10 juillet 1920), l'émi-
nent professeur d'Économie politique, M. Arthur Girault,
fait ressortir d'une manière saisissante, les inconvénients
d'un régime douanier disparate pour des colonies, comme l'Afrique, partagée entre plusieurs nations ou même
soumises à une seule influence. Ainsi, le Gabon est soumis
au régime douanier métropolitain par suite d'une erreur
économique que l'auteur de l'article qualifie de « pur défi
au bon sens ». Le reste du bassin conventionnel du Congo est soumis à un régime spécial. Les marchandises françaises admises en franchise au Gabon en vertu du régime
métropolitain, passent facilement dans le bassin conventionnel, où elles seraient soumises au tarif local si elles
étaient importées ouvertement par les bureaux de douane.
Inversement, les marchandises étrangères importées dans
le bassin conventionnel et soumises à un tarif local réduit, pénètrent frauduleusement par l'intérieur dans le
Gabon, où elles auraient à supporter, si elles y arrivaient

(1) Ce texte fixe le régime douanier de l'Afrique Équatoriale qui était
soumis aux principes posés par les actes de Berlin (1885) et de Bruxelles (2 juillet 1890). Ces actes stipulent que le tarif de cette partie de
l'Afrique ne pourra être supérieur à 10 %, *ad valorem* et qu'aucun tarif
différentiel ne pourra y être appliqué.

par mer, les droits du tarif métropolitain. Il résulte de ces considérations que l'uniformité du régime douanier dans les territoires d'Afrique, français et étrangers, est indispensable au maintien de l'équilibre économique des régions occupées. Cette uniformité ne peut être basée sur l'application du tarif métropolitain qui est spécial à la France et à certaines colonies déterminées, mais sur l'application d'un tarif unique arrêté par une convention des nations intéressées ; ce tarif contribuerait à assurer à chaque possession son libre développement sans les aléas d'une politique douanière particulière à chaque nation et susceptible de créer dans les courants commerciaux une mobilité funeste aux intérêts particuliers, généraux et au concert des puissances colonisatrices.

§ 2. — IMPORTATIONS DANS LES COLONIES DU 2ᵉ GROUPE

157. — Les marchandises importées dans les colonies du 2ᵉ groupe, sont admises au tarif spécial à chacune d'elles. Ce tarif peut comprendre des droits de douane proprement dits qui frappent les marchandises étrangères, à l'exclusion des marchandises françaises ; tel est le cas du Sénégal, de la Guinée, du Niger, du Soudan français de la Mauritanie et de Tahiti et dépendances. Les marchandises françaises expédiées à destination de ces territoires, sont accompagnées de passavants, au même titre que pour les expéditions destinées aux colonies du 1ᵉʳ groupe. Les marchandises françaises transformées en France sous le régime de l'admission temporaire, y sont admises en franchise comme les marchandises nationales ou nationalisées. Cette mesure est l'objet d'une simple décision prise par les Ministres du Commerce et de l'Industrie et le Sous-Secrétaire d'Etat aux colonies en 1894 (circulaire n° 2385, du 31 janvier 1894 de la Direction générale des Douanes).

158. — Dans les autres colonies d'Afrique (Côte d'Ivoire et Dahomey, bassin conventionnel du Congo, — à l'exception du Gabon, qui est « assimilé » — Djibouti et la Côte des Somalis) et dans l'Inde française, des droits d'octroi de mer ou des droits d'importation frappent indistinctement toutes les marchandises importées, qu'elles soient françaises, étrangères ou originaires des colonies françaises. Les droits d'octroi de mer feront l'objet d'un chapitre spécial. Quant aux droits d'importation il convient d'en indiquer ici le caractère spécial.

Ces droits, s'appliquent aux produits de toute origine et de toute provenance, excepté à ceux qui sont préparés ou fabriqués dans la colonie où les droits sont établis. Ceux-ci revêtent donc les caractères essentiels des droits de douane, conformément à la théorie de la Cour de Cassation. La Cour suprême, en effet, attribue le caractère d'un droit de douane, à toute taxe qui n'est perçue que sur les produits importés sur un territoire à l'exclusion de ceux de l'intérieur. De nombreux arrêts rendus en matière de droits d'octroi de mer et de taxes de consommation, permettent aujourd'hui, malgré l'obscurité de certaines définitions, de dégager ce principe. Voir chap. II, III et IV : octroi de mer, taxes de consommation, droits de sortie).

Si les droits d'importation appliqués dans les colonies du 2ᵉ groupe sont des droits de douane, ils doivent être établis par décret en Conseil d'État (art. 3 de la loi du 7 mai 1881)· C'est la forme adoptée par le décret du 14 avril 1905, établissant un droit général sur les marchandises d'origine française et étrangère, entrant sur les territoires dépendant du Gouvernement général de l'Afrique occidentale (Dislère II p. 331).

D'autre part, aux termes de l'article 5 de la loi du 11 janvier 1892, les produits d'une colonie française sont admis dans une autre colonie française en franchise de tout droit de douane. Cette disposition s'applique-t-elle aux droits d'importation ? Appliquer ces droits aux produits des colonies françaises, c'est aller à l'encontre des dispositions de l'article 5 de la loi de 1892. Ne pas les appliquer, lorsqu'il s'agit notamment des colonies dont le régime douanier est fixé par des conventions internationales qui réservent aux produits étrangers le bénéfice du traitement le plus favorable, c'est méconnaitre ces conventions. En fait, les droits d'importation sont appliqués aux produits de toute provenance et de toute origine, quelle que puisse être la contradiction que cette mesure établisse avec les principes du régime douanier colonial actuel. Il serait utile de réaliser, lors de la prochaine refonte de ce régime, une harmonie qui semble faire défaut à celui que nous appliquons aujourd'hui.

§ 3. — EXPORTATION DES COLONIES DU 2ᵉ GROUPE

A — En France

159. — Les produits de ces colonies sont admis en France au bénéfice du tarif minimum, s'ils sont importés en droiture et accompagnés d'un certificat d'origine. Ce régime est basé notamment sur des considérations d'ordre fiscal. En fait, des décrets en Conseil d'État accordent des détaxes variables ou l'exemption aux principales productions de nos possessions non assimilées. La détaxe calculée sur le tarif minimum, lorsque celui-ci a été prévu, s'applique à des quantités fixées annuellement correspondant en principe, à la totalité de la production. Loi du 11 janvier 1892, art. 3). Les taxes intérieures sont toujours dues.

160. — Le sucre et ses dérivés sont soumis au même régime que ceux des colonies du 1ᵉʳ groupe et exempts, par suite, de la taxe douanière proprement dite. Les prohibitions édictées pour certains produits étrangers s'appliquent aux similaires de nos colonies.

161. — Les guinées de l'Inde française tissus de coton à deux lانes de 18 fils et moins en chaîne et en trame pesant de 7 à 12 k. 500 aux 100 mètres carrés, larges de 91 cm au plus, teints en bleu) sont exemptes des droits de douane si elles sont présentées en colis plombés et accompagnés d'un certificat d'origine. Il en est de même de celles qui sont expédiées de France, en écru, et réimportées après teinture. Le transport en droiture est exigé Obs. prél. n°s 373 et 374).

162. — Le régime de faveur est toujours subordonné à la justification de l'origine et de l'importation en droiture. A défaut de l'une de ces conditions, le tarif général sera applicable mais si les produits ont traversé un pays bénéficiant du tarif minimum, ils sont admis au même tarif. Obs. prél. n° 376).

163. — Les produits étrangers importés des colonies du 2e groupe, sont admis au tarif applicable au pays d'origine, sauf les denrées coloniales étrangères qui sont soumises aux droits du tarif général diminués de la taxe acquittée dans la colonie art. 3 de la loi du 24 février 1900).

B. — AUX COLONIES FRANÇAISES

164. — L'échange des produits du crû entre colonies françaises, s'effectue en franchise des droits de douane, sauf pour les produits de l'Inde, autres que fils et tissus. Voir ci dessus n° 161).

Les produits étrangers sont soumis aux droits du tarif applicable au pays d'origine diminués s'il y a lieu, des droits acquittés dans la colonie de provenance. Loi du 11 janvier 1892, art 5).

C. — DANS L'AFRIQUE DU NORD

165. — 1° Maroc - Tarif de droit commun. Obs. pr. n° 495).
2° Tunisie. Droits du tarif local.
3° Algérie. Aux termes de l'article 27 de la loi du 8 avril 1910 les produits des colonies françaises sont soumis en Algérie aux mêmes droits que dans la métropole, sauf application du tarif spécial algérien lorsque celui-ci est plus favorable. Les tabacs y sont soumis aux droits du tarif local. Il en est de même des allumettes Art. 27 de la loi du 8 avril 1910)' voir ci-dessus art. 2 § 6). Le sucre et ses dérivés y acquittent les mêmes droits que ceux des colonies du premier groupe : la taxe de consommation et d'octroi de mer à l'exclusion de la surtaxe douanière.

166. — Les détaxes appliquées en France aux denrées coloniales de nos possessions d'outre-mer, le sont également en Algérie. Il en est de même des exemptions. Quant aux produits qui ne bénéficient d'aucun privilège, ils sont soumis en Algérie comme dans la Métropole, aux droits du tarif minimum.

D. — A L'ETRANGER

167. — Les produits des colonies françaises expédiés à l'étranger, doivent y être admis aux conditions fixées par les traités, conventions, arrangements et accords intervenus entre la France et le pays destinataire (Voir art. 2, § 2 n° 93).

ARTICLE IV

REGIME DOUANIER DES AUTRES TERRITOIRES OCCUPES PAR LA FRANCE OU PAR DES SOCIETES CIVILES OU COMMERCIALES FRANÇAISES

§ 1ᵉʳ — ILES ET TERRES DE L'OCEAN PACIFIQUE

168. — La loi du 30 juillet 1900 autorise le Président de la République à établir par décrets rendus dans la forme de règlements d'administration publique, le régime douanier auquel sont assujettis en France et dans les colonies françaises, les produits originaires des îles et terres de l'Océan Pacifique ne faisant pas partie du domaine colonial de la France et n'appartenant à aucune puissance civilisée, récoltés ou fabriqués par des établissements commerciaux ou agricoles, possédés ou exploités par des Français ou par des Sociétés civiles ou commerciales françaises.

Ce régime a été fixé ainsi :

1° — à l'entrée en France : maïs 2 fr. les 100 k. Café en fèves : détaxe de 78 frs sur le tarif minimum.

Cacao en fèves et vanille : détaxe de 50 % sur le taux du tarif minimum.

Des décrets déterminent chaque année, d'après les statistiques officielles fournies par le Commissaire général de la République dans l'Océan Pacifique, les quantités de produits qui peuvent être importés au régime de faveur et c'est dans la limite de crédits globaux fixés annuellement que le Commissaire général détermine les produits et les quantités de ces produits que chaque producteur ou établissement producteur peut importer en France avec bénéfice des taxes réduites. Les crédits sont individuels et nominatifs. Ils seraient supprimés en cas de fraude. Les marchandises doivent être accompagnées d'un certificat d'origine, délivré par le délégué du Commissaire général dans les Nouvelles Hébrides au nom du producteur ou de l'établissement producteur. Elles doivent être importées en droiture, mais avec faculté de transbordement à Nouméa. Dans ce cas, la Douane de ce port devra s'assurer de la régularité de l'opération et en donner attestation sur le certificat d'origine (décret du 12 novembre 1901).

Le transbordement à Sydney n'interrompt pas la droiture s'il est effectué dans les conditions règlementaires et attesté par un certificat d'origine du Consul de France à

Sydney (Obs. prél. n° 383). Les conditions réglementaires sont les suivantes :

Le transport total doit être effectué par des navires de la même Compagnie, française ou étrangère. Aucun produit similaire de ceux qui ont droit à un régime de faveur ne doit être chargé au port d'escale. Un état des chargements et déchargements effectués au port d'escale, doit être établi par le Consul de France du port de transbordement (Obs. prél. n° 57 et 59).

2° — A l'entrée en Nouvelle Calédonie : maïs, ananas, bananes, citrons, cœurs de cocotiers, évis, fruits à pain, ignames, oranges et taros : exempts. La justification d'origine par un certificat du délégué aux Nouvelles Hébrides du Commissaire général et le transport en droiture, sont obligatoires (décrets des 1er juillet 1902 et 16 avril 1904*).

3° — A l'entrée dans les autres colonies françaises : exemption de tous produits originaires des Nouvelles Hébrides, récoltés ou fabriqués par les établissements commerciaux et agricoles, possédés ou exploités par des Français ou par des Sociétés civiles ou commerciales françaises, dans la mesure déterminée par des décrets rendus sur la proposition du Ministre des Colonies, d'après les statistiques officielles fournies par le Commissaire général de la République dans le Pacifique qui déterminera dans la limite des crédits globaux fixés annuellement, la nature et les quantités de ces produits que chaque producteur ou établissement producteur pourra importer en France au régime de faveur.

Les marchandises seront accompagnées d'un certificat d'origine délivré par le délégué, dans l'archipel, du Commissaire général de la République dans l'Océan Pacifique, au nom du producteur français ou de l'établissement producteur (décret du 16 avril 1904)*.

169. — En Algérie, les produits susvisés seront admis dans les mêmes conditions que dans la Métropole ou au taux du tarif local si celui-ci est plus favorable. Ceux qui ne font l'objet d'aucun crédit et d'aucun régime de faveur, ne pourront être admis en Algérie comme dans la Métropole, qu'aux conditions du tarif général.

Au Maroc et en Tunisie, il y aura lieu d'appliquer à ces produits le tarif local.

§ 2. — CAMEROUN

170. — Le décret du 7 août 1920 a étendu au Cameroun le régime douanier de l'Afrique Équatoriale française, non compris le Gabon, qui est soumis au régime métropolitain. Le Cameroun devient ainsi, au point de vue douanier, une colonie du 2e groupe. Le régime de ses produits à leur entrée en France est fixé par le décret du 20 mai 1922 (*Journal Officiel de la République* du 24 mai 1922, p. 5447). La franchise est accordée aux huiles de palme et de palmiste, de touloucouna et d'illipé, aux bois et aux futailles vides ;

les cacaos bénéficient d'une détaxe de 50 %, pour les quantités qui seront fixées annuellement par décret. Les autres produits sont admis au bénéfice du tarif minimum s'ils sont importés directement et accompagnés des justifications d'origine règlementaire.

Les marchandises françaises sont soumises au Cameroun aux mêmes conditions que dans l'Afrique Équatoriale française. Obs. prél. n° 383 ter et 383 quater).

§ 3 — TOGO

171. — Le Togo occupé par la France est doté d'un tarif spécial qui s'applique aux importations de toute origine et de toute provenance. Les produits du pays sont admis en France au régime fixé par le décret du 20 mai 1922 (*Journal Officiel* du 24 mai 1922. Page 5447) : franchise aux huiles de palme et palmiste, aux graines de coton et de ricin, au coton brut ; 50 % de détaxe aux cacaos en fèves pour les quantités fixées annuellement par décret. Observ. prél. n° 383 quinques). Les autres produits sont soumis, en France au tarif minimum s'ils sont importés en droiture et accompagnés de justifications d'origine règlementaires.

ARTICLE V
CONTENTIEUX DOUANIER
§ 1er. — COLONIES DU 1er GROUPE

172. — Nous avons vu dans la première partie de cet ouvrage que si la règlementation douanière est applicable de droit aux colonies soumises au régime douanier métropolitain, il n'en est pas de même des pénalités et des textes relatifs aux contestations nées à l'occasion de la perception des droits de douane. L'avis du Conseil d'État émis le 17 janvier 1893, pouvait laisser croire à l'applicabilité automatique de toute la législation douanière métropolitaine dans les colonies du 1er groupe. L'arrêt de la Cour de Cassation rendu le 27 avril 1894 a précisé, au contraire, que les pénalités édictées par les lois sur les douanes ne peuvent être appliquées que sous la double condition d'avoir été rendues applicables aux colonies et d'y avoir été promulguées. Pour mettre fin à ce désaccord et prévenir toute hésitation dans l'avenir, le Ministre des Colonies prépara le décret du 16 février 1895 qui rendit applicables aux colonies assimilées tous les textes métropolitains relatifs aux pénalités douanières. Ce décret fut promulgué successivement dans nos possessions du 1er groupe, sauf à Madagascar, colonie dont la conquête est postérieure à ce texte et où il fut admis que toute les lois antérieures à la conquête étaient applicables sans promulgation expresse (1).

---

(1) Voir l'arrêt du 29 décembre 1909* qui règle également les points suivants : l'emploi des contraintes en matière de recouvrement de droits

Par la suite, les lois furent promulguées aux colonies au fur et à mesure, après y avoir été rendues applicables soit par décret, soit par un article de la loi elle-même, conformément à la règle générale (1).

Toutefois la législation douanière métropolitaine ne peut être appliquée exactement aux colonies, en ce qui concerne notamment la compétence le droit de poursuivre, le pouvoir de transiger, l'exécution des jugements. Ces diverses matières sont réglées d'après les principes qui régissent l'organisation administrative et judiciaire de chaque colonie.

A. — COMPÉTENCE

173. — Comme dans la Métropole, la compétence en matière douanière appartient, aux colonies, aux tribunaux judiciaires et, en première instance, à la Justice de paix (2). Ce principe fait l'objet de l'article 10 de la loi du 14 fructidor, an III rendu applicable aux colonies par décret du 16 février 1895 et ainsi conçu :

Article 10. — « Les tribunaux de paix qui connaissent « en première instance des saisies, jugeront également en « première instance les contestations concernant le refus « de payer les droits, le non rapport des acquits à caution et « les autres affaires relatives aux Douanes ». Conseil

---

est prescrit par la loi des 6 et 22 août 1791 titre XIII art. 25-31-32-33. La liquidation en tête de la contrainte, de la somme due peut être augmentée ou diminuée au cours de l'instance et la plus-pétition n'est pas un obstacle à la régularité de la contrainte en la forme (Cass. req. 29 déc. 1909)*. La contrainte peut être décernée pour le recouvrement des amendes dans la limite du maximum fixé par la loi lorsqu'une soumission contentieuse a été souscrite (Cass. req. 2 mai 1911*)

(1) Le dépôt dans les communes de 2000 âmes et plus de marchandises prohibées ou taxées à plus de 20 frs n'est pas frauduleux (Cass. cr. 15 mars 1907)*

(2) Une omission de colis au manifeste est de la compétence du Juge de paix alors même que ces colis contiendraient des marchandises prohibées (Cass. cr. 3 avril 1903)*. L'omission ou manifeste doit être punie des peines qui s'attachent à cette infraction bien que la déclaration en détail soit déjà présentée au service des Douanes, la formalité de l'inscription au manifeste et celle de la déclaration en détail étant distinctes et sanctionnées différemment. (Cass. cr. 6 juillet 1895)*

Une compagnie frappée d'amende pour omission au manifeste ne peut se retourner contre l'expéditeur sous prétexte que ses agissements auraient entrainé la contravention, alors que le jugement établit que le capitaine pouvait vérifier le chargement de son navire et s'assurer que les colis le composant étaient bien mentionnés sur son manifeste. (Cass. req. 19 janvier 1903)*

L'omission au manifeste de colis de bagages n'entraîne pas la responsabilité du capitaine, car, ne donnant pas lieu à un connaissement, les bagages ne doivent pas obligatoirement figurer au manifeste (Cass. civ. 22 novembre 1905)*. Mais le débarquement sans permis des marchandises contenues dans les bagages est punissable au même titre que celui des autres marchandises, aucune distinction n'étant faite à ce sujet par les lois de douane (Cass. cr. 23 novembre 1893)*

d'Etat — décision du 25 novembre 1910 — 1re espèce)*.
L'article 164 du décret du 30 décembre 1912 sur le régime
financier des colonies, dispose que le « Contentieux des
« contributions perçues sur liquidations relève des tribu-
« naux ordinaires ».

174. — Les Conseils du Contentieux administratif n'ont aucune compétence pour connaître des affaires relatives aux
Douanes et en général aux contributions indirectes. Il en
est ainsi pour les taxes de consommation et de statistiques (Conseil d'Etat du 6 août 1912)* (1).

Il en serait autrement d'une colonie non soumise au
régime métropolitain et où par suite, le décret du 16 février n'aurait pas été promulgué. La compétence de juridiction relative aux droits de douane, serait établie par un
texte spécial à la colonie. C'est le cas des Etablissements
français de l'Océanie qui, compris dans le 2e groupe, ne
sont pas soumis aux lois et règlements douaniers métropolitains, mais sont régis par le décret du 9 mai 1892, dont
l'article 44 dispose que « toutes contestations relatives à
« l'application des tarifs, sont soumises au tribunal de
« contentieux administratifs, instruites et jugées sommairement ». (Conseil d'Etat, 11 mai 1917 et 23 janvier 1920*)

175. — La compétence du juge de paix en matière de Douane
ne souffre aucune limite et s'étend même aux demandes de
remboursement de droits qui tendent à constituer l'Etat dé-
biteur et aux demandes en indemnités fondées sur une appli
cation erronée ou abusive de la loi. C'est ainsi que les juges
de paix ont à connaître des actions intentées à l'administration pour saisies non fondées, pour visites domiciliaires
infructueuses, pour retenue non justifiée d'un navire ou de
moyen de transport par terre, pour retard apporté dans
l'expédition d'une marchandise par suite de refus de délivrer un acquit à caution, passavant, congé ou autre titre de
transport (Pallain - Douanes françaises III, page 240) (2)

176. — Ces principes ne font pas échec bien entendu, à
celui de la séparation des pouvoirs et à la compétence des
tribunaux administratifs dans tous les cas relatifs à
l'exercice des fonctions des agents et où il serait nécessaire
de contrôler un acte d'administration, afin de déterminer
le caractère de la faute commise et d'apprécier si elle engage la responsabilité de l'administration ou seulement

---

(1) Voir sur la question du traité du 5 novembre 1885 conclu entre
Saïd Ali, sultan de la Grande Comore et M. Humblot, et l'interprétation
tirée de la dépêche ministérielle du 9 avril 1897 relative à ce traité et aux
exonérations d'impôts invoqués par la Société Humblot : Penant. Recueil de jurisprudence coloniale des années 1907. Conseil d'Etat, 5 juillet 1907 p. 333, 1912. Conseil d'Etat, 21 juillet 1911 (3 arrêts) pages 11
et 87, 1913. Conseil d'Etat, 6 août 1912, page 150*

(2) Le juge de Paix est également compétent pour connaître des litiges
suscités par la perception des droits accessoires de douane, tels que droits
de navigation, sanitaires, etc... (Cass. req. 2 juillet 1895)*

celle de l'agent ; or seuls les tribunaux administratifs peuvent contrôler les actes de l'administration, celle-ci étant d'ailleurs, aux termes de l'article 19 du titre XIII de la loi du 22 avril 1791, « responsable du fait de ses préposés « dans l'exercice et pour raison de leurs fonctions seule- « ment sauf son recours contre eux ou leurs cautions ». Tribunal, des conflits - 7 décembre 1918) (1).

177. - Toutefois, les tribunaux de l'ordre judiciaire, s'ils n'annulent pas un acte administratif illégal, s'abstiennent de prononcer en matière répressive la peine prévue par cet acte et, en matière d'impôts indirects, jugent que la perception est illégale et en ordonnent le remboursement. Recueil de jurisprudence 1911, p. 183, note 2). Conseil d'État, 3 mars 1876. Cass. cr. 20 janvier 1911).

178. - Le juge de paix étant le juge de droit commun en matière de douane, les infractions de sa compétence ne peuvent être portées devant le tribunal correctionnel (2). (Cass. crim. 1er avril 1897) mais celui-ci est seul compétent pour juger les délits et contraventions comportant des peines d'emprisonnement et quelques infractions dont la

---

(1) S'il s'agissait de déterminer la responsabilité de l'Administration dans la vente, comme propriété d'une colonie de marchandises déposées dans les magasins de la Douane, les tribunaux administratifs seraient seuls compétents. (Trib. de Grand-Bassan, 20 décembre 1915)*

(2) Le ministère public ne peut poursuivre les infractions douanières qui relèvent de la compétence du juge de paix, et cela même dans le cas où faute de justice de paix l'infraction serait jugée, par un tribunal correctionnel. (Cass. cr. 5 mars 1917)*

Par contre, il peut seul requérir les peines d'emprisonnement (Cass. cr. 3 mars 1893)*. Serait cassé l'arrêt qui prononcerait une peine d'emprisonnement sur le seul appel de la Douane (Cass. cr. 15 mars 1907)* Les amendes, au contraire, peuvent être requises par l'Administration en Ire instance et en appel sans l'intervention du Ministère public (Cass. cr. 15 mars 1893, Ire espèce)*. Elles peuvent être poursuivies cumulativement avec l'emprisonnement pour un délit fiscal ou pour un délit de droit commun, si elles ont un caractère fiscal, tandis que deux peines d'emprisonnement ne peuvent être prononcées pour deux délits soit fiscaux soit de caractère différent. En un mot une seule peine d'emprisonnement doit être prononcée ; l'amende fiscale peut être cumulée avec l'emprisonnement prononcé pour quelque motif que ce soit (Cass. cr. 22 déc. 1893)*

Les dommages-intérêts ne peuvent être cumulés avec une amende même fiscale à moins de disposition spéciale de la loi, car, deux peines pécuniaires ne peuvent être prononcées pour une même infraction, l'amende fiscale étant déjà une réparation civile (Cass. cr. 30 avril 1897)*. Signalons également que la bonne foi ou l'erreur ne peut faire échec aux condamnations, à moins que le cas de force majeure ne soit établi et que l'erreur ne soit invincible, c'est-à-dire que le prévenu doit établir qu'il lui était impossible d'échapper à son erreur (Cass. cr. 26 déc. 1907 — Penant 1908, p. 402). Des amendes, réparations civiles, sont encourues par les personnes civilement responsables. (Cass. cr. 4 mars 1897)*. Mais les personnes civilement responsables ne peuvent être condamnées comme prévenus ou coupables de délits à moins qu'ils n'y aient consenti (Cass. cr. 2 février 1907)*

poursuite incombe habituellement au Service des Contributions Indirectes (exploitation de mines de sel, sources et puits d'eau salée) et dans un cas spécial de fraude dans le rayon douanier qui n'intéresse pas les colonies (1)

179. — L'appel des jugements de première instance est porté devant le tribunal civil (art. 6, de la loi du 14 fructidor an III (2) et c'est à tort que le Conseil d'appel de Saint-Pierre et Miquelon, colonie du 1er groupe jusqu'en 1912, a confirmé un jugement du Tribunal de paix, alors qu'il aurait dû se déclarer incompétent (Cass. cr. 21 janvier 1902*)

180. — Lorsque, comme à Madagascar, l'organisation judiciaire n'a pas permis de créer une justice de paix en même temps qu'un tribunal civil, celui-ci juge les affaires de Douanes en premier et dernier ressort et l'appel devant la Cour n'est pas recevable. (Cass, req. 4 avril 1911* - Cass. cr. 12 mai 1914* - Cass. 17 juin 1912*). Ajoutons que l'obligation de déférer au tribunal correctionnel une affaire du ressort du Juge de paix, et à défaut de justice de paix, ne saurait habiliter le Ministère public à requérir, s'il s'agit d'une simple contravention. Il en est ainsi notamment pour les prohibitions de sortie. Celles-ci étaient avant la loi du 17 août 1915* de la compétence du Juge de Paix. Le Ministère public était sans qualité pour poursuivre le prévenu de ce chef. (Cass. cr. 4 mai 1917*)

181. — Mais si une affaire de Douane a été jugée par un magistrat faisant fonctions de juge de Paix, et tel est le cas pour certains administrateurs de Madagascar, l'appel doit être porté devant la Cour d'Appel à défaut du tribunal civil. (Cass. du 2 mai 1911)*.

En ce concerne la compétence « *ratione loci* », signalons que de l'arrêt du 17 juin 1912* il résulte que les demandes en remboursement de droits peuvent être portées devant le tribunal situé au siège du Gouvernement général d'une colonie bien que la perception ait été effectuée dans un bureau de douanes ressortissant à un autre tribunal. Cette décision est une application de l'article 69 - 3 du code de procédure civile aux termes duquel les Administrations ou Etablissements publics « sont assignés en leur bureau, « dans le lieu où réside le siège de l'Administration, dans « les autres lieux, en la personne ou au bureau de leur

---

(1) Il s'agit de l'article 15 de la loi du 7 juin 1820 relatif aux manœuvres ayant pour but la remise d'un passavant dans le rayon, destiné à couvrir le transport de marchandises de fraude (Voir Pallain op. cit. III, p. 364).

(2) Article 6. L'appel devra être notifié dans la huitaine de la signification du jugement, sans citation préalable au bureau de paix et de conciliation ; après ce délai, il ne sera point recevable, et le jugement sera exécuté purement et simplement ; la déclaration d'appel contiendra assignation à 3 jours devant le tribunal civil dans le ressort duquel se trouvera le juge de paix qui aura rendu le jugement, et le tribunal sera tenu de prononcer dans les délais fixés par la loi pour les appels des jugements du juge de paix.

« préposé ». Le demandeur en restitution de droits de
douane peut assigner l'Administration soit devant le tribunal dans le ressort duquel se trouve le bureau qui a
perçu, soit devant celui du siège de l'Administration, c'est-
à-dire pour une colonie, devant le tribunal du chef-lieu
où réside le Gouverneur ou Gouverneur général représentant de la colonie. Il n'en serait pas de même pour une
opposition à contrainte décernée par le Trésor. Dans ce
cas. l'opposition ne peut être portée que devant le tribunal du lieu où la contrainte a été visée par le Juge ; c'est
là une règle spéciale à la procédure de contrainte, qu'il
ne faut pas confondre avec celles du droit commun, applicables aux demandes en remboursement de droits (Penant, recueil de jurisprudence 1912, I, p. 301, note 2 de
Fabien Thibault).

B. — ACTION EN JUSTICE

182. — Aux termes de l'article 57 du décret du 30 décembre
1912 sur le régime financier des colonies « dans chaque
« colonie et dans les pays de protectorat relevant
« du Ministère des Colonies, le Gouverneur représente la
« colonie dans tous les actes de la vie civile ».

D'autre part, l'article 1er — 5° — du sénatus-consulte
du 4 juillet 1866, porte : « le Conseil général statue ; 5°
« sur les actions à intenter ou à soutenir au nom de la co-
« lonie, sauf dans le cas d'urgence, où le Gouverneur peut
« intenter toute action et y défendre sans délibération
« préalable du Conseil général et faire tous les actes con-
« servatoires ». Il résulte de ce texte que le Gouverneur
d'une colonie a seul qualité pour représenter la colonie en
justice et que c'est contre lui seul que doit être demandée
et prononcée la restitution des droits de douane qui auraient été indûment perçus. Vainement invoquerait-on l'article 44 du décret financier du 20 novembre 1882, reproduit
sous le n° 76 (1) dans le décret du 30 décembre 1912
pour prétendre que les employés qui effectuent des perceptions illégales, doivent être personnellement poursuivis. Cette disposition vise uniquement la responsabilité
des agents concessionnaires pour avoir perçu des contributions non autorisées par les autorités compétentes,
mais elle ne s'applique pas aux agents qui agissent au
nom de la colonie, celle-ci ne pouvant être représentée que
par son Gouverneur. (Cass. cr. 16 février 1910)*.

---

(1) Cet article est ainsi conçu : Toutes contributions directes ou indirectes, autres que celles qui sont approuvées par les autorités compétentes, à quelque titre et sous quelque dénomination qu'elles se perçoivent,
sont formellement interdites, à peine contre les autorités qui les ordonneraient, contre les employés qui confectionneraient les rôles et tarifs et
ceux qui en feraient le recouvrement d'être poursuivis comme concussionnaires, sans préjudice de l'action en répétition pendant trois années
contre tous receveurs, percepteurs ou individus qui auraient fait la perception.

183. — Mais dans les colonies de la Martinique, de la Guadeloupe et de la Réunion, l'autorisation du Conseil général est nécessaire au Gouverneur pour citer en justice, aux termes de l'article 1er - 5° - du sénatus-consulte du 4 juillet 1866 précité. (Cass. req. 18 juillet 1900)*.

Cette autorisation est indispensable et l'omission de cette formalité, qui intéresse l'ordre public, peut être invoquée pour la première fois devant la Cour de Cassation. (Cass. cr. 28 mars 1893*. Cass. cr. 30 avril 1907)*

184. — Par contre, la partie adverse d'une colonie pourrait pour la première fois en Cassation, tirer exception du défaut d'autorisation de la colonie (Penant, Recueil de jurisprudence 1908, première partie, P. 4 note 1).

185. — Toutefois, en cas d'urgence, l'autorisation du Conseil général n'est pas nécessaire et dans ce cas le Gouverneur peut non seulement faire tous ses actes conservatoires mais encore citer en justice au nom de la colonie sans être habilité au cours de l'instance par une délibération du Conseil général. Il suffit que l'urgence ait été constatée par le jugement. (Cass. req. 10 décembre 1907)* (Cass. cr. 20 avril 1910)*.

186. — L'autorisation peut être donnée postérieurement à l'admission du pouvoir de Cassation. (Cassation cr. 30 mai 1910)*

187. — Elle est nécessaire pour la colonie du Sénégal en vertu du décret du 4 février 1879, instituant le Conseil général et dont l'article 33 - 5° - est la reproduction de l'article 1er du sénatus-consulte du 4 juillet 1866. Le Conseil général est remplacé par un Conseil colonial (Décret du 4 décembre 1920).

188. — Il en est de même pour la Cochinchine, où l'autorisation du Conseil colonial est indispensable pour que la colonie puisse ester en justice, notamment pour soutenir une action relative à une demande de restitution de taxes. (Cass. cr. 18 octobre 1904)*.

189. — Il convient, bien que la jurisprudence la plus récente affirme l'obligation de l'autorisation préalable de citer, en sens contraire, un arrêt de la Cour de Cassation rendu le 17 février 1896* à la suite d'un pourvoi formé contre un arrêt de la Cour d'Appel de la Martinique. Il s'agissait de savoir si la colonie pouvait, sans autorisation du Conseil général, défendre à l'opposition faite à diverses contraintes, ayant pour but le payement de la taxe sur les spiritueux. La Cour Suprême a estimé comme la Cour d'appel que « l'on ne peut appliquer à « une matière fiscale régie par une législation spéciale « l'art. 1er du sénatus-consulte du 4 juillet 1866 ; qu'il « n'est pas admissible que le Conseil général de la colonie après qu'il aurait voté une taxe devenue, en vertu « d'un décret, obligatoire pour tous, conserve la faculté « d'en faire remise à un redevable en n'autorisant pas « les poursuites dirigées contre lui ».

190. — Comme on le voit, cette opinion n'a pas prévalu par la suite, bien qu'elle soit conforme, en matière de droits de douane notamment, au principe de l'assimilation. L'application aux colonies du premier groupe des lois métropolitaines, visées par le décret du 16 février 1895* qui autorisent l'action directe de l'administration, se concilie difficilement d'ailleurs, avec le principe de l'autorisation préalable. Celle-ci n'est imposée, au surplus, que dans les colonies pourvues d'un Conseil général et cette subdivision en deux catégories des colonies du premier groupe, est une atteinte de plus au principe d'assimilation posé par la loi du 11 janvier 1892. Il est vrai que l'urgence qui dispense de l'autorisation, peut être invoquée utilement dans la plupart des cas et couvrir, ainsi, l'absence de cette formalité. Mais que l'urgence ne soit pas constatée par le jugement et l'action de la colonie tombe, alors que pour le recouvrement des droits et taxes et la répression de la fraude le succès des poursuites est presque toujours subordonné à leur célérité.

191. — *MEMOIRE PREALABLE.* — Il résulte d'un arrêt de la Cour de Cassation (Cass. req. 18 juillet 1900)* que l'obligation pour le Conseil général de statuer sur le soutien d'une instance, entraîne pour le demandeur, celle d'un dépôt préalable d'un mémoire, exposant l'objet et les motifs de sa réclamation et que, à raison de l'obstacle légal apporté à l'exercice immédiat de l'action, le dépôt de ce mémoire interrompt la prescription. Il en serait ainsi, notamment en matière de remboursement des droits indûment ou illégalement perçus, qui sont acquis au Trésor après un certain délai.

192. — Bien que le dépôt du mémoire ne soit imposé par aucune loi métropolitaine sur les douanes, la Cour de Cassation l'exige dans les colonies régies par le senatus-consulte du 4 juillet 1866 (Martinique, Guadeloupe, Réunion) et dans celles qui, pourvues d'un conseil général, ont subordonné la défense aux actions contre elles à une autorisation de cette assemblée. Il est spécifié que pour la Nouvelle-Calédonie, l'action ne peut être intentée que deux mois après le dépôt de mémoire mais qu'après ce délai, elle peut être exercée même si la commission n'a pas donné son avis. (Cass. cr. 10 janvier 1911)*.

193. — Dans les colonies où l'autorisation de plaider n'est pas obligatoire, le dépôt préalable d'un mémoire ne l'est pas non plus, du moins en matière de droits de douane et de taxes perçues sur liquidation.

L'obligation d'un mémoire prévue dans la Métropole par la loi municipale de 1884 et transportée dans certaines colonies par des textes qui ne sont que la reproduction de la loi métropolitaine ne peut viser que les actions civiles, aucune action pénale ne pouvant être dirigée contre une colonie ou une commune. Il en résulte que l'action dirigée contre un village, ne pouvant être que civile, implique le dépôt d'un mémoire. La Cour de Cassation a jugé (Cass. cr. 20 novembre 1914)* que l'action dirigée contre deux communes du Tonkin pour infraction au règlement sur l'alcool, avait le caractère d'une action pénale, mais l'arrêt a confondu la responsabilité de ces communes et celles des autorités indigènes. Celles-ci étaient aux termes des textes locaux, tenues personnellement responsables des condamnations pécuniaires encourues par des fraudeurs dont elles avaient favorisé les actes. Les poursuites intentées par l'administration contre ces autorités, avaient un caractère pénal et ne pouvaient être subordonnées à la production du mémoire expressément prévu par un arrêté du Gouverneur général. (Voir Penant op. cit. 1914 p. 87 ; la note de Fabien Thibault au bas de l'arrêt du 20 novembre 1914).

194. — *AUTRES PHASES DE LA PROCEDURE.* — Elles se déroulent d'après les principes fixés par les lois métropolitaines appliquées aux colonies ou d'après les règles propres à ces dernières, si les lois métropolitaines n'ont pas été promulguées ou ne peuvent y être appliquées (1).

195. — *AMNISTIE.* — L'amnistie s'applique à l'emprisonnement aussi bien qu'à l'amende, si la loi qui l'accorde ne fixe que la limite des peines pécuniaires au delà de laquelle elle ne s'applique pas (Cass. Cr. 18 janvier 1902)*

CHAPITRE DEUXIÈME
DROITS DE SORTIE
ARTICLE PREMIER
GENERALITES

196. — Le tarif des douanes métropolitaines ne portait plus de droits de sortie depuis 1803. Après la guerre 1914-1918, certains produits tels que bestiaux, matières premières, objets d'art anciens, dont l'exportation avait été prohibée pendant les hostilités, ont été frappés de droits à l'exportation dans le but de sauvegarder « le Patrimoine artistique national » et de favoriser la reconstitution économique du Pays. Ces droits ne peuvent être étendus aux Colonies en vertu de l'assimilation douanière de 1892.

Les articles 3 à 6 de la loi du 11 janvier 1892, en effet, ne s'occupent que :

1°) de l'importation aux colonies des produits étrangers ou d'autres colonies.

---

(1) Les termes généraux d'une loi modifiant les délais de procédure s'appliquent également aux délais fixés par des lois spéciales. Il s'agit de la loi du 13 avril 1885 modifiant l'article 1033 du code de procédure civile et portant « que toutes les fois que le dernier jour d'un délai quelconque de procédure franc ou non est un jour férié, ce délai sera prorogé jusqu'au lendemain ». (Cass. civ. 22 juillet 1902)*

2°) de l'établissement, aux colonies, des droits d'octroi de mer.

Cette loi est muette sur les droits de sortie, qui n'existaient plus dans la métropole à cette époque et qui existaient dans la plupart de nos colonies en vertu de dispositions qu'elle n'a ni abrogées ni modifiées.

197. — A la Guadeloupe, un droit de sortie sur les principales denrées, telles que le sucre, le café, le cacao, remplaçait en 1703, la capitation sur les nègres de culture. On retrouve le même droit sous la rubrique « Contributions Directes » en 1810, 1829, 1831, 1837, 1841.

Le décret financier des colonies du 26 septembre 1855, fait mention « des droits de sortie sur les denrées coloniales représentatifs de l'impôt foncier ». Toutefois un arrêt du Conseil d'Etat du 4 janvier 1878, considère les droits de sortie comme de véritables taxes indirectes. Des droits de sortie existent dans la plupart des autres colonies.

ARTICLE DEUXIEME
CARACTERE DES DROITS DE SORTIE

198. — Les droits de sortie sont-ils des droits de douane et doivent-ils par suite, être établis dans les mêmes conditions ou doivent-ils être assimilés aux autres contributions et taxes, créés par les assemblées locales et les Conseils d'administration ?

Après son arrêt du 4 janvier 1878*, le Conseil d'Etat a émis l'avis le 13 juin 1883, que les droits de sortie sur les sucres ne sauraient être regardés comme des droits de douane proprement dits.

199. — La Cour de Cassation s'exprime dans le même sens dans son arrêt du 6 février 1893*. Elle estime que les taxes à l'exportation n'appartiennent pas à la catégorie des tarifs des Douanes, qui, aux termes de l'article 2 du Senatus Consulte du 4 juillet 1866, ne concernent que les produits étrangers importés et doivent faire l'objet d'un décret rendu le Conseil d'Etat entendu ; elles appartiennent à la catégorie des taxes qui sont votées par le Conseil général et approuvées par décret sur le rapport du Ministre des colonies, mais qui peuvent être rendus exécutoires par arrêté du gouverneur.

200. — L'arrêt de la même Cour, du 3 janvier 1906* est plus formel encore ; il s'agissait de savoir si la prohibition de sortie de vaches et la perception des droits de sortie sur les exportations de bovidés autorisées pouvaient être édictées par un arrêté du Gouverneur général de Madagascar ou par un décret simple, ou si un décret rendu en forme de règlement d'administration publique était nécessaire par application des § 3 et 4 de l'article 3 de la loi du 11 janvier 1892. La Cour de Cassation a décidé que cette loi ne vise que « les droits à l'importation » et qu'elle est muette sur l'interdiction d'exportation ; que

par suite un décret simple pris en conformité de l'article
1er du décret du 30 janvier 1867 lui-même intervenu
pour l'application de l'article 18 du senatus-consulte du
3 mai 1854, était suffisant. L'article 8, on le sait, dispose
que les colonies, autres que la Martinique, la Guadeloupe
et la Réunion seront régies par décrets et l'article 1er, alinéa 2 du décret du 30 janvier 1867, accorde aux Gouverneurs des mêmes colonies le droit de fixer les taxes et
contributions publiques autres que les droits de douane,
ceux-ci devant être réglés par décrets.

201. — Notons que la théorie de la Cour suprême vise non
seulement l'interdiction d'exportation mais encore la création des droits de sortie alors même que ceux-ci seraient
considérés comme droits de douane, puisque le décret du
30 janvier 1867 règle dans l'alinéa 2 de l'article 1er, l'établissement de ces droits pour les colonies à décrets. L'arr-
rêt conteste seulement l'obligation de suivre, pour la prohibition sur les droits de sortie, les dispositions de la loi
du 11 janvier 1892 et de rendre un décret en forme de règlement d'administration publique. Toutefois, le caractère douanier des droits de sortie, s'affirme de plus en plus
par suite du caractère différentiel et protecteur de ces
droits ; différentiel en ce qu'ils ne frappent que les produits exportés : protecteur en ce qu'ils sont institués parfois pour entraver l'appauvrissement du pays en tel ou
tel produit. C'est le cas pour les bovidés de Madagascar,
et, actuellement, pour les droits de sortie institués dans la
Métropole. (Trib. Majunga 3 mars 1915).

Le Conseil d'Etat précise, (avis du 11 mai 1920) que
« les droits de sortie établis dans certaines colonies sur
« les produits locaux exportés, lors même qu'ils auraient
« été créés en remplacement de l'impôt foncier et pour-
« raient être regardés comme représentatifs de cet impôt,
« constituent des droits de douane, s'ils ont pour effet
« de frapper uniquement les produits destinés à l'exporta-
« tion. alors que les produits de même nature destinés à
« la consommation locale ne sont soumis à aucun droit
« équivalent ».

ARTICLE III
MODE D'ETABLISSEMENT

202. — Si les droits de sortie sont des droits de douane, quel
en est le mode d'établissement ? — La loi du 11 janvier
1892 ne peut être invoquée ici, elle ne vise que les droits
sur les produits importés. La distinction des colonies en
deux groupes, basée sur leur régime douanier est donc
inutile, en l'espèce. Il convient plutôt de se reporter à la
division basée sur la constitution coloniale : colonies à décrets, colonies régies par des lois.

Pour les premières, la question est réglée par le deuxième alinéa de l'article 3 de la loi du 7 mai 1881 ainsi
conçu :

« Pour les colonies qui ne sont pas régies par le séna-
« tus-consulte du 3 mai 1854, complété par celui du 4 juil-
« let 1866, les tarifs de douane seront établis par décret
« du Gouvernement Métropolitain, le Conseil d'Etat en-
« tendu ».

Et il y a lieu de se demander si la Cour de Cassation,
dans son arrêt du 3 janvier 1900 relatif à l'interdiction
d'exporter des bovidés de Madagascar, colonie à décrets,
n'aurait pas dû viser la loi de 1881 qui impose pour les
droits de douane, un décret rendu le Conseil d'Etat entendu.

Il est vrai qu'il s'agissait de prohibition de sortie et
que la loi de 1881 ne parle que des « *tarifs de douane* » ;
mais on peut objecter que le décret du 30 janvier 1867, en
conformité duquel avait été pris le décret de prohibition
faisant l'objet de l'arrêt, ne parle également que de « *droits
de douane* ». Il semble donc qu'un décret en Conseil d'E-
tat était nécessaire et que la cassation de l'arrêt attaqué
n'était pas encouru de ce chef. Au surplus, comme il s'a-
gissait d'une prohibition de sortie, la question pourrait
se poser de savoir si les règles d'établissement sont les
mêmes, dans ce cas, que lorsqu'il s'agit de droits de sortie.
Aussi bien le décret de 1867 que la loi de 1881 ne s'occupent que de droits ou de tarifs ; mais une prohibition peut
être édictée dans un but d'intérêt général, économique, sa-
nitaire ou politique, sans revêtir aucun caractère protecteur
et différentiel. Tel est le cas, semble-t-il, de l'interdiction
d'exporter des vaches, destinée à préserver le cheptel bovin
d'un territoire. Il en est de même de l'interdiction d'exporter des objets de subsistance que les ordonnances de 1825,
1827 et 1833, pour les Antilles et la Réunion donnent au
Gouverneur le pouvoir d'ordonner « selon qu'il y a lieu »
Ces ordonnances n'ont pas été abrogées en ce qu'elles n'ont
rien de contraire aux textes qui les ont suivies et c'est par
de simples arrêtés que ces interdictions sont édictées.

203. — Celà dit, il reste à retenir que pour les colonies à décrets
régies par l'article 18 du senatus-consulte du 3 mai 1854
le texte à invoquer pour l'établissement des droits de sortie
sera la loi du 7 mai 1881 qui, bien que modifiée par celle
du 11 janvier 1892 en ce qui concerne les droits à l'importation, reste en vigueur pour les droits de sortie, dont cette
dernière ne fait pas mention.

Pour la Martinique, la Guadeloupe et la Réunion,
colonies régies par le senatus-consulte du 3 mai 1854, l'é-
tablissement des droits de sortie ne peut être basé, pour
les raisons déjà exposées, ni sur la loi du 11 janvier 1892,
spéciale aux droits d'entrée, ni sur la loi du 7 mai 1881,
spéciale aux colonies à décrets, ni sur le décret du 30 janvier 1867, spécial aux mêmes colonies, ni enfin sur le senatus-consulte du 4 juillet 1866 qui ne vise également que
les droits sur les produits « importés ». Reste l'article 4 du
senatus-consulte du 3 mai 1854 ainsi conçu : « Les lois

« concernant le régime commercial des colonies sont votées
« et promulguées dans les formes prescrites par la consti-
« tution de l'Empire ». Si cet article a été modifié, pour les
droits de douane à l'entrée, par le senatus-consulte du 4
juillet 1866 et notamment par la loi du 11 janvier 1892
encore en vigueur, il ne peut être abrogé dans celles de ces
dispositions non reprises par les textes ultérieurs et tel est
le cas des droits de sortie, que ces textes ont omis d'envisager. C'est donc une loi, pensons-nous, qui serait nécessaire pour édicter des droits de sortie aux Antilles et à la
Réunion. Il en serait autrement, évidemment, si les droits
de sortie n'avaient pas le caractère des droits de douane ;
la procédure dans ce cas serait fixée par la loi du 29 juin
1918, article 55 (voir n" 75) comme pour les autres taxes
locales. Mais le caractère douanier étant reconnu à ces
droits, seule une loi paraît pouvoir les établir par application de l'article 4 du senatus-consulte de 1854. Le Conseil d'Etat estime au contraire, avis du 11 mai 1920*)
qu'un décret rendu dans la forme des règlements d'administration publique est nécessaire et suffisant. C'est dans
cette forme que vient d'être rendu le décret du 7 mars 1922
instituant à la Martinique un droit de sortie sur les cannes à sucre, les mélasses et sirops de batterie (Bulletin Officiel du Ministère des Colonies année 1922 p 307).

Toutefois, la plupart des textes édictant des droits à
la sortie et actuellement en vigueur sont des décrets simples
approuvant des délibérations des Conseils Généraux ou des
Conseils d'Administration. Comme ces droits sont établis
pour une période assez courte, 2 à 5 ans, en général dans
certaines colonies, on a cru pouvoir leur conserver le caractère de taxes autre que de douane et continuer d'en attribuer l'établissement aux assemblées locales en frappant
de taxes de consommation équivalentes, les produits similaires récoltés, préparés ou fabriqués à l'intérieur et restituer le montant de ces taxes sous forme de primes à ceux
qui les ont payées. Le droit de sortie devient ainsi une véritable taxe de consommation dont l'établissement relève
des assemblées locales ou des Gouverneurs statuant en Conseil d'Administration ou de Gouvernement sous réserve de
l'approbation par décret dans les conditions fixées par la
loi du 29 juin 1918, ou par le Ministre des colonies en conformité du décret du 30 janvier 1867. Ce subterfuge expose les colonies qui l'emploient à des procès en restitution des droits de sortie pour illégalité. La colonie de la
Nouvelle Calédonie a dû restituer les taxes de consommation perçues sur les tabacs importés parce que des primes à
peu près égales avaient été payées aux fabricants de l'intérieur pour tenir lieu des taxes acquittées par eux sur les
tabacs produits à l'intérieur. La taxe de consommation ne
frappant plus, en fait, que les tabacs importés, prenait le
caractère d'un droit de douane qui ne pouvait être établi
par le Conseil Général. (Cass. Req. 5 juillet 1898*). Il s'a-

gissait ici de taxes de consommation. Mais il est permis de penser que la théorie de la Cour Suprême s'appliquerait aux droits de sortie qui ne frapperaient les produits de l'intérieur que pour être remboursés sous forme de prime.

ARTICLE IV

REGLES DE PERCEPTION
ET POURSUITE DES INFRACTIONS

204. — Les textes qui créent les droits de sortie disposent généralement dans les colonies soumises au régime douanier métropolitain, que ces droits seront perçus dans les mêmes conditions que les droits de Douane. Cette formule épargne les inconvénients d'une réglementation spéciale qui ferait double emploi avec la réglementation douanière si elle s'en inspirait ou qui la compliquerait si elle devait en différer.

Dans ces mêmes colonies, la constatation et la poursuite des infractions en cette matière, sont réglées spécialement par les lois métropolitaines qui ont été promulguées en bloc par le décret du 16 février 1895 ou par celles qui ont été promulguées par la suite, comme la loi du 17 août 1915 sur les prohibitions de sortie. En matière de pénalités, en effet, la promulgation régulière et spéciale des textes est indispensable.

205. — Dans les colonies du deuxième groupe, le texte organique des droits de sortie adopte les règles douanières en vigueur, ou en édicte de nouvelles, s'il y a lieu.

206. — Habituellement, les droits de sortie sont *ad valorem* et pour une période déterminée.

La taxation *ad valorem* assure un meilleur rendement en période de hausse, mais ce rendement est instable et subordonné aux fluctuations des marchés européens. Or, les droits de sortie ont avant tout, un but fiscal, et l'équilibre financier des Colonies qui les adoptent comme l'une de leurs principales ressources se trouve à tout instant menacé par la répercussion de ces fluctuations sur le rendement du droit. Par la taxation spécifique, une certaine stabilité budgétaire serait assurée, la production et l'exportation variant moins d'une année à l'autre, que la valeur. Par contre, la charge pourrait devenir trop lourde en cas de forte baisse, compromettre l'exportation et entraîner un désastre. Telle colonie produit 50.000 tonnes de sucre taxées à 10 frs les 100 kilos, à la sortie ; le droit produit 5 millions. Admettons que le prix de revient soit de 700 frs et que les marchés soient passés à 1.000 frs la tonne. Brusquement, par le jeu de la spéculation ou d'autres facteurs d'importance mondiale, la baisse survient et s'arrête à 800 frs. Le droit qui était de 10 % de la valeur avant la baisse s'élèvera à plus de 12 frs 50 %, et cela au moment où les bénéfices seront moindres. Devant cette situation, le producteur peut avoir intérêt à « stocker » pour attendre une reprise ; l'exportation est arrêtée et le rendement fiscal tari de ce côté. Le même inconvénient peut se présenter, il est vrai, pour la taxation *ad valorem* si l'influence des cours prime celle du droit. Quoi qu'il en soit, on peut dire que la taxe *ad valorem* est plus équitable et la taxe spécifique plus appropriée aux nécessités budgétaires. Pratiquement, la production de nos Colonies, relativement peu importante, est toujours écoulée et la quotité du droit n'entre que pour une faible part dans la conclusion des marchés. Celle-ci est subordonnée à l'état des cours et se fait souvent en Europe où les produits sont expédiés en consignation.

206 bis — Étant donné, en fait, que les fluctuations des cours dominent de très loin l'influence du droit, celui-ci pourrait être établi au poids, sans aucun inconvénient pratique, s'il est sagement compris, et procurer au budget des ressources certaines. Si une hausse continue et prolongée menace d'attribuer à la quotité du droit une influence néfaste sur les transactions, cette quotité peut être abaissée en quelques jours, si le droit revêt le caractère d'une taxe de consommation et frappe les produits consommés à l'intérieur, en quelques mois si un décret en Conseil d'Etat est nécessaire.

207. — La taxation spécifique offre un autre avantage.

Elle assure la perception exacte de l'impôt. L'évaluation des produits, au contraire, est fixée par des commissions dont les éléments d'information sont parfois inexacts ou contradictoires.

La mercuriale est établie à l'avance pour une période déterminée, un, deux ou trois mois par exemple. Elle est basée sur les cours du jour pratiqués sur la place ou dans la Métropole. Les cours de la Métropole sont variables et dépendent en grande partie, du jeu de la spéculation. Ils ne correspondent que rarement aux prix offerts sur place. Ceux-ci varient également d'une semaine à l'autre et d'un producteur ou d'un intermédiaire à un autre. Il s'agit de déterminer le cours moyen, opération délicate, et sujette à toutes les erreurs. Les conditions de vente ne sont pas connues et chacun les tient plus ou moins secrètes. Une fois le cours déterminé, il sera appliqué pendant la période réglementaire sans que les fluctuations qui se produisent pendant ce temps puissent avoir une influence sur les droits de sortie. Il arrive ainsi, que tel lot d'un produit vendu très cher acquittera des droits minimes, le cours moyen ayant été calculé trop bas et inversement. Le principe se trouve faussé. Souvent même, le marasme règne sur place où les stocks sont épuisés, pendant que les cours montent en Europe. quel cours fixer ? On adopte un prix qui ne répond pas aux conditions réelles de la place, celles-ci étant nulles. De plus la valeur à taxer devrait-être celle du produit au moment de l'embarquement y compris le prix d'achat, les frais de transport de l'usine ou de la plantation jusqu'au navire exportateur. Le droit appliqué à cette valeur atteindrait non seulement le bénéfice du vendeur mais encore celui de l'intermédiaire, de l'acheteur et de tous les transporteurs, qui sans cela, sont affranchis de l'impôt. Ce procédé conforme au principe de la taxation *ad valorem* n'est pas pratiqué dans toutes les colonies.

208.   Il peut arriver enfin que la plus grande partie d'une récolte soit expédiée en consignation en Europe pour être réalisée au mieux des intérêts du producteur. Dans ce cas le droit portera sur un cours plus ou moins arbitraire que la Commission d'évaluation sera pourtant obligée de fixer pour ne pas interrompre la perception de l'impôt, au moment où le produit quitte le lieu de production. Les cours pratiqués sur place ne peuvent équitablement servir de base à la valorisation fiscale. Ils visent des transactions de deux sortes :

1° — les transactions relatives à la consommation locale. Elles sont basées sur des besoins immédiats dont l'étendue et la durée sont assez faciles à calculer. Un cours assez ferme s'établit.

2° — l'exportation proprement dite liée aux fluctuations imprévues que le choc des intérêts et des facteurs économiques mondiaux fait naître à tout instant sur le marché européen.

Le cours du sucre, par exemple, s'établit en vue de réalisations qui n'auront lieu que plusieurs mois plus tard. Il peut donc différer considérablement de celui du marché local. Ce dernier ne peut servir de base au droit de sortie puisque le produit doit être consommé sur place. C'est le cours du marché extérieur qui est à considérer. Si donc les expéditions se font en consignation, la Commission d'évaluation se trouve désemparée. Les chiffres qu'elle fixera ne correspondront nullement à la valeur réelle du produit, celle-ci étant inconnue.

209. — Avec la taxation spécifique, aucune difficulté de ce genre. Le droit de sortie et les autres frais (transport, embarquement, frêt) étant connus d'avance les transactions sont passées avec précision : il appartient au producteur d'accepter ou non le prix offert.

CHAPITRE III
OCTROI DE MER
ARTICLE PREMIER
PERIODE ANTERIEURE
AU SENATUS CONSULTE DE 1866

210. — L'organisation municipale, ancienne pour les Antilles et la Réunion, récente pour les autres (1) nécessitait des ressources communales. Il ne fallait pas songer pour cela

(1) Martinique, décret du 12 juin 1827 ; Guadeloupe, décret du 20 septembre 1837 ; Réunion, arrêté du 12 novembre 1848 ; St Pierre et

aux impôts directs, qui, par les centimes additionnels alimentent les budgets des Communes. Ces impôts sont peu importants aux Colonies, où l'organisation sociale et économique concentre la propriété et le revenu dans les mains d'un petit nombre de personnes. La perception des taxes municipales adoptées dans la Métropole (chiens, voitures, marchés, péage, spectacles, etc....) y serait également insignifiante. Seul un impôt indirect, comme l'octroi, taxant sinon les facultés du moins les besoins du consommateur pouvait seul répondre au but poursuivi. Mais il était pratiquement impossible d'entourer les Communes d'une barrière fiscale : les frais de perception auraient dépassé le produit de la taxe, en raison de l'étendue territoriale des Communes, très vaste pour une population parfois très faible. L'octroi ne pouvait être utilement perçu qu'aux frontières de la Colonie et ces frontières formées par la mer dans la plupart de nos possessions, opposaient une barrière naturelle à la fraude. D'où, la création de « l octroi de mer », impôt commode à tous les points de vue frappant quelques produits de consommation courante et dont la perception confiée au Service des douanes est aussi économique que possible. Le produit pouvait en être réparti entre les Communes et celles-ci ne trouvaient que des avantages à cette forme ingénieuse d'impôt.

211. — L'ordonnance coloniale du 1er mars 1819 pour la Martinique autorisait la perception, « au profit de la Caisse Municipale » d'un droit de consommation sur les importations faites par bâtiments français et d'un droit double pour les importations faites par bâtiments étrangers. Tour à tour, supprimé et rétabli ce droit fut limité aux importations étrangères pour réserver aux produits métropolitains le privilège consacré par le Pacte colonial.

212. — Pour la Guadeloupe, la protection des produits français ne fut pas respectée. L'ordonnance du 14 Décembre 1825 établissait un droit sur les produits de toute origine et en assurait la répartition au prorata des quantités importées par chaque port, entre les municipalités, qui étaient précisément constituées dans ces Ports.

213. — A la Réunion, l'octroi de mer fut créé par l'arrêté du 13 Décembre 1850, modifié par celui du 13 Octobre 1861. Il ne frappait que les produits de l'extérieur importés. Les arrêtés de 1850 et 1861 furent déclarés inconstitutionnels par la Cour de Cassation. (Cass. cr. 29 février 1868· Cass. cr. 7 mai 1861* — Cass. cr. 11 mars 1885·) qui se basa sur les considérations suivantes :

1° — Il est de la nature des droits d'octroi de se référer uniquement à la consommation locale dans les limites d'un octroi municipal circonscrit au territoire de la

Miquelon, loi du 13 mai 1872 ; Sénégal, décret du 10 août 1872 ; Nouvelle Calédonie, décret du 8 mars 1879 ; Guyane, décret du 15 octobre 1879 ; Inde Française, décret du 12 mars 1880.

Commune au profit de laquelle il est établi et non d'étendre son action au périmètre tout entier de l'Ile et d'atteindre ainsi la consommation générale du pays ;

2° — Les produits similaires fabriqués ou produits dans la Colonie ne sont pas assujettis à l'octroi de mer ; les droits d'octroi affectent par suite un véritable caractère de droits différentiels au regard des objets similaires coloniaux non soumis aux droits et propres à favoriser, à protéger la fabrication coloniale ;

3° — La perception de l'octroi de mer est faite par les Agents des Douanes et cette taxe a par suite le caractère d'un droit de douane. Dislère 1886, 1 page 699).

La première et la troisième de ces considérations paraissent devoir être écartées et la Cour de Cassation elle-même n'en a plus tenu compte par la suite. En effet, peu importe l'étendue du périmètre de l'octroi et le service qui perçoit, pourvu que le produit soit affecté aux besoins municipaux. La configuration de nos Colonies, l'étendue des Communes par rapport à la densité de la population, faisaient une nécessité de percevoir l'octroi aux limites naturelles du territoire, et par l'intermédiaire d'un service déjà existant qui, en prêtant son concours, diminuait considérablement les frais de perception. Reste le caractère différentiel ou protecteur du droit, lorsque celui-ci ne frappe que les produits de l'extérieur à l'exclusion des produits similaires tirés de la Colonie et alors même que ces produits sont insignifiants ou que le droit est minime et les protège à peine ; la différenciation ou tout au moins la protection n'en existe pas moins et affecte nettement le caractère de la taxe. Celle-ci devenait donc un véritable droit de douane qui ne pouvait être établi par arrêté ni en 1850 ni en 1861. Ce droit devait être établi par le pouvoir législatif en vertu soit de la loi du 24 avril 1833, soit de l'article 4 du Senatus Consulte du 3 mai 1854 ainsi conçu :

« Les lois concernant le régime commercial des Colo« nies sont votées et promulguées dans les formes prescri« tes par la Constitution de l'Empire.

ARTICLE II
DE 1866 A 1892

214. — La loi de 1833 et le Senatus Consulte de 1854 n'avaient pas spécialement visé l'octroi de mer pour en fixer la portée, le caractère et le mode d'établissement. Le Senatus Consulte du 4 juillet 1866 comblait en partie cette lacune par son article 2 ainsi libellé :

« Le Conseil Général vote le tarif d'octroi de mer « sur les objets de toute provenance ainsi que les tarifs de « douane sur les produits étrangers naturels ou fabriqués « importés dans la Colonie. Les tarifs des Douanes votes « par le Conseil Général sont rendus exécutoires par dé« cret de l'Empereur, le Conseil d'Etat entendu ». Les difficultes d'interprétation auxquelles ce texte donne lieu sont

clairement exposées dans la thèse pour le doctorat de M.
Louis Thery (Paris 1900) à laquelle nous empruntons le
passage suivant :

« L'ambiguïté de ce texte donna lieu à de nombreuses
« interprétations et de nombreux procès en furent la con-
« séquence. On se demanda d'abord si les limitations du
« décret du 17 mai 1809, (article 16) ne pouvaient être in-
« voquées dans l'espèce ; le Conseil d'Etat saisi de la
« question dès 1868, fit observer que ce décret n'avait ja-
« mais été promulgué aux Colonies et ne saurait donc en
« aucune façon les obliger ; que d'ailleurs même en Fran-
« ce ses dispositions restrictives avaient été modifiées par
« la loi du 18 avril 1816 et par les lois postérieures qui
« avaient successivement transformé le régime municipal
« qu'enfin l'octroi de mer aux Colonies aurait perdu une
« grande partie de sa raison d'être, du fait des conditions
« particulières de la vie, s'il avait été limité aux boissons,
« matériaux, fourrages, comestibles et combustibles. Il fut
« donc admis, et sur ce point toute contestation nous pa-
« raît impossible aujourd'hui, que l'octroi de mer pouvait
« frapper, en dehors des catégories instituées par le décret
« de 1809, tous les articles de consommation locale, les ob-
« jets manufacturés comme les autres. Mais des difficultés
« s'élevèrent sur le fait de savoir si, en ce qui concerne
« l'application des taxes d'octroi de mer, le Conseil Géné-
« ral était libre d'imposer à l'entrée dans la Colonie des
« objets ou denrées qui, produits chez elle, ne seraient pas-
« sibles d'aucun droit. Le Conseil Général pouvait-il, à
« l'importation, établir des droits sur tous les objets des-
« tinés à la consommation locale, sans assujettir aux mê-
« mes droits les produits similaires de la Colonie ? Cette
« question était suggérée par la ressemblance qui existe
« entre l'octroi de mer et l'octroi municipal métropolitain ;
« or nous savons que ce dernier est applicable aussi bien
« aux articles produits dans la ville assujettie qu'à ceux
« qui y sont introduits. Cette question avait déjà été agi-
« tée à l'occasion d'arrêtés pris par les Gouverneurs de la
« Réunion antérieurement au Senatus Consulte de 1866 et
« la Cour de Cassation avait eu à se prononcer à plusieurs
« reprises ainsi que nous l'avons dit précédemment. La
« question restait la même ; les Conseils Généraux ayant
« simplement hérité en cette matière des pouvoirs jadis
« dévolus aux différentes autorités. Plusieurs industriels
« soutinrent que si les Conseils Généraux pouvaient éta-
« blir les droits d'octroi sur les objets de toute nature,
« c'était à la condition de conserver à cette taxe son carac-
« tère de droit fiscal pur et simple. Il ne fallait pas que
« l'imposition fût faite dans un but protecteur, par suite
« qu'il n'y eût aucun traitement différentiel, soit entre les
« objets du dehors et ceux produits dans la Colonie. On
« tirait ces conclusions d'une assimilation complète de l'oc-
« troi de mer à l'octroi terrestre. On a toujours maintenu

« en France, à ce dernier, un caractère purement fiscal ; on
« ne voulait pas que les douanes intérieures, abolies au
« moment de la Révolution française et qui avaient laissé
« un si mauvais souvenir, pussent renaître du fait des oc-
« trois.

« Mais les Conseils Généraux interprêtant l'article 2
« du Sénatus Consulte de 1866 crurent ne devoir perce-
« voir la taxe que sur les objets importés et n'y assujetti-
« rent donc pas les produits similaires de la Colonie. On
« pouvait dire que les droits établis n'étaient pas différen-
« tiels, qu'ils frappaient également les produits étrangers
« et ceux de la Métropole, qu'ils n'avaient donc pas un ca-
« tère protecteur pour ces derniers ; mais il n'en était pas
« de même à l'égard des objets similaires de la Colonie.
« Le caractère des droits d'octroi était faussé puisqu'il
« est de leur nature et de leur essence même de se référer
« uniquement à la consommation locale sans jamais tenir
« compte de l'origine des produits.

« Seulement les Conseils Généraux s'appuyaient sur
« la rédaction de l'article 2 ; ils prétendaient que les mots
« *de toute provenance* signifiaient que l'octroi de mer pou-
« vait frapper les produits métropolitains, tandis que la
« Douane ne pouvait le faire que sur les marchahndises
« étrangères, et que les mots *importés dans la Colonie* s'ap-
« pliquaient à la fois à l'octroi de mer et à la douane. Cet-
« te interprétation permettait de laisser en dehors de tou-
« te perception les produits d'origine locale. Il semble pour
« tant bien, en s'en référant au caractère de l'octroi, que
« l'expression « de toute provenance » se rapportait à l'oc-
« troi de mer par opposition aux mots « importés dans
« la Colonie » applicables sûrement à la Douane seule.

« Toujours est-il que le Conseil Général de la Marti-
« nique, dès 1867, remania et augmenta considérablement
« le tarif de l'octroi de mer. Ceux de la Guadeloupe et de
« la Réunion firent de même en 1868 et en 1873. L'octroi
« de mer frappait avec la même impartialité les objets et
« denrées de la métropole et de l'étranger et épargnait
« les produits locaux ; il constituait ainsi en réalité une
« véritable taxe douanière ayant tous les caractères d'un
« droit protecteur de nature à affecter au point de vue du
« commerce les relations de la Métropole avec la Colonie »

C'est également l'avis de la Cour de Cassation, ainsi
que nous le verrons plus loin. Tous ces arrêts attribuent
soigneusement le caractère douanier aux taxes d'octroi de
mer ou de consommation qui s'appliquent aux produits importés lorsqu'elles épargnent les similaires locaux. Toutefois, l'arrêt du 15 mars 1898, (Cass. cr. 15 mars 1898*), rendu en exécution des dispositions du Sénatus Consulte du
4 juillet 1866 marque un certain flottement à ce sujet et
semble donner à l'octroi de mer un caractère *sui generis*
tenant à la fois du droit de douane et des autres taxes. Il
pose les principes suivants :

1" — le Conseil Général de la Guadeloupe tenait de l'article 2 du Senatus Consulte du 4 juillet 1866 le droit de voter les tarifs d'octroi de mer sur les objets de toute provenance importés dans la Colonie. Remarquons que la Cour étend à l'octroi de mer le sens des mots « importés » qui ne paraissent s'appliquer qu'aux droits de douane ;

2" — Aux termes de l'article 1er du décret du 11 août 1866 les délibérations du Conseil Général en matière de contributions et taxes doivent être approuvées par un décret du Chef de l'Etat rendu sur le rapport du Ministre de la Marine et des Colonies, sauf à devenir provisoirement exécutoires par arrêté du Gouverneur en Conseil privé.

216. — Il résulte de ces considérations qu'un tarif d'octroi de mer voté par le Conseil Général sous l'empire du Senatus Consulte de 1866, alors que la délibération de la même Assemblée, relative au mode d'assiette et aux règles de perception avait été rendue provisoirement exécutoire par arrêté local, se trouvait légalement établi, bien qu'il ne s'appliquât qu'aux articles importés.

217. — Par contre la taxe de consommation appliquée aux allumettes « importées » est assimilée à un droit de douane lorsqu'elle n'atteint pas les similaires de l'intérieur, alors même que ceux-ci ne donnent lieu qu'à une production intermittente et sans importance, car le caractère protecteur et différentiel n'est qu'un des éléments indicatifs des taxes douanières, celles-ci étant « essentiellement caractérisées « par cette double condition qu'elles atteignent à l'entrée « et sur tous les points du territoire, les objets assujettis « frappant ainsi la consommation générale du pays où ces « objets sont importés et que, d'autre part, par le fait mê- « me de l'importation, elles affectent directement les rap- « ports de la Colonie avec l'extérieur ». Par suite, une telle taxe ne pouvait être établie que dans la forme prévue pour les droits de douane, c'est à dire votée par le Conseil Général et rendue exécutoire par décret, le Conseil d'Etat entendu, conformément aux dispositions de l'article 2 du Senatus Consulte du 4 juillet 1866. Quoiqu'il en soit, les taxes de consommation devant faire l'objet d'une étude distincte (voir ci-après Chap. IV) il convient pour le moment de s'en tenir aux considérations relatives à l'octroi de mer et de remarquer que jusqu'en 1892 cette taxe put être établie sans que le fait de revêtir les caractères essentiels des droits de douane entrainât l'obligation de suivre, pour son établissement, les mêmes règles. A la faveur de cette situation dont le pouvoir métropolitain n'avait pas mesuré toutes les conséquences, les Conseils Généraux des Colonies purent établir des droits d'octroi de mer qui, frappant exclusivement les produits importés, français et étrangers étaient, en fait, de véritables droits de douane, et supprimer les droits de douane proprement dits, dont l'application ne pouvait, aux termes de l'article 2 alinéa 2 du Senatus Consulte de 1866, être réalisée que par décret, le Conseil d'Etat entendu.

La Colonie de la Réunion continue d'appliquer, encore aujourd'hui, un tarif d'octroi de mer établi sous l'empire de cette législation.

218. — Les tarifs d'octroi de mer qui remplaçaient les droits de douane étaient excessifs. Celui de la Guadeloupe frappait des denrées de première nécessité, telles que les farines. « Des pétitions furent déférées au Sénat. Mais au
« Corps législatif, le Commissaire du Gouvernement et le
« Ministre de l'Agriculture, du Commerce et des Travaux
« Publics défendirent la conduite du Gouvernement ; ils
« dirent que le Senatus Consulte de 1866 était l'expression
« de cette idée que les Colonies doivent subvenir par elles-
« mêmes à leurs propres dépenses sans l'intervention de la
« Métropole, et que le seul moyen d'y parvenir était de
« leur accorder une indépendance très grande en matière
« d'Administration financière et commerciale, et que dès
« lors le Gouvernement n'avait pas cru devoir refuser son
« approbation à la délibération du Conseil Général por-
« tant suppression des droits de douane à l'entrée. Pour-
« tant, ajouta le Commissaire du Gouvernement, le Géné-
« ral ALLARD, si le tarif douanier de la Guadeloupe a été
« l'objet d'un décret inscrit au Moniteur et qui le rend exé-
« cutoire, le tarif d'octroi de mer proposé pour cette colo-
« nie a été l'objet de reproches sérieux qui portaient, non
« seulement sur un acte d'incompétence de la part du
« Conseil Général qui proposait d'attribuer au budget Co-
« lonail, au préjudice des caisses communales, la moitié du
« produit de cet octroi, mais encore sur la nature et l'exa-
« gération de certaines taxes. Sur le premier point, la me-
« sure était entachée d'illégalité ; sur le second, elle était
« susceptible de sérieuses observations de la part du Mi-
« nistre de la Marine dont l'approbation est réservée par
« le règlement d'administration du 11 août 1866 pour tout
« ce qui touche le mode d'assiette et les règles de percep-
« tion des contributions et taxes. La proposition a donc
« été renvoyée dans la Colonie avec ordre de convoquer
« extraordinairement le Conseil Général pour le faire dé-
« libérer sur un nouveau projet de tarif d'octroi de mer.

« Le Conseil de la Guadeloupe rectifia la disposition
« qui réglait la répartition du produit de l'octroi, réduisit
« les taxes qui avaient été jugées excessives, mais main-
« tint la suspension des droits de douane. Il put toutefois
« conformément à l'autorisation du Ministre de la Marine
« retenir pour le budget colonial une faible fraction du
« revenu, comme indemnité de certaines dépenses d'un ca-
« ractère municipal dont la Colonie se trouvait chargée.

« Plus tard le Secrétaire d'État aux Colonies, dans
« une circulaire du 24 janvier 1884, « se faisant l'inter-
« prète des plaintes de l'industrie métropolitaine », mit
« en demeure, presque avec menaces les Conseils Généraux
« des Colonies « de tenir compte des sacrifices que l'État
« s'impose pour ses possessions Coloniales et de la concur-

« rence que les industriels étrangers font à l'industrie na-
« tionale dans les Colonies, et par suite, de rétab'ir cer-
« tains droits de douane. Il veut bien reconnaître la diffi-
« culté de le faire pour les denrées alimentaires, mais on
« saisit dans ce langagge comme un retour, au moins in-
« tentionnel, au rég'me antérieur. L'expérience montrait
« pour l'octroi de mer comme pour les droits de douane
« que les libertés accordées aux Colonies étaient exagérées
« que leur émancipation commerciale était trop complète.
« Bientôt les Conseils Généraux dans la crainte de perdre
« le bénéfice des faveurs accordées à l'industrie sucrière
« coloniale, se décidèrent à voter le rétablissement des
« droits de douane sur les marchandises étrangères ; les
« tarifs élaborés par les assemblées locales furent rendus
« exécutoires par des décrets en Conseil d'Etat à la fin de
« 1884 et au commencement de 1885 (1).

219. — Les Colonies autres que les Antilles et la Réunion n'é-
tant pas régies par le Senatus Consulte de 1866 ne connu-
rent pas les difficultés que nous venons de signaler. Dans
ces Colonies, le décret du 30 janvier 1867* donnait aux
Gouverneurs le pouvoir de déterminer en Conseil d'Administration l'assiette, le tarif, les règles de perception et le
mode de poursuites des taxes et contributions publiques,
sous réserve de l'approbation du Ministre des Colonies.
Les arrêtés ainsi conçus étaient provisoirement exécutoires.

Les droits de Douane ne pouvaient être réglés que par
des décrets. Il était donc possible au pouvoir central d'exiger que l'octroi de mer conservât sa véritable nature de
taxe fiscale et s'appliquât aux produits importés ou de l'intérieur.

220. — L'institution du Conseil Général à la Nouvelle Calédonie, à St Pierre et Miquelon, au Sénégal, en Indo-Chine
et à Tahiti fit l'objet de décrets qui réglèrent en même
temps les attributions des nouvelles assemblées en matière
d'octroi de mer. Pour le Sénégal et la Cochinchine cette
taxe fut purement fiscale et engloba les produits de l'extérieur et ceux du crû. Pour la Nouvelle Calédonie et St
Pierre et Miquelon elle prit le caractère d'un droit de
douane, mais aux termes du décret qui donnait au Conseil
Général le pouvoir de voter les tarifs d'octroi de mer sur
les objets de toute nature et de toute provenance introduits
dans la Colonie, aucune ambiguité n'était à redouter ou à
exploiter : on était en présence d'un droit de douane légalement établi.

ARTICLE III
LOI DU 11 JANVIER 1892

221- — Cette diversité dans le caractère de l'octroi de mer suivant les Colonies où l'institution a été appliquée devait

---

(1) Décrets du 16 novembre 1884 pour la Guadeloupe, du 19 janvier
1885 pour la Réunion et du 25 avril 1885 pour la Martinique. L. Thery.
Op. cit.

prendre fin avec la loi du 11 janvier 1892 dont l'article 6 est ainsi conçu :

ARTICLE 6. — « Le mode d'assiette, les règles de « perception et le mode de répartition de l'octroi de mer « seront établis par des délibérations des Conseils Géné- « raux ou des Conseils d'Administration approuvées par « décrets rendus dans la forme des règlements d'adminis- « tration publique.

« Les tarifs d'octroi de mer seront votés par les Con- « seils Généraux ou Conseils d'Administration des Colo- « nies. Ils seront rendus exécutoires par décrets rendus « sur le rapport du Ministre du Commerce, de l'Indus- « trie et des Colonies. Ils pourront être provisoirement mis « à exécution en vertu d'arrêtés des Gouverneurs ».

Ces dispositions ont eu pour but et pour effet ;

1°. — de soumettre les délibérations des pouvoirs lo- caux au Contrôle du pouvoir métropolitain et d'empêcher ainsi les Conseils Généraux de faire de leur droit un usage dangereux pour l'industrie française.

2° — d'éviter, par une subordination trop sévère et des formalités trop longues, un arrêt dans la perception de la taxe, alors que les nécessités budgétaires pouvaient en exi- ger le relèvement ; d'où deux délibérations, l'une pour le tarif, exécutoire par décret simple et applicable provisoire- ment par arrêté local, l'autre pour l'assiette, les règles de perception et le mode de répartition, sanctionnés obliga- toirement par un décret rendu dans la forme des règle- ments d'Administration publique ;

3° — de faire cesser le disparate fâcheux qui régnait à ce point de vue dans la règlementation des diverses Co- lonies.

222. — Les textes antérieurs qui avaient, dans chacune d'elles, réglé l'octroi de mer restèrent en vigueur (1), mais ils n'au- raient pu, après 1892, être modifiés qu'en conformité des dispositions qui précèdent. Celles-ci s'appliquent d'ailleurs à toutes les Colonies sans plus de distinction entre Colo- nies à lois et Colonies à décrets. Elles ne précisent pas non plus le véritable caractère que la taxe devra présenter et si les produits de l'intérieur devront être imposés, mais les garanties de contrôle qu'elles réservent au pouvoir métro- politain permettront à celui-ci de repousser les délibéra- tions non conformes au principe établi et qu'il veut appli- quer. La plupart des Colonies eurent, après la loi de 1892, à modifier ou à compléter leur tarif d'octroi de mer et les décrets intervenus furent conformes aux prescriptions de cette loi. Comme nous l'avons vu, la Réunion conserve le décret du 17 février 1891 qui, faisant de l'octroi un droit de douane supplémentaire, est susceptible de sérieuses criti- ques, mais qui ne pourrait être modifié sans être mis en har- monie avec les prescriptions et les principes généraux

____

(1) Cassation cr. 15 mars 1898*

maintes fois posés par la jurisprudence ; cette mise au point entraînerait la réduction des articles imposés et, par suite une diminution des ressources communales, dont la perspective a fait avorter jusqu'ici, les diverses tentatives de refonte.

223. — L'article 6 de la loi du 11 janvier 1892 est-il encore en vigueur depuis la loi du 13 avril 1900 dont l'article 33 § 3 est ainsi conçu :

« Les Conseils Généraux des Colonies délibèrent sur « le mode d'assiette, les tarifs et les règles de perception « des contributions et taxes autres que les droits de doua- « ne qui restent soumis aux dispositions de la loi du 11 « janvier 1892.

« Ces délibérations ne sont applicables qu'après avoir « été approuvées par des décrets en Conseil d'État.

« En cas de refus d'approbation par le Conseil d'E- « tat, la perception se fait sur les bases anciennes ».

Les droits d'octroi de mer sont-ils des taxes « autres que les droits de douane » et sont-ils par suite assimilables « aux contributions et taxes ordinaires ou restent-ils régis par l'article 6 de la loi du 11 janvier 1892 ?

« Le Ministre des Colonies dans sa circulaire du 24 Novembre 1903 commentant la loi du 13 avril 1900 regrette que la Haute Assemblée ne se soit pas prononcée sur cette question et ajoute :

« A défaut de réponse à ce sujet, il conviendra de ré- « soudre la difficulté de la manière la plus prudente en « recourant toujours à la compétence la plus élevée, c'est-à- « dire en provoquant un décret en Conseil d'Etat pour le « tarif et un décret en forme de règlement d'Administra- « tion publique pour le mode d'assiette, les règles de per- « ception et le mode de répartition ».

« C'est le maintien de l'article 6. Cette interprétation peut d'ailleurs se soutenir par les arguments suivants :

1°. — L'octroi de mer est une taxe communale et « l'établissement des taxes communales ne relevait pas en 1900 des attributions du Conseil Général. La loi du 4 janvier 1920 en a disposé autrement, mais pour la Martinique, la Guadeloupe et la Réunion seulement, ce qui prouve que pour les autres Colonies pourvues d'un Conseil Général et dotées d'un octroi de mer, la loi du 13 avril 1900 ne s'est pas occupée des recettes communales. Il fallait donc s'en tenir au texte antérieur qui traite spécialement de l'octroi de mer. Ce texte est l'article 6 de la loi du 11 janvier 1892. Il traite de l'octroi de mer pour toutes les Colonies, aussi bien pour celles qui sont pourvues d'un Conseil Général que pour les autres.

2°. — Si l'octroi de mer était une taxe ordinaire elle devrait être établie dans les conditions fixées par la loi de 1900, mais celle-ci n'a disposé que pour les Colonies pourvues d'un Conseil Général. Pour les autres, l'octroi de mer ne pourrait être établi qu'en vertu de l'article 6 de la loi du 11 janvier 1892 et en aboutirait alors au résultat suivant : pour les Colonies pourvues d'un Conseil Général y compris les Antilles et la Réunion qui sont régies par des lois, l'octroi de mer serait approuvé par un décret en Conseil d'Etat tandis que pour les Colonies à décrets non pourvues de Conseil Général il serait établi par deux délibérations du Conseil d'Administration approuvées l'une par un décret rendu dans la forme des règlements d'Administration publique, l'autre par un décret simple sur le rapport du Ministre. Ce luxe de garanties pour des Colonies à décrets ne s'expliquerait plus s'il ne devait pas être exigé pour les autres.

3° — L'octroi de mer ne peut être davantage considéré comme un droit de douane, au regard de la loi de 1900 car s'il avait ce caractère il serait soumis aux règles fixées par la loi du 11 janvier 1892 pour l'établissement des droits de douane autres que ceux qui résultent des lois métropolitaines. Ces règles font l'objet de l'article 3 § 4 et de l'article 4. Elles exigent des décrets en forme de règlements d'Administration publique rendus sur le rapport du Ministre des Colonies et après avis des Conseils Généraux ou d'Administration. L'article 6 ne pourrait être invoqué ici puisqu'il s'agirait non de droits d'octroi de mer mais de droits de douane.

224. — A quelque point de vue que l'on se place l'article 6 de la loi de 1892 semble devoir survivre à l'article 33 de la loi du 13 avril 1900.

225. — Mais une autre question se pose. La loi du 4 janvier 1920, spéciale aux Colonies de la Martinique, de la Guadeloupe et de la Réunion dispose en son article 3 § 14 que dans ces Colonies le budget des Communes est alimenté par des ressources dont la perception est autorisée par « des lois ou des délibérations du Conseil Général, exécu- « toires dans les conditions prévues pour les taxes et « contributions du budget local ».

Cette disposition autorise donc le Conseil Général dans ces colonies à voter des ressources pour les Communes dans la même forme que les taxes pour le budget local. L'octroi de mer étant une taxe communale devrait suivre, dorénavant, le sort des autres taxes et l'article 6 de la loi de 1892 deviendrait inopérant pour les trois Colonies visées par la loi du 4 janvier 1920, alors qu'il serait appliqué à toutes les autres, anomalie que nous avons signalée il y a un instant ; ou bien, la loi du 4 janvier 1920 n'abroge peut être pas cet article 6 spécial à l'octroi de mer et comme n'édictant rien de contraire au nouveau texte. Ce point semble-t-il n'a pas été encore envisagé.

226. — Signalons que pour le mode de répartition de la taxe entre les Communes la non abrogation de l'article 6 est certaine, ce point n'ayant pas été réglé par les textes ultérieurs. Le régime de l'octroi de mer reste donc, pour toutes les Colonies, celui de l'article 6 de la loi du 11 janvier 1892 qui se résume ainsi :

1°. — Pour le tarif, délibération du Conseil Général ou du Conseil d'Administration et approbation par décret rendu sur le rapport du Ministre des Colonies avec faculté pour le Gouverneur de mettre provisoirement ce tarif à exécution par arrêté ;

2°. — Pour le mode d'assiette, les règles de perception et le mode de répartition, délibération approuvée par un décret rendu dans la forme des règlements d'Administration publique.

227. — Ce régime ne vise bien entendu que les taxes d'octroi de mer, proprement dites, c'est-à-dire les taxes qui destinées aux Communes, ne présentent aucun caractère différentiel ou protecteur. Ces taxes, nous l'avons vu, doivent s'appliquer aux produits importés et aux similaires récoltés, préparés ou fabriqués à l'intérieur. Lorsque, pour une raison quelconque, ceux-ci ne sont pas soumis à la taxe, les perceptions faites sur les produits similaires importés sont illégales si le texte qui les a autorisées n'a pas été établi dans la forme prévue pour les droits de douane. (Cass. cr. 27 novembre 1901*). Ainsi le sel importé à la Guadeloupe est soumis à un droit d'octroi de mer en vertu du décret du 5 septembre 1903 rendu en conformité des prescriptions de l'article 6 de la loi du 11 janvier 1892. Le sel produit et consommé aux Iles Saint Martin et Saint Barthélémy, dépendances de la Guadeloupe, n'est pas soumis à la taxe. Cela résulte du jugement. La Cour de Cassation décide que le droit d'octroi sur le sel importé est donc un droit de douane puisqu'il protège à tort le produit similaire de l'intérieur et elle déclare illégale la perception effectuée à ce titre Cass. cr. 30 mai 1910*) (1). Le décret du 5 septembre 1903 n'est légal sur ce point, que si le sel de l'intérieur est soumis à la taxe sur tous les points du territoire, ou si ce texte affecte la forme des règlements d'administration publique, attendu que, établissant en fait un droit de douane, il doit être pris dans les conditions prévues, pour la Guadeloupe et les Colonies soumises au régime douanier métropolitain, par la loi du 11 janvier 1892 article 3 § 4 et article 4.

228. — Un arrêté du Gouverneur de la Nouvelle Calédonie rendant exécutoire un tarif voté par le Conseil Général et taxant à l'octroi de mer les produits « importés » seulement a été déclaré illégal, pour les mêmes raisons que ci-dessus (Cass. cr. 10 janvier 1911*). Cet arrêté et cette délibération étaient conformes aux dispositions de l'article 6 de la

---

(1) Toutefois, un arrêté du 24 juillet 1922* en décide autrement pour le cas où la perception de la taxe sur le sel produit à St Martin ne peut être perçue (salines non clôturées) sans cesser d'être applicable. Dans ce cas le droit d'octroi perçu à la Guadeloupe conserve son caractère de taxe locale indépendante de tout élément différentiel ou protecteur qui l'assimilerait à un droit de douane. 8

loi du 11 janvier 1892, mais la taxe votée avait le caractère d'un droit de douane et ne pouvait, dès lors, être établie que d'après les règles fixées par les articles 3 et 4 de la même loi. La situation fut régularisée par le décret du 31 décembre 1897 qui donnait au droit d'octroi son véritable caractère de taxe fiscale.

229. — Si les produits taxés à l'octroi de mer n'ont pas de similaires à l'intérieur, les importateurs de ces mêmes produits ne peuvent exciper du défaut d'organisation et de surveillance pour ne pas payer les droits d'octroi de mer sur les produits qu'ils importent. Le défaut d'organisation intérieure n'atteint pas les droits eux-mêmes « ni dans leur principe ni dans leur légalité ». Il appartient au juge de constater si, en fait, la Colonie produit des objets dont l'importation est soumise à la taxe et si celle-ci est due sur les articles importés en l'absence de production locale. Cela résulte des termes de divers arrêts. (Cass. cr. 11 mai 1910* ; 27 novembre 1901*). Peu importe en effet, que telle partie du territoire ne soit pas surveillée, s'il est établi par le Jugement qu'en fait, cette partie ne produit pas les articles taxés. Il en est de même pour la France où les droits de douane sont perçus dans tous les Bureaux Mais la surveillance douanière ne s'exerce pas exactement sur tous les points de la frontière et notamment dans les Iles voisines du littoral. C'est là une question d'organisation qui n'affecte pas le caractère des droits de douane, à la condition que des marchandises étrangères n'aient pu être importées ouvertement, en dehors des Bureaux ; or, ces importations sont précisément interdites.

230. — Ainsi, lorsqu'il s'agira d'établir des droits d'octroi de mer ayant un caractère purement fiscal l'article 6 de la loi de 1892 suffira. Si le droit institué sous ce nom et pour servir aux dépenses communales doit prendre le caractère du droit de douane il faudra distinguer :

a). — Dans les Colonies soumises au régime douanier métropolitain, il faudra suivre les règles édictées par l'article 3 § 4 et l'article 4 de la loi du 11 janvier 1892 qui exige un décret rendu dans la forme des règlements d'Administration publique, sur le rapport du Ministre des Colonies et après avis des Conseils Généraux ou d'Administration ;

b). — Dans les Colonies exceptées du tableau E de la loi de 1892, non soumises par conséquent au régime douanier métropolitain, un décret le Conseil d'Etat entendu, conformément à l'article 3 de la loi du 7 mai 1881 sera suffisant. L'article 3 vise les Colonies non régies par les Senatus Consultes de 1854 et 1866 et, par suite, certaines de celles qui sont régies par la loi de 1892 ; mais, ces dernières évidemment se trouvent, de ce fait, exclues du champ d'application de la loi de 1881.

231. — Il reste à préciser les caractères qui permettront de distinguer un droit d'octroi de mer proprement dit d'un droit de douane, en rappelant succinctement les principes qui se dégagent de la jurisprudence.

Le droit de douane, établi dans l'intérêt général de l'Etat, a pour but de favoriser l'industrie nationale. Il exerce une influence économique, s'applique différemment suivant la provenance ou l'origine des produits étrangers, excepte les produits français et pèse ainsi sur le producteur étranger. Il est avant tout différentiel et protecteur, se perçoit sur toutes les frontières d'après les mêmes règles et frappe non seulement les produits dénommés au tarif mais encore les produits nouveaux par assimilation à d'autres, déjà tarifés, auxquels ils peuvent ressembler par la composition, la fabrication et surtout l'emploi qui doit en être fait.

Le droit de douane affecte essentiellement les relations de la France ou de ses Colonies où il est perçu avec les pays étrangers.

Le droit d'octroi de mer est une taxe de consommation perçue au profit des communes, au périmètre d'une Colonie. Il frappe aussi bien les produits importés que les produits récoltés, préparés ou fabriqués dans la Colonie. Il n'est ni protecteur ni différentiel et n'affecte en rien les relations de la Colonie avec l'extérieur.

Le droit d'octroi de mer frappe un petit nombre de produits de consommation courante, mais ne procède pas par assimilation. Tout produit qui n'est pas nommément repris au tarif ne peut être taxé. Les droits d'octroi sont modérés et destinés à réaliser le but purement fiscal qu'ils se proposent : rien de plus.

Il résulte d'une note élaborée en 1904 par la Section des Finances de la Guerre, de la Marine et des Colonies, du Conseil d'Etat, au sujet de la refonte, avortée du reste, de l'octroi de mer à la Réunion, que ce tarif doit réunir les principales conditions suivantes :

« affecter le caractère d'un tarif de consommation exclusif de tout élément protecteur ;

« exclure toute disposition d'où l'on pourrait inférer qu'un traitement différent est fait aux produits du crû et à ceux de l'extérieur ; ce tarif devrait être réduit aux mêmes catégories d'objets que les tarifs d'octroi de la Métropole, c'est-à-dire aux objets dont l'usage comporte la consommation ou à ceux qui sont immobilisés dans le lieu sujet par leur incorporation au sol ;

« en éliminer les taxes dont les difficultés de perception à l'intérieur ne sont pas compensées par l'importance des produits ».

Le Conseil d'Etat estime que cette condition peut être facilement réalisée, au fur et à mesure des besoins si les actes de perception de l'octroi sont, comme ceux de la Métropole, homologués pour des périodes successives de cinq années seulement ;

« percevoir des taxes spécifiques au lieu de taxes *ad valorem* et ne viser que le poids net ;

Enfin, la Haute Assemblée prescrit les dénominations vagues telles que « autres produits », « produits non dénommés », « ouvrages en métaux », « ouvrages de mode », « produits composés de matières ou de substances diversement taxées mais spécialement tarifées en cet état ». Ces expressions, empruntées au tarif des douanes, où elles trouvent leur place grâce au principe d'assimilation et de classement alphabétique qui permet de taxer tous les produits, ne sauraient convenir à un tarif d'octroi qui doit être caractérisé par la sobriété et la précision.

CHAPITRE IV

TAXES DE CONSOMMATION ET AUTRES TAXES LOCALES
PERÇUES OU LIQUIDÉES PAR LE SERVICE DES DOUANES

ARTICLE PREMIER

HISTORIQUE ET MODE D'ETABLISSEMENT

§ 1er. — ANTERIEUREMENT AUX
SENATUS CONSULTES DE 1854 ET 1866

232. — Après l'échec des Compagnies de la fin du XVIe siècle et celui des deux grandes Compagnies des Indes Occidentales et Orientales qui leur succédèrent au XVIIe siècle, et qui s'étaient partagé l'empire colonial où elles régnaient en maîtresses, la Couronne se substitua à ces organismes et gouverna directement. Jusque là, les Finances de la Colonie se confondent avec celles de la Compagnie.

« En un mot, propriétaires, en vertu de leurs chartes, des
« terres qui leur étaient octroyées, les sociétés exploitaient
« les Colonies pour leur compte seul. Grevées en échange
« au profit du roi suzerain dont elles étaient vassales, de
« lourdes charges résultant d'obligations diverses, elles
« essayèrent de tirer des concessions tout ce qu'elles pou-
« vaient donner, système qui aboutit à une exploitation à
« outrance, mais n'enrichit pas les actionnaires.

« Les Nouvelles Compagnies qui se fondèrent plus
« tard furent déchargées de certaines obligations coûteu-
« ses (celles d'assurer la sécurité dans la Colonie, d'y main-
« tenir l'autorité royale en faisant observer les lois du
« royaume), d'où la nécessité pour le roi de pourvoir en
« leurs lieu et place, au service de la justice et à l'entretien
« d'une force armée sur le territoire concédé. Dans ces
« conditions, la Couronne devait songer à se créer des
« ressources nouvelles pour faire face aux nouvelles char-
« ges primitivement laissées aux Compagnies, devenues
« siennes désormais ; elle dut organiser un système finan-

« cier répondant à ces besoins. Le système choisi, adopté
« par la Métropole pour ce régime financier, fut celui de
« l'assujettissement. Les Colonies furent soumises aux mê-
« mes impositions que la France. Au moyen de ces impôts
« le Trésor royal subvenait aux dépenses coloniales. L'an-
« cien régime établit donc le système financier des Colo-
« nies sur les mêmes bases que celui de la métropole. De
« même que, seul en France, le roi avait le droit de lever
« les impôts, de même, dans nos possessions lointaines,
« l'établissement et la perception des taxes étaient une pré-
« rogative exclusivement royale. Les Compagnies n'é-
« taient plus que des entreprises purement commerciales.
« Il était impossible d'imaginer assujettissement plus ri-
« goureux et plus complet. La conséquence en était le re-
« fus de toute initiative locale à l'égard des impôts levés
« dans la Colonie. Considérée comme une province fran-
« çaise, il était naturel qu'on lui appliquât le régime le
« plus commun en France ; non celui des pays d'état
« qui représentaient l'exception, mais bien celui des pays
« d'élection. De là l'absence de consultation des contri-
« buables coloniaux par le pouvoir royal.

    « Ce régime peut ainsi se résumer : Substituée aux
« grandes Compagnies pour assurer dans les établisse-
« ments d'outre mer la sécurité intérieure et extérieure,
« pour y faire respecter les lois et coutumes du royaume,
« la Couronne établit et perçoit sur place des contribu-
« tions qui sont versées au Trésor royal. Ces impôts cons-
« tituent le prix forfaitaire moyennant lequel la Couronne
« pourvoit aux Services de la sécurité, de la défense, de la
« justice ; etc.... Donc, pas de finances locales spéciales ;
« elles font partie intégrante du Trésor métropolitain qui
« prend à sa charge les services indiqués ci-dessus. Cepen-
« dant, en 1787, une Ordonnance du 17 juin organise aux
« Antilles une Assemblée coloniale composée du Gouver-
« neur, de l'Intendant et des Députés des paroisses. Cette
« Assemblée qui subsista jusqu'à la Révolution se réunis-
« sait deux fois par an pour établir l'assiette de l'impôt,
« indiquer les améliorations à apporter dans l'Admini-
« tration, etc.... C'est la seule brèche qui ait été faite à
« l'assujettissement pratiqué sous l'ancien régime ». (1)

Les taxes étaient fixées par instructions et édits du roi.
Indépendamment des droits de Douane à l'entrée et à la
sortie, on trouve antérieurement à la Révolution des droits
d'ancrage, de pilotage, d'interprétage, etc.... à la Guadeloupe (2).

233. — Avec la Révolution, l'assujettissement fait place à l'assimilation. Les Colonies font partie intégrante du territoire national et reçoivent la même organisation finan-

---

(1) François : Le Budget local des Colonies.
(2) Les Antilles Françaises 1825. ; Colonel Boyer Peyreleau, t. II, tableau 13.

cière. Les mêmes impôts sont perçus, les mêmes lois y sont appliquées. Le produit des impôts sert à acquitter les dépenses qui se divisent en dépenses publiques et dépenses locales.

Une taxe d'entrepôt est créée à la Réunion en 1797.

La loi du 12 Nivose an VI (1) concernant l'organisation constitutionnelle des Colonies s'exprime ainsi :

ARTICLE 35. — Les moyens de satisfaire aux dépenses des Colonies sont :

Les Contributions directes, les droits de timbre et d'enregistrement, les droits de patente, les droits d'importation et d'exportation, les droits de bac et passage des rivières, les domaines nationaux, un crédit ouvert aux Agents du Directoire sur la Trésorerie Nationale.

ARTICLE 36. — La manière d'assurer et de percevoir les contributions directes et indirectes sera la même dans les Départements Coloniaux que dans ceux du continent ; leur perception sera faite et surveillée par les mêmes fonctionnaires publics.

ARTICLE 37. — Les droits de timbre et d'enregistrement seront établis et perçus dans les Départements coloniaux d'après les lois existantes ; cette partie du revenu public sera confiée à la même régie que les biens nationaux ; les recettes en seront versées des caisses des receveurs particuliers dans celle du receveur du Département.

ARTICLE 38. — Les lois rendues sur les patentes sont aussi déclarées applicables aux Colonies ; ce droit sera perçu comme dans les départements continentaux, sous la surveillance des corps administratifs, et le produit en sera versé dans la caisse du receveur du Département.

. . . .

ARTICLE 52. — Le montant du produit en principal des Contributions directes et indirectes et du revenu des domaines nationaux, dans chaque Colonie est provisoirement affecté à ses dépenses courantes. Le Directoire exécutif pourra, en outre, ouvrir à chacune des Agences un crédit sur la Trésorerie nationale, lequel sera imputé sur celui ouvert au Ministère de la Marine pour les dépenses des Colonies.

ARTICLE 53. — Chaque Agence sera tenue de faire distinguer les dépenses publiques des dépenses locales et autorisera les administrations centrales et municipales à répartir à raison de leurs besoins et à percevoir des centimes additionnels au principal des contributions directes, pour l'acquittement des dépenses locales qui ne pourront, sous aucun prétexte, être acquittées sur les produits affectés aux dépenses publiques.

. . . .

234. — Les Colonies refusent d'appliquer les lois métropolitaines et l'article 91 de la loi du 22 frimaire an VIII. dis-

____

(1) Dislère 1886, T. II, p. 13.

pose « que le régime des Colonies est déterminé par des
lois spéciales ». Un capitaine général pour les forces de
terre et de mer, un préfet colonial pour l'Administration
et un Commissaire de justice représentant le pouvoir central et tiennent lieu d'assemblée locale. L'arrêté du 6 prairial an X tempéra ce nouvel assujettissement en exigeant
que la répartition des contributions établies par le Gouvernement fût effectuée par le préfet après avis de trois principaux habitants et de trois principaux notables (art. 18).

235. — « Une loi du 30 Floréal an X avait soustrait les Colo-
« nies au régime des lois et les avait soumises à celui des
« décrets pour une période de dix ans devant prendre fin
« le 19 mai 1812 ; mais peu de temps après, la Constitu-
« tion du 16 Thermidor an X confia à des Senatus Con-
« sultes le soin de légiférer en ce qui concerne les Colo-
« nies » (1).

236. — Les Guerres de l'Empire entravaient l'application des
principes édictés par ces lois et constitutions et en fait, le
capitaine général légiférait. Celui de la Réunion créa par
arrêté du 30 Fructidor an XII, un droit d'ancrage proportionnel au tonnage des vaisseaux qui fréquentaient la Colonie, une taxe de consommation sur les tabacs et un droit
de dépôt. Le droit d'ancrage était toujours en vigueur en
1815. Il vint s'y ajouter un droit de congé, un droit de
francisation et un droit de quai ; enfin un droit de « hala-
ge et un droit d'accostage » fut créé par les ordonnances
des 9 mars 1919 et 29 juin 1820. L'ordonnance du 11 septembre 1817 frappait d'un droit de transbordement de 1 2
% *ad valorem*, les marchandises transbordées. Ce droit fut
supprimé par l'ordonnance du 18 octobre 1846 (2).

237. — « La Charte du 4 juin 1814 décida que les Colonies
« seraient régies par des lois et des règlements particu-
« liers sans indiquer dans quel cas on devrait recourir à
« un acte législatif. Aussi, en fait, on ne songea jamais à
« s'adresser au Parlement pour les Colonies, et c'est sous
« ce régime que furent élaborés sous la forme d'ordonnan-
« ces, les actes constitutifs des Colonies de 1825, 1827,
« 1828 » (3). Ces Ordonnances concentrent le pouvoir dans
les mains du Gouverneur qui est assisté de Chefs d'Administration et d'un Conseil Général nommé par le Roi,
qui donne des avis et émet des vœux.

238- — La Charte du 14 Août 1830 décide que les Colonies
seront régies par des lois spéciales. Elle est bientôt suivie
de la loi du 24 avril 1833 qui confirme et renforce les

---

(1) Dislère 1914. T. I. p 66

(2) Bulletin Officiel de l'Ile Bourbon n° de février 1833. Ce document publie le tableau des taxes locales pour l'année 1833. La plupart de
ces taxes ont été créées postérieurement à 1814 par des décisions et ordonnances locales. Ces derniers actes prirent en 1825 le nom « d'arrêtés ».

(3) Dislère 1914. I. P. 68.

principes posés par les ordonnances de 1825 1828 et divise les Colonies en deux catégories :

1°. — celles qui sont régies par des lois, des ordonnances royales les Conseils coloniaux entendus ou des décrets coloniaux rendus par le Conseil Colonial. Ces Colonies sont : la Guadeloupe, la Martinique, la Guyane et Bourbon ;

2°. — les autres Indes Orientales et Afrique, Saint Pierre et Miquelon, qui sont régies par ordonnances royales.

Pour ces dernières, les taxes seraient donc établies par ordonnances du Roi. Pour les premières, il convient de distinguer : les lois sur le Commerce, le régime des Douanes, et celles qui « auront pour but de régler les relations entre la Métropole et les Colonies » devaient aux termes de l'article 2-5° être faites par le Pouvoir législatif du royaume , les simples taxes qui n'avaient pas un caractère douanier ou de nature à affecter les relations de la Colonie avec la Métropole se trouvaient comprises dans les attributions du Conseil Colonial, assemblée locale créée par la même loi et qui rendait « des décrets coloniaux » sur la proposition du Gouverneur dans les matières qui ne se trouvaient pas réservées aux lois ou aux ordonnances royales.

Bien entendu, les droits et taxes précédemment établis restaient en vigueur. Les Conseils coloniaux abusèrent de leurs prérogatives qui réalisaient cependant une si heureuse autonomie financière des Colonies et il fut nécessaire de les supprimer. Déjà la loi du 25 juin 1841 rétablit l'assimilation financière en disposant que les recettes et les dépenses des quatre vieilles Colonies feraient partie des recettes et dépenses de l'Etat et qu'elles seraient arrêtées par la loi du budget. Les Conseils Coloniaux continueraient à voter les dépenses affectées au service intérieur.

239- — Le décret du 27 avril 1848 « considérant que jusqu'à « ce qu'il ait été statué par l'Assemblée nationale sur le « régime législatif des Colonies, le pouvoir local doit « réunir certaines attributions qui étaient partagées entre « les Conseils coloniaux et le Gouvernement ». (1) dispose que les Commissaires Généraux de la République dans les Colonies (Gouverneurs) sont autorisés à statuer par arrêtés sur les matières énumérées dans les articles 4, 5 et 6 de la loi du 24 avril 1833. Ces arrêtés sont provisoirement exécutoires sauf l'approbation du Ministre. Les Conseils coloniaux étaient supprimés et le Gouverneur pouvait établir les diverses taxes autres que les droits de douane. C'est ainsi, que furent, à la Réunion, établis par arrêtés :

Une taxe de consommation sur les spiritueux (Arrêté du 28 décembre 1850).

---

(1) Bulletin Officiel de la Réunion 1848 p. 177.

Un impôt de fabrication sur les tabacs importés (Arrêté du 17 juillet 1850).

240- — Un arrêté également, du 13 décembre 1850 établit un droit d'octroi de mer sur les produits importés. La légalité en fut contestée avec succès par la suite ainsi que nous l'avons vu. (2e partie, Chapitre III).

Entre temps un décret colonial rendu sous l'empire de la loi du 24 avril 1833, bien que portant la date du 26 juillet 1848, compléta le tarif des taxes accessoires de douane (imprimés, actes de francisation, manifestes, permis divers, acquits de paiement). Ce tarif fut remanié par l'arrêté du 18 juillet 1849 pris cette fois en conformité des dispositions du décret du 27 avril 1848.

§ 2. — SENATUS CONSULTES DE 1854 & 1866

241- — Les Senatus Consultes du 3 mai 1854 et 4 juillet 1866 rendirent aux vieilles Colonies une certaine autonomie financière et rétablirent les Conseils Généraux.

242- — SENATUS CONSULTE DE 1854. — Les droits de Douane et le régime commercial font l'objet de lois votées dans les formes prescrites par la Constitution, sauf en cas d'urgence et dans l'intervalle des sessions : des décrets rendus par le Gouvernement dans la forme des règlements d'administration publique suffisent alors pourvu qu'ils soient ratifiés par le Corps législatif. Le Conseil Général vote les taxes nécessaires pour l'acquittement des dépenses d'intérêt local et de la contribution due à la Métropole, s'il y a lieu, à l'exception, comme on vient de le voir, des droits de douane qui sont du domaine exclusif de la loi. Les tarifs des taxes locales sont arrêtées par le Conseil Général mais ils ne sont valables qu'après avoir été approuvés par le Gouverneur qui peut les modifier dans certaines conditions. Le mode d'assiette et les règles de perception sont déterminés par des règlements d'administration publique (1).

Les Colonies autres que la Martinique, la Guadeloupe et la Réunion seront régies par des décrets de l'Empereur, jusqu'à ce qu'il ait été statué à leur égard par un Senatus Consulte.

243. — SENATUS CONSULTE DU 4 JUILLET 1866. — (2). Il modifie celui de 1854 en donnant plus d'extension aux attributions du Conseil Général. Celui-ci votera désormais les taxes et contributions de toute nature ; nécessaires pour l'acquittement des dépenses de la Colonie. Les délibérations sont définitives et deviennent exécutoires si dans le délai d'un mois à partir de la clôture de la session, le Gouverneur n'en a pas demandé l'annulation pour excès de pouvoir, ou violation de la loi. Cette annulation est

---

(1) Dislère 1886 III p. 246 et suivantes,
(2) Dislère 1886 III p. 338.

prononcée par décret de l'Empereur rendu dans la forme des règlements d'Administration publique. Mais cette prérogative du Conseil Général ne vise que le vote des taxes.. Quant au mode d'assiette et aux règles de perception des contributions et taxes, il ne peut y contribuer que par de simples délibérations conformément aux dispositions de l'article 3 ainsi conçu :

« Article 3. — Le Conseil Général délibère sur le mode d'assiette et les règles de perception des contributions « et taxes ».

L'article 3 in fine dispose « qu'un règlement d'admi- « nistration publique déterminera le mode d'approbation « des délibérations prises par le Conseil Général, en ver- « tu du présent article. » Ce règlement devrait être le décret du 11 août 1866. Ce texte prévoit qu'un décret de l'Empereur rendu sur le rapport du Ministre de la Marine et des Colonies approuvera le mode d'assiette et les règles de perception des contributions et taxes ; toutefois, un arrêté du Gouverneur en Conseil privé peut rendre les délibérations sur ces objets provisoirement exécutoires.

Signalons que les taxes en vigueur peuvent être supprimées par simple délibération du Conseil Général. Le décret approuvant l'assiette et les règles de perception ne peut prévaloir contre cette prérogative, puisqu'il n'est lui-même qu'approbatif d'une délibération. Ainsi, l'impôt personnel créé par délibération et approuvé par décret a pu être supprimé par une autre délibération et est entaché d'excès de pouvoir l'arrêté par lequel un Gouverneur a annulé cette délibération, alors qu'un décret rendu dans la forme des règlements d'administration publique pouvait seul prononcer cette annulation. (Arrêt du Conseil d'Etat du 25 janvier 1901 *).

Le Conseil Général vote également les tarifs d'octroi de mer et de douane, aux termes de l'article 2 du Senatus Consulte du 4 juillet 1866, mais ces tarifs devront être rendus exécutoires par décret de l'Empereur, le Conseil d'Etat entendu. Le mode d'assiette et la répartition de l'octroi de mer et des droits de douane aux termes de l'article 3 du décret du 11 août 1866, devront être approuvés par décret de l'Empereur rendu dans la forme des règlements d'administration publique et rendus provisoirement exécutoires par arrêté du Gouverneur.

244. — En résumé, les taxes et contributions se divisent en trois catégories et leur établissement en deux ou trois phases développées ci-après :

1°. — *Taxes et contributions.* — a). — Tarif voté par le Conseil Général et définitif s'il n'est pas annulé par décret. — b) — Mode d'assiette et règles de perception délibérés par le Conseil Général et approuvés par décret, mais rendus provisoirement exécutoires par arrêté du Gouverneur.

Aucune hésitation sur ces deux points (1). En fait, les taxes étaient donc votées et appliquées immédiatement puisque l'intervention du pouvoir métropolitain devait être sollicitée pour l'annulation et que, pour l'approbation des règles de perception et du mode d'assiette, elle pouvait se produire dans un délai indéterminé sans que l'application provisoire fut entravée. C'est ainsi que l'approbation n'est jamais intervenue dans nombre de cas et que, comme nous le verrons plus loin, les taxes appliquées sans elle, ont été reconnues légales (2).

2°. — *Droits de Douane.* — a). — Tarif voté par le Conseil Général et rendu obligatoirement exécutoire par décret. Décret du 4 avril 1868 rendant exécutoire le tarif voté par le Conseil Général de la Réunion (3).

b). — Mode d'assiette. — Bien que le Senatus Consulte de 1866 ne parle que du tarif, le mode d'assiette était fixé par le Conseil Général en même temps que le tarif.

c). — Règles de perception. — Le Senatus Consulte est muet sur ce point. A défaut de textes déjà en vigueur, il eût fallu semble-t-il, appliquer l'article 4 du Senatus Consulte du 3 mai 1854 ainsi conçu :

« Article 4. — Les lois concernant le régime commer-
« cial des Colonies sont votées et promulguées dans les
« formes prescrites par la Constitution de l'Empire ».

3°. — *Octroi de mer.* — a). — Tarif, voté par le Conseil Général à titre définitif puisque l'intervention d'un décret n'est obligatoire que pour les droits de douane. En effet, un arrêté du 9 août 1873 rend exécutoires les délibérations du Conseil Général de la Réunion relatives au tarif d'octroi de mer (4).

b). — Mode d'assiette et règles de perception. — On aurait pu supposer que ces deux éléments suivraient le sort commun aux autres taxes et seraient délibérées par le Conseil Général pour être approuvés par décret. C'est ainsi que le Conseil Général de la Réunion délibéra le 24 juin 1872 sur « le recouvrement des produits de l'octroi » et que sa délibération fut rendue provisoirement exécutoire par arrêté du 9 août 1873 (5). En 1890, le Sous-Secrétaire d'Etat des Colonies s'exprime ainsi, au sujet de la révision de l'octroi de mer de la Réunion :

« Suivant la théorie émise par le Conseil d'Etat, le
« Conseil Général ne doit intervenir, en matière d'octroi
« de mer, que pour le vote du tarif. Le mode d'assiette, de
« perception et de répartition lui échappe et rentre dans les

---

(1) Une taxe établie par arrêté du Gouverneur sans délibération du Conseil Général serait nulle (Conseil d'Etat, 25 janvier 1901)*
(2) Cassation cr. 6 février 1893* Cons. d'Etat, 9 août 1870*
(3) Bulletin Officiel de la Réunion 1858 p. 104
(4) Bulletin Officiel de l'Ile de la Réunion 1873 p. 398.
(5) Bulletin Officiel de l'Ile de la Réunion 1873, p. 403.

« attributions du Pouvoir Central. Cette manière me pa-
« raît conforme au texte des Senatus Consultes du 3 mai
« 1854 et 4 juillet 1866 et je désire que la question soit
« réglée dans ce sens ». Le décret du 7 septembre 1889
avait déjà réglé le régime de l'octroi de mer à la Martinique dans le sens indiqué par le Conseil d'Etat. Le décret
du 17 février 1891 rendu pour la Réunion fut conforme
aux vues du Ministre et de la Haute Assemblée. (1) Le
rapport qui le précède précise la question. Il est ainsi
conçu :

Monsieur le Président :

Les Conseils Généraux de nos Colonies avaient été,
jusqu'à ce jour appelés à délibérer sur le mode d'assiette
et de perception de l'octroi de mer, comme sur celui des
autres taxes locales. Quant à la répartition de cet impôt entre les Communes, elle était généralement arrêtée par le
Gouverneur en Conseil privé.

Le Conseil d'Etat a appelé l'attention de mon administration sur l'irrégularité de cette procédure. La Haute
Assemblée estime que les textes législatifs en vigueur réservent au pouvoir métropolitain le soin de fixer le mode
d'assiette de l'octroi de mer et la répartition de cette taxe,
les Conseils Généraux ne devant intervenir que pour le vote
du tarif.

Je me suis rallié à cette manière de voir et j'ai l'honneur de soumettre à votre signature un projet de décret
ayant pour objet d'établir dans la forme nouvelle, indiquée par le Conseil d'Etat le mode d'assiette et de répartition de l'octroi de mer à la Réunion.

Veuillez agréer, etc....

Le Ministre du Commerce, de l'Industrie et des Colonies
Signé : Jules ROCHE.

Le décret vise dans son préambule l'article 7 du Senatus Consulte du 3 mai 1854. Cet article est ainsi libellé :

« Article 7. — Des décrets de l'empereur règlent......
....
......Et en général, toutes les matières non mentionnées
« dans les articles précédents, ou qui ne sont pas placées
« dans les attributions du Gouverneur ».

Or, il ne pouvait être question d'invoquer l'article 4
relatif au régime commercial et par suite douanier, puisque le Senatus Consulte de 1866 donnait à l'octroi de mer
un caractère spécial, ainsi que nous l'avons vu à l'occasion
de ce droit et d'autre part, il n'était pas admissible de considérer l'octroi de mer comme l'une des taxes pour lesquelles le Conseil Général pouvait voter le tarif et délibérer seulement sur le mode d'assiette et les règles de perception ; puisqu'il faisait l'objet d'un article spécial et

____

(1) Bulletin Officiel de l'Ile de la Réunion 189 'ıp. 128.

qu'il ne constituait pas une taxe pour l'acquittement des dépenses de la Colonie. L'octroi est en effet, une taxe destinée aux Communes.

Quelle que fût la valeur de l'interprétation du Conseil d'Etat et celle des controverses qu'elle souleva aux Colonies, l'octroi de mer fut pendant dix ans soumis aux règles d'établissement qui viennent d'être exposées. La loi du 11 janvier 1892 solutionna clairement la question par des dispositions précises (art. 6) que nous avons déjà étudiées.

245. — Le Senatus Consulte de 1866 ne réglait que la constitution des trois vieilles Colonies.

Les autres Colonies restaient régies par l'article 18 du Senatus Consulte du 3 mai 1854 : des décrets de l'Empereur réglèrent leur constitution en attendant un Senatus Consulte spécial qui ne fut jamais pris d'ailleurs. Le décret du 30 janvier 1867* est très explicite en matière d'établissement de taxes : celles-ci sont fixées par arrêtés, en Conseil d'Administration et provisoirement exécutoires, mais soumis à l'approbation du Ministre des Colonies, et aussi bien pour le tarif et le mode d'assiette que pour les règles de perception et le mode de poursuites. Seuls, les droits de douane restent réglés par des décrets. Aucun délai non plus n'était fixé pour l'approbation ministérielle des arrêtés déterminant les taxes et, en fait, cette approbation ne fut pas toujours demandée ou reçue, si bien que le pouvoir des Gouverneurs en cette matière s'est exercé parfois sans contrôle et a donné lieu à des procès (1). Du reste, le décret de 1867 n'a pas été abrogé et régit encore l'établissement des taxes autres que les droits de douane, dans les Colonies non pourvues d'un Conseil Général.

§3. — LOI DU 13 AVRIL 1900

246. — De 1878 à 1885, plusieurs Colonies (la Guyane, l'Inde, Saint Pierre et Miquelon (2), le Sénégal, la Nouvelle Calédonie, les établissements d'Océanie (2) furent dotées d'une Assemblée locale comme les Antilles et la Réunion, mais restèrent soumises au régime des décrets.

Ces nouvelles Assemblées eurent à délibérer en matière de taxes d'après une procédure qui variait d'une Colonie à l'autre suivant le texte qui les avait créées ou qui était copié sur celle des anciennes Colonies.

Partout, d'ailleurs, l'autonomie financière accordée aux Colonies avait produit de fâcheux résultats : les finances

---

(1) Tribune des conflts. 7 avril 1884.

(2) Le Conseil Général de cette Colonie a été supprimé par le décret du 25 juin 1897 et remplacé par un Conseil d'administration (Dislère 1914 I p. 377). Celui de l'Océanie a été supprimé par le décret du 19 mai 1903 et remplacé par un Conseil d'Administration (Dislère, I p. 407). Celui du Sénégal a été remplacé par un Conseil Colonial. (Décret du 4 décembre 1920).

locales furent en général mal gérées et la Métropole dut consentir de lourds sacrifices. Il fallait remédier à cet état de choses. Déjà la loi du 11 janvier 1892 fixa le régime douanier dans les conditions que nous connaissons. Celui de l'octroi de mer fit l'objet de l'article 6 de la même loi. La loi du 13 avril 1900 compléta la mise au point par de sages dispositions qui conciliaient les intérêts coloniaux et ceux de la Métropole en restreignant dans une mesure convenable les pouvoirs des Conseils Généraux et en apportant dans leur fonctionnement l'homogénéité qui lui manquait. Aux termes de l'article 33 §3 les Conseils Généraux délibèrent sur le mode d'assiette, les tarifs et les règles de perception des contributions et taxes. Il s'agit évidemment des taxes nécessaires aux dépenses de la Colonie à l'exception de l'octroi de mer, qui est une taxe municipale, réglée d'ailleurs par la loi du 11 janvier 1892, des taxes destinées aux Communes, que le Conseil Général n'a qualité pour voter que depuis la loi du 4 janvier 1920 (1) et des droits de douane dont l'établissement est également réglé, aux termes mêmes de l'article 33, par la loi du 11 janvier 1892. (2) Ainsi, les trois parties essentielles d'une taxe : assiette, tarif et règles de perception relèvent d'une même compétence et font l'objet de délibérations qui suivent le même sort. Ces délibérations sont obligatoirement soumises au Conseil d'Etat et approuvées par décret avant d'être rendues applicables. Le refus d'approbation par le Conseil d'Etat entraîne une nouvelle délibération et en attendant, la perception est faite sur les bases anciennes. l'exécution provisoire, en attendant l'approbation métropolitaine, est prescrite, pour éviter les inconvénients d'une application hâtive de taxes qui n'auraient pas été approuvées ou dont l'approbation n'aurait pas été demandée (3).

247. — Dans quelles limites s'exerce le contrôle du Conseil d'Etat ? La Haute Assemblée a le droit d'approuver ou de ne pas approuver les délibérations ou enfin de les approuver partiellement, donnant ainsi force exécutoire aux parties approuvées. (Cass. cr. 11 mai 1910*). « Le Conseil « Général ne doit se prononcer à nouveau que sur celle « des innovations que le Conseil d'Etat se refuse à admettre et les tarifications nouvelles doivent être validées « *de plano* dans la limite des chiffres que le Conseil d'E- « tat a acceptés ». (4).

______

(1) Décret du 10 avril 1882, annulant une délibération du Conseil général de la Réunion. (Dislère 1886, I. p. 308)

(2) Des droits de pilotage destinés uniquement à rénuméier les pilotes n'ont pas le caractère d'une taxe locale et ne sont pas soumis aux règles d'établissement des taxes créées pour l'acquittement des dépenses coloniales ; ils relèvent des pouvoirs du Gouverneur en matière de navigation. (Cass. civ. 30 octobre 1907).

(3) Dislère 1914, I. p. 366 et Conseil d'Etat Fin. 7 juillet 1903*

(4) Dislère 1914 I. p. 366. Avis du Conseil d'Etat du 25 juin 1913,

« Dans tous les cas, le Conseil d'Etat doit être ap-
« pelé à se prononcer. Le Gouvernement ne peut se dis-
« penser de le saisir, alors même que pour des raisons
« qu'il jugerait péremptoires, il considèrerait la délibéra-
« tion du Conseil Général comme destinée à demeurer
« sans suite. Approuvée ou non, la délibération doit don-
« ner lieu à une même procédure, celle d'un décret en Con-
« seil d'Etat. Selon les cas, ce décret consacre l'approba-
« tion ou le refus d'approbation ». (I).

'I 'intervention obligatoire du Conseil d'Etat n'est
pas sans inconvénients. Plusieurs mois s'écoulent entre la
date des délibérations locales et l'application des tarifs
proposés. Pendant ce temps, les raisons parfois impérieuses,
qui ont dicté la nouvelle mesure agissent : c'est un budget déficitaire qu'il s'agit d'équilibrer, un tarif qu'il convient de remanier pour l'ajuster aux circonstances actuelles. Un long retard dans la mise a exécution des réformes
fiscales adoptées par l'Assemblée locale entrave son action
et compromet les intérêts économiques ou financiers de la Colonie.

§ 4. — LOIS DE 1916, 1917 & 1918

248. — La loi du 30 mars 1916 a voulu parer à ces inconvénients en séparant, de nouveau, les tarifs du mode d'assiette et des règles de perception et en accélérant la procédure par les dispositions ci-après :

Les tarifs qui ne pouvaient être annulés comme ie
reste de la délibération que par un décret en Conseil d'E-
tat le seront désormais par un décret rendu sur le rapport
du Ministre des Colonies. Cette annulation devra intervenir dans un délai de 4 mois pour l'Océan Atlantique et de
six mois pour les autres Colonies, à compter de la clôture
de la session où les délibérations ont été votées. Si le délai
expire avant l'annulation ou si le Ministre renonce à l'annulation avant cette échéance, les tarifs sont définitifs et
peuvent être appliqués. Cette mesure qui ne modifie en
rien l'assiette et le mode de perception des taxes permet
aux Conseils Généraux d'élever ou d'abaisser les tarifs,
suivant les nécessités économiques ou budgétaires du moment, à 4 ou 6 mois près.

249. — La loi du 30 juin 1917 complète celle du 30 mars 1916
sur les deux points suivants :

ARTICLE 2. — Les décrets d'homologation ou de re-
jet des délibérations des Conseils Généraux des Colonies
relatives au mode d'assiette ou aux règles de perception
des taxes et contributions devront être rendus dans les neuf
mois de la date de la clôture de la session où les délibérations ont été prises. Passé ce délai, ces délibérations se-

---

(1) Signalons que le Conseil Général ne peut refuser d'entendre un
Chef de Service sur les questions qui relèvent de ses attributions
(Avis du Conseil d'Etat. 27 mars 1914*)

ront considérées comme approuvées et deviendront définitives. Lorsqu'un Conseil Général appelé à délibérer à nouveau sur un projet intéressant le mode d'assiette ou le mode de perception d'une taxe ou d'une contribution, aura tenu compte de toutes les objections, observations ou suggestions faites par le Conseil d'Etat, sa décision sera définitive et deviendra exécutoire par arrêté du Gouverneur.

250. — Enfin l'article 55 de la loi du 25 juin 1918 (ci-dessus Nᵒˢ 75-78) dans un but de précision et de célérité, fixe en détail les conditions et délais de la création ou de la modification des taxes. Les tarifs restent séparés du mode d'assiette et des règles de perception. Pour ces dernières, le Conseil Général délibère seulement et ces délibérations sont approuvées par décret en Conseil d'Etat dans un délai de neuf mois à compter de la clôture de la session, passé lequel elles seront considérées comme approuvées et deviendront, par suite, définitives et exécutoires. Si le Conseil d'Etat modifie la délibération, il indique ses observations avec précision et, si le Conseil Général en tient compte, sa délibération devient exécutoire par arrêté local. Dans le cas contraire, la nouvelle délibération est soumise à l'examen du Conseil d'Etat et un nouveau délai de neuf mois commence à courir.

Les délibérations relatives à l'assiette et aux règles de perception ne doivent pas contenir de dispositions qui puissent être considérées comme des règlements de police ou réglant la compétence et la procédure. Ces matières sont du ressort de l'autorité administrative et doivent faire l'objet d'un arrêté du Gouverneur ou d'un décret (1). Le Ministre le rappelle dans une circulaire du 10 avril 1918* et les décrets d'approbation exceptent des délibérations les articles concernant ces matières. Ce nouveau point de vue n'est pas sans jeter une certaine confusion dans la question et il est permis de se demander quelle est exactement la compétence des assemblées locales en matière d'établissement de taxes. Le mode de constatation des infractions et la forme des poursuites n'ont d'autre but que le recouvrement des taxes et l'on s'aperçoit difficilement qu'il soit nécessaire de faire appel à l'autorité administrative pour fixer la règlementation sur ce point. Les règles de perception que les Conseils locaux ont le droit de fixer devraient être définies avec précision, afin d'éviter des retard et une complexité des règlements très préjudiciables au fonctionnement de l'appareil budgétaire des Colonies.

____

(1) Les décrets relatifs à la compétence et à la procédure visent les articles 3 ou 18 du Sénatus Consulte du 3 mai 1854 suivant qu'il s'agit des trois vieilles colonies ou des autres (Voir décret du 17 octobre 1916 fixant les règles de compétence et de procédure nécessaire au fonctionnement du Monopole des tabacs en Nouvelle Calédonie. (J. O. R. F., 22 octobre 1916).

Pour les tarifs, les délibérations locales sont exécutoires si, dans un délai de 4 ou 6 mois suivant les distances, un décret rendu sur le rapport du Ministre des Colonies ne les a pas annulées ou si le Ministre les approuve immédiatement par décision

Le fait d'exonérer un article sans modifier la nomenclature du tarif n'inplique pas remaniement de l'assiette et n'entraîne pas l'intervention d'un décret. Mais il en serait autrement si, la nomenclature du tarif qui constitue l'assiette était modifiée. Ainsi, la délibération qui exonère de la taxe certains produits chimiques alors que des délibérations antérieures avaient taxé les produits chimiques en général, touche à l'assiette et exige l'approbation par décret en Conseil d'Etat. Avis du Conseil d'Etat 29 novembre 1916*).

Et, lorsque deux délibérations, l'une pour les tarifs, l'autre pour les règles de perception sont prises en même temps, si celle des règles de perception est approuvée par le Conseil d'Etat et devenue définitive avant que le Ministre se soit prononcé sur celle des tarifs, celle-ci deviendra exécutoire également, si elle n'a pas été approuvée ou annulée dans un délai d'un mois qui suit le jour où la première est devenue définitive.

251. — Tout a été prévu, sauf le cas où un tarif arrive à expiration avant que le nouveau soit applicable et ce cas peut se présenter. Il peut arriver, en effet, qu'une Administration imprévoyante néglige de proposer au Conseil Général le renouvellement des taxes arrivant à expiration quelques mois plus tard, ou que les observations du Conseil d'Etat donnent lieu à une nouvelle délibération qui entraine un nouveau délai de neuf mois, si bien que plus d'une année pourra s'écouler entre la date d'expiration d'une taxe et la mise en application de celle qui est proposée pour la remplacer. Dans ce cas, la perception se trouve suspendue pendant une période plus ou moins longue. Situation anormale et intolérable qu'il faudrait éviter à tout prix, en autorisant la perception sur les anciennes bases en cas de simple renouvellement. S'il s'agissait de la création d'une taxe indispensable, la perception pourrait en être effectuée à titre provisoire. Ce serait, en somme, le retour à la pratique d'autrefois, avec le correctif de l'approbation obligatoire dans les conditions actuelles, c'est à dire par le Ministre pour les tarifs et le Conseil d'Etat pour le mode d'assiette et les règles de perception. Le refus d'approbation partiel ou total entrainerait, s'il y avait lieu, le remboursement des taxes perçues à titre provisoire.

252. — Une autre question se pose. Elle est clairement exposée dans une dépêche ministérielle du 22 Novembre 1921 qu'il semble utile de citer en entier :

« Le Gouverneur de la Nouvelle Calédonie a appelé « mon attention sur la situation préjudiciable faite aux

« budgets coloniaux lorsqu'une taxe d'exportation est en
« voie de création.

« L'établissement de droits de cette nature exigeant
« l'intervention d'un décret en Conseil d'État, il s'écoule,
« entre la date du vote par le Conseil local du droit pro-
« jeté et sa mise en application dans la Colonie, un temps
« assez long que les exportateurs, mettent à profit pour
« provoquer la fuite de la matière imposable.

« Il en résulte que le jour où la mesure est appliquée,
« les résultats qui en étaient attendus ne peuvent être ob-
« tenus pendant l'exercice budgétaire en cours, ni souvent
« pendant l'exercice suivant.

« Les annales de la vie administrative coloniale abon-
« dent en cas de cette nature et les budgets locaux ont été
« trop souvent placés, du fait d'un semblable régime,
« dans un état d'incertitude incompatible avec la bonne
« marche des services administratifs.

« Une situation analogue se présente du reste en matière
« de droits et taxes à l'importation. Les spéculateurs cons-
« tituent, dans ce second cas avant l'intervention d'un dé-
« cret portant relèvement des tarifs, des stocks importants
« de produits visés par les projets soumis à la sanction
« du pouvoir central. Au moment où la mesure est mise en
« application, les importations de marchandises surtaxées
« subissent un arrêt brusque, partiel ou total, et l'Aminis-
« tration locale perd ainsi, pendant un temps plus ou
« moins long, le bénéfice de la mesure qu'elle a sollicitée.

« De semblables manœuvres ne sont du reste pas par-
« ticulières aux Colonies et se produisent fréquemment
« dans la Métropole.

« Pour les déjouer, différentes mesures ont été envisa-
« gées. Certains textes contiennent dans leurs dispositions
« des articles spéciaux autorisant la perception des droits
« nouveaux sur les stocks existant au jour de la promulga-
« tion.

« Une disposition législative d'ordre plus général, la
« loi du 13 décembre 1897, dite du Cadenas, a apporté
« une autre solution à ce problème en permettant au Gou-
« vernement de mettre immédiatement en application les
« projets de loi portant relèvement des tarifs douaniers
« frappant certaines marchandises déterminées.

« Le premier système offre l'inconvénient d'être inap-
« plicable en matière de droits de sortie et de ne pouvoir
« jouer en ce qui concerne les droits d'importation, que
« pour ceux de ces droits frappant des produits facilement
« inventoriables.

« Le second laisse sans doute les commerçants pendant
« une période, qui peut être longue, dans l'incertitude sur
« le tarif qui sera définitivement appliqué. Il peut donner
« lieu à des remboursements, si les droits projetés ne re-

« çoivent pas la sanction du pouvoir central. Il me paraît
« cependant être le seul procédé qui, généralisé, permettrait
« aux Gouvernements locaux, de déjouer chaque fois que
« celà paraîtrait nécessaire, les manœuvres de la spécula-
« tion.

« Il ne s'agirait du reste pas de rendre applicables
« purement et simplement aux Colonies les dispositions de
« la loi du 13 décembre 1897 mais d'étendre le bénéfice
« de ce régime, par des dispositions législatives spéciales
« et adaptées aux nécessités de la vie coloniale, à nos dif-
« férentes possessions d'outre mer.

« La mesure serait ainsi réalisée par une loi dont
« l'article 1ᵉʳ pourrait, en substance être ainsi conçu

« Les délibérations des Conseils Généraux ou des Con-
« seils d'administration des Colonies, possessions fran-
« çaises ou pays de protectorat de l'Indo-Chine, ayant
« pour but d'obtenir des modifications à l'assiette, aux
« tarifs ou au mode de perception des droits de douane,
« droits d'importation, droits d'exportation et droits d'oc-
« troi de mer, pourront être suivies d'arrêtés des Gouver-
« neurs pris après approbation du Ministre des Colonies,
« lorsqu'il s'agira de la création de droits nouveaux ou de
« relèvement de tarifs, prescrivant l'exécution immédiate
« des mesures envisagées.

« Le texte de ces délibérations devra être inséré au
« Journal Officiel de la Colonie et affiché dans tous les bu-
« reaux de douane de la Colonie.

« Le lendemain du jour de la publication et de l'af-
« fichage les nouveaux droits seront applicables à titre
« provisoire sous réserve des dispositions de l'article......
« ci-après.

« Des dispositions complémentaires détermineraient
« les solutions à appliquer aux différents cas susceptibles
« de se produire au moment de l'intervention du décret
« sanctionnant la mesure sollicitée.

1°. — *Cas d'un projet portant relèvement des tarifs
ou citation d'un droit nouveau.*

a). — « La délibération du Conseil Général est approu-
« vée. Les sommes perçues à titre provisoire sont acquises
« définitivement au budget local.

b). — « La délibération est rejetée ou adoptée seulement
« en partie ; la différence entre le droit perçu et celui qui
« sera légalement maintenu ou établi, sera remboursé aux
« déclarants.

2°. — *Cas d'un projet portant abaissement du tarif
ou suppression d'un droit.*

« L'arrêté prescrivant l'exécution immédiate de la dé-
« libération du Conseil local ne pourra avoir pour effet
« de faire bénéficier immédiatement les déclarants du nou-
« veau droit. La différence entre ce dernier droit et l'au-

« cien leur sera remboursée dès la promulgation dans la
« Colonie du décret précité.

« Telles sont les différentes dispositions qui, à mon
« sens pourraient être édictées pour remédier à l'état de
« choses actuel. »

253. — Les suggestions du Département pourraient, à notre
avis, être complétées par une disposition relative à l'application des taxes perçues à la sortie des produits. En principe, le tarif applicable est celui qui est en vigueur au moment où la déclaration de sortie est enregistrée au Bureau
des Douanes du port d'embarquement. A cette condition
s'ajoute celle de la présence réelle au port d'embarquement
des marchandises à taxer. En fait cette dernière condition est toujours remplie, les produits destinés à l'exportation étant déposés dans les magasins des docks bien
avant l'arrivée des navires exportateurs. La première condition, l'enregistrement des déclarations dès le dépôt d'un
projet de taxe nouvelle est chose plus aisée encore dans les
ports coloniaux où les nouvelles locales sont immédiatement connues, si bien que l'effet de la taxe projetée pourrait être sérieusement amoindri, en cas de relèvement ou de
création.

Le seul remède à cet inconvénient serait l'application
du tarif en vigueur au jour de l'embarquement. Cette opération, qui dépend moins de la volonté des chargeurs que
des circonstances de la navigation ne pourrait être prépa-
rée en vue d'éluder la taxe. L'application de celle-ci dans
ces conditions serait d'ailleurs conforme à la réalité des
faits car une marchandise n'est exportée qu'autant qu'elle
est embarquée ou qu'elle franchit la frontière et si, quoique
déclarée, elle était laissée à terre ou à l'intérieur, le droit
à l'exportation, droit de sortie ou autre, ne pourrait être
perçu. La date de l'embarquement ou de passage à l'étranger est également imposée, dans la Métropole, aux exportateurs des marchandises bénéficiant de drawbacks ou remboursements de taxes intérieures ou de primes à la sortie.

254. — Il en est de même pour les exportations effectuées à la
décharge des comptes d'admission temporaire.

« La date de la sortie est, pour l'exportation par mer
« la date de l'embarquement sur le navire exportateur ;
« pour les exportations par terre la date de la vérification
« au bureau de la frontière et pour les exportations par
« voie aérienne la date de la vérification au bureau aéro-
« drome. » (Obs. prélim. N° 30).

§ 5. — DELIBERATION DU CONSEIL D'ETAT

255. — La question s'est élevée à maintes reprises de savoir si
les décrets rendus « en Conseil d'Etat » ou « le Conseil
d'Etat entendu » devaient être soumis à l'examen de l'assemblée générale du Conseil d'Etat ou si, au contraire, l'a-
vis d'une Section, celle des Finances, Marine et Colonies

était suffisante pour satisfaire, sur ce point, au vœu de la loi.

LAFERRIERE (Traité de la Juridiction administrative tome II, p. 524 — note) et BEQUET (répertoire de droit administratif — Conseil d'Etat — 189) s'expriment ainsi :

« La question de savoir si une affaire doit être déli-
« bérée par l'Assemblée Générale du Conseil d'Etat, ou si
« elle peut l'être valablement par la section correspondante
« au ministère intéressé, a souvent donné lieu à des diffi-
« cults qu'il est facile de résoudre d'après les règles sui-
« vantes. L'attribution d'une affaire à l'assemblée générale
« ne résulte pas de plein droit de ces formules qu'on trouve
« souvent dans les textes : « LE CONSEIL D'ETAT ENTENDU....
« sur L'AVIS, après avis DU CONSEIL D'ETAT....» Cette attri-
« bution n'a lieu que dans les cas suivants :

« 1°. — S'il s'agit d'un règlement d'administration
« publique fait en vertu d'une délégation de la loi ;

« 2° — S'il s'agit d'un acte administratif devant être
« fait d'après un texte dans la forme des règlements d'ad-
« ministration publique ;

« 3°. — Si la délibération de l'assemblée générale a
« été prescrite par le règlement intérieur du Conseil d'Etat,
« en vertu de l'article 10 § 4, de la loi du 24 mai 1872, qui
« charge ce règlement de statuer « sur la répartition des af-
« faires entre les sections, sur la nature des Affaires qui de-
« vront être portées en Assemblée Générale. »

« Dans les autres cas, l'avis du Conseil d'Etat peut
« être donné par une seule de ses Sections administratives.

D'autre part, deux arrêtés du Conseil d'Etat des 22 mai 1885 et 1er avril 1887 confirment la théorie de LAFERRIE-RE et BEQUET. La haute assemblée a jugé, en effet, que « bien
« qu'un règlement porte qu'une mesure ne pourra être pres-
« crite par le Chef de l'Etat, que, « le Conseil d'Etat enten-
« du » — l'expression « en Conseil d'Etat » est équiva-
« lente — le décret peut être rendu sur l'avis d'une section
« lorsqu'aucune disposition n'ordonne qu'il soit rendu dans
« les formes des règlements d'administration publique et
« lorsque la matière ne rentre pas dans la nomenclature con-
« tenue dans l'article 7 du règlement d'administration pu-
« blique du 2 août 1879 (D.P. 86, 3e partie — Code des lois
« politiques et administratives — Conseil d'Etat 79).

Ajoutons que le règlement du 3 avril 1885 consolide cette jurisprudence en supprimant de l'énumération des affaires obligatoirement sujettes à la délibération de l'Assemblée générale un certain nombre d'entre elles qui doivent cependant faire l'objet de décrets rendus *le Conseil d'Etat entendu.*

Enfin si la loi de 1872 exige que les décrets intervenus arpès avis de l'Assemblée Générale portent la formule « le Conseil d'Etat entendu » il ne s'ensuit pas que, inversement les décrets devant être rendus « en Conseil d'Etat » en « le Conseil d'Etat entendu » doivent être délibérés en Assemblée Générale.

On a prétendu, il est vrai, que les arrêts de 1885 et 1887 ont été rendus en matière de législation métropolitaine et qu'ils ne sauraient faire échec au principe du Senatus Consulte de 1854 d'après lequel le Chef de l'Etat, législateur colonial, ne peut légiférer en matière d'impôts que par des décrets rendus dans la forme des règlements d'administration publique. A cela il est aisé de répondre que les lois postérieures, notamment celles du 13 avril 1900 et du 29 juin 1918, et antérieurement le Senatus Consulte de 1866 ont abrogé le Senatus Consulte de 1854 sur la procédure à suivre en matière de taxes.

256. — Le pouvoir du Chef de l'Etat de légiférer aux Colonies par des règlements d'administration publique, en vertu du Senatus Consulte de 1854, constitution coloniale, s'est trouvé modifié par les lois de 1875 également constitutionnelles et par celles qui ont spécialement évoqué la question des taxes aux Colonies. Si le Chef de l'Etat peut encore légiférer en matière coloniale, il tient sa délégation non d'une constitution caduque mais du législateur lui-même qui peut toujours limiter ou révoquer ses pouvoirs. Voir 1ère partie).

§ 6. — POURSUITES ET PENALITES EN MATIERE DE TAXES

257. — Aux termes de l'article 163 du décret financier des Colonies du 30 décembre 1912 « les contributions perçues sur « liquidation sont exigibles soit au comptant, soit après « établissement d'un titre de liquidation. » L'article 16 ajoute : « le contentieux des contributions perçues sur liquida- « tion relève des tribunaux ordinaires. »

Les articles 187, 188 et 189, ont trait au mode de recouvrement et de poursuites contre les redevables de contributions perçues sur liquidation. Ils sont ainsi conçus :

Article 187 :

Les décrets, ordonnances ou règlements locaux particuliers à chaque catégorie de contributions perçues sur liquidation, spécifient et déterminent le mode de recouvrement et de poursuites contre les redevables.

Les comptables prennent en charge la totalité de ces liquidations et en poursuivent le recouvrement par toutes voies de droit.

Article 188 :

Le relevé mensuel des droits liquidés par la douane, les bordereaux de versement des comptables de l'enregistrement, des contributions indirectes, etc... justifient de la recette chez le Trésorier payeur ou ses subordonnés.

Tous les mois, les Chefs de ces divers services établissent un relevé récapitulatif des recettes de leur service respectif et le transmettent au Gouverneur, qui peut en contrôler les données au moyen de l'état comparatif des recettes du Trésorier payeur.

Article 189 :

Chaque comptable des contributions perçues sur liquidation dresse, avant la clôture de l'exercice le relevé des articles non recouvrés, indiquant, pour chaque article, les motifs du défaut de recouvrement. Il joint s'il y a lieu, les pièces à l'appui.

Au moyen des relevés et pièces susmentionnées, les Chefs de Service établissent, par comptable : un bordereau des sommes dont le comptable devra être déchargé ; un autre de celles qui doivent être mises à sa charge ; un troisième de celles qui sont susceptibles d'un recouvrement ultérieur.

Le bordereau des sommes à admettre en non-valeurs et celui des sommes mises à la charge des comptables, sont soumis au Gouverneur en Conseil.

Le Ministre des Colonies, après avoir pris l'avis du Ministre des Finances statue sur les cas de responsabilité sauf recours au Conseil d'Etat.

Article 201. — La prescription est acquise aux redevables pour les droits de douane et les taxes de consommation que l'Administration n'a pas réclamés dans l'espace d'un an à compter de la date à laquelle ces droits ou taxes étaient exigibles (1).

____

(1) La prescription ne saurait être invoquée par celui qui a usé de manœuvres frauduleuses pour se soustraire au payement des droits. (Cassation. Requêtes 29 décembre 1909)*.

Ajoutons que la preuve du payement des droits dont le remboursement est réclamé incombe au demandeur qui peut l'établir par voie d'expertise ou de compulsoire devant porter sur les registres de l'Administration. (Cassation Requêtes. 5 juillet 1898)*

La prescription de deux ans s'applique aussi bien aux droits indûment perçus qu'aux droits illégalement établis (Cass. Req. 22 mars 1921,* Cette nouvelle théorie contraire à l'ancienne jurisprudence de la Cour de Cassation résulte de l'interprétation de la loi du 8 avril 1910, article 65. Ce texte accorde 6 mois, en matière de contributions indirectes, pour former les demandes en restitution des droits perçus « *soit au-delà du tarif légal, soit en vertu de tarifs illégaux* ». Donc pour les Contributions indirectes, la question se trouvait nettement résolue Pour les Douanes, la Cour de Cassation se prononce dans le même sens pour les motifs ci-après :

1°) L'article 25 de la loi du 22 août 1791 ne fait aucune distinction entre les perceptions supérieures au tarif et celles résultant de textes créant *illégalement* des taxes.

2°) Les réclamations tardives seraient de nature à mettre en question l'équilibre des budgets réglés et il convient d'en limiter le délai.

3°) La loi de 1910 qui fixe à 6 mois le délai des demandes en restitution des taxes indûment perçues ou illégalement perçues ne vise que les Contributions indirectes, mais elle a reçu un caractère interprétatif qui

Article 241. — La prescription est acquise au profit du Service local contre toutes demandes en restitution de droit, marchandises, frais divers, en matière de douane et de contributions indirectes, après un délai révolu de deux années après la date de paiement des droits et frais divers ou du dépôt des marchandises (1).

Ces règles s'appliquent à toutes les contributions indirectes y compris les droits de douane, d'octroi de mer, les droits de sortie, les taxes de consommation et autres taxes perçues ou liquidées par le Service des Douanes.

258. Généralement les textes relatifs aux taxes locales précisent, que le mode de recouvrement, les poursuites, et la répression des infractions s'exercent comme en matière de douane et cette matière, nous l'avons vu, est réglée soit par les lois métropolitaines dans les colonies du 1ᵉʳ groupe soit par des règlements d'administration publique dans celles du second 2ᵉ partie, Article 5). — Lorsqu'il existe un mode de recouvrement et de poursuites spécial à une Colonie, les taxes indirectes et les droits de douane s'y trouvent soumis également. Il en est ainsi, notamment, pour la perception, qui dans certaines Colonies est effectuée directement par le Service des Douanes, et dans d'autres, par le Trésor, moyen plus économique que le premier. Ce sont là des questions de détail qui peuvent varier avec chacune de nos possessions et sur lesquelles nous n'avons pas à insister. Ce qu'il convient de retenir c'est la compétence des tribunaux judiciaires en matière de contributions indirectes. Le tribunal de Paix est la juridiction de droit commun, pour les infractions douanières, le Tribunal correctionnel étant réservé aux infractions qui comportent des peines d'emprisonnement.

259. Quelles pénalités peuvent être établies en matière de taxes ? Qui doit les établir ? Ces questions ont pris dans l'histoire coloniale une importance de premier ordre et méritent un examen approfondi.

Disons tout d'abord, que « depuis 1879, époque de la

---

doit s'appliquer aux droits de douane, attendu d'ailleurs que l'article 25 de la loi de 1791, a un caractère plus général encore que celui de l'article 247 de la loi du 28 avril 1816 dont l'imprécision avait donné lieu à l'article 65 de la loi du 8 avril 1910.

(1) La prescription fixée par l'article 76 du décret du 30 décembre 1912 est relative aux contributions autres que celles établies par les autorités compétentes. L'article 76 est ainsi conçu :

« Toutes contributions directes ou indirectes autres que celles qui sont
« approuvées par les autorités compétentes, à quelque titre et sous quel-
« que dénomination, qu'elles se perçoivent sont formellement interdites
« à peine contre les autorités qui les ordonneraient, contre les employés
« qui confectionneraient les rôles et tarifs et ceux qui en feraient le re-
« couvrement d'être poursuivis comme concussionnaires, sans préjudice
« de l'action en répétition pendant trois années contre tous receveurs,
« percepteurs ou individus qui auraient fait la perception ». (Cassation cr. 16 février 1910)*

« séparation du pouvoir législatif et du pouvoir exécutif,
« c'est une maxime fondamentale du droit public de la
« France que l'autorité administrative ne peut créer une
« peine, et que ses dispositions n'ont de sanction que dans
« la pénalité établie par la loi ». (1).

La loi confère au pouvoir exécutif le soin de fixer et
d'appliquer les pénalités dans les limites qu'elle a tracées :
c'est dans cet esprit, que le code pénal « a conféré à l'au-
« torité administrative et à l'autorité municipale le droit
« de stipuler des peines » (2) et que l'article 471 prévoit
des amendes de 1 à 5 francs contre ceux qui auront contrevenu aux règlements légalement faits par l'autorité administrative et ceux qui ne se seront pas conformés aux règlements des arrêtés publiés par l'autorité municipale.

260. — Aux Colonies, le droit d'édicter des peines a dû, en
raison de l'éloignement, être délégué dans les conditions
ci-après : (3)

261. — Avant 1711, ce droit a été exercé par le Conseil pro-
vincial d'abord, par le Conseil supérieur ensuite. Ces tribunaux rendaient des ordonnances qui avaient force de loi
et plusieurs d'entre elles prévoyaient des peines très sévères et même la peine capitale. De 1711 à 1790, ce droit
a été exercé par le Gouverneur pour le roi, le souverain
étant investi de la puissance législative.

262. — De 1790 à 1803, les peines ont été fixées par l'Assemblée coloniale, comme tout ce qui avait trait au régime intérieur de la Colonie.

263. — De 1803 à 1826, le Gouverneur redevient le législateur délégué et fait, en toutes matières, les règlements qui
lui paraissent nécessaires. Toutefois, l'ordonnance du 21
août 1825 dispose que le Gouverneur doit, avant tout, appliquer les ordonnances royales et que, lorsqu'il juge utile
de les modifier, il doit préparer en Conseil des projets
d'ordonnances royales et les transmettre au Ministre de la
Marine. (Art 65).

264. — L'ordonnance du 19 décembre 1827 applique à l'Ile
Bourbon le code colonial d'instruction criminelle et celui-
ci dispose que certains faits énumérés au Code pénal colonial et « ceux prévus par les règlements de police émanés
« de l'autorité locale » sont considérés comme contraventions de police simple, « lorsque le maximum de la peine
« prononcée par ces règlements n'excèdera pas 15 jours
« d'emprisonnement ou cent francs d'amende. » (Art 15).

Ces dispositions ne semblent pas interdire à l'autorité
locale le droit de sanctionner certains faits autres que des

---

(1) De la Barre de Nanteuil. Législation de l'Ile de la Réunion 1863.
(2) De la Barre de Nanteuil. Législation de l'Ile de la Réunion. T. VI
p. 243 et 245.
(3) De la Barre de Nanteuil. Législation de l'Ile de la Réunion T. VI
p. 247 et suiv.

contraventions de police simple de pénalités supérieures aux limites fixées ci-dessus. Mais l'article 179 du Code d'instruction criminelle précise que « le Tribunal de po- « lice correctionnelle connaît de tous les délits auxquels « *la loi* applique une peine dont le maximum excède « quinze jours d'emprisonnement et 100 francs d'amen- « de. » Il faut déduire de ce qui précède :

1° — que l'autorité locale établit des pénalités variant de 1 à 15 jours de prison et de 1 à 100 francs d'amende ;

2°. — que les peines plus élevées ne peuvent être éta- blies que par la loi.

265. — La loi du 24 avril 1833 sur le régime des Colonies et le décret du 27 avril 1848 sur les pouvoirs des commissai- res généraux de la République (Gouverneurs) n'ont pas abrogé le Code pénal et le Code d'instruction criminelle, ce qui permet d'affirmer que les Conseils coloniaux sous le régime de la première, et le Commissaire général sous le régime du second ne pouvaient établir des pénalités supérieures à 15 jours de prison et 100 francs d'amende ; car Conseils locaux et Commissaire général constituaient « l'autorité locale » dont les pouvoirs en matière pénale avaient été délimités par le Code en vigueur.

266. — Enfin le Senatus Consulte du 3 mai 1854 dispose (art. 3 et 6) que la législation coloniale doit être réglée : en ma- tière criminelle par des Senatus Consultes, et en matière correctionnelle ou de simple police par des décrets de l'Em- pereur, rendus dans la forme des règlements d'adminis- tration publique. Il semble, à première vue, que ce Sena- tus Consulte enlève au Gouverneur tout pouvoir de prévoir des peines même de simple police. Toutefois, la Nouvelle Constitution ayant maintenu les lois, ordonnances et dé- crets en vigueur sur la législation criminelle, et, ayant de plus déclaré que le Gouverneur, dépositaire de l'autorité de l'Empereur « rend des arrêtés et décisions pour régler « les matières d'administration et de police, ainsi que « pour l'exécution des lois, règlements et décrets promul- « gués dans la Colonie ».

Il est difficile de nier que le Chef de la Colonie soit investi du pouvoir réglementaire et qu'il ait « conservé la « faculté d'attacher à ses règlements d'administration pu- « blique des peines qui ne peuvent excéder 15 jours d'em- « prisonnement et 100 francs d'amende maximum fixé « par le 4° livre du Code pénal colonial ». (1) Les Gou- verneurs ne pouvaient d'ailleurs s'écarter de cette règle, ainsi que le rappelle en termes formels une dépêche minis- térielle du 25 février 1832, reproduite ci-après :

Monsieur le Gouverneur,

« Une circulaire ministérielle du 7 août 1829 a ap-

---

(1) De la Barre de Nanteuil, op. cit. T. 6, p. 252.

« pelé l'attention de MM. les Gouverneurs des Colonies
« sur les limites légales dans lesquelles leurs pouvoirs en
« matière de pénalités se trouvent circonscrits depuis la
« promulgation des nouvelles ordonnances judiciaires.

« Il y a été énoncé que les peines attachées à l'inexé-
« cution des règlements de police que les administrations
« coloniales ont conservé la faculté d'émettre ne pouvaient
« excéder quinze jours de prison et cent francs d'amende
« maximum fixé par le 4ᵉ livre du Code pénal appliqué à
« nos Colonies).

« Ces dispositions ont généralement été exécutées
« avec soin ; toutefois, dans quelques Colonies, il s'est é-
« levé des doutes sur la question de savoir si le maxi-
« mum dont il s'agit ne pouvait être dépassé soit lors-
« qu'une peine plus forte était reproduite d'arrêtés anté-
« rieurs, soit lorsqu'il s'agissait de matières autres que
« celle de police ; des interprétations différentes ont été
« adoptées à cet égard par les Conseils privés et ont don-
« né lieu à des décisions contradictoires. J'ai l'honneur de
« vous adresser extrait d'un rapport qui m'a été fait à cet-
« te occasion, et dans lequel sont exposés et développés
« les principes établis par la législation actuellement en
« vigueur aux Colonies. Il en résulte :

« Que MM. les Gouverneurs ne peuvent s'écarter, ni
« en matière de contributions, ni en aucune autre matière,
« de la disposition générale qui a déterminé le maximum
« des pénalités pour contraventions de police ;

« Que lors même qu'une pénalité supérieure au taux
« ci-dessus relaté aurait été établie par des règlements
« antérieurs à la nouvelle organisation judiciaire, elle ne
« pourrait être maintenue, aux termes de l'article 488 du
« Code pénal colonial, ainsi conçu :

« Toutes dispositions des lois ordonnances, arrêtés
« et reglements sont et demeureront abrogées, en ce qu'el-
« les auraient de contraire à la présente ordonnance.

« J'ai parlé plus haut des anciens règlements locaux
« qui ont établi, en matière de police, des pénalités su-
« périeures à celles de la nouvelle législation. D'un autre
« côté, il en est aussi qui ont prononcé des peines pour des
« contraventions non prévues explicitement dans le livre
« 4 de l'ordonnance royale du 30 décembre 1827. Cet état
« de choses rapproché de l'obligation de se tenir aujour-
« d'hui dans les limites fixées par la législation en vi-
« gueur fait sentir la nécessité de reviser, pour les mettre
« en harmonie avec cette législation, les anciens règle-
« ments de police.

. . . .

267. — La loi du 8 janvier 1877 et les décrets du 6 mars suivant ont promulgué aux Colonies le Code pénal métropolitain et abrogé le Code pénal colonial. L'article 137 de

ce code a été, pour être appliqué aux Colonies, modifié dans les termes suivants :

« Les faits prévus par les règlements de police éma-
« nant de l'autorité locale sont considérés comme contra-
« ventions de police simple et punis des mêmes peines.
« Le Gouverneur néanmoins pour régler les matières d'ad-
« ministration et pour l'exécution des lois, décrets, règle-
« ments promulgués dans la Colonie, conserve exception-
« nellement le droit de rendre des arrêtés et décisions avec
« pouvoir de les sanctionner par quinze jours de prison
« et 100 francs d'amende. Dans ce cas, et toutes les fois
« que les peines pécuniaires ou corporelles excèderont
« celles du droit commun en matière de contraventions,
« les règlements dans lesquels ils sont prévus devront,
« dans un délai de quatre mois, passé lequel ils seront
« caducs, être convertis par le Chef du Gouvernement
« soit en décrets en Conseil d'Etat, soit en décrets sim-
« ples ».

Ce délai a été porté à six mois pour la Cochinchine et à huit mois pour la Nouvelle Calédonie et les Etablissements d'Océanie, par le décret du 20 Septembre 1877.

La jurisprudence a interprété ainsi ces dispositions :

1°. — les arrêtés rendus antérieurement aux textes de 1877, restent en vigueur dans toutes leurs parties et quelles que soient les pénalités prévues, s'ils ont été rendus pour l'exécution des lois, décrets ou règlements ; ceux qui sont sanctionnés par des peines de simple police doivent être modifiés quant aux pénalités seulement, conformément aux dispositions du Code pénal en cette matière (1).

2°. — Pour l'avenir, la loi du 8 janvier 1877 doit être observée strictement. En d'autres termes, les Gouverneurs pourraient sanctionner par 5 jours de prison et 15 francs d'amende au maximum les arrêtés de simple police et, par 15 jours de prison et 100 francs d'amende, sous réserve de l'approbation par décrets, les arrêtés rendus en d'autres matières (2). Un arrêté fixant des peines supérieures à celles de simple police et non approuvé par décret, dans les délais devient caduc. (Cass. cr. 15 juin 1894*).

268. — Les principes et dispositions qui précèdent ne s'appliquent pas en matière de taxes. Dans les Colonies non pourvues d'un Conseil Général, le décret du 30 janvier 1867 autorise les Gouverneurs à fixer les contributions et taxes. Ce pouvoir s'étend au mode d'assiette et aux règles de perception. Les arrêtés rendus dans ces conditions peuvent également fixer des peines supérieures à celles de simple police. Ils doivent, il est vrai, être approuvés par décret, mais aucun délai n'ayant été fixé pour cette appro-

_____
(1) Dislère. I. p. 211.
(2) Dislère, p. 211.

bation, et ces arrêtés étant exécutoires en attendant qu'elle
intervienne, il en résulte que les peines qu'ils prévoient se
trouvent appliquées sans avoir été approuvées. C'est dans
ce sens que la Cour de Cassation s'est prononcée en maintes circonstances. La Cour suprême estime que malgré
« l'apparente généralité » des expressions employées aussi
bien dans la loi du 8 janvier 1877 que dans les décrets
de la même année ayant le même objet, « on doit distin-
« guer les arrêtés rendus en matière d'administration des
« arrêtés rendus en matière de taxes et de contributions ».
(Cass. cr. 27 octobre 1892* — Cass. cr. 10 février 1893 —
9 mai 1901*).

269. — D'autre part, une dépêche ministérielle du 6 septembre 1877 a précisé les pouvoirs des Gouverneurs en matière de taxes et elle contient le passage suivant :

« D'après la jurisprudence de la Cour de Cassation
« l'autorité qui a compétence pour établir le mode d'as-
« siette et les règles de perception de l'impôt a le droit
« de sanctionner les arrêtés qu'elle prend dans cette ma-
« tière par des peines même supérieures à celles de sim-
« ple police ».

(Voir en sens contraire, Cass. cr. 10 juillet 1920*).

270. — Les mêmes conséquences s'attachent aux délibérations
des Conseils Généraux ; mais avec cette différence que
l'exécution provisoire n'était possible que sous le régime du
Senatus Consulte du 4 juillet 1866, complété par le décret du 11 août suivant. Les lois du 13 avril 1900 et 29
juin 1918 imposent l'approbation préalable par décret en
Conseil d'Etat. La Haute Assemblée a ainsi la faculté de
rejeter les dispositions pénales qui lui paraîtront excessives et, si elle les approuve, leur donner une légalité incontestable. En fait, elle estime (avis du 28 mai 1891*) que si
le Conseil Général peut établir des amendes en matière
fiscale en raison du caractère mixte de ces sanctions, qui
sont à la fois des peines et des réparations civiles dues au
Trésor. il ne saurait fixer des peines d'emprisonnement,
celles-ci ne pouvant être établies, d'après notre droit public, que par un texte formel.

271. — En résumé, les peines fiscales se trouvent régies actuellement par les principes suivants :

a). — COLONIES POURVUES D'UN CONSEIL GENERAL. —
Les délibérations relatives aux taxes peuvent comporter
des amendes, quel qu'en soit le chiffre. Les peines d'emprisonnement devraient faire l'objet d'un décret spécial
rendu soit (Martinique, Guadeloupe, Réunion) dans les
conditions fixées par l'article 6 du Senatus Consulte de
1854 (1), soit en vertu de l'article 18 de la même constitution (autres Colonies).

---

(1) Article 6. Des décrets de l'empereur rendus dans la forme des règlements d'administration publique statue :

1°) sur la législation en matière civile, correctionnelle et de simple
police...............

b). — Colonies non pourvues d'un Conseil Général et groupées en Gouvernement Général. — Les arrêtés du Gouverneur fixant l'assiette et les règles de perception des contributions et taxes peuvent prévoir des peines supérieures à celle de simple police sous réserve de l'approbation par décret dans les délais fixés par les lois et les décrets de 1877, mais comme les arrêtés ne sont exécutoires, aux termes du décret du 30 décembre 1912, qu'après approbation par décret les peines fixées seront ou rejetées par le pouvoir métropolitain ou validées par le décret d'approbation.

c). — Colonies non pourvues d'un Conseil Général et non groupées en Gouvernement Général. — Les arrêtés fixant le tarif, le mode d'assiette et les règles de perception des taxes sont appliqués seulement après approbation par le Ministre ou six mois après que la demande d'approbation sera restée sans réponse. Les peines supérieures à celles de simple police pouvaient être édictées sans faire l'objet d'un décret d'après la jurisprudence de la Cour de cassation. Mais l'arrêt du 10 juillet 1920[*] déclare le contraire. Il conviendra donc de prévoir séparément les pénalités et d'en faire la matière d'un décret qui sera appliqué en même temps que l'arrêté sur les taxes.

272. — L'article suivant sera consacré aux taxes établies suivant les règles qui précèdent.

ARTICLE II
TAXES DE CONSOMMATION

273. — Aux Colonies comme en France, les Contributions indirectes offrent des ressources budgétaires faciles et productives. A côté des droits de douane, dont le caractère protecteur sacrifie parfois le but fiscal, des droits d'octroi de mer destinés aux Communes, et des droits de sortie destinés à remplacer l'impôt foncier, d'autres taxes se sont imposées et la plus pratique d'entre elles est certainement la taxe de consommation. Cette taxe est perçue à l'entrée de la Colonie sur un certain nombre d'articles de luxe moyen et de consommation courante. L'alcool et le tabac ont été les premiers visés. Un décret du 24 Octobre 1860 établit à la Martinique et à la Guadeloupe une taxe de consommation sur les spiritueux importés ou fabriqués dans ces Colonies et non destinés à l'exportation. La même taxe fut établie à la Réunion par arrêté du 28 décembre 1859, mais elle ne fut appliquée aux spiritueux que par arrêté du 18 septembre 1861. Une taxe sur les tabacs importés ou consommés à l'intérieur fut créée dans les trois vieilles Colonies en 1864.

274. — Les autres Colonies ne tardèrent pas à suivre cet exemple et à multiplier les articles imposés. Aux spiritueux et aux tabacs, sont venus s'ajouter en effet les tissus, les comestibles, le pétrole, le savon, la parfumerie et, en général, tous les produits dont l'importation ou la consommation offre quelque importance. Un avis du Conseil d'Etat du 30 décembre 1907* fait connaître qu'une taxe de consommation ne doit s'appliquer qu'aux objets dont l'usage comporte la consommation ou qui sont immobilisés dans le lieu sujet par leur incorporation au sol tels que métaux destinés à des constructions immobilières, machines fixées au sol à perpétuelle demeure. Les taxes de consommation sont perçues à l'entrée par le Service des Douanes, lorsqu'il existe, en même temps que les droits de Douane et l'octroi de mer ; à l'intérieur, soit par le même service, soit par un service des Contributions.

275. — Une des dificultés qui ont accompagné cette institution fiscale est celle de son mode d'établissement et de sa confusion, dans certains cas, avec les droits de douane. Il est arrivé que certains produits taxés à l'importation étaient fabriqués et consommés à l'intérieur, sans être soumis à la taxe, soit que l'organisation administrative ne fût pas en mesure de constater cette production, soit que celle-ci fût jugée sans importance. Une taxe de consommation qui frappait les bœufs importés à la Martinique n'était pas appliquée aux bœufs de l'intérieur. La perception a été déclarée illégale par la Cour de Cassation pour les raisons suivantes :

La taxe a été votée par le Conseil Général en 1887. Un arrêté du Gouverneur a rendu provisoirement applicable cette délibération comme s'il s'agissait d'une taxe autre qu'un droit de douane. Or, cette taxe « portant sur des « marchandises provenant tant de la métropole que de « l'étranger à l'exclusion des produits de l'intérieur, jouait « à l'égard de ceux-ci le rôle d'un droit différentiel ayant « pour résultat de protéger la production locale ; elle at-« teignait en outre la consommation générale du pays et « affectait, au point de vue du commerce, les relations de « la Colonie avec l'extérieur ».

Par suite, revêtant le caractère des droits de douane, cette taxe devait être établie dans les mêmes conditions, c'est-à-dire, à l'époque, par délibération du Conseil Général rendue exécutoire par décret *« le Conseil d'Etat entendu »* (Cass. Req. 9 juillet 1895)*

276. — La même théorie est émise dans un arrêt du 15 mars 1808*. Une taxe de consommation sur les allumettes importées est établie par le Conseil Général de la Guadeloupe par délibération rendue exécutoire par arrêté du Gouverneur. Mais cette taxe ne frappe pas les allumettes fabriquées à l'intérieur. Il est vrai que les fabriques locales ne fonctionnent pas normalement et qu'en fait, le produit similaire du produit taxé n'existe pas dans la Colonie. Peu importe ; si la taxe ne joue pas à proprement parler un rôle différentiel et protecteur, elle n'en constitue pas moins un droit de douane, car les taxes douanières sont caractérisées non seulement par le rôle différentiel et protecteur qui constitue l'un de leurs « éléments indicatifs » mais surtout et essentiellement par cette double condition que, d'une part, comme dans l'espèce, « elles atteignent « à l'entrée et sur tout le territoire les objets assujettis « frappant ainsi la consommation générale du pays où ces « objets sont importés et que, d'autre part, par le fait mê- « me de l'importation, elles affectent directement les rap- « ports de la Colonie avec l'extérieur ». Cass. cr. 15 mars 1898*).

Donc la délibération devait être approuvée par le Conseil d'Etat comme s'il s'agissait d'un droit de douane. Les deux nouveaux éléments du droit de douane, influence sur la consommation générale et sur les relations avec l'extérieur, jugés essentiel par la Cour Suprême, donnant à ce droit une physionomie un peu vague, alors que le caractère différentiel et protecteur paraissait mieux l'accuser. Ils pourraient s'appliquer tout aussi bien aux taxes de consommation proprement dites, à l'octroi de mer et à toute taxe indirecte, en général. Tout impôt indirect atteint la consommation générale du territoire qui le supporte et les relations de ce territoire avec l'extérieur, puisqu'il contribue à renchérir le prix de la vie. En fait, la théorie nouvelle de la Cour de Cassation tend à se confondre avec celle du caractère différentiel et protecteur qui constitue réellement l'élément essentiel du droit de douane. Celui-ci se trouve suffisamment défini par ce fait qu'il favorise soit les produits de l'intérieur d'une Colonie lorsqu'il frappe seulement, comme l'octroi de mer dans certains cas, les produits importés de toute provenance et de toute origine, soit les produits de l'intérieur et les produits français lorsqu'il ne frappe que les produits étrangers, soit enfin, lorsqu'il traite différemment les produits étrangers suivant leur origine et leur provenance. Cette manière de voir se dégage des arrêts rendus par la suite et ramène la question à de justes proportions : considérer comme droit de douane et exiger qu'elle soit établie dans les mêmes formes toute taxe ayant un caractère différentiel et protecteur.

277. — Il arrive parfois que dans le but d'exonérer la production locale de la taxe de consommation et de conserver en même temps à cette taxe le caractère spécial qui permet à l'autorité locale de l'établir, une prime est instituée, égale au produit de la taxe acquittée à l'intérieur, et distribuée, totalement ou en parties, aux producteurs locaux. La Cour de Cassation décide que, dans ce cas, la taxe revêt le caractère d'un droit de douane et qu'elle doit être établie dans les mêmes formes (Cass. req. 5 juillet 1898*).

278. — Une taxe de consommation ne perd pas ce caractère lorsqu'elle frappe différemment les produits de l'extérieur et ceux du pays, pourvu qu'il s'agisse de produits différents.

Ainsi le tabac et l'alcool fabriqués à l'européenne sont
frappés en Annam et au Tonkin, d'une taxe plus élevée que
les tabacs et alcools fabriqués dans le pays par des procédés rudimentaires et destiné aux indigènes ; la taxe qui
fait cette différence n'est pas un droit de douane. Bien entendu, si les procédés de fabrication européenne sont employés à l'intérieur les produits obtenus doivent supporter
la taxe plus élevée. (Cass. cr. 21 janvier 1907*). Qu'il nous
soit permis de penser que ces subtilités sont dangereuses
et qu'elles risqueraient, si elles devenaient d'une application courante, de dénaturer le caractère de la taxe de consommation. S'il est logique de taxer différemment des produits d'espèces différentes tels que des cigares et des cigarettes, du tabac à fumer et du tabac à priser, de l'alcool de
canne et de l'alcool de riz ou de betterave, il est difficile
d'admettre, pour une taxe de consommation, une spéciali-
sation plus détaillée et s'appliquant à un mode de préparation plus ou moins différent, tous les produits compris
sous une même dénomination présentant le plus souvent
des différences de composition et de préparation, de goût
et de valeur très prononcées.

279. — Est considérée comme taxe de consommation et non
comme droit de douane, la taxe qui frappe des allumettes
importées ou fabriquées à l'intérieur alors même qu'il
n'existerait pas de fabrique locale, pourvu que le texte qui
l'a créée précise bien qu'elle s'applique aux produits inté-
rieurs comme aux produits similaires importés. La Cour de
Cassation décide que, dans ce cas la taxe « ne saurait
« avoir pour effet direct et nécessaire d'affecter les rap-
« ports de la Métropole avec les Colonies et ceux de la Mé-
« tropole et des Colonies avec les pays étrangers ; qu'il
« importe peu qu'il existe ou non actuellement des fabri-
« ques d'allumettes dans l'Ile puisque, du jour où il s'en
« établira, elles seront soumises à cette taxe qui, à aucun
« moment, n'aura eu le caractère de droits différentiels et
« protecteurs ».

Cette taxe n'est pas un droit de douane et ne devait
pas être établie dans les mêmes formes. Cass. req. 2 janvier 1912*)

Comme on le voit, la Cour de Cassation semble donner aux diverses formules qui caractérisent les droits de
douane une seule et même signification qui se résume ainsi : différenciation et protection. C'est dans ce sens également qu'elle s'exprime dans un arrêt du 23 juin 1913 rendu
au sujet d'une taxe de consommation sur les allumettes
importées ou fabriquées en Cochinchine : cette taxe « en
« maintenant sur un pied d'égalité les marchandises fabri-
« quées à l'intérieur et celles qui y sont importées ne sau-
« rait avoir pour effet direct et nécessaire d'affecter les
« rapports de la Métropole avec les Colonies et ceux de la
« Métropole et des Colonies avec les pays étrangers ;

10

« *qu'elle n'a pas le caractère de droits différentiels et pro-*
« *tecteurs et, par suite,* de droits de douane » (Cass. req.
23 juin 1913).

N'étant pas un droit de douane, cette taxe ne devait
pas être établie dans les mêmes formes.

280. — Les textes relatifs aux taxes de consommation disposent généralement qu'elles seront perçues dans les mêmes
conditions que les droits de douane et que les infractions
seront poursuivies d'après les mêmes règles. Cette précau-
tion a pour but et pour effet d'apporter dans le recouvrement de taxes locales perçues à l'entrée, confié au Service
des Douanes, une certaine homogénéité. Elle dispense l'autorité qui réglemente de fixer tous les détails que comporte le recouvrement et qui se trouvent déjà prévus pour
la législation douanière. La vérification des marchandises,
leur classement, la poursuite des infractions, se font en
vertu des règles de douanes. Les pénalités douanières s'appliquent également aux infractions en matière de taxes de
consommation (Conseil d'Etat 25 novembre 1910). Mais
il serait imprudent de pousser trop loin l'assimilation des
taxes de consommation aux droits de douane. L'application de ces taxes est limitée aux conditions fixées par le
texte qui les a créées et notamment elles ne sauraient s'é-
tendre à tous les cas où les droits de douane sont dûs (1).
C'est ainsi que les provisions de bord d'un navire navi-
guant au cabotage sur les côtes d'une Colonie soumise au
régime douanier métropolitain doivent être soumises aux
droits de douane, mais qu'elles ne doivent pas la taxe de
consommation lorsque celle-ci n'est due, aux termes de l'arrêté ou du décret qui en autorise la perception, que sur les
marchandises importées et consommées dans la Colonie.
Or, la mer n'est pas le territoire de la Colonie et la taxe ne
peut être perçue sur les provisions qui restent à bord. Penant, recueil de Jurisprudence op. cit. année 1908 p. 428 Note de M. F. Thibault). Disons en passant, que les provisions de bord embarquées dans les ports de la Métropole
sont assujetties aux taxes de consommation, l'exonération
n'étant prévue expressément par la loi que pour les expéditions à destination de l'étranger et des colonies. Cette disposition et celle qui précède se concilient fort bien entre
elles ; la taxe de consommation est due ou n'est pas due
dans des cas déterminés suivant que le texte qui l'a créée
en prévoit ou non l'application dans ces cas. (Penant Recueil de Jurisprudence op. cit. 1909 p. 40 Note de M. F.
Thibault).

Signalons, en terminant deux cas intéressants :

____

(1) Si le texte ne taxe pas spécialement l'alcool contenu dans le jus
fermenté des figues bien que l'alcool soit taxé en général, il faudrait un
texte spécial pour dire que le jus de figues fermenté doit être taxé à
raison de l'alcool qu'il contient. (Cassation criminelle 21 mai 1897).

281. — Lorsque les droits de douane métropolitains appliqués dans une Colonie comprennent une taxe de consommation, celle-ci n'est pas due dans la Colonie, puisque la taxe de consommation qui a été incorporée au droit de douane n'y est pas due. Les sucres étrangers sont frappés dans la Métropole d'une taxe de consommation majorée d'une taxe douanière et l'ensemble est inscrit au tarif des droits de douane. Aux colonies soumises au régime douanier métropolitain le départ entre les deux taxes doit être fait et la taxe douanière seule doit être appliquée (Cass. req. 14 mars 1914).

282. — Le deuxième cas est relatif à la reprise par inventaire des produits détenus dans les magasins de dépôt lorsqu'une taxe de consommation nouvelle ou plus élevée est appliquée après que ces produits ont été importés, fabriqués ou mis en vente sans être cependant dans les mains des consommateurs. La Cour de Cassation a déclaré qu'« en principe les lois d'impôts sont applicables à tous « les produits frappés de droits nouveaux du jour où el- « les sont devenues exécutoires et que les fabricants ou dé- « bitants de ces objets ne peuvent exciper soit de l'affran- « chissement antérieur de tout droit, soit de l'acquit de « droits précédemment établis, pour prétendre à l'exemp- « tion des nouveaux impôts ». (Cassation cr. 30 décembre 1873 ; 23 mars 1874).

M. Jean LABBÉ, avocat à la Cour de cassation et au Conseil d'Etat, ajoute, dans une consultation donnée à l'occasion d'un procès que la Colonie de la Réunion avait à soutenir contre des commerçants qui demandaient le remboursement de taxes perçues par voie d'inventaires sur des allumettes déjà libérées d'impôts au moment où ces nouvelles taxes avaient été appliquées : « la conséquence « qu'elle (La cour de Cassation) en tire c'est que tous les « produits qui se trouvent chez les marchands en déposi- « taires lors de la promulgation d'une loi établissant une « taxe de consommation sont, en *l'absence d'une disposi- « tion expresse contraire*, assujettis au paiement de cette « taxe ». (1)

Ainsi, non seulement il n'est pas nécessaire que le texte nouveau spécifie que la taxe sera appliquée aux produits existant en magasin à la date de la promulgation, mais il faudrait que ce texte renfermât une disposition contraire pour qu'il n'en fût pas ainsi. Et cet effet ne doit pas être confondu avec un effet rétroactif du texte. Il n'est pas question ici de rétroactivité, mais d'une conséquence auto- matique de toute imposition nouvelle, car la rétroactivité doit être expresse et ne peut viser que l'abolition spéciale de droits acquis légalement alors qu'il s'agit ici d'une ap- plication normale de la nouvelle taxe. C'est la non rétroac-

____

(1) Cassation civ. 19 juillet 1923.

tivité, au contraire qui devrait être énoncée expressément si on voulait qu'elle fût respectée. Le fondement de ces principes est facile à comprendre : les objets en magasin qui sont frappés d'un supplément de taxe ou d'une taxe nouvelle n'ont pas encore été livrés à la consommation et le vendeur peut retrouver le montant de la taxe supplémentaire ou nouvelle dans une élévation du prix de vente. Bien entendu, la mesure ne pourrait s'appliquer aux objets livrés au consommateur, car ce dernier ne pourrait faire répercuter l'impôt et se trouverait alors en droit de se plaindre d'avoir à supporter un supplément d'impôt sur des produits mis en consommation.

Quoiqu'il en soit, les reprises par voie d'inventaire sont vexatoires et l'Administration n'y a presque jamais recours, à moins de circonstances exceptionnelles qui l'obligent à agir ainsi, telles que des approvisionnements considérables effectués sous le régime de l'ancienne taxe ou de l'exemption durant la période qui sépare le vote de la nouvelle taxe de son application, alors que ces approvisionnements ont pour effet de soustraire les redevables aux conséquences fiscales de la nouvelle taxe et de compromettre ainsi l'équilibre budgétaire. Du reste le pouvoir métropolitain s'attache à prévenir ses inconvénients par de nouvelles mesures actuellement projetées (N° 252).

ARTICLE III

AUTRES TAXES

§ unique. — GÉNÉRALITÉS

283. — Les droits dits accessoires par rapport aux droits de douane, tels que droits ou taxes de statistique, de timbre, de navigation (1) taxes sanitaires, droit de permis et de cer-

---

(1) Le régime de la marine marchande aux Colonies fait l'objet du décret du 21 décembre 1911 et d'autres décrets du même mois rendant applicables aux Colonies certaines dispositions métropolitaines réglementaires ou pénales en matière de navigation. (Bulletin Officiel des Colonies année 1912 N° 1 bis) la question de savoir si un navire est un bâtiment de mer est une question de fait que le juge peut élucider par tous les modes de preuves et par une expertise, (Cassation Req 22 juillet 1896*).

Les bâtiments français qui subissent à l'étranger des réparations sont considérés comme étrangers, si ces réparations excèdent 15 francs par tonneau de jauge. Au dessous de cette limite, les réparations à l'étranger sont exonérées de tout droit. Mais il n'en serait pas de même si une chaudière était remplacée à l'étranger. Les droits seraient dus sur cette chaudière et si la réparation excédant la limite permise, l'armateur invoquait la perte de la francisation pour demander une nouvelle francisation, formalité qui serait moins onéreuse que les droits de douane sur la chaudière incorporée, la francisation devrait être refusée et les droits exigés. (Cassation Req, 5 nov. 1907*). (Cassation cr, 6 avril 1911*).

Dans le cas où le rôle d'équipage est obligatoire, l'exhibition de cette pièce s'impose même pour les bâtiments échoués sur la grève et hors de service. (Cassation cr. 2 février 1900*).

tificat, taxes de plombage ou d'estampillage, droit de dépôt (1) et d'entrepôt droit de quai ou d'accostage, de phare, de pilotage (2) etc.... sont de véritables taxes locales dont l'assiette, le tarif et les regles de perception sont fixés par les Conseils locaux des Colonies, Conseils Généraux ou Conseils d'Administration, dans les conditions exposées à l'article 1er ci-dessus.

284. — La Cour de Cassation a jugé que la taxe de statistique perçue indistinctement sur les marchandises importées et exportées est une taxe fiscale qui peut être établie par les Conseils locaux attendu que ce droit « constitue un « simple droit de balance ou d'enregistrement, qu'il est « d'un chiffre minime et invariable, indépendant de la na- « ture et de la valeur des marchandises ; qu'il n'existe pas « seulement à l'importation mais encore à l'exportation ». (Cass. req. 30 juillet 1900*).

285. — Les droits perçus à la délivrance des certificats destinés à établir l'origine coloniale des produits et appelés « certificats d'origine », sont également des taxes fiscales n'ayant rien de commun avec les droits de douane et ils peuvent être établis par les Conseils locaux. Ces taxes n'ont en effet aucun caractère différentiel. (Cass. cr. 11 novembre 1901*).

286. — Il en est de même d'une taxe d'accostage perçue sans distinction de provenance ou d'origine sur toutes les marchandises embarquées ou débarquées, qui ne présente aucun caractère différentiel et ne peut être assimilée à un droit de douane ; elle peut donc être établie par l'autorité locale (Cass. cr. 21 janvier 1907*). La quotité et les règles de perception des taxes locales varient suivant les Colonies au gré des circonstances. Au lieu de régler minutieusement la perception de ces taxes, les délibérations locales se réfèrent le plus souvent à la législation métropolitaine lorsqu'elle a fixé des taxes analogues. Dans ce cas, il devient nécessaire de promulguer dans la Colonie intéressée le texte métropolitain ou la partie de ce texte qui pour-

---

(1) Lorsque des marchandises ont été déposées dans les magasins d'une Compagnie ou d'un particulier et que des droits de magasinage ont été fixés par l'Administration, ces droits sont dûs même si ces magasins n'appartiennent pas à l'administration et le juge ne peut se fonder pour en ordonner la restitution, sur une instruction métropolitaine de la Direction Générale des Douanes interdisant de percevoir des droits de magasinage sur les marchandises non déposées dans les magasins de la Douane.

Ce jugement manque de base légale. (Cassation cr. 13 mars 1901*).

L'Administration est responsable des marchandises déposées dans les magasins dont elle a seule la clef. (Cassation Req. 13 juin 1831*).

(2) Des droits de pilotage destinés uniquement à rémunérer les pilotes n'ont pas le caractère d'une taxe locale et ne sont pas soumis aux règles d'établissement des taxes créées pour l'acquittement des dépenses coloniales ; ils relèvent des pouvoirs du Gouverneur en matière de navigation. (Cassation civ 30 octobre 1907*).

rait s'appliquer à la taxe locale. Si la délibération comporte l'intervention d'un décret, la promulgation peut être
faite par l'autorité locale. Si, au contraire, la délibération
locale ne comporte que l'approbation du Ministre des Colonies, la promulgation du texte métropolitain devrait être
autorisée par un décret. Dans les deux cas, les pénalités
ne peuvent être appliquées aux Colonies qu'en vertu d'un
décret spécial conformément aux règles générales déjà
étudiées.

287. — La question s'est élevée de savoir si l'article 19 de la
loi du 28 avril 1816 relatif au timbre administratif de
0 fr. 05 ; 0 fr. 25 et 0 fr. 75 apposé sur les quittances ou
autres pièces de douane pouvait être appliqué aux Colonies
automatiquement ou s'il était nécessaire de le promulguer.
Le Ministre des Colonies exprimait ainsi son opinion à ce
sujet dans sa circulaire n° 15 de 1910 :

« En effet si la *promulgation automatique* paraît ad-
« missible pour les droits de douane proprement dits (et
« encore faut-il entendre par ces mots la faculté d'appli-
« quer ipso facto un texte métropolitain dans une Colonie
« assimilée, sans être obligé de recourir à une loi ou à un
« décret nouveau, mais sans pouvoir néanmoins se passer
« d'une promulgation expresse par arrêté local), il ne doit
« pas en être de même pour les taxes accessoires de doua-
« ne droits de statistique, de navigation, droits sanitai-
« res, *droits de timbres*, etc....) qui rentrent dans la caté-
« gorie des taxes et contributions autres que les droits de
« douane proprement dits et doivent par suite être éta-
« blies suivant la procédure prévue, selon les Colonies en
« cause, par l'article 33 § 3 de la loi de Finances du 13 a-
« vril 1900 ou par le décret du 30 janvier 1867, ou bien
« encore par celui du 31 juillet 1898 ».

« Cette opinion est d'ailleurs la plus conforme au prin-
« cipe de la spécialité de la législation coloniale.

« Il résulte de cette nouvelle manière de voir que la
« perception du droit de timbre administratif de 0 fr. 05
« nécessitera dans toutes nos possessions la promulgation
« préalable et expresse de l'article 19 de la loi du 28 avril
« 1816 et je vous serais obligé de vouloir bien provoquer
« à ce sujet les mesures d'exécution règlementaires.

« Au cas cependant, où en vertu de l'état actuel de la
« législation douanière de l'une quelconque de nos Colo-
« nies, la perception en cause ne saurait légalement être
« effectuée sur son territoire, M. le Ministre des Finances,
« consulté à ce sujet par son Département, a décidé que
« ce droit de timbre serait alors perçu à l'entrée en France
« par la Douane métropolitaine, au moyen de timbres mo-
« biles qui seront apposés par ses soins sur les certificats
« produits à l'appui des déclarations. Le taux perçu serait
« également de 0 fr. 05 sans qu'il soit fait usage comme à

« l'heure actuelle du timbre de dimension de o fr 60 ou
« de 1 fr. 20. »

Il y a dans ce passage, selon nous, une contradiction
très nette. Si le droit de timbre est une taxe purement fiscale, et il en est évidemment ainsi, la promulgation expresse
de l'article 19 de la loi du 28 avril 1916 équivalait à la
création d'une taxe par les Gouverneurs, en dehors des règles prévues à ce sujet. Le vote des taxes autres que les
droits de douane appartenant aux Conseils Généraux ou
aux Gouverneurs après avis des Conseils locaux, il ne pouvait être question d'en établir une par la voie de promulgation d'un texte métropolitain portant cette taxe. Il y avait
lieu, au contraire, de provoquer les délibérations locales
nécessaires et d'inviter les Conseils Généraux et les Gouverneurs des Colonies non pourvues de cette Assemblée
à établir un droit de timbre administratif, comme s'il s'a-
gissait d'une taxe de consommation ou de toute autre taxe
fiscale. La perception de ce droit, dans les Colonies où elle
découle de la promulgation pure et simple de l'article 19
précité, paraît irrégulière.

3ᵐᵉ PARTIE

Jurisprudence

TROISIÈME PARTIE

JURISPRUDENCE

28 Avril 1816

LOI sur les Douanes

Titre premier :

Timbre des expéditions de Douanes.

ARTICLE 19. — Les actes délivrés par les Douanes porteront un timbre particulier, dont le droit est réglé comme il suit, sans qu'il puisse y avoir addition du décime :

Pour les acquits à caution, les actes relatifs à la navigation et les commissions d'emploi .... o fr. 75

Pour les quittances de droits au dessus de 10 fr .... o fr. 25

Pour toutes les autres expéditions .... o fr. 05

L'Administration des Douanes fera elle-même appliquer ce timbre et comptera de son profit.

Les dispositions ci-dessous ne concernent pas les actes judiciaires dressés par les Agents des Douanes ; ces actes seront assujettis au timbre ordinaire.

13 juin 1831

COUR DE CASSATION (Chambre des Requêtes)

Audience du 13 juin 1831

LA COUR :

Attendu, en droit, que, lorsque, aux termes de l'article 15 de la loi du 17 mai 1826, la douane reçoit en dépôt, sous la seule clef, les marchandises prohibées qui sont placées en état d'entrepôt réel jusqu'à leur réexportation, elle contracte nécessairement, par ce fait, l'obligation de rendre la chose qu'elle a reçue ;

Attendu, en, fait, qu'il résulte du jugement attaqué que la douane a reçu en dépôt les marchandises prohibées dont il s'agit, et que c'est dans le dépôt du prohibé établi conformément à l'article 15 ci-dessus, qu'a eu lieu la soustraction des marchandises, ce qui a rendu impossible leur réexportation ; que cette appréciation des faits, tirée des actes et des circonstances de la cause, échappe à la censure de la Cour ; qu'ainsi, en écartant l'application de l'article 20 de la loi du 17 mai 1826, et en déclarant que la douane était responsable des marchandises soustraites, le jugement attaqué n'a pas violé cet article, non plus que l'article 10 du titre 3 de la loi du 22 août 1791 et l'article 1350 c. civ., et n'a fait qu'une juste application des principes du droit commun, posés par les articles 1382, 1927 et 1932 c. civ.

Rejette.

1 mai 1852

COUR DE CASSATION (Chambre Criminelle)

Séance du 1er mai 1852

LA COUR :

Sur le moyen tiré de la violation de l'article 1 c. civil et de l'ordonnance du 27 novembre 1816, en ce que l'ordonnance portant application des codes pénal et d'instruction criminelle à la Guyane n'aurait point été insérée au Bulletin des Lois :

Attendu qu'il est établi que les ordonnances des 15 février et 10 mai 1829, qui ont apporté des modifications au code pénal et au code d'instruction criminelle pour les appliquer à la Guyane, ont été légalement promulguées dans cette Colonie ; — que si ces ordonnances n'ont pas été insérées au Bulletin des lois, cette insertion n'était pas indispensable pour leur application, puisqu'elles n'étaient exécutoires qu'à la Guyane : — Qu'au surplus, la loi du 22 juin 1835 **qui** a ordonné l'application à la Guyane de la loi du 28 avril 1832, modificative des codes d'instruction criminelle et pénale, ayant été légalement publiée en France, cette publication aurait pu suppléer à l'omission de l'insertion des deux ordonnances ;

Rejette.

7 mai 1861

COUR DE CASSATION (Chambre Civile)

Audience du 7 mai 1861

LA COUR :

Sur le premier moyen, fondé sur l'illégalité et l'inconstitutionnalité de l'arrêté du Gouverneur de l'Ile de la Réunion, du 17 juillet 1850, qui établit à l'importation un droit dit de fabrication sur tous les tabacs en feuilles ou manufacturés provenant de l'extérieur : Attendu, en fait, que l'arrêté susdaté du gouverneur de l'Ile de la Réunion porte, article 11, qu'indépendamment des droits de douane exigés conformément au tarif, les tabacs en feuilles ou manufacturés venant de l'extérieur seront encore, avant leur livraison, assujettis au profit de la Colonie, à un impôt dit impôt de fabrication, lequel sera perçu proportionnellement aux quantités importées ; qu'il en résulte que ce droit nouveau n'atteint ni les tabacs en feuilles ni les tabacs fabriqués provenant de l'intérieur de l'île ; qu'il en résulte aussi que, tandis que les droits fixes de licence pour la fabrication proprement dite des tabacs soit exotiques, soit **indigènes,** et pour leur débit, sont recouvrés par les receveurs des domaines et des contributions indirectes au moyen de rôles exécutoires, le droit proportionnel, dit de fabrication, est au contraire, perçu à l'entrée de l'île par des employés de douane ; et enfin que ce dernier droit est indistinctement à la charge de tous les introducteurs, même de ceux qui ne sont ni fabricants ni débitants ; Attendu que, même en matière fiscale, la nature des droits se détermine par les éléments qui les constituent et non par de simples dénominations ; Attendu à cet égard, que sont légalement réputés droits de douane ceux qui frappent à l'importation tous les objets énoncés aux tarifs, marchandises ou matières venant du dehors tandis que ces mêmes droits n'atteignent point les objets similaires de l'intérieur, au regard desquels ils jouent ainsi le rôle de droits différentiels ; que, par là même, l'un des traits distinctifs de ces droits est d'avoir pour effet direct et nécessaire d'affecter, soit au point de vue économique, soit au point de vue international, les rapports de la métropole avec les colonies, aussi bien que les rapports de la métropole et des colonies avec les pays étrangers ; Attendu que tels sont précisément les caractères ci-dessus définis du droit dit de fabrication, créé par l'arrêté susdaté du gouverneur de l'île de la Réunion ; Attendu que l'on prétend vainement qu'il ne peut être considéré comme un véritable droit de douane, parce que, d'après le dit arrêté, son produit a une destination purement coloniale ; qu'en effet cette circonstance extérieure et accidentelle ne modifie pas la nature même du droit, lequel continue à subsister avec tous les éléments propres aux droits de douane et toutes les conséquences qui dérivent de ces sortes de droits ; Attendu, d'ailleurs, que, même en présence des pouvoirs législatifs locaux et plus étendus, la faculté de réglementer les tarifs de douane a été, toujours et partout, réservée à la législation générale et métropolitaine ; que telles sont notamment les dispositions de l'article 2 § 5, de la loi du 24 avril 1833, qui porte que les lois sur le commerce et le régime des douanes sont du domaine exclusif du pouvoir législatif du royaume ; que, de plus, ces dispositions ont été confirmées par les lois du 25 mai 1841 et du 4 mai 1848, qui interdisent formellement aux conseils coloniaux de s'ingérer dans la réglementation de cette matière ; D'où il suit qu'en jugeant le contraire, et en reconnaissant au gouverneur de l'île de la Réunion le pouvoir de créer le droit d'entrée dit droit de fabrication sur les tabacs venant du dehors, tel qu'il est constitué par l'arrêté du 17 juillet 1850, l'arrêt attaqué a formellement violé l'article 2 précité de la loi du 24 avril 1833 :

Sur le deuxième moyen, tiré de l'illégalité et de l'inconstitutionnalité de l'arrêté du gouverneur de l'île de la Réunion, en date du 13 décembre 1850, qui établit un droit d'octroi payable à l'entrée sur les tabacs provenant du dehors ; Vu l'art. 2 de la loi du 24 avril 1833 ; Attendu que le droit dont il s'agit n'a pour objet une consommation locale circonscrite par les limites du droit préétabli que ce droit embrasse, au contraire, dans son action la circonférence entière de l'île, et qu'il frappe ainsi, sur tous les points, la consommation générale ; que, de plus, et à ce titre, il est perçu à l'importation par des agents de la douane, et qu'enfin il n'atteint sous aucune forme les tabacs de l'intérieur ; — D'où il suit que, comme le droit de fabrication relevé dans le premier moyen il offre tous les caractères

des droits de douane, et que, dès lors, il y a lieu de lui faire application des principes posés et des motifs exprimés ci-dessus par le premier moyen ; dit en conséquence, qu'en reconnaissant au gouverneur de l'île de la Réunion le pouvoir de créer, sous le nom de droit d'octroi, le droit énoncé en l'arrêté du 13 décembre 1850, l'arrêt attaqué a commis une seconde violation de la loi du 24 avril 1833 ;—
Par ces motifs, et sans qu'il soit besoin de statuer sur le troisième moyen, casse, etc..........

11 août 1866

DÉCRET *déterminant le mode d'approbation des délibérations des Conseils Généraux des Colonies.*

Article 1er. — Les délibérations du Conseil Général sur les matières énoncées en l'article 3 du Sénatus-Consulte du 4 juillet 1866 sont approuvées, savoir :

. . . .

Par décret de l'Empereur, rendu sur le rapport du Ministre de la Marine et des Colonies en ce qui concerne :
Le mode d'assiette et les règles de perception des contributions et taxes.
Toutefois, un arrêté du Gouverneur en conseil privé peut rendre les délibérations sur ces objets provisoirement exécutoires ;

. . . .

30 janvier 1867

DÉCRET *relatif aux pouvoirs accordés aux gouverneurs et commandants des colonies en matière de taxes et de contributions*

Article 1er. — Dans les colonies autres que la Martinique, la Guadeloupe et la Réunion, les gouverneurs et les commandants sont autorisés à déterminer, par arrêtés pris en Conseil d'administration, l'assiette, le tarif, les règles de perception et le mode de poursuites des taxes et contributions publiques.
Les droits de douane sont exceptés de cette attribution et réservés pour être réglés par des décrets.
Sont et demeurent confirmés les arrêtés rendus par les gouverneurs et commandants sur les matières désignées au § 1er du présent article.

Article 2. — Les arrêtés rendus par les gouverneurs et les commandants, en vertu du § 1er de l'article précédent, sont immédiatement soumis à l'approbation de notre ministre des colonies ; les arrêtés sont toutefois provisoirement exécutoires.

29 février 1868

COUR DE CASSATION (Chambre Civile)
Séance du 29 février 1868

LA COUR :
Vu les articles 1 et 2 de la loi du 24 avril 1833, les articles 1 et 2

de l'ordonnance du 5 novembre 1846, l'article 4 du Senatus-Consulte du 3 mai 1854 :

Attendu, en droit, que les articles 1 et 2 de la loi du 24 avril 1833 portent que les lois sur le commerce, sur le régime des Douanes, et celles qui auront pour but de régler les relations entre la Métropole et les Colonies seront faites par le Pouvoir législatif du royaume ; — Que, de plus, l'ordonnance du 5 novembre 1846, sur le régime des douanes à Bourbon, dispose qu'à partir du 1er avril 1847, le régime des douanes y sera établi et modifié de la manière suivante dans les trois ports ouverts au commerce, Saint Denis, Saint Paul et Saint Pierre : « art. 2 § 1. Les marchandises françaises de toute nature seront admises en franchises de droits, à l'exception de l'eau-de-vie qui payera un droit de 50 francs par hectolitre » ; — Qu'il est dit enfin, par l'article 4 du Senatus Consulte organique du 3 mai 1854, que les lois concernant le régime commercial des Colonies sont votées et promulguées dans les formes prescrites par la constitution de l'Empire ; — Attendu qu'il résulte de ces diverses dispositions qu'il appartient exclusivement au pouvoir législatif de la Métropole de fixer les tarifs en matière de douanes, et que, par suite, tous les actes d'ingérence des pouvoirs coloniaux, en ce point, doivent être tenus pour nuls et non avenus :

Attendu, en fait, que l'arrêt attaqué constate que les droits dont la restitution était réclamée par les demandeurs avaient été perçus par les Agents des douanes dans les trois ports de l'île de la Réunion accessibles au commerce et que la perception en avait été faite sous la dénomination de « droits d'octroi » en vertu de plusieurs arrêtés du Gouvernement et notamment de l'arrêté du 30 Octobre 1861 : — Que le même arrêt fonde la légalité de la perception sur ce que les demandeurs n'auraient pas prouvé que les objets assujettis eussent leurs similaires dans l'intérieur de l'Ile, et que cependant cette circonstance, à raison du droit protecteur et différentiel qui en serait dérivé, aurait pu seule imprimer aux droits perçus le caractère d'une taxe douanière ; — Mais attendu, sur ce point, que s'il est vrai que le droit protecteur et différentiel soit un des éléments indicatifs des taxes douanières, on ne saurait néanmoins en conclure, soit au point de vue fiscal, soit au point de vue international, que le caractère esentiellement douanier des taxes ne puisse pas avoir ailleurs des causes déterminantes ; — Que cela est surtout vrai, lorsque sous ce double rapport, il s'agit de distinguer les droits d'octroi proprement dits des taxes douanières : — Qu'il y a lieu de reconnaître en effet, que tandis qu'il est de la nature et de l'essence même des droits d'octroi de se référer uniquement à la consommation locale, en ce sens qu'ils ne peuvent en aucun cas, et sous aucun prétexte, être étendus au-delà des limites de la commune où ils sont établis, les taxes douanières sont caractérisées au contraire par cette double condition que, d'une part, comme dans l'espèce, elles atteignent à l'entrée et sur tous les points du territoire les objets assujettis, et qu'ainsi elles ne portent pas seulement sur la consommation locale dans les limites mêmes d'un octroi préétabli, mais qu'elles frappent de plus, absolument et indistinctement, la consommation générale du pays où ces objets sont importés ; et que d'autre part, il est également vrai de dire que, dans ce cas et par le fait même de l'importation, les taxes susdites affectent directement les rapports de la Colonie avec la Métropole et les pays étrangers : — Qu'il y a donc lieu de reconnaître que les droits perçus par les agents des Douanes aux ports de Saint Denis, Saint Paul et Saint Pierre, dont les demandeurs réclamaient la restitution, ne pouvaient pas être considérés comme de simples droits d'octroi et qu'ils offraient au contraire les caractères de taxes essentiellement douanières ; — D'où il suit qu'en décidant le contraire, la Cour impériale de Saint Denis a formellement violé les lois, ordonnance et senatus-consulte ci-dessus visés ;

En conséquence, et sans qu'il soit besoin de statuer sur les deuxième et troisième moyens, casse.

9 août 1870

CONSEIL D'ETAT

Audience du 9 août 1870

(Crédit Foncier Colonial)

Considérant que les pourvois ci-dessus visés présentent à juger les mêmes questions ; que, dès lors, il y a lieu de statuer par un seul décret ;

Sur les conclusions tendant à obtenir décharge de la contribution des patentes à laquelle la Société du Crédit Foncier Colonial a été imposée pour l'année 1867, sur le rôle de la Ville de Saint Denis (Ile de la Réunion), et pour les années 1867, 1868 et 1869, sur les rôles de la Ville de Pointe-à-Pitre (Guadeloupe) ; — Considérant que les contributions ont été établies en vertu d'une délibération du Conseil Général de l'Ile de la Réunion, en date du 22 juin 1838, et d'une délibération du Conseil Général de la Guadeloupe, en date du 21 juin 1841, prises en exécution de la loi du 24 avril 1833, et en vertu d'une délibération du Conseil Général de la Guadeloupe, en date du 8 janvier 1868, prise en exécution du Senatus-Consulte du 4 juillet 1866 ;

Considérant que, si la délibération du 8 janvier 1869, rendue provisoirement exécutoire, conformément aux dispositions du règlement du 11 août 1866, par arrêté du Gouverneur de la Guadeloupe, en date du 7 mai 1868, devait, pour être définitive, être soumise à notre approbation par notre Ministre de la Marine et des Colonies, comme le prescrit le règlement précité, aucun délai n'était imparti à notre Ministre pour remplir cette formalité ; — Que si la Société requérante croyait pouvoir s'opposer à l'approbation définitive de cette délibération, elle devait adresser sa réclamation à notre dit ministre ; — Que dans ces circonstances, les contributions dont il s'agit ont été régulièrement établies ; ....

30 décembre 1873

COUR DE CASSATION (Chambre Civile)

Audience du 30 décembre 1873

LA COUR :

Joint les deux pourvois formés contre le même jugement et intéressant les mêmes parties ; — Et statuant sur les deux branches du moyen invoqué par PELTIER à l'appui de son pourvoi ; — Attendu qu'en principe les lois d'impôt sont applicables à tous les objets frappés de droits nouveaux, du jour où elles sont devenues exécutoires ; et que les fabricants ou débitants de ces objets ne peuvent exciper soit de l'affranchissement antérieur de tout droit, soit de l'acquit de droits précédemment établis, pour prétendre à l'exemption de nouveaux impôts ; — attendu que la promulgation de la loi du 4 septembre 1871 rendait exigibles les droits nouveaux imposés sur les allumettes chimiques sans distinction entre celles qui existaient chez les fabricants et celles que possédaient les marchands et débitants : — Que l'article 4 dispose en effet dans son premier alinéa, que le droit sera assuré au moyen de l'exercice des fabriques et des débits par les employés des contributions indirectes, et dans son second alinéa que les allumettes chimiques ne pourront circuler ni être mises en vente qu'en boites et paquets revêtus d'un timbre ou des bandes de la Régie ; — Que l'article 9 de la même loi, en prescrivant qu'un règlement d'administration publique statuerait sur les mesures que nécessiterait l'exécution de cette loi en ce qui concerne les dispositions des art. 4 et suivants n'a point dérogé au principe consacré par ces articles ; — Qu'investi du droit de faire ce règlement, le Gouvernement a pu après l'avoir promulgué sous la date du 29 novembre 1861, en modifier les prescriptions, s'il a reconnu qu'elles n'assuraient point d'une façon suffisante l'exécution de la loi, à la condition seulement de ne point nuire aux droits acquis par les tiers ; — Attendu que si l'article 27 du règlement du 29 novembre 1871 avait par une disposition purement transitoire, autorisé l'Administration à faire apposer gratuitement les timbres et vignettes sur les boites et paquets d'allumettes existant dans les magasins des marchands et débitants qui auraient fait la déclaration prescrite par l'article 26, il avait, en ne fixant aucun délai pour la première visite des employés laissé à l'Administration le soin d'apprécier à quel moment elle devrait faire commencer l'exercice des magasins et faire jouir les marchands du bénéfice de l'apposition gratuite des timbres et vignettes : — Que cet article ne donnait donc pas aux marchands le droit d'exiger que la première visite dans laquelle cette apposition devait avoir lieu, fût faite dans un temps déterminé après leur déclaration : que l'unique conséquence du retard apporté au recensement de leurs marchandises, c'est qu'ils ont pu sans être exposés à des poursuites et aux peines édictées par la loi, recevoir et avoir chez eux, grâce à la tolérance de l'Administration, des boites et paquets d'allumettes non revêtus du timbre et n'ayant point acquitté les droits : — Que, par conséquent, le décret du 29 février 1872 en modifiant les dispositions reconnues insuffisantes ou inapplicables de celui du 29 novembre précédent n'a point porté atteinte au droit, que le demandeur prétend à tort avoir acquis, d'exiger l'apposition gratuite des vignettes sur les boites et paquets d'allumettes chimiques qu'il possédait au moment de la visite faite dans ses magasins le 7 mars 1872 par les employés de la Régie : D'où il suit que le jugement attaqué, en déclarant mal fondée l'opposition formée par PELTIER à la contrainte décernée contre lui, et valable la saisie pratiquée sur les allumettes trouvées dans ses magasins, et aussi en refusant de condamner la Régie à faire apposer gratuitement par ses employés des timbres sur ces allumettes, loin de violer les articles invoqués par le pourvoi, on a fait une juste application ; — Rejette le pourvoi formé par PELTIER, etc...........

---

23 mars 1874

Arrêt identique à celui du 30 décembre 1873.

4 janvier 1878

CONSEIL D'ETAT

Audience du 4 janvier 1878

Considérant que l'action intentée par la Société Souques & C° contre la Colonie de la Guadeloupe devant le Conseil privé, constitué en Conseil du Contentieux administratif, avait pour objet de faire condamner la dite colonie à la restitution d'une partie des droits de sortie perçus par les Agents des Douanes au profit du Trésor Colonial sur les sucres exportés par la Société réquérante ; qu'à l'appui de sa réclamation, la Société Souques & C° soutenait que les droits de sortie sur le sucre ne constituent qu'une contribution foncière qui ne doit frapper que sur les produits du sol, et que, par suite, il y avait lieu de distinguer, pour la perception des dits droits, entre les sucres considérés comme le produit du sol et l'excédent de ce produit qui n'aurait été obtenu que par un travail industriel ; — Considérant que si les droits de sortie sur les sucres ont été établis en représentation de l'impôt foncier, par les différents actes qui les ont institués, ces droits, qui figurent aux budgets de la Colonie parmi les recettes ordinaires à l'article des droits perçus sur liquidation à la différence des contributions directes qui sont perçues au moyen de rôles, n'en constituent pas moins de véritables impôts indirects ; qu'aux termes du § 6 de l'article 175 de l'ordonnance du 9 février 1827, le Conseil privé statue sur le Contentieux des administrations du domaine, de l'enregistrement, des douanes et autres impôts indirects, sans préjudice du recours des parties devant les tribunaux ordinaires : que, de ce qui précède, il résulte que la demande de la Société Souques & C° rentrait dans le Contentieux des contributions indirectes ; que le Conseil privé, constitué en Conseil du Contentieux, était incompétent pour en connaître, et que c'est à tort que la Société réquérante a porté sa demande devant le dit Conseil........

(Décision annulée ....

7 mai 1881

LOI relative au tarif général des Douanes

Article 3 ....

Pour les colonies qui ne sont pas régies par le sénatus-consulte du 3 mai 1854, complété par celui du 4 juillet 1866, les tarifs de douane seront établis par décret du gouvernement métropolitain, le Conseil d'Etat entendu.

7 avril 1884

LE TRIBUNAL DES CONFLITS

Audience du 7 avril 1884

Vu les ordonnances rendues par le Gouverneur des Établissements français dans l'Inde, les 4 novembre et 15 décembre 1823, 10 mars 1826, 7 juin 1828, 1er décembre 1855, 4 juillet 1868 et 24 mai 1871 ;

Vu les décrets des 16 janvier 1854, 26 septembre 1855, 7 mars 1863, 7 février 1866 et 30 janvier 1867 ; — Vu la loi du 24 mai 1872 et le règlement d'administration publique du 26 octobre 1849 ; — Vu l'article 4 du décret du 5 août 1881 rendu applicable dans les établissements français de l'Inde, par décret du 7 septembre 1881 ;

Considérant que de la double déclaration d'incompétence opposée à la demande du sieur JABLIN par le Conseil d'État statuant au contentieux, et par la Cour d'Appel de Pondichéry, il résulte un conflit négatif et qu'il y a lieu de régler la compétence ; — Considérant que la demande formée par le sieur JABLIN a pour but de faire prononcer la nullité de saisies mobilières et immobilières pratiquées contre lui par le receveur des contributions d'Yanaon, afin d'assurer le recouvrement de certaines taxes : — Considérant qu'aux termes d'un arrêté pris par le gouverneur des Établissements français de l'Inde, le 1er décembre 1855 les contestations auxquelles peuvent donner lieu les poursuites exercées en matière de taxes et contributions directes doivent être soumises au Conseil d'Administration de Pondichéry, constitué en Conseil de contentieux administratif ; que cet arrêté, qui ne concernait que Pondichéry et les districts voisins, a été étendu à Yanaon par un nouvel arrêté, en date du 4 juillet 1868 confirmé par un arrêté du 24 mai 1871 ; — Considérant que ces arrêtés ont été pris par le gouverneur des établissements français de l'Inde dans la limite des pouvoirs que lui conféraient les décrets du 7 février 1866 et du 30 janvier 1867, qui l'autorisaient à déterminer, par voie d'arrêtés, le mode de poursuites des taxes et contributions publiques ; que d'après ces décrets il est vrai, les arrêtés rendus en semblable matière doivent être soumis à l'approbation du ministre de la marine et des colonies, mais qu'ils sont toutefois provisoirement exécutoires ; qu'en supposant donc que l'arrêté du 4 juillet 1868 n'ait pas été régulièrement approuvé, il n'en doit pas moins recevoir exécution, jusqu'à ce qu'il ait été rapporté ; — Considérant que si, en principe, il n'appartient pas aux tribunaux administratifs d'apprécier la régularité d'actes ayant le caractère de poursuites judiciaires, il n'en est pas de même dans les établissements français de l'Inde, où la propriété, établie dans des conditions toutes particulières, est régie, en vertu de décrets, par des arrêtés du gouverneur, qui n'avaient pas été produits devant le Conseil d'État lors du recours formé par le sieur JABLIN contre la décision du Conseil d'Administration de Pondichéry ;

Article 1er. — Est considérée comme non avenue la décision du Conseil d'État statuant au contentieux, en date du 19 mars 1883, en tant qu'elle a annulé pour incompétence la décision par laquelle le Conseil d'Administration de Pondichéry, constitué en conseil du contentieux administratif, a statué le 3 mai 1877, sur la validité des saisies mobilières et immobilières pratiquées contre le sieur JABLIN par le receveur des contributions d'Yanaon. — Article 2. — La cause et les parties sont renvoyées devant le Conseil d'Etat statuant au contentieux. — Article 3. — Les dépens auxquels a donné lieu le jugement de l'instance en conflit négatif seront supportés par la partie qui succombera en fin de cause.

11 mars 1885

COUR DE CASSATION (Chambre Civile)

Audience du 11 mars 1885

LA COUR :

Vu l'article 2 § 5 de la loi du 24 avril 1833, ainsi conçu :

« article 2 : seront faites par le pouvoir législatif du royaume : 5° les lois sur le commerce, le régime des Douanes, la répression de la traite des noirs et celles qui auront pour but de régler les relations entre la métropole et les colonies. »

Attendu que par arrêté du Gouverneur de l'Ile de la Réunion en date du 13 décembre 1850, il a été établi à l'entrée des trois ports de cette colonie, Saint Denis, Saint Pierre et Saint Paul un droit d'octroi sur les objets venant de l'extérieur désignés au tarif annexé au dit arrêté ;

Attendu qu'en admettant même que le prétendu droit ainsi constitué, connu sous le nom d'octroi de mer, qui n'a frappé que les marchandises importées du dehors sans toucher du tout les objets similaires de l'extérieur, n'ait pu cependant, à raison du peu d'importance de ces objets jouer vis-à-vis d'eux le rôle d'une taxe différentielle, il ne s'ensuit pas que ce droit ne doive être considéré comme un droit douanier, s'il réunit d'ailleurs d'autres caractères essentiels de ce genre de taxe ;

Attendu que l'octroi de mer, au lieu de porter seulement sur la consommation locale dans les limites d'un octroi municipal circonscrit au territoire de la commune au profit de laquelle il est établi, étend son action au périmètre tout entier de l'Ile de la Réunion, et atteint sur tous les points la consommation générale du pays où sont introduits les objets assujettis, qu'il frappe à raison de leur provenance extérieure ; qu'ainsi, et par une conséquence nécessaire du fait même de l'importation des marchandises mentionnées au tarif, l'octroi de mer affecte, au point de vue du commerce, les relations de la colonie avec la Métropole et que la dite taxe présente des caractères qui sont constitutifs d'une taxe essentiellement douanière ;

Attendu que l'article 2 § 5 de la loi du 24 avril 1833 a réservé au pouvoir législatif métropolitain les lois sur le commerce, le régime des douanes et celles ayant pour but de régler les relations entre la Métropole et les Colonies ; que cet état de choses a duré jusqu'au moment où le Conseil Général de la colonie a été, pour la première fois, autorisé par le Sénatus-Consulte du 4 juillet 1866, à voter les tarifs d'octroi de mer et ceux de douane dans les conditions qu'il a prescrites ; qu'ainsi en 1850, le gouverneur de la colonie de la Réunion n'avait pas le pouvoir de créer une taxe douanière affectant le commerce de la colonie et ses relations avec la Métropole et que l'arrêté pris par lui le 13 décembre 1850 est entaché d'illégalité et d'inconstitutionnalité ; qu'en décidant le contraire, l'arrêt attaqué a violé l'article de la loi sus-visée ;

Par ces motifs et sans qu'il soit besoin de statuer sur les autres griefs du pourvoi,

Casse,.......... et renvoie devant la Cour d'Appel de Paris.

50 juin 1888

COUR DE CASSATION (Chambre Civile)
Audience du 20 juin 1888

LA COUR :

Statuant sur le premier moyen du pourvoi : — Vu la loi du 22 frimaire an 7, art. 22 ; — Vu la loi du 23 août 1871 art. 14 ; — Vu l'arrêté du Gouverneur Général en date du 1er juillet 1859, art. 1 et 3 — Vu l'arrêté du Gouverneur Général, du 1er février 1877, art. 1er — Attendu que les arrêtés susvisés qui instituent à la Nouvelle Calédonie le Service de l'Enregistrement et déclarent que l'impôt sera perçu d'après les tarifs et le mode de procéder usités dans la Métropole ont été légalement promulgués dans la Colonie, par leur insertion au Journal Officiel colonial ; — Attendu que si les règlements et tarifs auxquels ces arrêtés se réfèrent n'ont pas été textuellement insérés au dit Journal Officiel, ils n'en sont pas moins devenus exécutoires dans la Colonie par voie de conséquence ; — Qu'il appartient à l'autorité chargée de promulguer les lois et règlements dans les colonies de décider si ces actes, déjà publiés en France, doivent être publiés dans le Journal Officiel colonial ; — Attendu qu'il suit de là que la loi du 22 frimaire an 7 et celle du 23 août 1871 sont devenues exécutoires à la Nouvelle Calédonie, en vertu de la promulgation qui en a été faite par les arrêtés susvisés, quoique les dites lois n'aient pas fait l'objet d'une nouvelle publication dans la Colonie ;— Que dès lors, en refusant de les appliquer, le jugement attaqué a violé les dites lois en même temps que les arrêtés susvisés ; — Par ces motifs, sans qu'il soit besoin de statuer sur les autres moyens du pourvoi ; — Casse........ et renvoie devant le tribunal civil de Nouméa autrement composé.

6 mai 1891

TRIBUNAL DE COMMERCE DU HAVRE
Audience du 6 mai 1891

LE TRIBUNAL,

Attendu que par exploit en date du 21 février, VINCENT faisait sommation à la Compagnie des Messageries Maritimes d'avoir à lui livrer, dans les vingt-quatre heures, 10 caisses de savon expédiées de Marseille par steamer « Guadalquivir », et faisait, en outre, des réserves pour le cas où il ne serait pas fait droit à sa demande ; — Attendu que VINCENT, n'ayant pas reçu satisfaction, fit assigner la Compagnie des Messageries Maritimes, à la date du 23 février, pour s'entendre condamner :

1°. — A lui faire la livraison demandée, sous contrainte d'une somme de 671 francs 40, représentant la valeur de la marchandise ;

2°. — Au remboursement des frais de transport et droits d'octroi par lui payés ;

Et 3°. — Pour le préjudice éprouvé par le défaut de livraison, s'entendre condamner à payer au réquérant la somme de 400 frs à titre de dommages-intérêts ; s'entendre, en outre condamner aux intérêts de droit et aux dépens :

Attendu que le steamer « Guadalquivir » étant arrivé au Hàvre, le 14 février, la Compagnie des Messageries Maritimes en avisa régulièrement VINCENT comme tous les autres réclamateurs, et lui délivra, le 16 du même mois, contre payement du frêt, son connaissement accompli pour lui permettre de prendre livraison de la marchandise ;

Attendu que VINCENT s'étant présenté pour se faire livrer les 10 caisses de savon, la douane s'y opposa parce qu'il n'était pas muni du passavant nécessaire pour laisser passer en franchise la dite marchandise :

Qu'il y a donc lieu de rechercher si c'était à l'expéditeur qu'incombait le devoir d'accomplir la formalité en douane ou si, au contraire, ce devoir incombait à la Compagnie des Messageries Maritimes ;

Attendu qu'aux termes de l'art 282 C. com. le chargeur est tenu de fournir au capitaine, dans le délai de vingt quatre heures, les acquits des marchandises chargées ;

Que, conformément à cet article, l'expéditeur de marchandises, d'un port français pour un port français, est tenu de lever en douane un passavant ;

Attendu, en outre, que ces sortes de permis sont levés en double expédition ; qu'un exemplaire reste toujours à la douane (bureau principal), et que l'autre exemplaire est remis, lors de l'embarquement, au bureau de douane du quai le plus proche du steamer ; qu'à moment où le navire est prêt à partir, le capitaine doit établir son manifeste, et que, pour plus de régularité, on l'établit avec tous les passavants du bureau principal contrôlant ainsi les déclarations du capitaine ;

Que, de plus, le capitaine ou son représentant centralise au bureau de douane du quai les passavants qui ont été déposés par les expéditeurs ; mais qu'au moment du départ le capitaine n'est pas toujours en possession de tous les passavants, et que cette formalité n'étant pas à sa charge, il passe généralement outre et part ;

Attendu qu'en admettant même que le capitaine ait commis une faute en n'attendant pas que tous les passavants fussent en sa possession avant de partir, la Compagnie ne saurait en être responsable, grâce à la clause du connaissement, qui l'exonère des fautes du capitaine ou des pilotes marins, et autres personnes embarquées à bord, à quelque titre que ce soit ; que, d'ailleurs, la jurisprudence est constante à cet égard :

Attendu que le manifeste du « Guadalquivir » déposé à la douane du Havre le 14 février sous le N° 328 constate bien la déclaration du capitaine des dix caisses de savon, objet du litige, mais ne mentionne pas dans la colonne des passavants le numéro de cette pièce ;

Attendu que l'expéditeur n'était pas en règle vis-à-vis de la douane lors du départ du steamer et qu'il n'avait même pas encore levé son passavant à Marseille le jour de l'arrivée du steamer « Guadalquivir » au Havre ;

Que ce n'est que le 26 février que la douane du Hâvre a été en possession de ce document et en a fait mention sur le manifeste à cette date, en mettant dans la colonne des passavants, sous le N° 2.974 « annexé le 26 février 1891 » ;

Attendu que Vincent, mieux renseigné, aurait pu se faire délivrer la marchandise en passant une soumission à la douane jusqu'à l'arrivée du passavant ; qu'il aurait évité ainsi tout le retard apporté dans la livraison et n'aurait, de ce chef, éprouvé aucun préjudice :

Qu'il ne peut donc faire retomber sur la Compagnie des Messageries Maritimes, qui n'est pas en faute, les conséquences d'un retard dont son expéditeur est la cause ; que, par conséquent, la demande en dommages-intérêts n'est pas justifiée :

Attendu que la Compagnie des Messageries Maritimes, par ses conclusions, se porte reconventionnellement demanderesse en 50 frs. pour frais de magasinage, hangars, etc. ;

Mais attendu que cette demande ne peut être prise en considération, puisque VINCENT justifie avoir payé, le 14 mars, 1 franc 40 à la Compagnie des Messageries Maritimes pour frais de stationnement du 1er au 4 mars sans qu'il y ait eu, à ce moment, aucune autre réclamation de la part de cette dernière qui les a reçus sans réserves :

Par ces motifs,

Le Tribunal :

Joignant la demande reconventionnelle à la demande principale, et statuant sur le tout par un seul et même jugement en dernier ressort :

Dit et juge mal fondée la demande de VINCENT, l'en déboute et le condamne aux dépens ;

Rejette la demande reconventionnelle formée par la Compagnie des Messageries Maritimes.

28 mai 1891

AVIS DU CONSEIL D'ETAT

Séance du 28 mai 1891

Le Conseil d'Etat consulté sur la question de savoir s'il y a lieu de modifier le projet de décret annulant la délibération du 17 septembre 1890 par laquelle le Conseil Général des Etablissements français de l'Océanie a voté la peine de l'emprisonnement à l'effet de garantir l'exécution des dispositions prises en vue d'assurer la perception de l'impôt sur les spiritueux ;

Vu le sénatus-consulte du 3 mai 1854, notamment l'art. 18 ;

Vu le décret du 23 décembre 1885, instituant un conseil général dans les établisseemnts français de l'Océanie ;

Vu la dépêche du Sous-Secrétaire d'Etat des Colonies du 1er avril 1891 ;

Considérant que l'article 43 du décret du 28 décembre 1885 dispose que le Conseil Général délibère sur le mode d'assiette et le mode de perception des taxes et contributions ; que l'article 44 édicte que les délibérations prises en ces matières doivent être approuvées par des décrets rendus en la forme des règlements d'administration publique et peuvent être rendus provisoirement exécutoires par arrêtés du Gouverneur ; que d'après les principes de notre droit public, un texte formel serait nécessaire à l'effet de donner au Conseil Général le droit de prononcer une peine ; que ce droit ne saurait résulter implicitement des dispositions contenues dans le § 5 de l'art 43 du décret précité de 1885 ; qu'à la vérité, il a été admis par une jurisprudence déjà ancienne que le Conseil Général pouvait fixer le chiffre des amendes imposées en cas de contravention aux règlements concernant les impôts. Mais que ce droit ne lui a été reconnu que par le motif des amendes en matière fiscale ont, d'après la législation de la métropole, un caractère mixte ; qu'elles peuvent être considérées moins comme une peine que comme la réparation du préjudice causé au Trésor par la fraude ; que si cette législation était modifiée, comme la proposition a été faite à diverses reprises par le Parlement, et si par suite de ces changements, les amendes en matière fiscale devenaient exclusivement des peines, il y aurait lieu, par voie d'analogie d'appliquer aux Colonies les principes nouveaux adoptés dans la Métropole et de ne plus connaître au Conseil Général le droit de fixer les amendes établies comme sanction des **délibérations** qu'il prend en matière d'impôt.

Est d'avis,

Que le Conseil Général des Etablissements français de l'Océanie n'a pas le pouvoir d'édicter la peine de l'emprisonnement comme sanction des délibérations prises en vertu du § 5 de l'article 43 du 28 décembre 1885 ; que par suite, il n'y a pas lieu de modifier le projet de décret annulant la délibération du 12 septembre 1890 par laquelle le Conseil Général des Etablissements français de l'Océanie a voté la peine de l'emprisonnement à l'effet de garantir l'exécution des dispositions prises en vue d'assurer la perception de l'impôt sur les spiritueux.

Cet avis a été délibéré et adopté par le Conseil d'Etat dans la séance du 28 mai 1891.

Le Vice-Président du Conseil d'Etat,
Signé : E. LAFERRIERE

Le Maitre des requêtes
  Rapporteur,
Signé : CH. VERGE.

26 novembre 1891

COUR DE CASSATION (Chambre Criminelle)

Audience du 26 novembre 1891

LA COUR :

Sur le moyen unique de cassation pris de la violation de l'art. 12 de l'arrêté du 12 décembre 1887, règlementant la fabrication de l'alcool de riz et autres spiritueux et de la fausse application de l'art. 17 de l'arrêté du 5 juillet 1883, relatif à la constatation et à la répression de la fraude en matière d'opium, en ce que l'arrêt a débouté l'administration des poursuites dirigées contre la prévenue à raison d'une contravention règulièrement constatée ;

Attendu que Tran-Thi-Thien a été citée devant le tribunal correctionnel de Sadec « pour avoir fabriqué de l'alcool sans autorisation », contravention prévue par l'article 12 de l'arrêté du 12 décembre 1887, précité ;

Attendu que la Cour d'Appel de Saïgon, pour acquitter l'inculpée, se fonde sur ce que le procès-verbal en date du 3 janvier 1891, dressé contre un tiers, n'a pas été soumis à la Cour d'Appel de Saïgon ; que le procès-verbal du 7 février 1891 du préposé Daviot, est le seul qui se trouve au dossier ; que ce procès-verbal ne constate aucune saisie d'ustensiles ou de matières propres à la fabrication de l'alcool de riz, à l'encontre de la prévenue ;

Attendu que le simple rappel d'une saisie antérieure, faite à l'insu de l'inculpée, dans cet acte, n'a pu tenir lieu du procès-verbal de saisie effective des objets de fraude ;

Attendu qu'en l'état des faits, en rejetant la poursuite de la Régie des contributions comme dénuée de preuve, l'arrêt attaqué n'a en rien violé l'article 12 de l'arrêté du 12 décembre 1887, invoqué par le pourvoi ;

Sans approuver le motif de l'arrêt pris de l'inobservation de l'art 17 de l'arrêté du 5 juillet 1883, lequel n'est pas prescrit à peine de nullité ;

Attendu, d'ailleurs que la procédure est régulière ;

Rejette.

31 décembre 1891

Paris, le 31 décembre 1891,

Dépêche Ministérielle

Au sujet DU RÉGIME DOUANIER DES COLONIES

Le Sous-Secrétaire des Colonies,

à Monsieur le Gouverneur de la Réunion

Monsieur le Gouverneur,

La Chambre dans sa séance du 29 décembre et le Sénat dans sa séance du 30 décembre, ont adopté le texte définitif des dispositions fixant le régime douanier des Colonies. Vous trouverez la teneur de ces dispositions qui vont être incessamment promulguées au Journal Officiel du 30 décembre page 2893, 1re colonne pour l'art. 3 page 2895 colonnes 2 et 3 pour les articles 4, 5 et 6.

Des modifications apportées au texte primitivement voté par la Chambre, il résulte que la loi métropolitaine ne sera applicable aux Colonies qu'après que des décrets en Conseil d'Etat, *rendus après avis des Conseils Généraux*, auront déterminé les produits qui seront l'objet d'une tarification spéciale.

Aux termes d'une déclaration faite au Sénat par M. Trarieux, rapporteur, cette disposition, nécessite une consultation des corps élus de la Colonie, postérieure au vote définitif de la loi. On a voulu permettre ainsi aux représentants de la Colonie d'émettre un avis en pleine connaissance de cause. Vous voudrez donc bien dès que vous aurez reçu et réuni les documents nécessaires, convoquer le Conseil Général afin de me transmettre une délibération nouvelle qui puisse servir de base à l'élaboration du règlement d'administration publique prévu par la loi. Je n'ai pas besoin de vous rappeler que les produits soumis à une tarification spéciale doivent comprendre surtout, les produits nécessaires à l'alimentation et que la production nationale est dans l'impossibilité de fournir utilement aux Colonies.

Je n'ai pas besoin de vous recommander de mettre à l'appui de chaque exception qui sera sollicitée tous les renseignements statistiques sur l'importance de la consommation dans la Colonie, l'utilisation du produit, son prix de revient, etc....

Un délai maximum d'un an est laissé à l'Administration pour l'élaboration de ce règlement ; mais il est du plus haut intérêt pour la Colonie que ce terme extrême ne soit pas atteint. Le bénéfice de la détaxe sur les denrées secondaires énumérées au tableau E est, en effet, suspendu d'après le § 5 de l'article 3 jusqu'au jour où les règlements d'administration publique prévus par le même article seront intervenus.

Il est vrai, que l'effet de cette disposition, est atténué par le § final de l'art. 3, suivant lequel, le Gouvernement pourra faire bénéficier immédiatement (c'est-à-dire au 1er février 1892, date fixée pour l'application de la loi) en tout ou en partie, des dispositions du tableau E les Colonies *qui actuellement appliquent dans leur ensemble aux produits étrangers les droits du tarif métropolitain* ou qui frappent les denrées coloniales venant de l'étranger des droits inscrits au dit tarif.

La Réunion, l'Indo-Chine et la Guadeloupe bénéficient de cette disposition, mais l'insertion des mots *en tout ou en partie* réserve à l'Administration des Douanes la faculté de n'en accorder l'application qu'aux produits qui sont frappés de droits suffisants dans leur Colonie d'origine pour écarter la possibilité d'une fraude qui consisterait à exporter comme produits du crû des denrées de provenance étrangère, introduites en franchise de droits.

Ainsi, à la Réunion, le café est frappé d'un droit de 100 francs ; ce droit sera considéré comme suffisant pour éviter toute fraude.

La vanille n'est atteinte que d'une taxe d'octroi de mer de 2 %. On pourrait lui contester la même faveur ; on la refusera très probablement aux cacaos et autres denrées qui ne sont l'objet d'aucune taxation dans la Colonie.

Je m'efforcerai, en tout état de cause, et je crois que ce sera possible, d'obtenir de l'Administration des Douanes que les vanilles exportées de la Colonie, *accompagnées de certificats d'origine* soient admises au bénéfice de la détaxe. Pour éviter toute difficulté, en avisant les producteurs de produits secondaires de ces dispositions favorables, ayez soin de les inviter à faire accompagner de certificats d'origine délivrés par les autorités locales et visés par la Douane toutes les expéditions qu'ils achemineront vers la France.

Je compte, Monsieur le Gouverneur, sur votre dévouement aux intérêts de la Colonie, sur votre initiative et votre activité pour prendre dans le plus bref délai possible et dans les conditions conformes au vœu du Parlement des mesures indiquées par la présente dépêche dont vous voudrez bien m'accuser réception.

Recevez etc.....

Signé : Eugène ETIENNE.

11 janvier 1892

LOI du 11 janvier 1892.

Les droits et immunités applicables aux produits importés dans la Métropole, des Colonies, des possessions françaises et des pays de protectorat de l'Indo-Chine, sont fixés conformément au tableau E annexé à la présente loi.

Sont exceptés du régime du tableau E, les territoires français de la côte occidentale d'Afrique (sauf le *Gabon*) Taïti et ses dépendances, les établissements français de l'Inde, Obock, Diégo-Suarez, Nossi-Bé et Ste Marie de Madagascar. Toutefois les guinées d'origine française provenant des établissements français de l'Inde, sont exemptes de droits. Des exemptions ou détaxes pourront être, en outre, accordées à d'autres produits naturels ou fabriqués originaires des établissements susvisés, suivant la nomenclature qui sera arrêtée pour chacun d'eux par des décrets en Conseil d'Etat. Les produits naturels ou fabriqués, originaires de ces établissements, qui ne seront admis à leur entrée en France, au bénéfice d'aucune exemption ou détaxe seront soumis aux droits du tarif minimum.

Les produits étrangers importés dans les colonies, les possessions françaises et les pays de protectorat de l'Indo-Chine, — à l'exception des territoires énumérés au paragraphe 2 — sont soumis aux mêmes droits que s'ils étaient importés en France.

Des décrets en forme de règlements d'administration publique, rendus sur le rapport du Ministre du Commerce, de l'Industrie et des Colonies, et après avis des Conseils généraux ou Conseils d'administration des Colonies, détermineront les produits qui, par exception à la disposition qui précède, seront l'objet d'une tarification spéciale.

Les paragraphes 1 et 3 du présent article ne seront exécutoires, pour chaque colonie, qu'après que le règlement prévu par le paragraphe 4 sera intervenu, sans que cependant l'effet de cette disposition puisse excéder le délai d'un an.

Toutefois, le Gouvernement pourra faire bénéficier immédiatement, en tout ou en partie, des dispositions du tableau E, les colonies qui actuellement appliquent dans leur ensemble aux produits étrangers, les droits du tarif métropolitain ou qui frappent les denrées coloniales venant de l'étranger des droits inscrits au dit tarif.

ARTICLE 4

Les Conseils généraux et les Conseils d'administration des colonies pourront aussi prendre des délibérations pour demander des exceptions au tarif de la Métropole. Ces délibérations seront soumises au Conseil d'Etat, et il sera statué sur elles dans la même forme que les règlements d'administration publique prévus par l'article précédent.

ARTICLE 5

Les produits originaires d'une colonie française, importés dans une autre colonie française, ne seront soumis à aucun droit de douane.

Les produits étrangers importés d'une colonie française dans une autre colonie française, seront assujettis dans cette dernière au paiement de la différence entre les droits du tarif local et ceux du tarif de la colonie d'exportation.

ARTICLE 6

Le mode d'assiette, les règles de perception et le mode de répartition de l'octroi de mer, seront établis par des délibérations des Conseils généraux ou des Conseils d'administration, approuvées par décrets rendus dans la forme des règlements d'aministration publique.

Les tarifs d'octroi de mer seront votés par les Conseils généraux ou Conseils d'administration des Colonies. Ils seront rendus exécutoires par décrets rendus sur le rapport du Ministre du Commerce, de l'Industrie et des Colonies. Ils pourront être provisoirement mis à exécution en vertu d'arrêtés des Gouverneurs.

Les dépenses du Service des Douanes (personnel et matériel) seront comprises dans les dépenses obligatoires des budgets locaux des Colonies.

29 janvier 1892

COUR DE CASSATION (Chambre Criminelle)

Audience du 29 Janvier 1892

LA COUR :

Sur le moyen tiré de la violation de l'art. 5 de la loi du 27 vendémiaire, an II ; vu ce dit article :

Attendu, en fait, que Misaine et Boconier étaient prévenus d'avoir, le 6 janvier 1891, procédé au chargement de la pirogue non pontée « *Grâce à Dieu* », sans être munis d'un congé régulier.

Attendu que le principe même de l'applicabilité de la loi du 27 vendémiaire, an II a servi de base aux actes de l'autorité publique concernant la francisation et le congé des bâtiments de mer à la Martinique ; que l'arrêt attaqué reconnaît que cela résulte d'une lettre ministérielle du 27 Messidor, an X, d'un arrêté du Préfet colonial du 10 vendémiaire, an XI, des instructions ministérielles du 8 août 1814 et de la promulgation dans la Colonie des lois des 6 mai 1841 et 9 juin 1845, qui ont modifié la loi susvisée ;

Qu'à la vérité, l'arrêt entrepris constate que de 1830 à 1848, la police de la navigation a été exclusivement régie à la Martinique par des arrêtés locaux pris pour mettre obstacle à la fuite des esclaves et qu'après l'abrogation de cette législation spéciale, un arrêté du Gouverneur de la colonie du 7 juillet 1856, a seul été applicable au congé de mer des embarcations non pontées ;

Mais attendu que les arrêtés, relatifs à l'institution abolie en 1848, n'ont nullement abrogé la législation antérieure ; qu'aucune de leurs dispositions n'est contraire à celles de la loi du 27 vendémiaire an II, qui par conséquent n'a jamais cessé d'être considérée comme applicable, et qui, d'après les constatations mêmes de l'arrêt attaqué, a constamment régi dans la colonie la matière de la francisation des bâtiments de mer ;

Attendu, d'autre part, que la Cour d'Appel de la Martinique a fait une fausse interprétation de l'arrêté du 7 juillet 1856, en décidant que sa promulgation constitue une reconnaissance de l'erreur

qu'avait commise l'administration supérieure en considérant que la
loi de Vendémiaire, an II avait été promulguée et était en vigueur
à la Martinique ;

Qu'il résulte des termes de cet arrêté que, non seulement le
principe même de l'applicabilité de cette loi a servi de base à cet
acte de l'autorité publique, mais encore que le Gouverneur de la
Colonie a eu pour but unique d'assurer l'exécution de l'art. 5 de la dite
loi, dont il reproduit les termes et rappelle la disposition et la sanction pénale ;

Attendu, par suite, que jusqu'au 29 octobre 1890, date de l'abrogation de l'arrêté susvisé, l'article 5 de la loi du 27 Vendémiaire,
an II a continué de régir le congé des embarcations non pontées et
que le seul effet de cette abrogation a été de faire disparaître les
dispositions accessoires dudit arrêté, la loi précitée restant toujours
en vigueur ;

Attendu, enfin, qu'il résulte, tant des constatations de l'arrêt attaqué que des termes sainement interprétés de l'arrêté du Gouverneur de la Martinique du 7 juillet 1856, que la loi du 27 vendémiaire, an II a été constamment suivie à la Martinique pour la francisation et le congé des bâtiments de mer ;

D'où il suit qu'en relaxant les prévenus, alors que cet état de
choses suppose qu'à une époque antérieure, que les changements
survenus dans la dénomination à laquelle la Colonie a été soumise
ne permettent pas de préciser, la loi du 27 vendémiaire an II y a été
régulièrement mise en vigueur, l'arrêt entrepris a formellement
violé l'article 5 de la dite loi ;

Par ces motifs, casse.....

16 juin 1892

CONSEIL D'ETAT
Avis du 16 juin 1892

« Considérant que la loi du 11 janvier 1892, en décidant que les
produits étrangers importés dans nos Colonies seront soumis aux
mêmes droits que s'ils étaient importés en France, n'a fait que revenir au régime de la loi du 3 juillet 1861, qui avait déjà décidé que
les marchandises étrangères seraient assujetties, à leur importation
aux Colonies, aux mêmes droits de douane qu'en France ; — Que
dès lors, la loi du 16 mai 1863, qui, dans son article 30 stipule que
les produits étrangers admis temporairement en France pour y être
fabriqués ou y recevoir une main-d'œuvre, par application de l'article 5 de la loi du 5 juillet 1836, pourront être exportés dans les
colonies des Antilles et de la Réunion en franchise de tout droit de
douane, peut se concilier avec la loi du 11 janvier 1892, comme avec
celle du 3 juillet 1861 ; — Qu'on ne saurait donc la considérer comme implicitement abrogée par l'art. 17 de la loi du 11 janvier 1892 ;
— Qu'il en résulte que le régime édicté par le législateur de 1863,
doit continuer à recevoir son application ; — Considérant à la vérité que dans un avis du 2 août 1887, le Conseil d'Etat a considéré
que dans l'Indo-Chine, comme produits français, de produits fabriqués avec des matières premières importées sous le régime de l'admission temporaire devant avoir pour résultat d'exonérer ces matières pre-

mières de tout droit de douanes, il y avait lieu de retrancher du projet de décret soumis à son examen, l'article qui consacrait cette disposition ; — Mais qu'une pareille solution qui s'imposait, en ce qui concerne l'Indo-Chine et nos autres Colonies, ne saurait s'appliquer à la Martinique, la Guadeloupe, la Réunion qui ont fait l'objet d'une disposition spéciale de la loi du 16 mai 1863 ».

27 octobre 1892

COUR DE CASSATION (Chambre Criminelle)

Audience du 27 Octobre 1892

LA COUR :

Joignant le pourvoi de l'administration des contributions diverses des établissements français de l'Inde à celui du procureur général près la Cour d'Appel de Pondichéry et statuant par un seul arrêt ;

Sur le moyen tiré de la violation de l'article 20 de l'arrêté du Gouverneur des établissements français de l'Inde du 5 août 1889 et de la fausse application de l'article 3 du décret du 6 mars 1877, en ce que l'arrêt attaqué a refusé de prononcer contre les prévenus la peine édictée par l'article 20 de l'arrêté susvisé ;

Vu les dits articles ;

Attendu, que pour refuser d'appliquer la peine de 200 frs à 1.000 frs d'amende édictée par l'article 20 de l'arrêté local du 5 août 1889, pour la vente de cigares, imputée aux prévenus, alors qu'ils n'étaient pas adjudicataires de licences, l'arrêt entrepris s'est fondé uniquement sur ce que le dit arrêté, ayant été rendu en matière d'administration, devait, sous peine de caducité, être converti en décret dans un délai de 4 mois, conformément à l'article 3 du décret du 6 mars 1877 ;

Mais attendu, en droit, que la caducité prononcée par le décret précité concerne seulement les arrêtés des gouverneurs édictés en matière d'administration et de police ;

Que, malgré l'apparente généralité des expressions insérées dans le décret du 6 mars 1877, il convient de distinguer les arrêtés pris en matière d'administration et de police des arrêtés relatifs au mode d'assiette et aux règles de perception de contributions et taxes ;

Attendu que l'article 33 du décret du 25 janvier 1879 autorise le gouverneur des établissements français de l'Inde, à rendre provisoirement exécutoires les délibérations du Conseil général concernant le mode d'assiette et les règles de perception des contributions et taxes ;

Qu'aucun délai n'a été prescrit pour l'approbation de ces délibérations par le Président de la République ;

Attendu que la Cour d'Appel de Pondichéry, sans rechercher si l'arrêté du Gouverneur du 5 août 1889, qui vise une délibération du Conseil général des établissements français de l'Inde et qui est rendu en conseil privé, a fait autre chose que de rendre provisoirement exécutoire la délibération du Conseil général du 8 juillet précédent, réglant l'assiette et le mode de perception du droit sur les tabacs dans ces établissements, comme il en avait le pouvoir d'après l'article 33 du décret du 25 janvier 1879, a néanmoins prononcé la

caducité du dit arrêté a défaut de conversion en décret dans un délai de 4 mois et prononcé une peine autre que celle de l'arrêté 20
susvisé ;

En quoi elle a formellement violé le dit article 20 et faussement appliqué l'article 3 du décret du 6 mars 1877 ;

Par ces motifs,

casse... et renvoie devant la même Cour composée d'autres juges.

17 janvier 1893

CONSEIL D'ETAT

Section des Finances de la Guerre de la Marine
et des Colonies

AVIS

Séance du 17 janvier 1893

La section des Finances, de la Guerre, de la Marine et des
Colonies du Conseil d'Etat ;

Sur le renvoi qui lui a été fait par le sous-secrétaire d'Etat des colonies, de la question de savoir si les pouvoirs conférés aux Conseils
généraux des colonies par le sénatus-consulte du 4 juillet et le décret du 11 août 1866 en ce qui concerne l'établissement des règles de
perception des droits de douane, n'ont pas été implicitement amoin-
dris par l'article 17 de la loi du 11 janvier 1892.

Considérant que l'article 3 § 3 de la dite loi dispose en principe que les produits étrangers importés dans les colonies, les possessions françaises et les pays de protectorat de l'Indo-Chine, sont
soumis aux mêmes droits que s'ils étaient importés en France ;

Que cet article, de même que les rapports généraux présentés
aux deux chambres, sont muets au sujet des règles de perception
auxquelles il n'a également été fait aucune allusion au cours des
discussions parlementaires sur la loi du tarif général des douanes ;

Mais qu'on ne saurait inférer de ce silence que le législateur
ait entendu laisser aux Conseils généraux le droit qu'ils tenaient de
l'article 3 du sénatus-consulte du 4 juillet 1866, complété par le décret du 11 août suivant de fixer, sauf approbation par décret simple, le mode d'assiette et les règles de perception des droits dont le
vote leur était retiré ;

Qu'une telle interprétation serait contraire à l'esprit même de
ces textes qui, bien loin de reconnaître aux Conseils généraux une
compétence plus étendue en matière de règles d'assiette et de perception que de tarification proprement dite, vont jusqu'à refuser, en
ce qui touche les contributions et taxes, aux délibérations sur l'assiette et la perception, la force exécutoire conférée au vote des tarifs (Cf. S C. Art. 2 et 3) ; qu'elle ne serait pas moins contraire au
bon ordre financier et à la notion même de l'impôt qu'il s'agit d'appliquer ;

Qu'on ne peut, en effet, séparer les droits en eux-mêmes de leur
mode d'assiette et de perception ;

Que les tarifs métropolitains étendus aux colonies, désormais
confondus en principe, avec la France continentale en un seul
territoire douanier, doivent être considérés comme y emportant *ipso*

facto, toutes les règles en vigueur dans la mère patrie, qui en déterminent les bases, les exceptions, les tempéraments, et les exemptions ;

Que pour prendre des exemples, les immunités au transit, les facultés données à la réexportation, les délais attachés à l'entrepôt sont bien moins des dispositions distinctes que des modalités des droits à percevoir qui ne saurait être réglées différemment selon les lieux, ces droits restant identiques ;

Qu'au surplus, l'abandon aux Conseils généraux, dépouillés du droit de tarification, de fixer les règles d'assiette et de perception, serait de nul intérêt pour eux, ainsi que l'atteste l'absence de toute revendication des représentants coloniaux à cet égard ;

Que, par contre, il aurait infailliblement pour effet, en provoquant des règlementations différentes ou même contradictoires, de faire naître la confusion dans les services de recouvrement, notamment dans le cas de réimportations des produits étrangers d'une colonie dans une autre, et de multiplier les chances d'erreurs et de préjudice pour les contribuables.

Est d'avis,

Qu'il y a lieu de considérer la faculté conférée aux Conseils généraux des colonies, par le sénatus-consulte du 4 juillet 1866 et le décret du 11 août suivant, de fixer, sauf approbation par décret, les règles d'assiette et de perception des droits de douane, comme supprimée par l'article 17 de la loi du 11 janvier 1892.

6 février 1893

COUR DE CASSATION (Chambre Civile)

Audience du 6 Février 1893

LA COUR :

Sur les deux moyens du pourvoi :

Attendu que les taxes établies à la sortie de la colonie tant sur les sucres bruts que les sucres raffinés, rentrent dans les attributions du Conseil général de la Martinique, telles qu'elles ont été déterminées par le sénatus-consulte du 4 juillet 1866 et ne peuvent, par suite en elles mêmes, être revisées par l'autorité judiciaire ; qu'étant des taxes à l'exportation, les décisions du Conseil général qui les concernent n'appartiennent pas à la catégorie des tarifs des douanes sur les produits étrangers importés dans la colonie, lesquelles, d'après l'article 2 du sénatus-consulte, ne peuvent être rendues exécutoires que par décret du chef du pouvoir exécutif, le Conseil d'Etat entendu ; qu'elles rentrent dans la catégorie des délibérations que le règlement d'administration publique du 11 août 1866, déclare devoir être approuvée par décret sur rapport du ministre de la marine et des colonies, et pouvoir être rendues provisoirement exécutoires par arrêté du gouverneur ;

Attendu que relativement à cette dernière sorte de délibération, aucun délai n'est imparti au ministre du commerce et des colonies pour les soumettre à l'approbation du chef de l'Etat ou pour déclarer le refus d'approbation ; d'où il suit que les perceptions faites en vertu de l'arrêté du gouverneur, rendant les délibérations provisoirement exécutoires, doivent être considérées comme légalement etfectuées, tant que n'est pas intervenue une décision de l'autorité centrale refusant l'approbation, et, par conséquent rapportant la mesure ;

Attendu qu'aucune décision de ce genre n'étant produite dans l'espèce en ce qui concerne la délibération du Conseil général de la Martinique fixant, pour l'année 1885, le droit à percevoir à la sortie sur les sucres fabriqués dans la colonie, c'est à bon droit que l'arrêté attaqué a rejeté la demande en restitution de la taxe perçue :

Rejette.

10 février 1893

COUR DE CASSATION (Chambre Criminelle)

Audience du 10 février 1893

LA COUR :

Joignant le pourvoi de l'administration des Contributions diverses des Établissements français de l'Inde à celui du Procureur général près la Cour d'appel de Pondichéry, et statuant par un seul arrêt :

Sur le moyen tiré de la violation de l'article 26 de l'arrêté du Gouverneur des établissements français de l'Inde du 29 décembre 1891, et de la fausse application des articles 3 du décret du 6 mars 1877 et 471, N° 15, du Code pénal, en ce que l'arrêt attaqué a refusé de prononcer contre le prévenu la peine portée par le dit article 26 de l'arrêté susvisé ;

Vu les dits articles :

Attendu que pour refuser d'appliquer la peine de 500 à 1000 francs d'amende édictée par l'article 26 de l'arrêté local du 29 décembre 1891, pour le fait imputé au prévenu, d'avoir été trouvé en possession, sur une voie publique, de 29 feuilles de tabac et d'un cigare, sans que ces articles fussent estampillés par le fermier, ni accompagnés d'un passavant par lui délivré, l'arrêt entrepris s'est fondé uniquement sur ce que le dit arrêté ayant été rendu en matière d'administration devait, sous peine de nullité, être converti en décret dans un délai de 4 mois, conformément à l'article 3 du décret du 6 mars 1877 :

Mais attendu, en droit, que la caducité prononcée par le décret précité concerne seulement les arrêtés des Gouverneurs édictés en matière d'administration et de police ;

Que malgré l'apparente généralité des expressions insérées dans le décret du 6 mars 1877, il convient de distinguer les arrêtés pris en matière d'administration et de police des arrêtés relatifs au mode d'assiette et aux règles de perception des contributions et taxes ;

Attendu que l'article 33 du décret du 25 janvier 1879 autorise le gouverneur des Établissements français de l'Inde à rendre provisoirement exécutoires les délibérations du Conseil général, concernant le mode d'assiette et les règles de perception des contributions et taxes ;

Qu'aucun délai n'a été prescrit pour l'approbation de ces délibérations par le Président de la République ;

Attendu que la Cour d'Appel de Pondichéry, sans rechercher si l'arrêté du Gouverneur du 29 décembre 1891, qui vise une délibération du Conseil général des Etablissements français de l'Inde et qui est rendu en Conseil privé, a fait autre chose que de rendre provisoirement exécutoire la délibération du Conseil général du 12 du même mois, réglant l'assiette et le mode de perception du droit sur les tabacs dans ces établissements, comme il en avait le pouvoir d'après l'article 33 du décret du 25 janvier 1879, a néanmoins prononcé la caducité du dit arrêté à défaut de conversion en décret dans un delai de 4 mois et prononcé une peine autre que celle de l'article 26 susvisé ;

En quoi elle a formellement violé le dit article 26 et faussement appliqué les articles 3 du décret du 6 mars 1877 et 471, N° 15, du code pénal ;

Par ces motifs,

Casse.... et renvoie devant la même Cour composée d'autres juges.

3 mars 1893

COUR DE CASSATION (Chambre Criminelle)

Audience du 3 mars 1893

1re espèce

LA COUR :

Sur le moyen tiré de la violation de l'article 14 de l'arrêté du Gouverneur de l'Indo-Chine en date du 12 décembre 1887, 171, 21 et 22 de l'arrêté colonial du 5 juillet 1883, et de la fausse application des articles 182 et 202 du Code d'instruction criminelle, en ce que l'arrêté attaqué, tout en reconnaissant l'existence d'une contravention relevée contre la prévenue, a refusé de prononcer contre elle aucune peine en dehors de la confiscation des objets saisis, par le motif que l'administration des Douanes et Régies de l'Indo-Chine avait seule fait appel du jugement de relaxe antérieurement prononcé par le tribunal de Saïgon au profit de la dite prévenue ;

Vu les dits articles ;

Attendu que l'article 14 de l'arrêté colonial du 12 décembre 1887 punit d'emprisonnement et d'amende, indépendamment de la confiscation des objets saisis, quiconque sera trouvé porteur ou détenteur d'une quantité d'alcool de fabrication indigène supérieure à deux litres dont il ne pourrait justifier la provenance ;

Que traduite devant le tribunal correctionnel de Saïgon, comme ayant été trouvée détentrice d'une quantité d'alcool supérieure à deux litres et de provenance non justifiée, la nommée Le Thi-Chou, relaxée en première instance, a été condamnée, sur l'appel de l'administration demanderesse, à la confiscation des objets de fraude et à des dommages-intérêts, par la Cour de Saïgon, tenant pour constante la contravention relevée contre la prévenue ; mais que cette Cour, par l'arrêt entrepris, s'est en même temps refusée à lui faire application de l'amende prévue par le dit article, par le motif que l'administration coloniale était seule appelante et qu'il ne pouvait être prononcé contre la prévenue aucune peine, faute d'appel du Ministère public, seul autorisé à en requérir ;

Attendu qu'en statuant ainsi, la Cour de Saïgon a méconnu le caractère de l'amende édictée par l'arrêté colonial susvisé ; qu'il re-

sulte en effet des dispositions combinées tant du dit arrêté que de
l'arrêté antérieur, du 5 juillet 1883, qui détermine les conditions de
la poursuite en cette matière et notamment de l'article 31 de ce
dernier arrêté qui attribue à l'administration coloniale le droit de
transiger en tout état de cause sur les dites amendes, que l'administration demanderesse est investie du droit d'en poursuivre l'application aussi bien en appel qu'en première instance ; que ces amendes constituent en Indo-Chine aussi bien qu'en France en matière
de contributions indirectes et de douanes moins une peine proprement dite qu'un élément d'indemnité des pertes réelles ou éventuelles que la fraude peut faire subir au fisc colonial ; et qu'elles
sont ainsi comprises parmi les intérêts civils quant auxquels l'article 202 du Code d'instruction criminelle accorde aux parties civiles la
faculté d'appel ;

Par ces motifs.

Casse....... et renvoie devant la même Cour composée d'autres
juges.

2ᵉ Espèce

LA COUR :

Attendu que, sur les poursuites dirigées par l'administration des
Douanes et Régies de l'Indo-Chine contre Ly-Phat et Luong-Quyen-
Man pour vente d'opium de contrebande en contravention de l'article 91 de l'arrêté colonial du 5 juillet 1883, la Cour de Saïgon, ré-
formant un jugement du tribunal de Binh-Hoaqui les relaxait tous
deux de la prévention, a retenu le dernier, seul en cause comme
unique auteur de la contravention constatée et, lui faisant application de l'amende édictée par le dit article, refusé de prononcer contre lui la peine de l'emprisonnement prévu par le même article par
le motif que le ministère public, seul en droit de la requérir,
n'avait pas, en ce qui le concerne, relevé appel du jugement ;

Sur le premier moyen du pourvoi tiré de la violation de cet article et de la fausse application des articles 17, 18, 21 et 22 du même arrêté colonial, 1 et 202 du code d'inst. crim. en ce qu'il appartenait à la Régie, en appel comme en première instance, de requérir seule, en cas d'abstention du ministère public, l'application des
peines d'emprisonnement, aussi bien que celles des amendes encourues à raisons des contraventions constatées par ses agents :

Vu les articles sus-mentionnés ;

Attendu qu'il résulte de ces dispositions combinées que si l'Administration des Douanes et Régies d'Indo-Chine est investie du
droit de poursuivre et de requérir seule, aussi bien en appel qu'en
première instance, l'application des amendes que l'arrêté colonial du
5 juillet 1883 attache aux contraventions qu'il prévoit et qui constituent moins une peine qu'un élément d'indemnité des pertes réelles
ou éventuelles que la fraude peut faire subir au fisc colonial, il n'en
saurait être de même de l'emprisonnement, peine toute personnelle
qui ne participe, à aucun titre, du caractère de réparation civile et
qui demeure dès lors, en cette matière, comme en toute autre, dans
le domaine exclusif du ministère public ;

Rejette ce moyen ;

Mais sur le second moyen tiré de la violation du même article

91 et de l'article 92 de l'arrêté sus-visé, ensemble de l'article 1384 du Code civil, en ce que l'arrêt attaqué a retenu le débitant comme seul responsable de la contravention et relaxé son préposé, par le motif que la Régie, en comprenant dans la même poursuite les deux prévenus comme co-auteurs, aurait outrepassé son droit ;

Vu les dits articles ;

Attendu qu'il résulte de leurs dispositions combinées que les maîtres sont responsables du fait de leurs facteurs, agents ou domestiques en ce qui concerne les droits et amendes et que, spécialement dans les ventes d'opium, tout débitant est responsable des contraventions commises par ses préposés, d'où il suit que ces contraventions engagent tout à la fois la responsabilité pénale des préposés et des maîtres, considérés comme co-auteurs de la fraude, les premiers parce qu'ils l'ont matériellement commise, les seconds parce qu'ils en profitent et qu'ils s'y associent, soit en connaissance de cause soit par défaut d'une vigilance justement exigée d'eux ; — qu'ainsi c'est à tort que, tenant pour constante une contravention commise par le préposé Ly-Phat, l'arrêt attaqué l'a relaxé de la poursuite pour ne retenir que son maître Luong-Qin-Man gérant du débit d'opium où la contravention avait eu lieu ;

Casse et annule, parte in quâ, en temps qu'il a mis Ly-Phat hors de cause........ et renvoie devant la même Cour, composée d'autres juges.

14 mars 1893

COUR DE CASSATION (Chambre Civile)
Audience du 14 mars 1893

LA COUR :

Sur le 2e moyen, tiré de la violation de l'art 1 du décret du 3 octobre 1883 ;

Attendu que les dispositions de l'article 47 de la loi de Finances du 26 février 1887, promulguées le 27 dudit mois par leur insertion dans le Journal Officiel métropolitain, ont été textuellement reproduites dans les visas du décret du Président de la République du 8 septembre suivant, par lequel le tarif général des douanes de France a été déclaré appliqué dans la Cochinchine Française et dans les pays protégés du Tonkin, de l'Annam et du Cambodge, et l'insertion dudit décret ordonnée au bulletin des lois et au bulletin officiel de la Colonie ; que le texte intégral de ce décret ainsi que le tableau y annexé ont été publiés le 17 octobre 1887 dans le Journal Officiel de la Cochinchine, en exécution d'un arrêté du gouverneur de la colonie en date du 11 du dit mois ;

Attendu que si le tarif général français et les règlements de la métropole, auxquels ce décret et cet arrêté se réfèrent n'ont pas été insérés en texte dans le dit journal, ils n'en sont pas moins devenus exécutoires dans la colonie par voie de conséquence ; qu'il appartient à l'autorité, chargée de promulguer les lois, décrets et les règlements dans les colonies, de décider si ces actes, déjà publiés en France, doivent en outre être publiés dans le *Journal Officiel colonial* ; qu'il suit de là que les lois, règlements et tarifs des douanes de la métropole sont devenus exécutoires en Cochinchine, en vertu de la publication qui a été faite dans cette colonie le 17 octobre 1887 par les actes susvisés, bien que le tarif général français n'ait pas été l'objet d'une nouvelle publication dans la colonie ; que dès lors, en statuant ainsi qu'il l'a fait, à l'égard des perceptions des droits de douane postérieures au 19 octobre 1887, l'arrêt attaqué n'a violé ni le décret invoqué par le pourvoi, ni aucun texte de loi ;

Par ces motifs, rejette ce 2e moyen.

Mais sur le premier moyen du pourvoi,

Vu l'article 47, loi du 26 février 1887, l'article 1er du décret du 3 octobre 1883, l'article 3 de la loi du 7 mai 1881 ;

Attendu qu'aux termes de l'article 47 de la loi du 26 février 1887 des règlements d'administration publique devaient déterminer les produits qui, par exception aux prescriptions de la dite loi, seraient l'objet d'une taxe spéciale, et les localités dans lesquelles pourraient être établis des entrepôts ; qu'antérieurement au décret du Président de la République, en date du 8 septembre 1887, inséré à l'Officiel de la Métropole le 10 du même mois et publié seulement le 17 octobre suivant, dans le Journal Officiel de la Cochinchine, aucun décret ou règlement d'administration publique, rendu en conformité de la loi du 26 février 1887, pré-rappelée, n'a permis de rendre et n'a rendu les dispositions de l'article 47 de la dite loi exécutoires dans la colonie ; qu'il suit de là que les droits de douane exigés des frères Denis antérieurement au 19 octobre 1887, par application de la loi du 26 février 1887 et des dispositions du tarif général de la Métropole, ont été irrégulièrement perçus et qu'en refusant d'en ordonner la restitution réclamée par les dits consorts Denis, l'arrêt attaqué a violé les lois et décrets ci-dessus visés.

Par ces motifs,

Casse, mais seulement dans sa disposition qui a refusé d'ordonner la restitution des droits de douane exigés des consorts Denis depuis le 1er juillet 1887 jusqu'au 19 octobre de la même année...... renvoie devant la Cour d'appel de l'Indo-Chine autrement composée.

28 mars 1893

COUR DE CASSATION (Chambre Civile)
Audience du 28 mars 1893

LA COUR :

Vu l'article 1, § 5, du sénatus-consulte du 4 juillet 1866 ;

Attendu qu'il résulte de cet article que, sauf les cas d'urgence, aucune action ne peut être introduite et qu'il ne peut y être défendu au nom des Colonies de la Guadeloupe, de la Martinique et de la Réunion, sans que le Conseil général ait statué sur l'instance à intenter ou à soutenir ; que cette disposition de loi, conçue en termes généraux, s'applique à toutes les actions dans lesquelles la Colonie est en cause, aussi bien quand il s'agit de son domaine que de tout autre de ses intérêts ;

Attendu que la violation de cette règle, qui touche à l'essence même des pouvoirs du Conseil général et à l'organisation des trois colonies sus-désignées, intéresse l'ordre public et peut, par suite, être invoquée pour la première fois devant la Cour de Cassation.

Attendu que dans l'espèce aucune urgence n'est constatée et qu'il n'apparait pas que le Conseil général de la Réunion ait statué sur l'instance à soutenir par le Directeur de l'Intérieur comme représentant le domaine colonial, contre l'action du sieur Hoareau ; que les délibérations de cette assemblée, des 29 décembre 1886, 18 février et 28 septembre 1887 n'ont d'autre portée que l'appréciation d'un projet de transaction qui n'a pas eu de suite ; qu'il est possible d'y voir une autorisation donnée au Directeur de l'Intérieur, à l'effet de défendre à l'action du sieur Hoareau ; qu'il suit de là que la colonie n'a pu ester régulièrement en justice ; et que l'arrêt attaqué, par cela même qu'il a admis en la forme, l'action introduite contre le Domaine colonial et la défense à cette action, sans qu'il soit justifié que les prescriptions organiques de l'article susvisé avaient été remplies, a violé cette disposition de loi ;

Par ces motifs, et sans qu'il y ait lieu de statuer sur le 1er moyen ; casse... et renvoie devant la même Cour autrement composée.

30 mars 1893

Paris, le 30 Mars 1893.

SOUS-SECRÉTARIAT D'ETAT
DES COLONIES
1re DIVISION
3e BUREAU

*Régime des vins étrangers
importés dans la colonie*

LE SOUS-SECRÉTAIRE D'ETAT
des Colonies.
à M. le Gouverneur de la Réunion.

Monsieur le Gouverneur,

Par une lettre du 24 janvier dernier, vous avez consulté le Département sur la question de savoir si le droit de consommation à appliquer aux vins étrangers litrant plus de 10° 9/10 alcooliques devait être la taxe de 156.25 perçue en France ou celle en vigueur dans la colonie, soit 300 francs.

J'ai l'honneur de vous informer qu'aux termes de l'art. 3 § 3 de la loi du 11 janvier 1892, les produits étrangers introduits dans les Colonies admises à bénéficier du régime de faveur inscrit au tableau E annexé à la dite loi, sont passibles des mêmes droits que s'ils étaient importés en France.

En vertu de cette disposition, les vins étrangers litrant plus de 10°9, doivent acquitter pour les degrés à partir de 11 inclus la taxe de consommation en vigueur dans la Métropole.

Signé : DELCASSÉ.

23 novembre 1893

COUR DE CASSATION (Chambre Criminelle)

Audience du 23 novembre 1893

LA COUR :

Vu les articles 8 et 9 de l'arrêté du 24 juin 1887 sur les Douanes de la Cochinchine ;

Attendu que d'après l'article 8 de l'arrêté susvisé, aucune marchandise ne peut être débarquée sans un permis de la Douane ; qu'il résulte du procès-verbal, en date du 18 avril 1893, dressé par trois agents européens des Douanes que les inculpés ont débarqué directement les marchandises contenues dans leurs malles sans aucun effet à leur usage personnel et sans permis de la Douane ; qu'ils ont été exonérés des poursuites par le motif que les marchandises qui ne peuvent être débarquées sans permis, sont celles portées au manifeste et accompagnées de connaissements et non celles qui sont renfermées dans les bagages des voyageurs, lesquelles seraient seulement soumises à la déclaration de leur possesseurs ;

Mais attendu que l'article 8 susvisé ne fait aucune distinction ; que l'article 12, à la vérité, indiquant les formalités à remplir par le destinataire ou le consignataire, parle du manifeste et du connaissement, mais que cet article n'autorise en rien le passager à débarquer librement ses marchandises contenues dans ses bagages sans se munir d'un permis de la Douane pour ces objets ;

Attendu qu'en adoptant les motifs des premiers juges, l'arrêt déclare qu'à aucun moment les inculpés n'avaient été interpellés à l'effet de déclarer si leurs bagages contenaient des marchandises ; mais que, d'une part, aucune disposition de l'arrêté susvisé n'exige cette formalité, que d'autre part, l'excuse de bonne foi n'est pas admissible en cette matière ; qu'en décidant le contraire, l'arrêt a formellement violé les articles 8 et 9 de l'arrêté du 24 juin 1887 et faussement appliqué l'article 12 du même arrêté ;

Casse et renvoie devant la même Cour composée d'autres juges.

22 décembre 1893

COUR DE CASSATION (Chambre Criminelle)
Audience du 22 Décembre 1893

LA COUR :

Sur le moyen relevé d'office et tiré de la violation par non application de l'art. 365, 2, du Code d'instruction criminelle en ce que l'arrêt attaqué aurait prononcé cumulativement contre le demandeur 1°) la peine de six mois d'emprisonnement pour délit d'abus de confiance et 2°) celle de cinq jours de prison et 25 frs d'amende pour la contravention en matière fiscale à raison de laquelle il était également poursuivi ;

Attendu que l'art. 365 du Code d'instruction criminelle établit un principe général de pénalité applicable à toutes les infractions atteintes de peines *criminelles ou correctionnelles* qui n'en ont pas été explicitement ou implicitement exceptées, soit par des dispositions particulières du Code pénal ou des lois postérieures à sa promulgation, *soit par le caractère de réparations civiles attaché aux amendes en matière fiscale* ;

Attendu que Maillot ayant été déclaré coupable par l'arrêt attaqué : 1°) d'abus de confiance ; 2°) de transport de gousses de vanille sans expédition, contravention punie de peines correctionnelles par le décret du 13 mars 1874, les seules peines qui pouvaient être légalement prononcées contre le demandeur étaient, d'une part, celles édictées par les articles 406 et 408 du Code pénal et, d'autre part, l'amende fiscale édictée par le décret du 13 mars 1874, à raison du caractère de réparation civile attaché à cette amende, mais que la règle du non cumul des peines en matière criminelle et correctionnelle faisait obstacle à ce qu'une peine d'emprisonnement distincte de celle appliquée à Maillot pour le délit d'abus de confiance fût prononcée contre lui à raison de la contravention déclarée constante à sa charge ; que c'est donc en violation de l'article 365 du Code d'instruction criminelle que l'arrêt attaqué, après avoir condamné Maillot à six mois de prison pour délit d'abus de confiance, a prononcé en outre contre lui une peine de cinq jours d'emprisonnement pour la contravention ; que cette dernière disposition doit donc être annulée ;

Et attendu, quant au surplus, que l'arrêt entrepris est régulier en la forme et que les faits qu'il constate souverainement, justifient la qualification qu'ils ont reçue et les peines de six mois de prison et 25 frs d'amende qui ont été appliquées ;

Par ces motifs,

Casse et annule in parte quâ, par voie de retranchement et sans renvoi, l'arrêt de la Cour d'appel de l'île de la Réunion, en ce qu'il a prononcé à tort contre le demandeur cumulativement avec la peine la plus forte, une peine distincte de cinq jours de prison, toutes les autres dispositions du dit arrêt demeurant expressément maintenues.

31 janvier 1894

CIRCULAIRE du 31 janvier 1894, N° 2385

DIRECTION GÉNÉRALE
DES DOUANES
1re DIVISION
2e BUREAU
ADMISSIONS TEMPORAIRES

Produits exportés à la décharge des comptes d'admission temporaire et destinés à des colonies non soumises au tarif métropolitain.

Paris, le 31 Janvier 1894.

D'après une décision concertée récemment entre le département du Commerce et de l'Industrie et le Sous-Secrétariat d'Etat des Colonies, les produits fabriqués en France avec des matières étrangères introduites sous le régime de l'admission temporaire et exportés à destination des colonies et possessions non soumises au tarif métropolitain, doivent être admis en franchise à leur importation dans ses colonies.

Je prie les Directeurs de porter cette décision à la connaissance du Service et du Commerce.

Le Conseiller d'Etat, Directeur, Général,
Signé : G. PALLAIN

19 février 1894

COUR DE CASSATION (Chambre des Requêtes)

Audience du 19 février 1894

LA COUR :

Sur le moyen unique,

Attendu que l'article 61 de l'arrêté local du 24 juin 1867 concernant le service des Douanes dans la Cochinchine porte que « seront observées pour toutes les règles de procédure à suivre celles « inscrites dans les chapitres 2, 3, 4 et 5 du titre 1er de l'arrêté des contributions indirectes en date du 5 juillet 1883, et qu'aux termes de l'article 41, titre 1er, chapitre 5, de ce dernier arrêté, la prescription est acquise aux redevables, contre la régie, pour les droits que les préposés n'auront pas réclamés dans l'espace d'un an, à compter de l'époque où ils étaient exigibles ;

Attendu que cet art. 41, dont la disposition semble empruntée à l'article 50 de l'arrêté du 1er germinal, an 13, n'indique pas sous quelle forme les droits dûs à la régie doivent être réclamés ; que dans son silence, à cet égard, il faut se référer aux règles du droit commun.

Attendu que, dans l'espèce, l'acte auquel l'administration des douanes et régies prétend faire attribuer l'effet interruptif de la prescription est la sommation par laquelle elle a demandé aux défendeurs éventuels pour droits dûs le paiement de 10.674 frs. 90, en leur notifiant que faute par eux de verser immédiatement cette somme elle recourrait aux voies de droit pour les y contraindre ;

Attendu que l'arrêt attaqué a justement refusé de reconnaître un effet interruptif au simple acte extra-judiciaire dont il s'agit ; qu'en statuant ainsi il n'a nullement violé l'art. 41 de l'arrêté local susvisé et n'a fait qu'une saine application des articles 2244 et 2245 du Code civil ;

Par ces motifs,

Rejette.

8 mars 1894

Sous-Secrétaire d'Etat
des Colonies

1re Division

3e Bureau

Droits de douane sur les bières en bouteilles

LE SOUS-SECRETAIRE D'ETAT
des Colonies

à M. le Gouverneur de la Réunion.

Paris, le 8 Mars 1894.

Monsieur le Gouverneur,

Il résulte des réclamations parvenues au département que les droits de douane qui frappent les bières en bouteilles, sont perçus dans certaines colonies d'une manière irrégulière quant à la base de perception.

J'ai l'honneur de vous informer que le droit doit être appliqué sur le poids cumulé du liquide des bouteilles et des caisses d'emballage.

Toutefois, il y a lieu de déduire des droits liquidés d'après le tarif 3 fr. 75 par hectolitre, représentant le droit de fabrication sur la bière, cette taxe n'existant pas dans la Colonie.

27 avril 1894

COUR DE CASSATION (Chambre Criminelle)
Audience du 27 Avril 1894

LA COUR :

Sur le moyen unique du pourvoi tiré de la violation des articles 14, titre 13, du décret du 22 août 1791, 2 titre 4, du décret du 4 germinal an II, des arrêtés du Gouverneur de la Nouvelle Calédonie des 29 décembre 1892 et 26 janvier 1893, et de l'article 72 § 1 et 3 du décret du 12 décembre 1874, en ce que l'arrêt attaqué a refusé de prononcer contre le prévenu l'amende portée par les articles susvisés des décrets des 22 août 1791 et du 4 germinal, an II, en se basant sur ce que les dits décrets n'auraient pas été promulgués à la Nouvelle Calédonie.

Attendu, en fait, que Nio, poursuivi pour coups et blessures sur la personne du préposé des Douanes Salvin dans l'exercice de ses fonctions, a été condamné à une amende de 50 frs par application des articles 228 et 463 du Code pénal, mais que le Tribunal supérieur de Nouméa a refusé de lui faire application de l'amende de 500 frs prévue par les articles 14, titre XIII, et 2 titre IV des dits décrets, pour opposition à l'exercice du même préposé ;

Attendu, en droit, d'une part, que l'article 3 § 3 de la loi du 11 janvier 1892 a eu pour but unique et pour seul résultat de substituer les tarifs métropolitains sur les produits étrangers importés dans les colonies, les possessions françaises et les pays de protectorat de l'Indo-Chine et les règlements en vigueur dans la mère-patrie qui en déterminent les bases, les exceptions, les tempéraments et les échéances aux droits qui étaient antérieurement perçus, sur les dits produits dans ces diverses possessions, et aux règlements coloniaux qui en établissaient les bases, mais que ni ce texte, ni aucun autre de la loi susvisée ne rend applicable dans les colonies et autres établissements français la législation douanière métropolitaine relative aux pénalités ;

Attendu, d'autre part, qui si aux termes des articles 1er du décret du 30 janvier 1867 et 32 du décret du 12 décembre 1874, le gouverneur de la Nouvelle-Calédonie statue sur l'assiette, le tarif, les règles de perception et le mode de poursuite des taxes et contributions publiques, ces textes établissent une exception expresse à l'égard des droits de douane qui échappent aux pouvoirs du gouverneur et ne peuvent être réglés que par des décrets ; que l'article 72, § 3, du décret susvisé du 12 décembre 1874, porte enfin que « les lois, ordonnances et décrets de la Métropole ne peuvent être promulgués dans la colonie qu'autant qu'ils y ont été rendus exécutoires par un décret du Chef de l'Etat » ;

Attendu que la législation douanière métropolitaine sur les pénalités n'a pas été rendue exécutoire à la Nouvelle-Calédonie par un décret du Président de la République ; que le Gouverneur de cette

colonie ne pouvait donc l'y promulguer ni en en publiant intégralement le texte au bulletin officiel, ni en déclarant sommairement
dans un arrêté qu'elle y serait désormais applicable, après avoir
estimé qu'étant depuis longtemps publiée en France, il n'était pas
utile de l'insérer textuellement au *Journal Officiel* colonial ;

D'où il suit qu'en refusant de condamner Nio à l'amende de
500 frs édictée par les articles 14, titre XIII, du décret du 22 août
1791, et 2, titre IV, du décret du 4 germinal an 2, l'arrêt attaqué
n'a violé ni les dits articles, ni les arrêtés susvisés du gouverneur
de la Nouvelle-Calédonie, ni l'article 72 du décret du 12 décembre
1874,

Et attendu, d'ailleurs, que cet arrêt est régulier en la forme ;
Rejette.

15 juin 1894

COUR DE CASSATION (Chambre Criminelle)
Audience du 15 juin 1894

LA COUR :

Vu l'identité des affaires soumises à son examen par les 31
pourvois du Procureur général près la Cour d'appel de Saïgon et
l'identité du moyen présenté à l'appui de ces pourvois, joint les dits
pourvois et statuant par un seul et même arrêt :

Sur le moyen unique pris de la fausse interprétation des décrets
des 7 janvier 1867, 6 mars et 20 septembre 1877 et 21 avril 1891, déterminant le pouvoir du Gouverneur général de l'Indo-Chine, et,
par suite de la violation par refus d'application des articles 1 et 3
de l'arrêté du 7 mai 1892, règlementant l'importation en Cochinchine ; des bois provenant du Cambodge et de l'article 25 de l'arrêté du 12 avril 1893 concernant le régime forestier en Cochinchine ;
en ce que les arrêts attaqués auraient à tort déclaré caduques, faute
d'avoir été converties en décret dans le délai de six mois, les dispositions de l'arrêté du 7 mai 1892 édictant comme sanction de ses
prescriptions, des peines supérieures aux peines de police :

Attendu, en droit, qu'il résulte du texte des décrets visés par le
demandeur, que le Gouverneur général de l'Indo-Chine est autorisé
à déterminer par arrêté pris au Conseil d'administration l'assiette,
le tarif, les règles de perception et le mode de poursuite des taxes
et contributions publiques, à l'exception des droits de Douane qui
doivent être réglés par des décrets, et que les arrêtés qu'il rend
en ces matières doivent être immédiatement soumis à l'approbation
du Ministre des Colonies et sont provisoirement exécutoires, sans
que le décret du 30 janvier 1867, qui lui confère ces pouvoirs, ait
déterminé le délai dans lequel l'approbation ministérielle des dits
arrêtés devra intervenir ;

Attendu qu'en matière pénale, à raison de l'éloignement où
l'Indo-Chine se trouve de la Métropole, et de la nécessité qu'il peut
y avoir, en certains cas, à édicter d'urgence des mesures de répression indispensables pour assurer l'obéissance aux prescriptions de
l'autorité, le Gouverneur général a été également investi de pouvoirs exceptionnels ; que les décrets du 6 mars 1877, art. 3 § 2, et
du 20 septembre de la même année lui confèrent le droit de sanc-

tionner ses arrêtés par des pénalités supérieures aux peines de simple police, mais qu'en cette matière, qui touche à la liberté des citoyens, ces mêmes décrets ont pris soin de limiter strictement ces pouvoirs, et quant à la quotité de la peine qui pourra être ainsi édictée par simple arrêté, et quant à la durée de la validité des dispositions pénales ainsi prises, lorsqu'elles n'auraient pas été converties en décret ; qu'ils disposent, en effet, que le Gouverneur a, pour régler les « matières d'administration, et pour l'exécution des « lois, décrets et règlements promulgués dans la Colonie, conservé « exceptionnellement le droit de rendre des arrêtés et décisions, avec « pouvoir de les sanctionner par 15 jours de prison et 100 francs « d'amende, et que toutes les fois que les peines pécuniaires ou cor- « porelles excèderont celles du droit commun en matière de contra- « ventions, les règlements, dans lesquels elles seront prévues, de- « vront, dans un délai de six mois, passé lequel ils seront caducs, « être convertis en décrets par le Chef de l'Etat ; »

Attendu que le texte de ces deux décrets est net et précis ; qu'il en résulte que toutes les dispositions des arrêtés pris par le Gouverneur et édictant des peines supérieures aux peines de simple police, doivent sous peine de caducité, être soumises au contrôle du gouvernement de la métropole, et converties en décrets dans le délai de six mois ; que vainement le demandeur soutient que les décrets des 6 mars et 20 septembre 1877, en tant qu'ils limitent les pouvoirs du Gouverneur en matière pénale, auraient été implicite- ment abrogés par le décret du 21 avril 1891, aux termes duquel « le « Gouverneur Général organise les services de l'Indo-Chine et rè- « gle leurs attributions » ; que cette abrogation prétendue ne résul- te aucunement des termes de ce dernier décret ; qu'elle serait d'ail- leurs contraire à l'esprit de toute notre législation coloniale, laquel- le, en conférant aux Gouverneurs de nos Colonies des pouvoirs exor- bitants du droit commun, n'a nullement entendu affranchir leurs actes du contrôle effectif et réel du gouvernement de la métropole ,

Et attendu en fait que les 31 prévenus étaient poursuivis pour avoir à diverses dates toutes postérieures au 7 novembre 1892, con- trevenu à un arrêté du Gouverneur général de l'Indo-Chine en date du 7 mai 1892, dont l'article 1er interdit l'importation du Cambodge en Cochinchine de tout arbre n'ayant pas au moins les dimensions exigées dans ce dernier pays pour les bois de même essence de pro- venance locale et dont l'art. 3 entraîne, pour toute contravention à ces prescriptions, l'application des peines édictées par l'article 25 de l'arrêté du 12 avril 1893, sur le régime forestier en Cochinchine, c'est-à-dire la confiscation des bois saisis, d'une amende dont le taux varie, suivant le nombre, la nature et l'essence des bois, et d'un em- prisonnement de 8 jours à 2 mois ;

Attendu que cet arrêté, édictant des peines supérieures à celles de simple police, devait, par application des décrets des 6 mars et 20 septembre 1877, être converti en décret dans le délai de six mois, sous peine de caducité ; qu'aucun décret n'étant intervenu dans ce délai, c'est avec raison que les arrêts attaqués ont déclaré que les dispositions pénales édictées par le dit arrêté étaient devenues cadu- ques, et que, par suite, les contraventions poursuivies étaient dé- pourvues de toute sanction pénale ; qu'en statuant ainsi, et sans

qu'il fût besoin de rechercher si les matières réglées par l'arrêté du
7 mai 1892 ne constituaient pas des questions douanières qui, aux
termes du décret du 30 janvier 1867, ne peuvent être réglées que par
décrets, les arrêts entrepris, loin de violer les décrets visés par les
pourvois, en ont fait, au contraire, une exacte et saine interprétation ;

Par ces motifs,

Rejette les pourvois formés par le Procureur général près la
Cour d'Appel de Saïgon contre les 31 arrêts de cette Cour, Chambre
correctionnelle, en date des 9 et 16 septembre, 16 et 23 décembre
1893, 6 et 20 janvier 1894, qui ont renvoyé des fins de la poursuite
sans dépens, les nommés Nguyen-Van-Minh et autres.

15 novembre 1894

COUR DE CASSATION (Chambre Criminelle)
Audience du 15 novembre 1894

LA COUR :

Sur le moyen pris de la violation de l'art. 1er de la loi du 30
août 1883, en ce que l'arrêt n'aurait pas été rendu par des magistrats délibérant en nombre impair ;

Attendu qu'il est de principe que les lois et règlements en
vigueur en France ne sont pas, à moins d'une disposition spéciale,
applicables dans les colonies ;

Attendu que la loi du 30 août 1883, n'a statué que pour les
cours et tribunaux de la Métropole et, dans certaines seulement de
ses dispositions, pour la Cour d'Appel et les tribunaux d'Algérie ;

Attendu que son article 1er, d'après lequel les magistrats des
Cours d'appel doivent délibérer en nombre impair, n'a pas été l'objet
d'une promulgation spéciale à la Martinique et qu'au contraire la
loi du 16 avril 1890, sur l'organisation judiciaire de la Martinique,
la Guadeloupe et la Réunion, a gardé le silence sur ce sujet et a
même maintenu en son art. 10 les dispositions des lois, décrets et
règlements non contraires ;

Attendu, dès lors, que l'article 1er de la loi du 30 août 1883 n'est
pas applicable à la Martinique et que le moyen est mal fondé ;

Et attendu d'ailleurs que l'arrêt est régulier en la forme et que
les faits souverainement constatés par la Cour d'Appel justifient la
qualification qu'ils ont reçue et la peine appliquée :

Rejette.

16 février 1895

DECRET
*portant application aux Colonies de divers lois, arrêtés et décrets
relatifs aux douanes, précédé d'un rapport au Président de la
République française (Off. du 23 février 1895)*

Paris, le 16 février 1895.

Monsieur le Président,

La Section des Finances de la guerre, etc... du Conseil d'Etat
a émis, le 17 janvier 1893, l'avis que l'article 17 de la loi du 11
janvier 1892 avait supprimé la faculté, conférée aux Conseils géné-

raux des Colonies par le Senatus-consulte du 4 juillet 1866 et le décret du 11 août suivant, de fixer, sauf approbation par décret, les règles d'assiette et de perception des droits de douane.

Les considérants qui précèdent cet avis admettent que les tarifs de douane de la Métropole étendus aux Colonies y emportent *ipso-facto* toutes les règles en vigueur en France sur l'assiette et les règles de perception de ces droits. Comme il avait été admis jusqu'ici que l'autorité qui a qualité pour fixer les règles de perception d'un impôt est également compétente pour établir les pénalités à appliquer aux contrevenants à ces règles, le département avait pensé que les peines en vigueur en France étaient aussi applicables aux Colonies ?

Or il résulte d'un arrêt de la Cour de Cassatino en date du 27 avril 1894, intervenu à la suite formé par l'administration des douanes d'une de nos colonies, qu'il n'en est pas ainsi et que la législation douanière métropolitaine sur les pénalités n'est pas exécutoire dans les Colonies.

Dans ces conditions, les Conseils généraux, ayant, d'après l'avis précité du Conseil d'Etat, perdu les attributions qu'ils tenaient à cet égard du Senatus-consulte du 4 juillet 1866 ou des actes analogues pour les colonies régies par des décrets, on peut se demander qu'elle est maintenant l'autorité compétente.

Je pense d'abord, avec la Section des Finances, etc... du Conseil d'Etat, qu'il convient de se référer à cet égard à l'article 6 du Senatus consulte du 3 mai 1854, aux termes duquel, « des décrets rendus dans la forme des règlements d'administration publique statuent : 1° sur la législation en matière civile, correctionnelle et de simple police.... » ; comme, d'autre part, il serait utile de rendre la législation douanière uniforme dans les colonies, en y appliquant les règlements observés en France, il suffit, d'après l'article 8 du même Senatus-consulte, d'en ordonner, par décret, la promulgation dans chacune d'elles.

L'examen des principaux textes qu'il est nécesasire de rendre exécutoire aux Colonies a permis de constater qu'ils pouvaient être promulgués sans modifications. On se trouve dès lors placé dans la seconde des deux alternatives mentionnées ci-dessus ; j'ai, en conséquence, fait préparer dans le sens qui vient d'être indiqué le projet de décret ci-joint, que j'ai l'honneur de soumettre à votre signature.

Veuillez agréer, Monsieur le Président, l'hommage de mon profond respect.

Le Ministre des Colonies,
CHAUTEMPS.

Le Président de la République française.

Sur le rapport du Ministre des Colonies,

Vu le Senatus-consulte du 3 mai 1854, notamment les articles 8 et 18 ;

Vu la loi du 11 janvier 1892 portant établissement du tarif général des Douanes ;

Vu l'avis de la section des Finances, de la Guerre, de la Marine, et des Colonies du Conseil d'Etat,

Décrète :

Article 1er. — Les lois, arrêtés et décrets désignés ci-après, relatifs aux douanes, sont rendus applicables aux colonies, aux possessions françaises et aux pays de protectorat de l'Indo-Chine dans lesquels la loi du 14 janvier 1892 est en vigueur, savoir :

Décrets des 6, 22 août 1791 sur les douanes — Titre II, articles 1, 2, 3, 4, 5, 6, 7, 8, 9, 12, 13, 18, 20, 21, 22, 26, 30, — Titre III, articles 2 à 16 inclus — Titre V, articles 1, 2, 3, 4. — Titre VI articles 1 et 3. — Titre VII, articles 6 et 7 — Titre XI, articles 1 et 2 — Titre XII, articles 1, 2, 3, 4, 5, 6, 8, et 9 — Titre XIII, articles 8, 9, 10, 11, 14, 18, 19, 20, 22, 23, 24, 25, 31, 32, 33, 35, 36, 37, 38, 39, et 40.

Décret du 23 septembre, 19 octobre 1891, relatif aux eaux de vie de grains dites de genièvre, article 5.

Décret du 4 germinal, an II, relatif au commerce maritime et aux douanes. Titre II, articles 1, 2, 3, 5, 7, 8 et 10 — Titre III, articles 2, 4, 5, 7. — Titre IV, article 2 — Titre VI, articles 1, 4, 7, 10, 11, 15, 16, 17, 18, 20, 22 et 23 — Titre VII, article 14.

Décret du 14 fructidor, an III, qui modifie plusieurs dispositions du décret du 4 germinal, an II, relatif aux douanes, articles 6, 7, 8, 10, 11 et 12.

Arrêté du Directoire exécutif, du 8 nivôse, an IV, contenant des mesures pour réprimer les désordres occasionnés par la contrebande, articles 1, 2 et 3.

Loi du 9 floréal, an VII sur le tarif des douanes — Titre IV, articles 1 et 17.

Arrêté du 14 fructidor, an X, qui autorise l'administration des douanes à faire des transactions, article 1er.

Loi du 9 floréal, an IX, relative aux douanes — Titre VIII, articles 74, 75, 76 et 83.

Loi du 13 floréal, an IX, relative aux jugements des contrebandiers, articles 2, 3, et 6.

Arrêté du 4e jour complémentaire, an IX, qui prescrit de nouvelles mesures pour réprimer les délits concernant l'introduction des marchandises, articles 3, 6, 9 et 10.

Décret du 20 septembre 1809, rendu en exécution de la loi du 16 septembre 1807 articles 1 et 2.

Décret du 8 mars 1811, contenant de nouvelles dispositions pour prévenir ou réprimer l'introduction de marchandises prohibées, articles 1 et 2.

Décret du 1er septembre 1811, relatif à la vente, en cas de saisie pour contravention à la loi sur les douanes, des chevaux, mulets et autres moyens de transport des marchandises et des objets de consommation susceptibles de se détériorer, articles 1, 2 et 3.

Avis du Conseil d'Etat, du 29 octobre 1811, inséré au bulletin des lois, sur l'hypothèque résultant des contraintes décernées par l'administration des douanes.

Loi du 17 décembre 1814, relative aux douanes, articles 5, 6, 8, 9 et 15.

Loi du 28 avril 1816, sur les finances — Titre IV, articles 25, 31, 38, et 39 — Titre V, articles 41, 42, 43, 44, 45, 46, 47, 48, 51, 52, 53, et 58.

Loi du 27 mars 1817, relative aux douanes, articles 12, 13, 14, et 15.

Loi du 21 avril 1818 sur les douanes. Titre VI, articles 34, 35, 36, 37, 38, 39 et 40 — Titre VII, articles 61 et 65.

Loi du 7 juin 1820 sur les douanes, article 15.

Loi du 27 juillet 1822 sur les douanes, articles 12, 13, 14 et 16.

Loi du 17 mai 1826, relative aux douanes, articles 24 et 21.

Loi du 9 février 1832 sur le transit et les entrepôts — Titre I, articles 6, 7, 8, et 12 — Titre II, articles 19, 21 et 22.

Loi du 27 février 1832, relative à la création facultative d'entrepôts — Titre 1er, article 4 et 8.

Loi du 2 juillet 1836 sur les douanes. Section 4, articles 7 et 10.

Loi du 5 juillet 1836 sur les douanes. Section 2, articles 2, 3, 7.

Loi du 19 mars 1852, concernant le rôle d'équipage et les indications des bâtiments et embarcations exerçant une navigation maritime, articles 6, 8 et 11.

Loi du 16 mai 1863, relative aux douanes, articles 17 et 19.

Loi du 21 juin 1873 sur les contributions indirectes, articles 1 et 3.

Loi du 2 juin 1875, relative à des mesures de surveillance et de répression en matière de douanes, articles 1, 2, 3 et 4.

Article 2. — Le Ministre des Colonies est chargé de l'exécution du présent décret.

Fait à Paris, le 16 Février 1895,

FÉLIX FAURE.

Par le Président de la République,

Le Ministre des Colonies

CHAUTEMPS.

16 mai 1895

COUR DE CASSATION (Chambre Criminelle)

Audience du 16 mai 1895.

LA COUR :

Statuant sur le pourvoi du Procureur général, chef du service judiciaire au Tonkin, contre un arrêt du 10 décembre 1894, par lequel la Cour criminelle d'Hanoï s'est déclarée incompétente pour connaître d'une poursuite intentée à un certain nombre de sujets annamites à raison de vols qualifiés, meurtres et tentatives de meurtre commis au préjudice d'autres Annamites et de Chinois ;

Sur le moyen tiré de la violation des articles 4, 9, 11 et 22 du décret du 28 février 1890, en ce que l'arrêt attaqué a décidé que ce décret n'avait pas été promulgué au Tonkin et que les tribunaux français sont, en conséquence incompétents pour juger les crimes commis sur la concession de Hanoï par des Annamites au préjudice d'autres Annamites et de Chinois.

Vu le dit décret ; vu le décret du 8 septembre 1888 portant organisation de la justice au Tonkin, ensemble les décrets des 14 janvier 1865, art. 1er, 3 octobre 1883, art. 1er, et 17 août 1881, art 2 ;

Attendu qu'aux termes des décrets des 14 janvier 1865 et 3 octobre 1883 susvisés, les lois, décrets, arrêtés et règlements ne sont

autorisés en Cochinchine, et par suite au Tonkin (auquel la législation en vigueur en Cochinchine a été étendue par le décret du 17
août 1881, art. 2, et à nouveau par l'art. 13 du décret de 1888),
qu'après y avoir été promulgués par le Gouverneur général ; qu'il
est constant que le décret du 28 février 1890, uniquement promulgué
et publié en France, n'a pas été promulgué au Tonkin et qu'on ne
saurait considérer comme équivalant à une promulgation, ainsi que
le soutient le pourvoi, le fait que le Gouverneur général ait postérieurement promulgué deux autres décrets dans les visas desquels
le décret de 1890 figure ;

Et attendu que l'arrêt attaqué, en refusant de connaitre d'une
poursuite criminelle où n'étaient intéressés que des sujets annamites
et des chinois, n'a fait que se conformer aux dispositions des articles 3, 4 et 7 du décret du 8 septembre 1888, qui règle seul encore
la matière au Tonkin.

Par ces motifs,
"Rejette.

COUR DE CASSATION (Chambre Criminelle)
Audience du 21 juin 1895

LA COUR :

Vu la lettre de M. le Garde des Sceaux, en date du 27 avril
1895 ;

Vu les réquisitions écrites de M. le Procureur général du 20
mai 1895 ;

Vu l'art. 18 du sénatus-consulte du 3 mai 1854 et l'art. 2 du décret du 4 octobre 1889 ;

Vu l'art. 441 du Code d'instruction criminelle :

Attendu que l'art. 18 du sénatus-consulte susvisé, dispose que
les colonies autres que la Martinique, la Guadeloupe et la Réunion,
seront régies par décret du Chef de l'Etat jusqu'à ce qu'il ait statué
à leur égard par un sénatus-consulte ; que cette disposition s'applique à la Guyane ; qu'elle n'a pas cessé d'être en vigueur et qu'ainsi
les décrets du Chef de l'Etat font loi dans cette colonie ;

Attendu que l'art. 2 § 2 du décret du 4 octobre 1889, qui constitue des tribunaux maritimes spéciaux dans les colonies affectées à
la transportation des individus condamnés aux travaux forcés, attribue compétence aux dits tribunaux pour le jugement de tous les
individus, prévenus de complicité dans l'évasion ou la tentative
d'évasion des condamnés aux travaux forcés et des libérés ;

Attendu que cette disposition est claire et précise ; qu'elle n'excède pas le pouvoir qui appartient au Chef de l'Etat aux termes du
sénatus-consulte précité ;

Attendu que le § 3 dudit article 2 du décret du 4 octobre 1889,
dont la décision attaquée a cru pouvoir tirer argument, ne contredit
pas le § 2 qui le précède ; que ce § 3, en effet, se borne à régler la
compétence en cas de crimes ou de délits commis de complicité par
des individus justiciables des Conseils de guerre et par des condamnés aux travaux forcés ; qu'il ne touche en rien au cas spécial de

complicité d'évasion imputable à ces individus qui ne sont pas justiciables desdits conseils.

Par ces motifs,

Casse, tant dans l'intérêt de la loi qu'au regard du condamné... et renvoie devant le même Conseil autrement composé.

2 juillet 1895

COUR DE CASSATION (Chambre des Requêtes)
Audience du 2 juillet 1895

LA COUR :

Sur le moyen unique :

Attendu que l'art. 10 de la loi du 14 fructidor, an III porte que les tribunaux, qui connaissent en première instance des saisies, jugeront également en première instance les contestations concernant le refus de payer les droits, le non-rapport des acquits à caution et les autres affaires relatives aux douanes ; que cette disposition s'applique non seulement aux litiges suscités par le recouvrement des droits de douane proprement dits, mais encore à ceux que soulève la perception des droits de navigation opérée au profit du Trésor par l'administration des douanes ; qu'en effet, les lois de finances classent, chaque année, à la suite des droits de douane, sous la rubrique produits de douane, les droits de navigation parmi lesquels figurent les droits de quai et les droits sanitaires ; que le tarif général des douanes comprend sous les mêmes dénominations ces divers droits et considère aussi les derniers comme les accessoires des premiers ;

Attendu que l'art. 9 de la loi du 30 janvier 1893 a étendu aux taxes perçues par la Régie des douanes pour le compte des communes et des Chambres de commerce l'application de l'art. 10 de la loi du 14 fructidor, an III en les assimilant aux droits de douane pour les règles de compétence et de procédure en cas de contestation sur l'application des tarifs ; qu'en se déclarant, par suite, dans l'espèce, compétent pour statuer sur les demandes en restitution, tant des droits de quai et des droits sanitaires, que des droits de péage et de sauvetage dont il a été saisi par la Compagnie des Chargeurs Réunis, ce tribunal n'a pu violer les articles de la loi du 7 septembre 1790 et de la loi du 5 ventôse, an XII, qui sont relatifs aux contestations en matière de contributions indirectes et qu'il n'a fait qu'une exacte application de l'art. 10 de la loi du 14 fructidor, an III ;

Rejette.

6 juillet 1895

COUR DE CASSATION (Chambre Criminelle)
Audience du 6 juillet 1895

LA COUR :

Vu le décret du 4 janvier 1867 ; vu le décret du 30 août 1877 et spécialement les articles 3, 4 et 5 dudit décret ;

Attendu que l'art. 3 du décret du 30 août 1877 impose au capitaine l'obligation d'inscrire toute marchandise au manifeste, lequel doit être déposé dans les 24 heures de son arrivée sous peine de 100 francs d'amende ; que la déclaration de détail est, en outre, prescrite par les art. 4 et 5 sous peine de 15 à 50 fis d'amende et de confiscation ;

Attendu en fait qu'il résulte des constatations du procès-verbal que 119 fûts contenant 261 hectolitres 80 litres de vin ont été importés dans la colonie sans inscription au manifeste du capitaine ;

Attendu que le capitaine Thémoy, poursuivi à raison de l'omission de cette formalité, a été absous par le motif que l'obligation prescrite par le § 1er de l'art. 3, serait dépourvu de sanction et que, dans tous les cas, il y aurait été suppléé par la déclaration faite par le préposé du destinataire ;

Mais attendu que l'omission d'une marchandise sur le manifeste du capitaine, lequel doit être déposé dans les 24 heures de l'arrivée du capitaine, a pour conséquence, pour cette marchandise, encore qu'elle soit plus tard déclarée, son introduction sans dépôt du manifeste ; que par suite, cette infraction doit être punie de la peine édictée pour le non dépôt du manifeste par le § 2 du même art. 3 ,

Attendu, d'autre part, que la formalité de la déclaration de détail prescrite par les art. 4 et 5, ne doit pas être confondue avec celle de l'art. 3, imposée au capitaine personnellement ; que ces deux formalités punies de peines distinctes, ne sauraient se suppléer l'une par l'autre : qu'en décidant le contraire, l'arrêt du conseil d'appel de Saint-Pierre et Miquelon a contrevenu aux articles susvisés ;

Casse..... et renvoie devant la Cour de la Guadeloupe.

9 juillet 1895

COUR DE CASSATION (Chambre des Requêtes)
Audience du 9 juillet 1895

LA COUR :

Sur le moyen unique du pourvoi ;

Attendu qu'aux termes de l'article 2 du sénatus-consulte du 4 juillet 1866, réglant la constitution des colonies de la Martinique, de la Guadeloupe et de la Réunion, les tarifs de douane votés par le Conseil sur les produits étrangers importés dans la Colonie, sont rendus exécutoires par décret du Chef du pouvoir exécutif, le Conseil d'Etat entendu ; qu'il résulte des constatations de l'arrêt attaqué que la taxe votée le 22 décembre 1889, sous le nom de taxe de consommation, par le Conseil général de la Martinique, sur les bœufs introduits dans la colonie, n'était point une taxe ordinaire rentrant dans les attributions exclusives de l'autorité locale, et pouvant être rendue exécutoire par un arrêté du gouverneur ; qu'elle avait, au contraire, tous les caractères d'une véritable taxe de douane ; que, portant en effet, sur des marchandises provenant tant de la Métropole que de l'étranger, à l'exclusion des produits similaires de l'intérieur, elle jouait à l'égard de ceux-ci le rôle d'un droit différentiel, ayant pour résultat de protéger la production locale ; qu'elle atteignait, en outre, la consommation générale du pays et affectait, au point de vue du commerce, les relations de la colonie avec l'extérieur ; qu'en déclarant illégale la perception de cette taxe, non approuvée par le pouvoir métropolitain, l'arrêt attaqué, loin de violer les textes susvisés, en a fait au contraire, une juste application ;

Sur les conclusions susbsidiaires tendant à la restitution de l'amende :

Attendu que la Colonie de la Martinique ne représente pas dans la cause l'État français ; qu'elle a agi dans son intérêt particulier et ne saurait être assimilée aux agents publics de l'État dont parle l'art. 420 du Code d'instruction crim., qu'il n'y a donc pas lieu de la dispenser de l'amende ;

Par ces motifs,

Rejette.

13 septembre 1895

Dépêche Ministérielle

A. S. du mode d'application aux Colonies des lois, modifiant le tarif général des Douanes

Paris, le 13 Septembre 1895.

Messieurs,

Mon attention a été récemment appelée sur la question suivante :

La loi du 11 janvier 1892 a établi l'assimilation douanière sauf pour certains articles de la Métropole et de la plupart de nos colonies. En conséquence, tous les changements de tarifs votés pour la France, sont applicables à ces Colonies. Mais, le sont-ils de plano, dès l'arrivée du *Journal Officiel* où la promulgation par le Gouverneur est-elle indispensable ?

Après avoir pris l'avis du Comité consultatif du Contentieux institué près de mon Département, j'estime que la promulgation par le Gouverneur, exigée par les ordonnances royales de 1825, et de 1833, est nécessaire en l'espèce.

Les textes étant muets sur la question subsidiaire du délai dans lequel cette formalité doit être remplie, je vous prie de veiller, afin d'assurer la stricte exécution de la loi, à ce que la promulgation suive immédiatement l'arrivée du *Journal Officiel* dans la colonie.

L'insertion de la présente circulaire au bulletin officiel de la Colonie, tiendra lieu de notification.

Le Ministre des Colonies,

Signé : CHAUTEMPS

8 novembre 1895

COUR DE CASSATION (Chambre Criminelle)
Audience du 8 novembre 1895

LA COUR :

Attendu que Curel et autres, condamnés solidairement à 500 fr. d'amende par le juge de paix à compétence étendue de Souk-Ahras, pour exercice illégal de la pharmacie, ont fait appel devant le tribunal correctionnel de Guelma qui a rendu un jugement confirmatif le 21 juin dernier ;

Attendu que les sus-nommés s'étant pourvus en Cassation le 24 juin, ont consigné le même jour entre les mains du receveur de l'enregistrement de Guelma, une somme principale de 150 frs, conformément à la disposition de l'art. 419 C. inst. crim., et 15 frs montant d'un seul décime ;

Attendu que cette consignation est insuffisante : qu'en effet, par application de la règle établie par l'art. 58 de la loi du 28 avril 1816, les deux décimes et demi dont la perception est ordonnée par les lois des 23 août 1871 et 30 décembre 1873 sont exigibles en Algérie et dans les colonies au même titre qu'en France, comme formant une partie intégrante de l'amende de cassation et doivent être entièrement compris dans la consignation ; d'où il suit que la somme consignée devait s'élever à 187 frs 50 et que faute d'avoir fait le versement intégral de cette somme, les demandeurs n'ont pas satisfait aux prescriptions des lois sus-visées et ont encouru la déchéance de leur pourvoi ;

Par ces motifs,

Déclare les demandeurs déchus de leur pourvoi.

17 février 1896

COUR DE CASSATION (Chambre des Requêtes)
Audience du 17 février 1896

LA COUR :

Sur le premier moyen :

Attendu qu'il est disposé par les articles 50 à 53 du décret des 17 mars et 16 mai 1885 que les agents des contributions diverses de la Martinique, sont chargés du recouvrement des taxes sur les spiritueux ; que les redevables doivent être poursuivis par la voie de la contrainte ; que les oppositions aux contraintes doivent contenir assignation à jour fixe devant le tribunal et que les contestations seront jugées et instruites conformément aux articles 88 et 89 de l'ordonnance du 31 décembre 1888 sur l'enregistrement dans la colonie ; que ces dispositions ne s'accordent pas avec la nécessité d'une autorisation du Conseil général de la colonie pour que le Directeur de l'Intérieur chargé par le décret organique du 9 février 1827, article 10 § 43, de la perception de tous les impôts, puisse défendre à l'opposition faite aux contraintes et en poursuivre l'exécution et qu'on ne peut appliquer à une matière fiscale régie par une législation spéciale le § 5 de l'article 1er du Senatus consulte du 4 juillet 1866 ; qu'il n'est d'ailleurs pas admissible que le Conseil général de la Colonie, après qu'il aurait voté une taxe, devenue, en vertu d'un décret, obligatoire pour tous, conserve la faculté d'en faire remise à un redevable en n'autorisant pas les poursuites dirigées contre lui, qu'ainsi c'est à bon droit que l'arrêt attaqué a déclaré recevables, sans qu'elle ait été autorisée par le Conseil général, la défense et la poursuite à tous les degrés de juridiction exercée par le Directeur de l'Intérieur à la Martinique pour le recouvrement des 18.273 frs de droits sur des spiritueux, dûs par le demandeur en cassation ;

Sur le deuxième moyen :

Attendu qu'il est déclaré par l'arrêt attaqué que les droits pour lesquels contrainte avait été décernée contre Quennesson étaient dûs ; qu'il n'y avait lieu dès lors à restitution, ni par conséquent à aucune compensation ; que c'est donc avec raison que l'arrêt, sans rechercher quelle pouvait être la valeur de la délibération par laquelle le Conseil général de la Martinique avait alloué à titre gracieux à Quennesson, une somme égale au montant de sa dette, a repoussé une compensation inopposable en droit à la créance d'une administration publique spéciale ;

Sur le troisième moyen :

Attendu qu'aux termes de l'article 88 de l'ordonnance du 31 décembre 1828, rendue applicable par l'article 53 du décret du 17 mars 1885 aux contestations en matière de droit sur les spiritueux à la Martinique, l'instruction doit se faire non par de simples mémoires et sans plaidoiries, mais dans les formes prescrites par le Code de procédure civile lorsque l'instance a pour objet une saisie immobilière ;

Attendu en fait, que la contrainte décernée contre Quennesson avait été malgré son opposition, validée et que l'instance actuelle s'est ouverte sur opposition faite par le dit Quennesson au commandement qui en avait été la suite, et tendait à saisie immobilière . que c'est donc à bon droit que la procédure ordinaire a été suivie dans l'instance dont s'agit ;

Rejette.

13 mars 1896

COUR DE CASSATION (Chambre Criminelle)

Audience du 13 mars 1896

LA COUR :

Sur le moyen pris de la fausse application de l'article 192, C. Inst. Cr. et de la violation de l'article 202 du même Code.

Attendu en fait qu'il résulte d'un procès-verbal régulier que John Eneric et Thomas Richard auraient troublé des préposés des Douanes dans l'exercice de leurs fonctions, que John Eneric se serait de plus opposé à cet exercice et qu'en même temps l'un et l'autre auraient dirigé des violences et voies de fait contre ces préposés dans l'exercice de leurs fonctions ; que tous les deux ayant été, pour les dites violences et voies de fait, traduits devant le tribunal correctionnel de Cayenne, l'Administration des douanes s'est portée partie civile à l'effet d'obtenir les amendes déterminées par les lois du 22 août 1791, titre XIII, art. 14 et du 4 germinal, an II. titre IV, art. 2 ; que l'un et l'autre ayant été acquittés, l'administration des douanes a seule fait appel, et que l'arrêt attaqué a déclaré cet appel irrecevable par ce motif qu'aux termes de l'art. 192 du Code d'instruction criminelle. le tribunal correctionnel qui est saisi tout ensemble d'un délit et d'une contravention, statue en dernier ressort sur la contravention ;

Attendu en droit que l'art. 192 ne se réfère qu'aux contraventions punies de peines de simple police ; que les amendes établies par les lois de 1791 et de l'an II. présentent le caractère de réparations civiles plutôt que de peines et ne peuvent être poursuivies que par voie d'action civile ; que si, en principe, cette action est de la compétence des juges de paix, il n'en est plus ainsi lorsque, comme dans l'espèce, le trouble et l'opposition à l'exercice ont été accompagnés d'un délit, et que l'action publique née de ce délit a été portée devant le tribunal correctionnel ; qu'en pareil cas l'action civile qui compète à l'administration des douanes, n'est plus qu'un accessoire de l'action publique et doit être intentée devant les mêmes juges, mais que le tribunal correctionnel ne connaît du tout qu'en premier ressort, et que la faculté d'appeler, que l'art. 202 du Code d'instruction criminelle, accorde à toute partie civile quant à ses intérêts civils, appartient alors à l'administration des douanes, et cela soit que le ministère public use ou n'use pas de son droit d'appel en ce qui concerne l'action publique ;

Et attendu qu'il suit de ces principes que le Tribunal supérieur de Cayenne, ayant expressément reconnu que l'appel de l'administration des douanes était régulier en la forme, n'a pu le déclarer non recevable qu'en faisant une fausse application de l'article 192, code inst. crim. et en violant l'art. 202 du même Code ;

Par ces motifs,

Casse.... et renvoie les parties devant le même tribunal composé d'autres juges.

22 juillet 1896

COUR DE CASSATION (Chambre des Requêtes)

Audience du 22 juillet 1896

LA COUR :

Sur le moyen unique du pourvoi pris de la violation et de la fausse application des art. 1134 C. civ., 190 et 191 C. com. 1 et suivants et 5 de la loi des 10-22 décembre 1874, 2 et suivants de la loi du 27 vendémiaire, an II.

Attendu que pour décider si le chaland désigné sous le nom de chaland n° 1 et vendu en cours de construction avait la qualité de bâtiment de mer, la Cour de Rennes a pu charger un expert de rechercher si, par sa forme et ses dimensions, ce chaland était apte à naviguer en mer et s'il faisait un service de navigation maritime ; qu'en effet, la qualité de bâtiment de mer ne résulte pas de la destination qu'ont pu envisager à l'origine le propriétaire ou le constructeur, ni des mesures qu'ils auraient pu prendre à ce moment ; qu'elle résulte de l'affectation que le navire a réellement reçue ; que c'est à la nature de la navigation que sont attachés le droit de suite et les privilèges de l'art. 191 C. com. ;

Attendu d'ailleurs que la question de savoir si un navire et un bâtiment de mer est une question de fait ; que les juges du fond, appelés à la trancher souverainement peuvent former leur conviction à l'aide de tous les modes de preuves ; qu'en demandant par suite, à une expertise, les éclaircissements qui lui paraissaient nécessaires, l'arrêt attaqué n'a violé aucun des textes susvisés ;

Rejette.

5 décembre 1896

COUR DE CASSATION (Chambre Criminelle)

Audience du 5 décembre 1896

LA COUR :

1re Espèce

Mais sur le moyen relevé d'office, pris de l'incompétence de la Cour d'appel de Douai pour statuer sur la prétention de l'administration des contributions indirectes de soumettre au double décime et demi, l'amende de 1.000 francs prononcée contre les prévenus ; Vu les articles 88 de la loi du 5 vent., an 12, 64 et 65 de la loi du 22 frim., an 7, ensemble la loi du 29 avril 1806, art. 2 ; Attendu qu'en matières de contributions indirectes, le contentieux de l'impôt est attribué par l'article 88 de la loi du 5 vent., an 12 aux tribunaux de première instance qui doivent statuer en chambre du conseil et avec les mêmes formalités prescrites pour le jugement des contestations qui s'élèvent en matière de paiement des droits perçus par la Régie de l'Enregistrement ; Attendu que les lois de finances en créant chaque année, des taxes additionnelles au principal des contributions établissent, en réalité, un impôt dont la légitimité ne peut être contestée que devant le juge des difficultés en matière d'impôt ;

Qu'il n'en peut être autrement pour la question de savoir si le double décime et demi doit ou non être ajouté aux amendes et condamnations pécuniaires en matière de contributions indirectes ; Que cette question de supplément d'impôt à percevoir en même temps qu'une condamnation devenue irrecevable, doit être jugée, en premier et dernier ressort par le tribunal civil, dans les formes prescrites par les articles 64 et 65 de la loi du 22 frim., an 7 et non par le juge correctionnel de la contravention qui n'a que le droit d'appliquer l'amende édictée par la loi pénale dans les limites du minimum et du maximum fixés par elle ; Que la Cour d'Appel de Douai était donc incompétente pour statuer sur la question de savoir si, en matière de contributions indirectes, l'amende prononcée, devra en outre, être augmentée, suivant les lois existantes, du double décime et demi ; Qu'aux termes de l'article 2 de la loi du 29 avril 1806, l'exception d'incompétence peut et doit être soulevée en tout état de cause ; Casse et annule l'arrêt de la Cour d'appel de Douai en date du 2 juin dernier, mais au chef seulement qui a décidé que l'amende infligée aux prévenus serait augmentée du double décime et demi, le surplus de l'arrêt demeurant maintenu, et pour être statué à nouveau conformément à la loi, sur ce chef ; renvoie devant la Cour d'appel de Rouen.

2e Espèce

Mais sur le chef de l'arrêt relatif au double décime et demi et sur le moyen pris de l'incompétence de la Cour d'appel de Douai pour y statuer : (motifs identiques à ceux de l'arrêt rendu dans la première espèce) ;

Par ces motifs casse et annule l'arrêt de la Cour d'appel de Douai, en date du 9 juin dernier énoncé d'autre part, mais au chef seulement qui a décidé que les amendes infligées au prévenu, se-

raient augmentées du double décime et demi, le surplus de l'arrêt
demeurant maintenu, et pour être statué à nouveau cnoformément à
la loi sur ce chef ; Renvoie devant la Cour d'appel de Rouen.

7 décembre 1896

ÇOUR DE CASSATION (Ch. Réunies)

Séance du 7 décembre 1896

LA COUR :

Sur le moyen du pourvoi, pris de la violation des articles 1er du
décret du 3 octobre 1883, 47 de la loi du 26 février 1887, 3 de la loi
du 7 mai 1881 et 7 de la loi du 20 avril 1810, en ce que l'arrêt attaqué a décidé que les perceptions des droits de douane avaient été
légalement opérées dès le 1er juillet 1887 dans l'Indo-Chine française et n'étaient pas restituables, par le motif que l'arrêté du gouverneur, du 22 juin 1887, aurait valablement déclaré applicable le tarif
général de la métropole, en exécution de la loi du 26 février 1887,
alors que cette loi n'avait été ni régulièrement promulguée, ni publiée dans la colonie :

Vu les textes visés par le moyen du pourvoi, lesquels sont ainsi
conçus :

Attendu que la disposition de l'article 47 de la loi du 26 février 1887, qui soumet la Cochinchine, le Cambodge, l'Annam et le
Tonkin au tarif général des douanes de la métropole, ne pouvait
pas être exécutée avant qu'un règlement d'administration publique,
rendu conformément à la seconde disposition du même article, eût
déterminé les produits qui par exception seraient l'objet d'une tarification spéciale ;

Et attendu que ce règlement d'administration publique, rendu
le 8 septembre 1887, et inséré à l'Officiel de la métropole le 10 du
même mois, n'a été publié que le 17 octobre suivant au *Journal Officiel* de la Cochinchine ; que dès lors le tarif général n'a pas pu
être appliqué dans la Cochinchine avant le 19 octobre ; qu'il suit
de là que les droits de douane exigés des frères Denis antérieurement à ce jour par application du tarif général métropolitain, ont
été irrégulièrement perçus, et qu'en refusant d'en ordonner la restitution, l'arrêt attaqué a violé les textes visés au moyen du
pourvoi ;

Par ces motifs,

Casse et annule l'arrêt rendu entre les parties par la Cour
d'appel de Saïgon le 29 décembre 1893, remet en conséquence la
cause et les parties au même et semblable état où elles étaient
avant le dit arrêt, et pour être fait droit, les renvoie devant la
Cour d'appel de Bordeaux à ce désignée par délibération spéciale
prise en chambre du Conseil, laquelle procèdera, conformément à
l'article 2 de la loi du 1er avril 1837 ; ordonne la restitution de
l'amende consignée, etc.... etc....

27 février 1897   I

COUR DE CASSATION (Chambre Criminelle)

Audience du 27 février 1897

LA COUR :

Sur le moyen relevé d'office et pris de la violation de l'art. 72 § 3 du décret du 12 décembre 1874 sur le gouvernement de la Nouvelle-Calédonie ;

Attendu que le demandeur était poursuivi pour avoir, étant déchu du droit de voter par suite d'une condamnation judiciaire, voté en vertu d'une inscription postérieure à sa déchéance, mais opérée sans sa participation et que le Ministère public requérait contre lui l'application de l'art. 32 du décret règlementaire du 2 février 1852 ;

Attendu que le tribunal de Nouméa a reconnu que si les art. 15 et 26 de ce décret, modifiés par la loi du 24 janvier 1893, ont été régulièrement promulgués dans cette colonie, il n'en est pas de même de l'art. 32 visé par la poursuite, qui n'a été l'objet d'aucune promulgation ;

Attendu, il est vrai, que ce tribunal qui avait le droit de rechercher si le fait incriminé ne tombait pas sous le coup d'un autre texte de loi que celui dont le ministère public demandait l'application, a prononcé contre le demandeur une condamnation en vertu de l'art. 39 de la loi électorale du 15 mars 1849 ; qu'il fait résulter l'applicabilité de ce texte de ce que, d'une part, le décret du 8 mars 1879, qui institue une commune et un corps municipal à Nouméa, dispose que, pour l'élection des conseillers municipaux, « il sera procédé à la formation des listes électorales conformément aux dispositions contenues dans la loi du 15 mars 1849 » et de ce que, d'autre part, ce décret a été promulgué dans la colonie par un arrêté du gouverneur en date du 23 mai 1879 ;

— Mais, attendu que si, avec ce décret, le gouverneur a promulgué, non seulement les dispositions de la loi de 1849 relatives à la formation des listes électorales mais le texte intégral de cette loi, cette promulgation ne saurait par elle-même donner force exécutoire aux dispositions pénales qui forment le titre VI de la dite loi ;

Qu'en effet, aux termes de l'art. 72 § 3 du décret du 12 décembre 1874 concernant le gouvernement de la Nouvelle-Calédonie, les lois, ordonnances et décrets de la métropole ne peuvent être promulgués dans la colonie qu'autant qu'ils y sont rendus exécutoires par un décret du Chef de l'Etat, que la partie de la loi de 1849, qui règle la formation des listes électorales et à laquelle le décret du 8 mars 1879 s'est expressément référé pour la composition du corps électoral, a pu valablement faire l'objet d'une promulgation, mais que les dispositions pénales de cette loi, parmi lesquelles figure l'art. 39 dont il a été fait application au demandeur, n'ayant été visées ni directement, ni indirectement par le décret précité du 8 mars 1879, n'étaient pas exécutoires à la Nouvelle-Calédonie et n'ont pu dès lors y être légalement promulguées ;

Attendu que de ce qui précède il résulte que ni le texte pénal visé par la poursuite, ni celui en vertu duquel le tribunal a prononcé une condamnation, ne sont applicables à la Nouvelle-Calédonie et qu'ainsi le jugement attaqué a méconnu et violé la disposition légale visée au moyen.

Par ces motifs,

Casse.... et renvoie devant le tribunal correctionnel de Nouméa autrement composé.

4 mars 1897

COUR DE CASSATION (Chambre Criminelle)

Audience du 4 mars 1897

LA COUR :

Sur le premier moyen tiré de la violation des articles 1384 du Code civil, 74 du Code pénal et 7 de la loi du 20 avril 1810, en ce que l'arrêt attaqué ne constaterait pas que l'auteur du délit était le domestique ou le préposé du capitaine Ott, et en ce qu'il n'établirait pas que l'acte incriminé a été accompli par lui dans l'exercice des fonctions auxquels il était employé ;

Sur la première branche de ce moyen :

Attendu qu'il résulte de l'ensemble des constatations de l'arrêt entrepris que si Ah-Li ne faisait pas partie de l'équipage, il était embarqué en qualité d'aide-cuisinier avec l'autorisation et l'agrément du capitaine ; qu'il a exercé à bord les fonctions de domestique chargé d'un service déterminé dans l'intérêt général du bâtim nt, et qu'il était placé, en cette qualité sous la surveillance et la responsabilité du capitaine ; que, par suite de son embarquement dans les conditions susvisées, il était soumis à l'autorité directe et constante du commandant du navire et était son préposé ; qu'il résulte manifestement de ces déclarations que l'auteur du délit de contrebande Ah-Li était le préposé ou le domestique du demandeur.

Sur la deuxième branche :

Attendu que d'après les énonciations de l'arrêt de la Cour d'appel de Saïgon, Ah-Li a introduit ou a fait introduire les boites d'opium saisies, sinon pendant qu'il faisait la cuisine, du moins pendant qu'il accomplissait des actes se référant à son métier, en transportant lui-même ou en faisant transporter par d'autres, dans les dépendances de la cuisine, les objets nécessaires à la fabrication des aliments ;

Attendu que l'arrêt attaqué constate suffisamment ainsi que l'auteur du délit était dans l'exercice de ses fonctions de cuisinier lorsque le fait incriminé a été commis ; que les dites fonctions, en effet, ne consistent pas seulement à préparer les aliments mais à acheter, transporter ou apporter et à recevoir, les provisions nécessaires pour leur confection ;

Sur le second moyen pris de la violation des art. 1384 C. civil, 74 C. Pénal, 48 de l'arrêté du gouverneur de la Cochinchine du 5 juillet 1883, en ce que l'arrêt attaqué a déclaré le demandeur civilement responsable de l'amende prononcée contre le prévenu ;

Attendu qu'aux termes de l'article 48 susvisés, l'introduction de l'opium en Cochinchine, sous quelque forme que ce soit, constitue un délit de contrebande ;

Attendu que les amendes édictées pour contraventions aux lois et règlements sur les douanes n'ont pas un véritable caractère pénal et qu'elles constituent plutôt une réparation civile ;

D'où il suit qu'en déclarant le demandeur civilement responsable de l'amende prononcée contre Ah-Li, l'arrêt attaqué n'a nullement violé les dispositions légales et règlementaires précitées ;

Par ces motifs,

Rejette.

1 avril 1897

COUR DE CASSATION (Chambre Criminelle)

Audience du 1er avril 1897

LA COUR :

Sur le moyen unique du pourvoi tiré de la violation de la loi du 14 fructidor, an III, des articles 3 et 6 de la loi du 17 décembre 1814, 8, 9, et 15 de la loi du 27 mars 1817, 35 et 37 de la loi du 21 avril 1818 et de la loi du 2 juin 1895, en ce que l'arrêt attaqué aurait considéré comme un délit d'introduction frauduleuse une simple infraction au régime du transit, et en ce que, même au cas où l'article 41 de la loi du 28 avril 1816, serait applicable dans l'espèce le juge compétent, pour connaître de la contravention, serait le juge de paix ;

Vu les dits articles ;

Sur la première branche de ce moyen ;

Attendu, en fait qu'il résulte des constatations du procès-verbal du 7 janvier 1896, sur lequel la poursuite est basée, que la veille, 6 du même mois, Nguyen-Fat-Fong a présenté au bureau de vérification des Douanes de Hanoï 5 caisses de filé de coton, marchandise de provenance étrangère sujette à des droits de douane qu'il accompagnait d'une déclaration ; que le procès verbal énonce que les dites caisses ayant été importées à Hanoï sous le régime du transit par les sieurs Marty et d'Abadie le 3 janvier 1896, ses rédacteurs ont demandé au prévenu de leur exhiber le permis de débarquement qui l'autorisait à prendre la marchandise sur le navire transbordeur et à la faire circuler dans la ville d'Hanoï, que celui-ci leur avait répondu qu'il n'en avait pas et que la marchandise susvisée lui avait été remise la veille, 5 janvier 1896, à trois heures du soir par le campador chinois des sieurs Marty et d'Abadie ; et qu'il est dit en outre, dans le même acte, que les préposés des douanes ont alors déclaré procès-verbal à Nguyen-Fat-Fong, pour introduction frauduleuse de marchandise étrangère sujette à des droits de douane, et saisi les cinq caisses précitées après avoir constaté que trois de ces caisses présentaient une rupture complète des plombs qui y avaient été apposés pour les fermer ;

Attendu que, cité en police correctionnelle par suite de ce procès-verbal, Nguyen-Fat-Fong a déposé des conclusions tendant à l'incompétence de la juridiction correctionnelle ; mais que la Cour d'Hanoï, après avoir dit que le juge de paix était seul compétent pour statuer sur le débarquement sans permis, a déclaré la juridiction correctionnelle compétente pour connaître du délit d'introduction frauduleuse de marchandise étrangère sujette à des droits de douane imputé au prévenu ;

Attendu en droit que les faits constatés par le procès-verbal ne sauraient constituer le délit d'introduction frauduleuse de la dite marchandise ; qu'en effet, les cinq caisses de filé de coton saisies, ne sont pas arrivées à Hnaoï et n'ont pas été débarquées du navire sur lequel elles avaient été transbordées sans l'accomplissement de toute formalité en douane et sans déclaration préalable ; qu'elles ont voyagé d'Haïphong à Hanoï sous le couvert d'un acquit à caution, que la délivrance de cette pièce avait été précédée d'une déclaration de transit, indiquant les quantités, espèces et qualités des marchandises, et que ces marchandises ont été vérifiées et plombées conformément aux prescriptions de l'article 5 de la loi du 17 décembre 1814 ; que, par suite, l'administration des douanes a été avertie de l'arrivée de la marchandise à Hanoï et qu'elle a pu prendre toutes les mesures nécessaires pour le recouvrement des droits de douane que le demandeur a, du reste, voulu payer, et pour constater toutes les infractions qui ont pu être commises ; que la juridiction correctionnelle dont la compétence en matière de douanes est limitée à l'appréciation des délits d'introduction frauduleuse, est donc compétente pour connaître des infractions, soit relatives au transit, soit de toute autre nature, qui peuvent résulter des faits susvisés et que ces infractions doivent être déférées au juge de paix statuant au civil ;

D'où il suit qu'en déclarant la juridiction correctionnelle compétente pour apprécier le prétendu délit d'introduction frauduleuse imputée au demandeur, l'arrêt attaqué a formellement violé les dispositions légales susvisées ;

Par ces motifs, sans qu'il soit besoin de statuer sur la deuxième branche, casse...... et pour être statué sur les suites du procès-verbal du 7 janvier 1896, renvoie l'affaire et les parties devant le juge de paix du canton d'Hanoï.

30 avril 1897

COUR DE CASSATION (Chambre Criminelle)

Séance du 30 avril 1897

LA COUR :

Sur le moyen tiré de la violation des art. 10 du Code pénal, 75 de l'arrêté du Gouverneur Général de l'Indo-Chine du 8 juin 1893 et 7 de la loi du 20 avril 1810, en ce que l'arrêt attaqué a refusé de prononcer contre le prévenu une condamnation à des dommages-intérêts et en ce qu'il n'aurait pas répondu à un chef des conclusions de l'administration des douanes et Régies de l'Annam et du Tonkin :

Sur la première branche de ce moyen ;

Attendu que Quoach Tinh a été condamné par l'arrêt entrepris à 15 jours d'emprisonnement et à 100 piastres d'amende, pour colportage d'un opium autre que celui de la régie par application de l'art. 75 de l'arrêté susvisé ;

Attendu qu'en matière de douanes et de contributions indirectes les amendes prononcées pour contraventions aux lois et règlements n'ont pas un véritable caractère pénal et qu'elles constituent plutôt une réparation civile :

Attendu, par suite, qu'au cas où il n'est pas établi que le préjudice subi est autre que celui résultant de la perprétation du délit, les Tribunaux de répression ne peuvent à la fois condamner le prévenu à l'amende et à des dommages-intérêts, à moins qu'ils n'y soient autorisés par une disposition législative ou règlementaire spéciale parce qu'une double réparation pécuniaire ne peut être accordée à l'occasion d'un seul préjudice souffert ;

Attendu que l'art. 75 de l'arrêté du 8 juin 1893 ne contient aucune disposition autorisant le cumul de l'amende et des dommages-intérêts ;

Sur la deuxième branche :

Attendu que l'administration des douanes et régies de l'Annam et du Tonkin n'a pas mis, par un chef spécial de ses conclusions, la Cour d'Appel de Hanoï en demeure de décider qu'elle avait éprouvé un préjudice distinct de celui résultant de la consommation du délit par suite de la circonstance qu'en vertu d'un contrat régulier Quoach-Tinh est débitant général de l'opium pour la province de Ninh-Binh ;

Qu'après avoir soutenu en principe que les dommages-intérêts et l'amende peuvent être cumulés en matière de douanes et de contributions indirectes elle a simplement allégué dans les motifs de ses conclusions que le dommage subi par elle, dans l'espèce est plus considérable par suite de la qualité dont le contrevenant est investi ;

Qu'il n'y avait là qu'un simple argument ayant pour but de faire maintenir le chiffre élevé des dommages-intérêts alloués par le Tribunal correctionnel de Haïphong et que l'arrêt entrepris n'était pas tenu d'y répondre ;

Et attendu d'ailleurs que cet arrêt est régulier en la forme ;

Par ces motifs,

Rejette.

11 mai 1897

CONSEIL D'ETAT

Extrait du registre des délibérations de la Session
Séance du 11 mai 1897
SECTION DES FINANCES, DE LA GUERRE
DE LA MARINE ET DES COLONIES
N° 110.684.   AVIS
Tabacs fabriqués Algériens
RÉGIME DOUANIER A LEUR ENTRÉE DANS
LES COLONIES SOUMISES AU RÉGIME DOUANIER
DE LA MÉTROPOLE

La Section des Finances, de la Guerre, de la Marine et des Colonies du Conseil d'Etat consultée par le Ministre des Colonies sur le régime douanier à appliquer aux tabacs fabriqués en Algérie a leur entrée dans les colonies soumises au régime douanier de la Métropole :

Vu les dépêches ministérielles des 5 décembre 1896 et 21 avril 1897 ;

Vu la loi du 11 janvier 1892 ;

Vu l'article 10 de la loi du 29 décembre 1884 ;

Vu la loi du 29 mars 1897 ;

Ensemble les pièces du dossier ;

Considérant que les produits originaires d'une colonie française ne sont en exécution de l'article 5 de la loi du 11 janvier 1892, soumis à aucun droit de douane à leur importation dans une Colonie Française, ainsi qu'il résulte du tableau E, et qu'il n'est d'ailleurs pas contesté que l'Algérie, est au point de vue douanier, rangée dans les colonies et possessions françaises.

Considérant qu'un produit importé à l'état brut dans un pays d'Europe et qui a subi dans ce pays une transformation complète ou même une main d'œuvre ayant pour effet de la faire passer dans une catégorie du tarif plus fortement taxée est considéré, dans son nouvel état, comme originaire du pays où il a été manufacturé ; que cette règle, admise par l'administration des Douanes (observations préliminaires du tarif N° 389), a été appliquée également, à contrario, par la Cour de Cassation dans son arrêt du 25 juillet 1892 (Cassation civile : affaire Société le Nickel).

Considérant, par suite, que des tabacs fabriqués en Algérie quelque considérable que soit la proportion de feuilles étrangères entrant dans la fabrication, ne peuvent être considérés comme produits étrangers ;

Considérant, d'ailleurs, que depuis la mise en vigueur de la loi du 29 mars 1897, le droit d'importation en Algérie des tabacs en feuilles ou en côtes a été porté à 50 francs, chiffre égal et même supérieur à ceux payés, sauf à la Guadeloupe dans toutes les colonies soumises au régime douanier métropolitain.

Est d'avis,

Que les tabacs fabriqués algériens doivent être admis en franchise dans les colonies soumises au régime douanier de la Métropole.

Signé : P. DISLÈRE, rapporteur ; B. MOJON, Président V. QUENTIN, Secrétaire.

18 mai 1897

Paris, le 18 mai 1897

Dépêche Ministérielle

Au sujet de la promulgation des lois douanières

Monsieur le Gouverneur,

Par circulaire du 13 septembre 1895, insérée au Bulletin Officiel des Colonies, N° 240, l'un de mes prédécesseurs a prescrit aux Gouverneurs des Colonies soumises au régime douanier métropolitain de promulguer les lois, modifiant le tarif général des Douanes, dès la réception du Journal Officiel.

J'ai l'honneur d'appeler votre attention sur l'intérêt présenté par la stricte exécution de ces instructions. Il est nécessaire en effet, que les changements de tarifs votés par le Parlement, reçoivent sans delai, leur exécution afin que la loi produise son effet simultanément dans toutes les Colonies soumises au régime douanier.

Comme il importe que le Gouverneur soit avisé de la mise en vigueur des nouveaux tarifs, je vous prie de me faire connaître à l'avenir, par cable, la date de la promulgation dans la Colonie de toutes les lois douanières, dès l'accomplissement de cette formalité.

Le Ministre des Colonies,

Signé : A. LEBON.

21 mai 1897

COUR DE CASSATION (Chambre Criminelle)

Audience du 21 mai 1897

LA COUR :

Sur le moyen unique de cassation pris de la violation de l'art. 2 du décret du 26 décembre 1884, en ce que l'arrêt, tout en reconnaissant que le liquide alcoolique saisi provenant de la fermentation du jus de figues serait tarifé à l'entrée, a dispensé sa fabrication à l'intérieur de toute déclaration ;

Attendu que Miquel a été poursuivi pour avoir fabriqué 120 hectolitres de jus de figues présentant une richesse alcoolique de 7 degrés à la température de 15 degrés centigrades sans déclaration ;

Attendu qu'aucune disposition de loi ou de décret n'a soumis en Algérie la boisson faite avec des figues fermentées à aucun impôt ni à aucune formalité pour sa préparation ;

Qu'il ne suffit pas qu'un liquide contienne une quantité quelconque d'alcool dans ses éléments pour que ce liquide soit soumis au régime de l'alcool s'il n'y a été nommément assujetti par la loi ;

Que ni la loi du 14 août 1889, ni celle du 26 juillet 1890 n'ont soumis au régime de l'alcool la boisson faite avec du jus de figues fermentées seules ;

Qu'en décidant que la préparation de cette boisson en Algérie n'était pas soumise à la déclaration prescrite par l'art 2 susvisé, l'arrêt n'a en rien violé les dispositions dudit article, sans approuver d'ailleurs les autres motifs de l'arrêt ;

Rejette.

15 mars 1898

COUR DE CASSATION (Chambre Civile)

Audience du 15 mars 1898

LA COUR :

Sur le moyen unique du pourvoi :

En ce qui concerne les droits de mer dont la restitution était demandée par Cayrol ;

Attendu que le Conseil Général de la Guadeloupe tenait de l'article 2 du senatus consulte du 4 juillet 1866 le droit de voter les tarifs d'octroi de mer sur les objets de toute provenance importés dans la colonie, que l'article 3 de ce senatus consulte dispose, d'autre part, que le même Conseil « délibère sur le mode d'assiette et les règles « de perception des contributions et taxes ; » qu'aux termes, enfin, de l'article 1er du décret du 11 août 1866, intervenu en exécution du paragraphe final du dit article 3, les délibérations qu'il prend sur cette matière doivent être approuvées par un décret du Chef de l'Etat,

rendu sur le rapport du Ministre de la Marine et des Colonies, sauf
à devenir provisoirement exécutoires par arrêté du Gouverneur en
Conseil privé ;

Attendu, en fait, que les droits d'octroi de mer dont Cayrol réclamait la restitution, dans l'espèce, pour la période comprise entre
le 15 janvier 1892 et le 6 mars 1895, ont été perçus en vertu d'un arrêté du Gouverneur de la Guadeloupe du 22 décembre 1874, rendant
provisoirement exécutoire une délibération du Conseil Général de cette colonie, en date du 9 du même mois, et en vertu d'un décret du 16
mars 1891, rendu sur le rapport du ministre du commerce, de l'industrie et des Colonies, déterminant pour la Guadeloupe les articles
soumis aux droits d'octroi et l'assiette ainsi que le mode de perception
de ces droits ; qu'il n'importe que la loi du 11 janvier 1892 ait pu
formuler d'autres prescriptions et soumettre notamment les délibérations des Conseils Généraux des Colonies sur l'assiette, les règles de
perception et le mode de répartition de l'octroi de mer, à une approbation par décrets rendus dans la forme des règlements d'administration
publique, cette loi ne disposant que pour l'avenir et n'ayant pas
d'effet rétroactif, qu'il n'importe non plus, en présence du droit de
voter les tarifs d'octroi de mer que conférait, en termes absolus, au
Conseil Général, le Senatus-Consulte du 4 juillet 1866, que cette
taxe présente en soi, comme de fait dans l'espèce certains des caractères constitutifs des droits douaniers ;

Que dès lors, l'arrêt attaqué n'a fait, en ce point, qu'une juste
application des dispositions applicables à la cause ;

Rejette en ce qui concerne les droits d'octroi de mer, le moyen
unique du pourvoi ;

Mais, en ce qui touche les droits de consommation :

Vu l'article 2 du Senatus-Consulte du 4 juillet 1866 ;

Attendu qu'il est constant, en fait, que les droits de consommation sur les allumettes chimiques de toute provenance, qui ont donné lieu à l'action de Cayrol, sont perçus sur des tarifs, établis en 1874
qui englobent le périmètre entier de la Guadeloupe, à l'entrée dans
l'Ile et par le service des douanes ; qu'ils intéressent donc essentiellement, au point de vue du commerce, les relations de la colonie avec
la Métropole et avec l'Etranger, et revêtent ainsi les caractères inhérents aux taxes douanières ;

Que vainement l'arrêt attaqué déclare que les allumettes assujetties à ces droits n'ont pas leurs similaires dans l'intérieur de l'Ile,
la seule fabrique qui se soit établie à la Guadeloupe n'ayant jamais
fonctionné d'une manière normale ; que le droit protecteur et différentiel n'est, en effet, que l'un des éléments indicatifs des taxes
douanières que ces taxes sont essentiellement caractérisées par cette
double condition que, d'une part, comme dans l'espèce, elles atteignent à l'entrée et sur tous les points du territoire les objets assujettis frappant ainsi la consommation générale du pays où ces objets sont importés, et que, d'autre part, par le fait même de l'importation elles affectent directement les rapports de la colonie avec
l'extérieur ;

Attendu dès lors, qu'aux termes de la disposition de loi ci-dessus
référée, la perception des droits qui ont donné lieu au litige ne pouvait être autorisée que par décret du Chef de l'Etat, rendu le Con-

seil d'Etat entendu : que les arrêtés du Gouverneur de la Guadeloupe, qui ont déclaré exécutoires les délibérations du Conseil Général qu'ils avaient votés, et en vertu desquels ils ont été perçus, sont, en conséquence, entachés d'illégalité et d'inconstitutionnalité ; qu'en refusant dans ces circonstances d'ordonner la restitution demandée par Cayrol, l'arrêt attaqué a, par suite violé l'article ci-dessus visé ;

Par ces motifs,

Casse et annule, avec les conséquences de droit, l'arrêt rendu par la Cour d'Appel de la Guadeloupe le 5 juin 1895, mais seulement en tant qu'il a refusé d'ordonner la restitution des droits de consommation payés par Cayrol sur les allumettes chimiques importées par lui à la Guadeloupe depuis le 15 janvier 1892 jusqu'au 6 mars 1895.

29 juin 1898

Paris, le 29 juin 1898,

SEANCE DU CONSEIL D'ETAT (1)

Au sujet de l'application aux Colonies des lois modifiant le tarif Général des Douanes

AVIS

La section des Finances de la Guerre, de la Marine et des Colonies du Conseil d'Etat, sur la question de savoir si les modifications au régime douanier métropolitain doivent être promulguées dans les Colonies dès l'arrivée du Journal Officiel contenant le texte de la loi portant modification du tarif des Douanes :

Vu la loi du 11 janvier 1892 ;

Vu les ordonnances et décrets réglant l'organisation des différentes Colonies ;

Vu le décret du 15 janvier 1853 ;

Vu l'avis du Ministre du Commerce ;

Considérant que, si nulle loi ne peut être appliquée dans les Colonies sans avoir été promulguée par les Gouverneurs, aucun texte légal ni règlementaire n'impartit à ceux-ci un délai pour cette promulgation mais que le Ministre des Colonies peut prescrire aux Gouverneurs le moment où ils devront promulguer une loi métropolitaine applicable aux Colonies, en particulier, les lois relatives au régime douanier.

Considérant qu'il parait rationnel de permettre aux Conseils locaux d'étudier les modifications au tarif douanier métropolitain dans les conditions analogues à celles prescrites par le législateur lors du vote de la loi du 11 janvier 1892.

Que si à cette époque, en présence d'un tarif complet une période d'une année a été jugée nécessaire pour l'élaboration des décrets relatifs aux diverses colonies un délai de six mois paraît actuellement suffisant pour permettre aux Conseils locaux de délibérer sur les demandes qu'ils peuvent avoir à présenter en exécution de l'article 8 de la loi susvisée,

Est d'avis,

Qu'il y a lieu de prescrire aux Gouverneurs des Colonies de pro-

---

(1). — Voir Dépêche Ministérielle du 9 août 1898.

mulguer les lois portant modification au tarif douanier six mois a-
près la publication des dites lois au Journal Officiel, cette promulgation ne pouvant être différée que si antérieurement à la dite date, le
Conseil local a pris une délibération pour demander des exceptions
au tarif.

Signé : Paul DISLÈRE, Rapporteur ; B. MOJON, Président ;
V. QUENTIN, Secrétaire.

Pour extrait conforme :
Le Secrétaire de Section :
Signé : V. QUENTIN.

Pour copie conforme,
Le chef du Sécrétariat :
Signé : E. MASSE.

2 juillet 1898

COUR D'APPEL DE PONDICHERY

Audience du 2 juillet 1898

Première espèce

LA COUR :

Considérant que les droits de douane sont exclusivement des
impositions établies sur des marchandises à l'entrée ou à la sortie
du territoire d'un pays, de telle sorte que les marchandises ainsi
imposées ne peuvent ni entrer, ni sortir sans avoir acquitté ces
droits, ou, dans le cas contraire, sans exposer les importateurs ou
exportateurs à des poursuites judiciaires ;

Considérant, encore, que le droit, pour les certificats d'origine,
est perçu dans la colonie non seulement pour les toiles dites guinées,
destinées au Sénégal, mais aussi pour tous les tissus, sans distinction de destination pour ne parler que de ces marchandises, sans
citer les autres produits de la colonie, devant être importés en France ou dans d'autres colonies ;

Que l'expéditeur est libre de prendre ou de ne pas prendre ce
certificat d'origine, et que, dans le cas où il ne s'en fait pas délivrer,
il ne s'expose aucunement à des poursuites ;

Qu'il suit, de là, que cette taxe ne se rattache pas étroitement
au régime douanier applicable à ces marchandises, et qu'elle ne
constitue pas une taxe douanière ;

Considérant que c'est en vain que l'appelant prétend que cette
taxe revêt un caractère obligatoire et par suite douanier, quand elle
s'applique aux toiles dites guinées, expédiées de l'Inde française au
Sénégal, parce qu'elles ne peuvent bénéficier du régime de faveur
établi par le décret de 1877, que sur la production de ce certificat
d'origine ;

Considérant, en effet, que, en dehors des motifs déjà exprimés,
il est impossible d'admettre qu'une taxe puisse, au gré du contribua-
ble, revêtir tel ou tel caractère et que l'on ne saurait assimiler la
condition mise à l'obtention d'un bénéfice avec ce bénéfice lui-même,
en l'absence d'un texte clair, précis et formel ;

Que l'appelante l'a tellement bien compris qu'elle a conclu subsidiairement à ce qu'il soit prononcé qu'en édictant la gratuité de

l'estampillage et du plombage, le législateur a entendu édicter aussi la gratuité du certificat d'origine, mais que cette interprétation est absolument contraire au texte et à l'esprit du décret ;

Considérant, en effet, que parmi tous les droits accessoires des droits de douane, le législateur n'a édicté la gratuité que de l'estampillage et du plombage, qu'il s'ensuit que tous les droits accessoires, qui pourraient être dûs pour d'autres formalités, devraient être perçus soit en France soit aux colonies, qu'il importe de remarquer : 1° que les droits sur les certificats d'origine n'ont jamais été compris parmi les droits accessoires de douane qui sont les suivants : droit de statistique, droit de magasinage ou de garde, droit d'estampillage et de plombage, droit de timbre, droit de navigation. Ceux-ci comprennent entre autres : droit de congé, droit de quai, droit de phare, droits sanitaires, etc., et 2° que s'il est admis que ces marchandises restent soumises au paiement de ces droits (comme, dans l'espèce certainement, au droit de timbre en France) à plus forte raison ne peut-on dire qu'elles n'ont pas été exemptées du paiement de droit de certificat d'origine établi dans l'Inde.

Que c'est en vain, encore, que l'appelante prétend que le décret du 19 juillet 1877, disposant expressément qu'il y aura assimilation complète du passavant et du certificat d'origine, suivant que les marchandises viennent de France ou de l'Inde française, ce dernier doit être gratuit comme le passavant lui-même ;

Considérant, en effet, que le décret n'a jamais dit pareille chose ; qu'il a simplement établi une équivalence entre le passavant en France et l'attestation de l'autorité coloniale dans l'Inde, pour chaque expédition ; que cette attestation de l'autorité coloniale n'est pas le certificat d'origine ;

Que le certificat d'origine est, en France, parfaitement distinct du passavant, et doit être produit avant la délivrance de celui-ci ;

Qu'il en est de même dans l'Inde, où l'attestation d'origine est aussi certifiée par l'autorité coloniale, préalablement à l'attestation de l'autorité coloniale exigée pour chaque expédition ;

Que si dans la pratique, l'autorité coloniale n'a délivré qu'une seule et unique pièce, c'est uniquement parce que cette autorité n'a pas crû devoir se fournir une pièce justificative elle-même ; mais qu'elle n'en a pas moins procédé à deux opérations essentiellement distinctes : 1° la certification d'origine ; 2° la délivrance d'une attestation pour l'expédition ;

Qu'il suit de là que l'argument de l'appelante n'est pas exact et doit être rejeté ;

Considérant que l'appelante demande enfin à ce que la Cour déclare que « les contribuables ont le droit absolu de refuser le paiement de tout ce qui excède l'impôt légalement établi, et que tout ce qui excède cet impôt ne peut, sous aucun prétexte, être admis par les tribunaux » ;

Et, considérant que satisfaire à cette demande serait prononcer, par voie de disposition générale et règlementaire, ce qui est absolument défendu par la loi ; qu'il n'y a lieu, par conséquent, d'y faire droit ;

Par ces motifs,

En adoptant, en leur entier, ceux du jugement dont appel :

Dit que l'établissement d'une taxe, pour la délivrance du certificat d'origine des toiles, dites guinées, de l'Inde française, ne se rattache pas étroitement au régime douanier applicable à ces marchandises ;

Dit que cette taxe, qui a pour résultat d'élever le prix de la marchandise, ne constitue pas cependant une taxe douanière, pas plus que le droit de patente, par exemple, payé par le fabricant ;

Dit que le Conseil général et le Gouverneur de la colonie étaient compétent pour établir cette taxe, et n'ont pas, en l'établissant, contrevenu aux dispositions du senatus-consulte du 4 juillet juillet 1866 et des décrets des 25 janvier 1879 et 7 mai 1881 ;

Dit que leur décision est absolument régulière et sans aucune contradiction avec la loi d'ordre général qui régit le commerce des guinées ;

Dit encore que le décret de 1877, en établissant une taxe de o fr. 04 sur les guinées provenant du Sénégal, soit de la France continentale, soit de l'Inde française, n'a formellement prescrit la gratuité que de l'estampillage et du plombage et que cette gratuité ne s'étend pas à la délivrance du certificat d'origine ;

Dit que le décret de 1877 ne dispose pas du tout qu'il y ait une assimilation complète du passavant et du certificat d'origine ; — certificat d'origine en France étant absolument distinct du passavant ;

Dit la solution de toutes les autres questions sans intérêt, en présence des motifs ci-dessus et de leur dit jugement dont appel :

En conséquence : déboute la Société anonyme de Savanna de toutes ses demandes, fins et conclusions ;

Confirme le jugement dont appel......

Audience du 16 juillet 1898

Deuxième espèce

LA COUR :

Sur le moyen présenté par les appelants, qu'en tous cas les toiles qu'ils expédient au Sénégal étant déjà munies d'un certificat d'origine délivré en France, le certificat, délivré par l'autorité coloniale fait double emploi et ne saurait être le prétexte à la perception d'un droit ;

Considérant que les décrets de 1877 et de 1880 sont relatifs à l'entrée au Sénégal des guinées françaises, c'est-à-dire aux toiles d'origine française et teintes, soit en France, soit dans une colonie française ;

Qu'il en résulte que le certificat d'origine, prescrit par le décret de 1877 doit, en réalité, certifier les deux choses : l'origine des tissus, l'origine de la teinture ;

Et, considérant que le certificat qui accompagne les toiles envoyées de France à Pondichéry ne certifie et ne peut certifier qu'une seule chose, à savoir : qu'elles ont été fabriquées en France ; qu'il est donc nécessaire, pour que les mêmes toiles puissent bénéficier d'un régime de faveur à leur entrée au Sénégal, qu'elles soient munies d'un nouveau certificat constatant que ce sont elles, ces mêmes toiles d'origine et de fabrication françaises, qui ont été teintes dans la colonie française de l'Inde ;

Que les motifs sus-énoncés s'appliquent à ce nouveau certificat, comme à l'attestation de l'autorité coloniale, certifiant à la fois l'origine des tissus et de la teinture et, que la perception de la taxe, légalement établie, est légitime ; qu'il n'est pas inutile de rappeler à ce sujet que ce sont les demandeurs eux-mêmes qui ont réclamé de l'autorité coloniale toutes les mesures nécessaires à la constatation de l'identité des toiles reçues de France et ensuite expédiées au Sénégal ;

Qu'il est sans importance, par suite de savoir si la colonie dépense peu ou beaucoup à l'occasion de ces toiles ; que ne dépensât-elle rien, la taxe qui frappe le certificat d'origine n'en est pas moins légale et légalement établie.......

Confirme.

5 juillet 1898

COUR DE CASSATION (Chambre des Requêtes)
Audience du 5 juillet 1898

LA COUR :

Sur les deux premiers moyens réunis pris le premier de la violation et la fausse application des art. 1er du décret du 30 janvier 1867, 40, § 22 et 45 du décret du 2 avril 1885, en ce que l'arrêt attaqué a condamné la colonie de la Nouvelle-Calédonie à la restitution des droits à tort qualifiés de droits de douane, et d'ailleurs légalement établis ; et le second de la violation des mêmes articles et de l'art. 2 du décret du 28 novembre 1866 pour défaut de motifs, en ce que l'arrêt attaqué a ordonné la restitution des droits de consommation perçus sur les tabacs, comme constituant des droits de douane, à raison de la prime accordée aux tabacs de l'intérieur, sans aucune distinction, et même pour la partie des droits dépassant le montant de cette prime ;

Attendu que si, d'après l'article 1er du décret du 30 janvier 1867, dans les colonies autres que la Martinique, la Guadeloupe et la Réunion, les gouverneurs ont compétence pour fixer l'assiette, le tarif, les règles de perception et le mode de poursuite des taxes et contributions publiques, les droits de douane ne rentrent pas dans leurs attributions et ne peuvent aux termes de l'art 2, § 5 de la loi du 24 avril 1833, être créés que par l'autorité législative métropolitaine ;

Attendu que les droits établis sur les tabacs étrangers importés à Nouméa, seul port où il soit permis de débarquer les marchandises destinées à la Nouvelle-Calédonie, ne sont perçus sur les tabacs indigènes que pour être restitués, sinon en totalité, du moins en plus ou moins grande partie sous la forme de primes, à leurs producteurs locaux ; que, dès lors, ils prennent le caractère de droits de douane tant parce que, au lieu de porter seulement sur la consommation dans les limites d'un octroi circonscrit au territoire d'une commune, ils étendent leur action sur le périmètre tout entier de la Colonie, que parce que, par la faveur spéciale accordée aux tabacs indigènes, ils affectent au point de vue du commerce les relations de la Nouvelle-Calédonie avec la Métropole ;

D'où il suit qu'en déclarant illégaux les droits perçus sur les

tabacs de l'extérieur importés par les défendeurs éventuels et en en
ordonnant la restitution, sans restreindre cette restitution à ce qui
excédait le montant des primes allouées aux tabacs indigènes, l'arrêt attaqué, qui satisfait aux exigences de l'art. 7 de la loi du 20
avril 1810, « n'a ni violé, ni faussement appliqué aucun des articles susvisés ;

Sur le troisième moyen pris de la violation et fausse application des art. 13, 15 C. civ., 14, 15 et 17 C. com. et du principe de
la séparation des pouvoirs, en ce que l'arrêt attaqué a autorisé les
défendeurs éventuels à établir le montant des sommes qu'ils prétendent leur être dues par voie d'expertise et de compulsoire, devant
porter nécessairement sur les registres des administrations publiques
à qui la restitution est demandée ;

Attendu que la Cour d'Appel de Nouméa déclare en termes exprès que Mamelin & Cie prouvent par des documents versés au
dossier, qu'ils ont acquitté au Trésor local diverses sommes pour
droit spécial sur les tabacs ; que si, pour déterminer exactement le
montant de ces sommes, elle décide qu'il échet de les fixer par état,
soit contradictoirement, soit par voie d'expertise ou de compulsoire,
dans un délai de deux mois, passé lequel délai Mamelin & Cie seraient admis à présenter leur compte et à le faire admettre, sur
simple avenir, elle ne déplace pas ainsi la preuve qui incombe toujours aux demandeurs en restitution ; qu'elle ne porte pas non plus
atteinte au principe de la séparation des pouvoirs, puisque les registres du service local ont, pour la solution des litiges de ce genre
un caractère éminemment judiciaire, et que la loi attache à leur
mention une autorité considérable ;

Sur le quatrième moyen pris de la violation et fausse application des textes visés par le premier moyen du pourvoi, en ce que
l'arrêt attaqué a condamné la Colonie au remboursement de droits
qui, en admettant qu'ils dussent être considérés comme des droits
de douane, avaient été approuvés par l'autorité supérieure compétente ;

Attendu que l'approbation par décret rendu en Conseil d'Etat de
l'établissement d'un entrepôt fictif à Nouméa n'implique pas, en
l'absence de toute disposition spéciale à cet égard, l'approbation,
comme droit de douane, des taxes frappant les tabacs importés dans
la colonie ; que par suite, en déclarant illégales les dites taxes, la
Cour d'appel n'a ni violé, ni faussement appliqué ces décrets et
ceux des 30 janvier 1867 et 2 avril 1885.

Par ces motifs,

Rejette.

28 juillet 1898

COUR DE CASSATION (Chambre des Requêtes)
Audience du 23 juillet 1898

LA COUR :

Sur le moyen unique du pourvoi :

Attendu que la demande de Raoulx soulevait la question de savoir si l'arrêté pris par le gouverneur des établissements français
en Océanie, le 22 décembre 1894, pour rendre provisoirement exé-

cutoire dans la colonie une délibération du Conseil général portant
modification du régime de l'octroi de mer, a été pris dans la limite
des pouvoirs conférés au gouverneur par le décret du 28 décembre 1885 ;

Attendu que cette question est subordonnée à celle de savoir si
la loi du 11 janvier 1892, sur le tarif général des douanes, et en l'art.
6 restreint en matière d'octroi de mer les pouvoirs du Conseil général et du gouverneur, était exécutoire dans les établissements français de l'Océanie, à la date du 22 décembre 1894 ;

Attendu qu'aux termes de l'art. 59, § 1er du décret du 28 décembre 1885, sur le gouvernement des établissements français en Océanie, le Gouverneur promulgue les lois, décrets et arrêtés qui doivent recevoir leurs exécutions dans la colonie qu'il résulte de cette
disposition formelle que les lois comme les décrets doivent être
dans la colonie l'objet d'une promulgation d'une nature spéciale,
émanée du Gouverneur, alors même qu'elles auraient été déjà promulguées en France ;

Attendu qu'aux termes de l'article 129 du même décret, le pouvoir de promulgation ne peut être exercé par le Gouverneur qu'après
avoir pris l'avis du Conseil privé ;

Attendu qu'il ne peut être suppléé en aucune manière à une
promulgation régulière faite par arrêté du Gouverneur dans les
formes prescrites par les deux articles susvisés ;

Attendu qu'il est établi, en fait, que la publication de la loi
de 1892, faite à Tahiti dans le Journal Officiel de la Colonie, le 1er
septembre 1892, n'a été précédée d'aucun arrêté de promulgation spéciale pris par le Gouverneur en la forme légale ; d'où il suit que la loi
du 11 janvier 1892 n'était pas exécutoire à Tahiti, à l'époque où le Gouverneur a pris l'arrêté du 22 décembre 1894 ; que cet arrêté était donc
légal et que les sommes perçues en conséquence ne sont pas sujettes à répétition ;

Attendu dès lors, qu'en statuant ainsi qu'il l'a fait, le tribunal
supérieur de Papeete n'a violé aucune des dispositions invoquées
par le pourvoi ;

Rejette.

9 août 1898

Paris, 9 août 1898

DEPECHE MINISTERIELLE
*Au sujet du mode d'application dans les Colonies
des lois modifiant le tarif général des Douanes*

Messieurs,

Mon département a été déjà plusieurs fois amené à se préoccuper de la manière dont les lois modifiant le tarif général des douanes devaient être appliquées dans les colonies soumises au régime
de la loi du 11 janvier 1892 : il était évident que ces colonies ayant
été assimilées au point de vue douanier à la métropole, tout changement de tarif voté en France devait les atteindre à moins, naturellement, qu'il ne s'agit de produits placés sous un régime particulier. Mon administration avait donc eu à déterminer uniquement
dans quelles conditions et avec quels délais les lois modifiant les

tarifs devaient être mises en vigueur dans les territoires d'outre mer.

Ces questions ont été tranchées par les circulaires du 13 septembre 1895 et du 18 mai 1897 et il a été établi qu'un arrêté du Gouverneur devait promulguer les dits textes dans chaque colonie dès l'arrivée du Journal Officiel.

Cette manière de procéder quoique paraissant régulière n'était pas sans présenter des inconvénients : il est arrivé en plusieurs circonstances que certaines Administrations ont dû demander télégraphiquement l'autorisation de surseoir à l'application de modifications dangereuses pour le bien du Commerce local, de manière que les Assemblées compétentes, délibérant conformément aux articles 3 et 4 de la loi du 11 janvier 1892 eussent le temps de faire des propositions tendant à obtenir une exception au tarif métropolitain.

Il y a donc lieu de songer à modifier les errements adoptés en cette matière ; aussi, considérant que la loi du 11 janvier 1892 lors de l'application du tarif général avait prévu, en son article 3, que les Conseils Généraux et les Conseils d'Administration jouiraient du délai d'un an pour délibérer au sujet des exceptions qui leur paraîtraient indispensables, mon Département s'est demandé si en raison de cette disposition de la loi, le Gouvernement n'était pas autorisé à accorder aux Assemblées locales un délai analogue pour faire connaître leur desiderata à l'occasion de chaque nouvelle loi de tarif.

La question a été soumise au Ministère du Commerce et au Conseil d'Etat, et une entente est intervenue à ce sujet consacrée par un avis de la Haute Assemblée, dont j'ai l'honneur de vous transmettre ci-joint la copie (1).

Aux termes de cette entente, il est admis désormais qu'à partir de la publication des lois de cette nature au Journal Officiel, les Gouverneurs auront un délai de six mois pour les promulguer dans le territoire soumis à leur Administration, et que, dans le cas où les Conseils locaux auront demandé une exception au nouveau tarif, la dite promulgation sera retardée jusqu'à ce qu'il soit statué définitivement sur leurs propositions.

Je vous prie de prendre bonne note de cette décision et de veiller à ce qu'elle soit ponctuellement exécutée.

Le Ministre des Colonies :
Signé : TOUILLOT.

Pour copie conforme :

Le Chef du Secrétariat :

Signé : E. MASSE.

13 septembre 1898

Paris, le 13 septembre 1898

DEPECHE MINISTERIELLE

Au sujet du mode de promulgation des lois et décrets
applicables aux Colonies

Messieurs,

Statuant sur un pourvoi formé dans une Colonie en matière d'octroi, la Cour de Cassation a, dans les considérants de l'arrêt rendu

---

(1) — 29 juin 1898.

par elle le 13 juillet 1898 décidé que la loi du 11 janvier 1892 n'était pas applicable à cette Colonie parce que le Gouverneur, en se bornant à la publier au Journal Officiel local, avait omis de la faire précéder d'un arrêté de promulgation pris en conseil privé

La Cour suprême a décidé qu'il ne peut être suppléé en aucune manière à une promulgation régulière faite par arrêté du Gouverneur dans les formes prescrites.

J'ai l'honneur d'appeler tout particulièrement votre attention sur cet important arrêt. Vous voudrez bien prendre note de la thèse d'après laquelle, même lorsqu'il s'agit de lois ou de décrets formellement déclarés applicables aux Colonies par un de leurs articles, la promulgation par le Gouverneur, exigée par les ordonnances royales de 1825 et de 1833 et par les actes divers sur le Gouvernement des Colonies, est nécessaire à leur mise en vigueur définitive.

Le Ministre des Colonies
Georges TROUILLOT.

Pour copie conforme,
Le Sous-Chef du 1er Bureau,
DEMARTIAL.

27 octobre 1898

CIRCULAIRE MINISTERIELLE
du 27 Octobre 1898

PROJET DE DÉCRET SUR LE RÉGIME
DES SPIRITUEUX ET DES TABACS   EXTRAIT

. . . .

Aux termes de l'article 3 du Senatus Consulte du 4 juillet 1866 et de l'article 1er du décret du 11 août 1866 le Conseil Général délibère sur le mode d'assiette, de perception et de répartition des contributions et taxes, et ses délibérations sur ces matières sont rendues exécutoires par décrets simples.

Toutefois, il y a lieu de remarquer que la règlementation projetée sur les tabacs et les spiritueux n'a pas trait uniquement à l'établissement d'un impôt de consommation sur ces articles, mais qu'elle prévoit le régime, auquel doivent être soumises la préparation, la vente, la circulation etc. ; enfin, les projets que vous m'avez transmis indiquent pour toutes les infractions aux dispositions qu'ils édictent, des sanctions pénales qui peuvent s'élever jusqu'à 3.000 francs et 2 mois de prison.

Or, le Conseil d'Etat, à plusieurs reprises, et notamment par des notes et avis des 12 mars 1891, 28 mai 1891, 4 avril 1895, a estimé que les Conseils Généraux compétents pour déterminer le mode d'assiette et les règles de perception des contributions et taxes, peuvent édicter des amendes considérées, en cette matière, non comme des peines de droit commun, mais comme la réparation du préjudice causé par les fraudes, mais qu'ils ne sauraient sanctionner leurs délibérations par la peine de l'emprisonnement. (4 avril 1895).

. . . .

Le Ministre des Colonies
Georges TROUILLOT.

16 mai 1899

COUR DE CASSATION (Chambre des Requêtes)
Audience du 16 mai 1899

LA COUR :

Sur le moyen unique :

Attendu que l'arrêt attaqué déclare que si, dans l'espèce, la preuve directe de la promulgation à la Martinique de la loi des 6-22 août 1791 n'a pas été rapportée, il faut l'attribuer d'abord à la guerre civile, ensuite à l'occupation étrangère qui, de 1790 à 1802 et de 1809 à 1814, n'ont pas permis de constater régulièrement cette promulgation ; que le dit arrêt ajoute que la loi des 6-22 août 1791, depuis cette situation anormale, n'a pas cessé d'être appliquée à la Martinique ; que, d'une part, des instructions ministérielles, des règlements et des arrêtés du Gouverneur en ont assuré ou modifié l'exécution : que, d'autre part, des ordonnances et des lois, qui en ont abrogé ou changé certaines dispositions, ont été promulguées dans la Colonie , qu'enfin le service des douanes y a été organisé et y a toujours fonctionné et qu'il a été rattaché à celui de la Métropole par l'ordonnance royale du 25 octobre 1829 ; que la Cour d'Appel a pu conclure à bon droit de cet ensemble de faits et d'actes que la loi de 1791 a été promulguée à la Martinique et qu'en décidant par suite que le chef du service des douanes de cette colonie a été fondé à opposer à la demande en communication d'extraits des registres des douanes, formée par les sieurs Servel et Thuriès et relative à la période de juin 1855 au 31 décembre 1867, l'art 25, titre XIII de cette loi, qui décharge l'administration de la garde et de la représentation de ce registre après un délai de trois ans, elle en a fait une exacte application et n'a violé aucun des articles du Code civil et du code de procédure civile sus-visée.

Par ces motifs,

Rejette.

2 février 1900

COUR DE CASSATION (Chambre Criminelle)
Audience du 2 février 1900

LA COUR :

Vu la requête présentée par le Procureur de la République, Chef du Service judiciaire aux îles Saint-Pierre et Miquelon ;

Sur le moyen tiré de la violation par non application de l'art. 3 du décret-loi du 19 mars 1852 ;

Attendu que l'article 3 du décret du 19 mars 1852 dispose que :
« tout capitaine, maître ou patron ou tout individu qui en fait fonc-
« tions est tenu, sur la réquisition de qui de droit, d'exhiber son rô-
« le d'équipage, sous peine d'une amende de 500 francs si le bâti-
« ment est armé au long cours, de 200 francs si le bâtiment est armé
« au cabotage, de 100 francs s'il est armé à petite pêche ; »

Attendu que ce texte de loi contient une règle formelle, absolue, qui ne comporte pas d'exception ; que tout refus d'obéir à une réquisition régulièrement faite, ou même tout retard apporté volontairement et hors le cas de force majeure à l'accomplissement de la formalité requise constituent l'infraction à cette disposition ;

Attendu qu'aux termes du procès-verbal, base de la poursuite et qui fait foi jusqu'à inscription de faux, Langlois, invité à montrer le wary « Marie-Joseph » pour lequel il s'est fait délivrer un rôle le 15 mai 1899, a désigné un vieux doris hors d'état de prendre la mer, et sans nom inscrit à la poupe ; qu'il n'a pu exhiber son rôle d'équipage et a reconnu qu'il n'était pas sorti en pêche depuis la délivrance de son rôle ;

Attendu que la décision attaquée a renvoyé le prévenu des frais de la poursuite par le motif que si, aux termes de l'article 3 du décret-loi du 19 mars 1852, tout patron d'embarcation est tenu sur la réquisition de qui de droit, d'exhiber son rôle d'équipage, il est évident que cette réquisition ne peut être faite que si l'embarcation se trouve à la mer et non échouée sur la grève, hors de service ,

Attendu que la décision attaquée, en créant une distinction et en admettant une excuse que le décret de 1852 n'a point établie, a commis une violation de l'article 3 de ce décret ;

Par ces motifs,

Casse et renvoie devant la Cour de Rennes.

24 février 1900

LOI *modifiant le tarif des Douanes*
(denrées coloniales de consommation)

. . . .

ARTICLE 3

. . . .

Les denrées coloniales ayant acquitté des taxes spéciales en Algérie ou aux Colonies sont passibles, à l'entrée en France, des droits du tarif général, sous la déduction de la taxe spéciale déjà payée.

. . . .

30 mars 1900

COUR DE CASSATION (Chambre Criminelle)

Audience du 30 mars 1900

LA COUR :

Sur le premier moyen pris de la violation par fausse application, tant de la loi du 27 mars 1851 que de l'art. 423 du Code pénal en ce que l'arrêt attaqué a appliqué au prévenu la loi du 27 mars 1851, bien qu'aucun décret n'eut expressément déclaré cette loi applicable en Indo-Chine, et alors d'autre part que l'art. 423 du Code pénal était lui-même inapplicable en l'espèce, l'arrêt ne constatant pas que le mélange eût dénaturé la marchandise vendue et l'eût rendu impropre à son usage ;

Attendu qu'il y a lieu de distinguer entre les actes qui ont pour but de rendre applicables aux Colonies les lois en vigueur dans la Métropole et ceux qui ont pour but unique de les publier dans ces colonies ;

Attendu qu'il résulte de l'art. 18 du Senatus-consulte du 3 mai 1854 que les colonies autres que la Martinique, la Guadeloupe et la

Réunion pouvaient être régies par des décrets du Gouvernement impérial :

Attendu que les articles 18 et 37 du décret du 25 juillet 1864 sur l'organisation de la justice en Cochinchine sont ainsi conçus :

Art 18. — En matière civile et commerciale les tribunaux français appliquent les dispositions du Code Napoléon et du Code de commerce en vigueur en France. En matière de simple police, de police correctionnelle, et en matière criminelle ils ne peuvent prononcer d'autres peines que celles établies par la loi française ;

Art. 37. — Seront promulguées dans la Colonie, selon les formes prescrites, les dispositions des lois et des codes français qui sont rendues applicables en Cochinchine par le présent décret ;

Attendu que ce décret a été pris dans les formes constitutionnelles et en conformité des pouvoirs donnés au Chef de l'Etat par le Senatus-Consulte organique du 3 mai 1854, et qu'il résulte de la combinaison des art. 18 et 37 précités que la loi du 27 mars 1851 a été ainsi rendue applicable en Cochinchine au même titre que les autres lois qui étaient alors en vigueur dans la Métropole ;

Attendu, en outre, que l'art 6 du décret du 4 janvier 1865, relatif à l'exécution des lois et décrets dans les possessions françaises de la Cochinchine, a autorisé le Gouverneur de cette colonie à faire toutes publications nécessaires pour assurer l'exécution du décret du 25 juillet 1864 ;

Attendu qu'en vertu des deux décrets susvisés le Gouverneur a pris, le 3 avril 1867, une décision prescrivant l'insertion de la loi du 27 mars 1851 dans « le Courrier de Saïgon » et dans le Bulletin officiel de la Colonie ; d'où il suit que la loi de 1851, après avoir été déclarée applicable à la Cochinchine, y a été régulièrement publiée ;

Attendu, en ce qui concerne l'art. 423 du Code pénal, que l'arrêt attaqué ne vise le dit article que pour l'application de la peine et conformément à l'art 1er de la loi du 27 mars 1851 ;

Que le premier moyen du pourvoi doit donc être rejeté.

Sur le second moyen pris de la violation de l'art. 44 du Code d'instruction criminelle en ce que l'arrêt attaqué a, pour prononcer la condamnation, fait état d'analyses et rapports techniques sans qu'il fût justifié que les vérifications et constatations de ces analyses et rapports eussent été précédées de la formalité du serment ;

Attendu que ces analyses et rapports ayant été produits en première instance, le demandeur aurait dû se prévaloir de leur prétendue nullité devant la Cour d'Appel ; que le moyen ainsi formulé pour la première fois devant la Cour de Cassation n'est donc pas recevable aux termes de l'article 2 de la loi du 29 avril 1806.

Par ces motifs,

Rejette.

13 avril 1900

EXTRAIT DE LA LOI *du 13 avril 1900, portant fixation du budget général des dépenses et recettes de l'exercice 1900*

. . . .

Art. 33. — Le régime financier des colonies est modifié à partir du 1er janvier 1901, conformément aux dispositions suivantes :

§ 3. — Les Conseils Généraux des Colonies délibèrent sur le mode d'assiette, les tarifs et les règles de perception des contributions et taxes autres que les droits de douane, qui restent soumis aux dispositions de la loi du 11 janvier 1892.

Ces délibérations ne seront applicables qu'après avoir été appliquées par des décrets en Conseil d'Etat.

En cas de refus d'approbation par le Conseil d'Etat des tarifs ou taxes proposées par un Conseil Général de Colonie, celui-ci est appelé à en délibérer de nouveau.

Jusqu'à l'approbation du Conseil d'Etat, la perception se fait sur des bases anciennes.

13 avril 1900

LOI DE FINANCES (EXTRAIT)

. . . .

Art. 5. — Le tribunal compétent pour prononcer la condamnation au principal des amendes, doit prononcer en même temps, sur les conclusions de la partie chargée des poursuites, la condamnation aux décimes et demi-décimes des dites amendes, dont la perception est autorisée par les lois des 6 prairial, an VII, article 1er ; 28 avril 1816, article 17 ; 14 juillet 1855, article 5 ; 30 décembre 1873, article 2, et par les lois annuelles de Finances.

18 juillet 1900

COUR DE CASSATION (Chambre des Requêtes)
Audience du 18 juillet 1900

LA COUR :

Sur le moyen unique pris de la violation de l'article 25, titre XIII du décret des 6-22 août 1791, par fausse application de l'art. 1er, § 5, du senatus-consulte du 4 juillet 1866 et de l'article 2244 Code civ.

Attendu qu'aux termes de l'art. 1er du sénatus-consulte du 4 juillet 1866, § 5, il ne peut, sauf les cas d'urgence, être défendu au nom de la colonie de la Guadeloupe à aucune action, sans que le Conseil général ait statué sur le soutien de l'instance : qu'il en découle pour le demandeur l'obligation d'adresser au Gouverneur un mémoire exposant l'objet et les motifs de sa réclamation et que, à raison de l'obstacle légal apporté à l'exercice immédiat de l'action, le dépôt du mémoire interrompt la prescription ; qu'en décidant ainsi, le jugement attaqué, loin de violer les articles de loi visés par le pourvoi, en a fait au contraire une juste et saine application ;

Par ces motifs,

Rejette le pourvoi.....

30 juillet 1900

LOI *relative aux établissements créés par les Français dans les îles de l'Océan Pacifique*

Art. 1er. — Le Président de la République est autorisé à prendre

dre, par voie de décret, les mesures d'ordre administratif et judiciaire, nécessaires pour assurer la protection et garantir l'état et les droits des citoyens français établis dans les îles et terres de l'Océan pacifique ne faisant pas partie du domaine colonial de la France et n'appartenant à aucune puissance civilisée.

Art. 2. — Le Président de la République est également autorisé à établir, par décrets rendus dans la forme des règlements d'administration publique le régime douanier auquel sont assujettis, en France et dans les colonies françaises, les produits originaires des îles et terres ci-dessus désignées, récoltés ou fabriqués par les établissements commerciaux ou agricoles, possédés ou exploités par des Français ou par des Sociétés civiles ou commerciales françaises.

30 juillet 1900

COUR DE CASSATION (Chambre des Requêtes)
Audience du 30 juillet 1900

LA COUR :

Sur le moyen unique :

Attendu que : par délibération du 20 mars 1890, le Conseil général de la Martinique, déclarant agir en vertu des pouvoirs qu'il tenait de l'art. 1er, § 15, N° 2 de l'article 3, § 4 du sénatus-consulte du 4 juillet 1866, a décidé qu'il serait perçu dans tous les ports de la colonie, un droit de statistique sur les marchandises expédiées par cabotage d'un port à l'autre de la colonie, droit fixé à 15 centimes par colis, ou par mille kilogs ou mètre cube sur les marchandises en vrac ;

Que cette délibération a été approuvée par un décret du Président de la République du 7 mai 1890 sur le rapport du Ministre ;

Que la Cie Transatlantique a assigné la colonie en restitution des sommes versées par la dite Compagnie en l'acquit de cette taxe qu'elle prétendait n'avoir pas été légalement établie ;

Que le pourvoi soutient que cette taxe constitue un véritable droit de douane et n'aurait pu, par suite, être établie que par un décret rendu en la forme des règlements d'administration publique ;

Attendu qu'aux termes de l'art. 2 du sénatus-consulte du 4 juillet 1866 « le Conseil général vote les tarifs d'octroi de mer sur les « objets de toute provenance, ainsi que les tarifs de douane sur les « produits étrangers, naturels ou fabriqués, importés dans la colo- « nie. Les tarifs de douane votés par le Conseil général, sont rendus exécutoires par décrets de l'Empereur, le Conseil d'Etat entendu » ;

Attendu que le droit de statistique établi par le Conseil général de la Martinique ne saurait être rangé parmi les tarifs de douane énoncés en l'article 2 ;

Qu'en effet, ce droit identique à celui qui a été créé pour la Métropole par la loi du 22 janvier 1872, constitue un simple droit de balance ou d'enregistrement ; qu'il est d'un chiffre minime et invariable, indépendant de la nature et de la valeur des marchandises ; qu'il n'existe pas seulement à l'importation mais encore a l'exportation ; que c'est donc une simple taxe fiscale ;

Attendu qu'en décidant qu'une telle taxe ne constituait pas un droit de douane dont l'établissement fût soumis aux conditions fixées par l'art. 2 du sénatus-consulte du 4 juillet 1866, l'arrêt attaqué, d'ailleurs régulièrement motivé, n'a pas violé les textes invoqués par le pourvoi.

Par ces motifs,

Rejette.

25 janvier 1901

CONSEIL D'ETAT

CONSEIL GÉNÉRAL

Arrêt du Conseil d'Etat, annulant l'arrêté par lequel le Gouverneur de la Réunion a prononcé l'annulation de la délibération du Conseil Général du 8 août 1898, portant suppression de l'impôt personnel.

Du 25 Janvier 1901

(Inséré au *Journal Officiel* du 7 mai 1901)

. . . .

Ce faire :

Attendu que l'article 13 du décret du 26 juillet 1854, dont l'arrêté du Gouverneur a fait application, déclare seulement nulles les délibérations prises par le Conseil général hors du temps de sa session, hors du lieu de ses séances ou en dehors de ses attributions légales ;

Attendu qu'aux termes des articles 1, 2, 3 et 5 du sénatus-consulte du 4 juillet 1866, le Conseil général a le droit de voter les contributions et taxes, de délibérer sur le mode d'assiette et les règles de perception de ces mêmes contributions et taxes, et que le budget de la colonie est délibéré par lui ;

Que les mêmes articles déterminent quelles sont celles de ces matières sur lesquelles il statue, sauf annulation prononcée par décret, et celles sur lesquelles il délibère sauf approbation ;

Attendu que sans rechercher dans quelle catégorie et sous quel texte peut rentrer la délibération portant suppression d'un impôt, il est incontestable que tout ce qui touche aux contributions et taxes coloniales (à la seule exception des droits de douane) est soumis au vote du Conseil général, et qu'à supposer que sa délibération du 8 août 1898, soit entachée d'excès de pouvoir, elle rentre très expressément dans ses attributions :

Attendu que la reconnaissance de sa compétence résulte de l'arrêté lui-même, en ce qu'il rappelle que la suppression d'un impôt ne peut être opérée que conformément aux dispositions de l'article 1er du décret du 11 août 1866 ; qu'en effet le décret exigé par les dispositions sus rappelées a pour objet de déterminer le mode d'approbation des délibérations du Conseil général portant pour ces objets ;

Qu'il résulte de ce qui précède qu'à aucun titre le Gouverneur ne pouvait procéder par simple arrêté, et qu'il pouvait seulement solliciter du Gouvernement dans le délai légal, un décret d'annulation ou conclure à un défaut d'approbation :

Attendu que l'arrêté n'est pas même justifié au fond :

Qu'il résulte des termes précis des articles 1, 2, 3 et 5 du sénatus-consulte de 1866, que le principe de la contribution, le mode d'assiette, les règles de perception, le tarif, enfin le vote annuel de chaque contribution lors de l'établissement du budget, sont soumis aux délibérations du Conseil général ;

Attendu qu'il suit de là qu'aucun impôt ne peut être perçu sans l'assentiment du Conseil et que s'il existe une exception prévue a l'article 8, pour le cas où des dépenses obligatoires ont été omises dans le budget, le Gouvernement ne peut faire appel à des ressources nouvelles qu'après épuisement de tous les autres moyens prescrits au dit article 8 ;

Attendu que s'il appartient au Conseil de voter un impôt, il lui appartient de le supprimer et que sa délibération dans l'un ou l'autre cas, est exécutoire par elle-même ; si l'annulation n'en est pas demandée dans le délai légal ;

Attendu qu'on ne peut opposer à la délibération portant supression de l'impôt, le décret qui en a autorisé la perception ; que ce décret n'est qu'approbatif des dispositions relatives au mode d'assiette et aux règles de perception de la contribution établie ;

. . . .

Considérant que l'objet de la délibération du Conseil général de la Réunion, du 8 août 1898 portant suppression de l'impôt personnel est au nombre de ceux sur lesquels l'article 1er du Sénatus consulte du 4 juillet 1866, donne au Conseil général droit de statuer, qu'aux termes de la disposition finale du dit article, il appartenait seulement au Gouverneur, s'il s'y croyait fondé, de demander dans le mois qui a suivi la clôture de la session, l'annulation de la délibération dont s'agit ; qu'il suit de là que l'arrêté par lequel il a prononcé lui-même cette annulation est entachée d'excès de pouvoir.

DECIDE

Art. 1er. — L'arrêté en date du 10 février 1899, par lequel le Gouverneur de la Réunion a prononcé l'annulation de la délibération du Conseil général du 8 août 1898, portant suppression de l'impôt personnel, est annulé.

. . . .

9 février 1901

COUR DE CASSATION (Chambre Criminelle)

Audience du 9 février 1901

LA COUR :

Sur le pourvoi de l'administration des douanes et régies de l'Indo-Chine ;

Sur le premier moyen tiré de la violation des art. 60 du décret du 7 février 1899 et 51 de la loi du 28 avril 1816, en ce que l'arrêt attaqué, après avoir condamné Galgani pour introduction frauduleuse d'opium, n'a ordonné la confiscation ni des marchandises, ni des moyens de transport ;

Vu lesdits articles ;

Attendu que Galgani était poursuivi pour avoir contrevenu à l'article 60 de l'arrêté pris par le Gouverneur général de l'Indo-Chine à la date du 7 février 1899, aux termes duquel « tout versement frauduleux, toute tentative de versement frauduleux d'opium, soit dans l'enceinte des ports, soit sur les côtes de l'Indo-Chine, seront poursuivis et punis conformément aux dispositions des articles 2 et 4 de la loi de douane du 2 juin 1875, 34 et 37 du titre VI de la loi du 21 avril 1818, 51, 52, 53 du titre V de la loi du 28 avril 1816 » ;

Attendu que l'art. 51 de la loi du 28 avril 1816 dispose que « tout fait de contrebande de compétence prévôtale, entraînera 1° la confiscation des marchandises et des moyens de transport.... » que l'art. 4 de la loi du 2 juin 1875 dispose également que dans tous les cas d'application des articles 41 à 53 de la loi du 28 avril 1816, titre 5, Section des Douanes, les marchandises servant à masquer la fraude seront confisquées avec l'objet de contrebande et les moyens de transport » ;

Attendu que l'arrêt attaqué, en condamnant Galgani pour introduction frauduleuse d'opium, a omis de prononcer la confiscation de l'opium de contrebande et de statuer sur la confiscation des moyens de transport ;

Attendu qu'en omettant ainsi de statuer, l'arrêt attaqué a violé les dispositions des articles susvisés ;

Par ces motifs et sans qu'il soit nécessaire de statuer sur le second moyen du pourvoi, relatif au refus allocation des dommages-intérêts réclamés par l'administration des douanes et-régies.

Joint les pourvois et statuant par un seul et même arrêt :

Casse.... et renvoie devant la même Cour autrement composée.

13 mars 1901

COUR DE CASSATION (Chambre Civile)

Audience du 13 mars 1901

LA COUR :

Statuant par défaut à l'égard du défendeur ;

Sur le moyen unique du pourvoi :

Vu l'article 21 de l'arrêté du Gouverneur de la Cochinchine en date du 24 juin 1887 ;

Attendu que la somme dont Yong-Lye-Guan demandait la restitution avait été perçue par l'administration des Douanes pour droits de magasinage sur les marchandises qui, à défaut de réclamation de la part de leur propriétaire, avaient été déposées dans un magasin appartenant aux Messageries maritimes ; que, pour établir la légitimité de la perception, l'administration invoquait l'article susvisé de l'arrêté du Gouverneur de la Cochinchine du 24 juin 1887 ;

Attendu que, pour ordonner la restitution demandée, le jugement dénoncé se fonde uniquement sur les termes d'une circulaire du Directeur général des Douanes du 31 mai 1878, recommandant à ses subordonnés de ne percevoir de taxe que sur des marchandises déposées dans les bâtiments dépendant de la Douane, et qu'il invoque les considérations d'équité qui ont dicté cette circulaire et qui lui paraissent devoir « recevoir leur application aussi bien dans la colonie que dans la Métropole » ;

Attendu qu'en refusant, par ces motifs, d'examiner si la perception avait été faite conformément à un tarif dont il ne contestait pas la légalité, le tribunal n'a pas donné une base légale à sa décision ;

Par ces motifs,

Casse... et renvoie devant le Tribunal de Saïgon autrement composé.

9 mai 1901

COUR DE CASSATION (Chambre Criminelle)
Audience du 9 mai 1901
1re Espèce

LA COUR :

Vu le mémoire produit au nom de Grant Henry-Edme, distillateur à Cayenne ;

Sur le premier moyen pris de la violation de l'art. 3 de la loi du 8 janvier 1877 et du décret du 6 mars 1877 en ce que l'arrêté du Gouverneur de la Guyane du 22 juin 1900 dont il a été fait application au prévenu serait caduc pour n'avoir pas été converti en décret dans le délai de 4 mois par le chef du gouvernement statuant en Conseil d'Etat.

Attendu que le décret du 6 mars 1877 et la loi susvisée ne n'appliquent qu'aux arrêtés pris par le gouverneur en matière d'administration et de police, et non aux arrêtés par lesquels le Gouverneur rend exécutoire les délibérations du Conseil Général en matière de contributions et de taxes en vertu des articles 37 et 38 du décret du 23 décembre 1878 ; que ces derniers arrêts doivent sans doute être soumis à l'approbation du Président de la République, mais que ces arrêtés sont provisoirement exécutoires sans condition de délai ;

Attendu que l'arrêté du 22 juin 1900 pris en vertu des articles 37 et 38 du décret du 23 décembre 1878 a rendu exécutoire la délibération du Conseil Général en date la veille sur la taxe des spiritueux qu'ainsi le premier moyen doit être rejeté ;

Sur le moyen pris de ce que l'article 33 § 3 de la loi du 13 avril 1900, en soumettant directement les délibérations du Conseil Général en matière de taxes à l'approbation par décret en Conseil d'Etat, aurait abrogé les articles 37 et 38 du décret du 23 décembre 1878 ;

Attendu qu'aux termes de l'article 33 § 1er de la loi susvisée « le régime financier n'est modifié qu'à partir du 1er janvier 1901 », et que les délibérations antérieures à cette date doivent être exécutées conformément aux règles anciennes ; qu'ainsi la délibération du Conseil Général en date du 21 juin 1900 a pu être rendu exécutoire par le Gouverneur par son arrêté du 22 juin 1900 ;

Mais sur les moyens pris de la violation des articles 215 et 202 du Code d'instruction criminelle réunis ;

Vu les dits articles ;

Attendu que le juge d'appel ne peut, en évoquant, aggraver le sort du prévenu sur son seul appel ;

Attendu que la Cour d'Appel de Cayenne, saisie du seul appel du prévenu, a réduit de 200 francs l'amende de 500 francs prononcée par le premier juge pour la première contravention relevée contre Gran' mais qu'elle a en même temps, pour la seconde contravention, élevé à 500 francs d'amende la peine de deux cents francs ; qu'ainsi de ce chef elle a aggravé le sort du prévenu et violé les articles sus-visés ;

Casse, mais de ce chef seulement, les autres dispositions demeu-rant expressément maintenues,...

2e espèce

LA COUR :

Sur le moyen pris de la violation du décret du 6 mars 1877, en ce que l'arrêt aurait fait application d'un arrêté du Gouverneur de la Guyane devenu caduc pour n'avoir pas été converti en décret dans le délai de 4 mois alors que cet arrêté contenait des pénalités supé-rieures à 15 jours d'emprisonnement et à 100 francs d'amende ;

Vu les art. 37 et 38 du décret du 23 décembre 1878 ;

Attendu que malgré la généralité apparente de l'art. 3 du décret du 6 mars 1877 relatif aux arrêtés de police et d'administration, on doit distinguer les arrêtés pris par le Gouverneur en cette matière, des arrêtés par lesquels le Gouverneur de la Colonie rend exécutoire les délibérations du Conseil Général sur le mode d'assiette et les rè-gles de perception des contributions et taxes ; que si ces délibérations rendues exécutoires par le Gouverneur doivent être approuvées ou rejetées par décret du Président de la République, aucune condition de délai n'est imposée, sous peine de caducité, à cette ap-probation, à la différence de ce qui a lieu pour les arrêtés du Gou-verneur rendus en matière « de police et d'administration » ;

Et attendu que l'arrêté du Gouverneur de la Guyane du 22 dé-cembre 1899 rendu en matière de taxe de spiritueux et qui a rendu exécutoire une délibération du Conseil Général de la Colonie, de la veille, en vertu duquel Grant a été poursuivi, vise les art. 37 et 38 du décret du 23 décembre 1878 ; qu'en déclarant caduc cet arrêté pour n'avoir pas été converti en décret dans le délai de 4 mois à par-tir de sa publication, l'arrêt a faussement appliqué l'art 3 du décret du 6 mars 1877 et violé les articles sus visés du décret du 23 décem-bre 1878.

Casse.

11 novembre 1901

COUR DE CASSATION (Chambre Civile)

Audience du 11 novembre 1901

LA COUR :

Sur les deux moyens du pourvoi réunis :

Attendu que le droit établi par le Conseil Général des établis-sements français de l'Inde sur les certificats d'origine des toiles di-tes « guinées », ne saurait être rangé parmi les droits de douane ; qu'il constitue une simple taxe locale, destinée à couvrir la colonie des frais d'administration par elle exposés au profit exclusif de cer-tains industriels ; qu'il est indépendant, dans sa quotité, de la desti-nation ultérieure des expéditions et qu'il n'a par conséquent, aucun caractère différentiel ; qu'il est facultatif en ce sens que celui qui fait sortir des guinées de la colonie n'est nullement astreint à l'obli-gation de prendre un certificat d'origine, et, par suite, d'acquitter le droit afférent à la délivrance de ce document ; qu'en décidant qu'à raison de ces caractères l'établissement du droit litigieux rentrait dans les attributions du Conseil Général, l'arrêt attaqué n'a pas violé les textes de loi visés par le pourvoi ;

Attendu que le pourvoi soutient encore que, même en admettant cette compétence, une telle taxe n'en devrait pas moins être déclarée illégale comme contraire aux dispositions du décret du 19 juillet 1877 qui règle l'importation des guinées au Sénégal, en vue de les faire bénéficier, dans cette colonie, d'un régime de faveur ; que l'illégalité proviendrait d'une part, de l'assimilation, par l'art. 4 de ce décret, de l'attestation de l'autorité coloniale, formalité qui comprend le certificat ou attestation d'origine, avec le passavant dont la délivrance en France est gratuite ; d'autre part, de la gratuité expressément édictée par l'art. 5 du même décret pour l'estampillage des guinées et le plombage des colis, dont l'attestation coloniale constitue une opération préliminaire et essentielle ;

Mais attendu, en premier lieu, que le certificat d'origine destiné à fixer le pays de fabrication de la marchandise, se distingue du passavant, titre de mouvement et de circulation ; qu'ils n'émanent pas dans la métropole, de la même autorité, le premier étant délivré par le maire de la commune, le second par l'administration des douanes ; que si, en raison de l'absence d'organisation douanière dans les établissements de l'Inde, le passavant est remplacé par une attestation de la même autorité coloniale appelée à certifier l'origine des guinées et si cette unité d'autorité justifie en pratique la délivrance d'une seule et unique pièce, il n'en est pas moins vrai que l'opération reste double : l'attestation de l'origine, l'attestation nécessaire à l'expédition ;

Attendu, au second lieu, que le certificat d'origine existait antérieurement au décret du 19 juillet 1877 ; que sa délivrance était frappée d'une taxe distincte ; que l'art. 2 du dit décret a maintenu ce certificat et spécifié les mentions qu'il doit contenir ; que si l'art. 5 a expressément déclaré que l'estampillage des guinées (c'est-à-dire le titre d'xpédition) et le plombage des colis auraient lieu gratuitement, il n'a pas étendu la même gratuité à la délivrance du certificat d'origine ; que, dans ces conditions c'est à bon droit que l'arrêt attaqué a consacré la légalité de la taxe établie par le Conseil Général des établissements de l'Inde sur le certificat d'origine des guinées.

Rejette.

12 novembre 1901

COUR DE CASSATION (Chambre Civile)

Audience du 12 novembre 1901

LA COUR :

Sur la fin de non recevoir :

Attendu que, si les personnes domiciliées dans les colonies sont régulièrement assignées au Parquet du Procureur de la République près le tribunal où l'affaire doit être portée, conformément aux dispositions de l'art 69 § 9 du code de procédure civile, il ne s'ensuit pas qu'en déterminant ainsi un mode de nature à faciliter la transmission de l'exploit, le législateur ait entendu interdire pour ce cas l'application de la règle générale posée par l'art 68 du même code, toutes les fois qu'on peut y avoir recours ;

Attendu que l'arrêt qui a admis le pourvoi a donc été valablement signifié « au directeur des douanes et régies de l'Indo-Chine à Saïgon, en son hôtel, en parlant à sa personne » ;

Rejette la fin de non recevoir ;

Et statuant, au fond sur le moyen unique du pourvoi :

Attendu qu'aux termes de l'art 3 § 3, de la loi du 11 janvier 1892 promulguée en Cochinchine par arrêté du Gouverneur du 3 janvier 1893, les produits étrangers importés dans les colonies sont soumis aux mêmes droits que s'ils étaient importés en France et que la règle générale, en matière de douanes, est que tout objet importé de l'étranger doit acquitter les droits, s'il n'en est expressément exempté ;

Attendu que le tarif général annexé à la loi précitée porte, dans le n° 648 : « allumettes chimiques et bois préparés pour allu- « mettes importés pour le compte du monopole, les 100 kilogs 12 frs, « autres 20 francs, importés pour le compte des particuliers, pro- « hibés » ;

Attendu que la prohibition ne s'applique pas à l'Indo-Chine, où le monopole n'existe pas ; qu'il en résulte uniquement que ce produit peut y être importé pour le compte des particuliers, mais non qu'il doit y être admis en franchise ; qu'en l'absence d'un texte prononçant l'exemption, il s'y trouve assujetti au droit stipulé pour les marchandises de cette nature introduites en France pour le compte du monopole ; qu'en reconnaissant la légitimité de la perception opérée sur des allumettes introduites en Cochinchine par le sieur To-Laï en 1897, et en refusant d'en ordonner la restitution, le jugement dénoncé, qui d'ailleurs est motivé ; n'a point modifié le tarif, mais en a fait, au contraire, une exacte application ; que, sa décision étant ainsi justifiée, il importe peu qu'il se soit fondé à tort sur la faculté qu'il attribue à l'administration de renoncer à son monopole et de substituer, dans ce cas, les importateurs à ses droits et à ses obligations.

Par ces motifs,

Rejette.

21 novembre 1901

COUR DE CASSATION (Chambre Criminelle)

Audience du 21 novembre 1901

LA COUR :

Vu les articles 37, 38, 39 du titre 13 de la loi du 22 août 1791, 38 et 39 du titre IV de la loi du 28 avril 1816, 34 de la loi du 21 avril 1818 ;

Vu le décret du 16 février 1895 et l'arrêté local du 18 avril suivant du Gouverneur de la Guadeloupe ;

Attendu qu'aucune disposition des lois de douane promulguées et publiées dans la Colonie de la Guadeloupe par les décrets et arrêtés susvisés ne permet à l'administration des douanes de saisir l'objet de contrebande au delà du rivage de la mer et des côtes s'il n'y a poursuite à vue ; que les art. 25, 31, 38 et 39 du titre IV de la loi du 28 avril 1816 ne concernent que la police du rayon des frontières de terre ;

Que ni la loi du 21 avril 1818 dont l'article 34 se réfère aux pénalités des art 41 et suivants de la loi du 28 avril 1816 pour les versements frauduleux sur les côtes, ni la loi du 2 juin 1875 qui punit les tentatives de ces versements n'ont étendu leurs dispositions à la police du rayon à partir des côtes ;

Attendu que la promulgation d'une loi de la métropole dans une colonie n'en change ni le sens ni la portée ; qu'on ne saurait admettre, avec l'arrêt, que les lois relatives à la police du rayon des frontières de terre de la métropole promulguées en masse à la Guadeloupe doivent s'entendre, dans cette colonie, du rayon des côtes ; qu'en le décidant ainsi l'arrêt a violé les articles ci-dessus visés ;

Et attendu, en outre, que si le tabac de fraude peut être saisi partout, à la Guadeloupe, entre les mains de tous les détenteurs, la peine prononcée contre les prévenus n'est pas justifiée par celle portée par le décret du 31 décembre 1885, modifié par le décret du 3 juin 1893 ;

Sans qu'il soit nécessaire de statuer sur le second moyen relevé d'office,

Casse et renvoie devant la Cour de la Martinique.

27 novembre 1901

COUR DE CASSATION (Chambre Civile)

Audience du 27 novembre 1901

LA COUR :

Statuant par défaut à l'égard de Bourjac ;

Sur le moyen unique du pourvoi :

Attendu que la disposition de l'article 6 de la loi du 11 janvier 1892, aux termes de laquelle les délibérations des Conseils Généraux des colonies concernant les tarifs d'octroi de mer sont rendues exécutoires par décrets intervenus sur le rapport du Ministre du Commerce, de l'Industrie et des Colonies et que l'exécution provisoire peut en être ordonnée par arrêté du Gouverneur, n'est applicable qu'au cas où la taxe votée a bien le caractère d'une taxe d'octroi ;

Attendu que, pour réclamer un droit de 6 % sur la valeur de cigarettes d'Algérie importées à la Guadeloupe en 1898 par les défendeurs à la Cassation, l'Administration des Douanes invoquait deux délibérations du Conseil Général de la Colonie, l'une prise dans la session de 1895 et l'autre le 16 septembre 1897 et un arrêté du Gouverneur du 28 décembre 1897 ;

Mais, attendu qu'il résulte de ces délibérations et du jugement dénoncé que le droit qui a été voté frappe exclusivement les tabacs fabriqués importés à la Guadeloupe à leur entrée sur tous les points du territoire et qu'il existe dans la colonie des produits similaires qui n'y sont pas soumis ; que ce droit avait ainsi non le caractère purement fiscal d'une taxe d'octroi, mais celui d'un droit différentiel et protecteur, de nature à affecter les rapports de la Colonie soit avec la métropole et les autres colonies, soit avec les pays étrangers ; que le vote émis par le conseil général ne portant pas, dès lors, en réalité, sur un tarif d'octroi de mer, mais sur l'établissement d'un véritable droit douanier, excédait les pouvoirs de cette assemblée et que l'exécution provisoire n'en pouvait être ordonnée par le gouverneur ;

Que la décision par laquelle le jugement refuse de donner effet à cette taxe est donc justifiée, sans qu'il y ait lieu de rechercher si les tabacs fabriqués pouvaient être considérés comme compris sous la désignation de « marchandises non dénommées » dans le tarif d'octroi de mer édicté pour la Guadeloupe par le décret du 16 mars 1891 ;

Par ces motifs,

Rejette.

18 janvier 1902

COUR DE CASSATION (Chambre Criminelle)
Audience du 18 janvier 1902

LA COUR :

Vu le mémoire produit à l'appui du pourvoi ;

Attendu que le pourvoi, formé par l'administration des douanes de la Guyane française, est fondé sur la violation de la loi du 27 décembre 1900, en ce que, au lieu de constater l'existence du fait prévu par l'art 15 de la loi du 14 janvier 1892, de déclarer les effets de l'amnistie en ce qui touche l'emprisonnement et l'amende et d'ordonner la confiscation des marchandises saisies, l'arrêt entrepris a refusé de faire application de la loi précitée du 27 décembre 1901, a statué au fond, a méconnu l'existence de l'infraction poursuivie et prononcé la relaxe ;

Qu'en cet état l'administration demanderesse conclut à ce que la Cour de Cassation déclare l'amnistie acquise au point de vue de l'emprisonnement et de l'amende, mais renvoie la cause devant la Cour d'Appel de la Guyane composée d'autres juges, pour être statué sur le point seulement de savoir si les marchandises saisies tombent sous le coup de la prohibition édictée par l'art. 15 de la loi du 11 janvier 1892 et, pour être, dans ce cas, leur confiscation prononcée ;

En ce qui touche l'application de la loi d'amnistie :

Attendu que, pour refuser de reconnaître le bénéfice de l'amnistie à Didier, condamné suivant jugement du Tribunal de Cayenne, et par application des art. 15 de la loi du 11 janvier 1892, 34 de la la loi du 21 avril 1818, 41, 42, 43 de la loi du 28 avril 1816, à huit jours d'emprisonnement avec sursis et à 500 francs d'amende, ainsi qu'à la confiscation des marchandises saisies, évaluées par l'administration des douanes à 125 francs, l'arrêt se fonde uniquement sur ce que l'emprisonnement est une peine supérieure à l'amende quelle qu'en soit la quotité ;

Mais, attendu qu'aux termes de l'art. 1er de la loi du 27 décembre 1900, amnistie pleine et entière est accordée, pour les faits antérieurs au 15 du même mois, à tous les délits en contraventions des douanes ; que l'article 2 § 3 de la même loi ne prononce l'exclusion de l'amnistie pour ces délits que si le prévenu a été constitué en contravention plusieurs fois dans les deux années antérieures, ou qu'autant « que les pénalités encourues ou prononcées, amende et confiscation, y compris le double décime et demi sont supérieures à 800 francs » ; que le législateur, en fixant à cette somme le taux de l'exclusion prononcée, n'a eu en vue que la peine pécuniaire, sans se préoccuper de la peine corporelle, pas plus qu'il ne s'en est préoccupé dans l'article 1er de la même loi pour les délits plus graves qui y sont énumérés ;

Attendu, d'autre part, que les conclusions prises devant la Cour d'Appel par l'administration des douanes impliquent que le prévenu n'avait pas été constitué en contravention dans les deux années antérieures ;

D'où il suit que l'arrêt a violé la loi du 27 décembre 1900, en refusant, dans la cause, de faire application de la dite loi.

En ce qui touche le renvoi auquel conclut l'administration des douanes :

Attendu que la loi précitée ne contient aucune réserve tendant au maintien par voie de confiscation des saisies effectuées ; qu'ainsi par l'effet de l'amnistie, l'action de l'administration des douanes, aussi bien au point de vue de la confiscation qu'au point de vue de l'amende, est éteinte comme l'action publique :

D'où il suit, la réserve des frais et de la part due aux agents s'appliquant d'ailleurs seulement aux condamnations passées en force de chose jugée avant la promulgation de la loi d'amnistie, que le renvoi demandé serait sans objet.

Par ces motifs,

Casse ; . . . . dit qu'il n'y a lieu à renvoi.

21 janvier 1902

COUR DE CASSATION (Chambre Civile)

Audience du 21 janvier 1902

LA COUR :

Donne défaut contre Lepage, non comparant et statuant sur le pourvoi :

Sur le moyen additionnel : vu l'art. 1er du décret des 16 et 23 février 1895 et les articles 10 et 6 du décret du 14 fructidor, an 3 ;

Attendu que le décret des 16-23 février 1895, promulgué à St-Pierre et Miquelon le 16 mars suivant, a rendu applicables aux Colonies, dans lesquelles la loi du 11 janvier 1892 sur le tarif général des Douanes, est en vigueur, un certain nombre de lois, arrêtés et décrets relatifs aux douanes ;

Attendu que le décret du 21 décembre 1892 avait fait lui-même application aux îles St-Pierre et Miquelon du tarif couanier métropolitain, et que ce décret, ainsi que la loi du 11 janvier 1892, ont été promulgués dans ces îles par arrêté du 6 février 1893 ;

Attendu que, parmi les textes et dispositions de loi énumérés au décret des 16-23 février 1895, figurent les art. 6 et 10 du décret du 14 fructidor, an III ; que d'après l'article 10 les juges de paix connaissent en première instance, des affaires relatives aux douanes et, par suite des entraventions à l'art. 5, titre II, de la loi des 6-22 août 1791, visé également au décret des 16-23 février 1895, qui prescrit aux capitaines et maîtres de navires de faire, dans les 24 heures de leur arrivée au port de destination, la déclaration en douane de leur chargement ; que, suivant l'art. 6., l'appel doit être porté devant le tribunal civil dans le ressort duquel se trouve le juge de paix qui a rendu le jugement ;

Attendu, dès lors, qu'en statuant comme Tribunal d'appel sur la poursuite dirigée contre Lepage pour infraction à l'article 5 précité, du titre 2, de la loi du 6 août 1791, le Conseil d'appel des îles St-Pierre et Miquelon qui, d'après l'ordonnance du 25 juillet 1833, ne connaît, en principe, que de l'appel des jugements du Tribunal de 1re instance de ces îles et seulement, en règle générale, des demandes en annulation des jugements en dernier ressort des juges de paix pour incompétence ou excès de pouvoir, a excédé sa compétence et ainsi violé les articles de loi ci-dessus visés ;

Et, attendu que l'incompétence, qui tient à l'ordre des juridictions, est d'ordre public ; qu'elle peut, en conséquence, être invoquée devant la Cour de Cassation, même par la partie qui a saisi le juge incompétent.

Par ces motifs et sans qu'il soit besoin de statuer sur le premier moyen du pourvoi :

Casse.....

30 mars 1902

LOI DE FINANCES
Extrait relatif aux douanes

Art. 33. — L'article 5 de la loi du 13 avril 1900 est remplacé par les dispositions suivantes :

« La condamnation à l'amende entraîne de plein droit l'obligation de payer les décimes et demi-décimes dont la perception est autorisée par les lois des 6 prairial, an VII (article 1er), 28 avril 1816 (art. 17), 14 juillet 1855 (art. 5), 30 décembre 1873, (art. 2) et par les lois annuelles de finances.

« Les décimes et demi-décimes seront recouvrés en vertu des mêmes titres et dans les mêmes formes et conditions que le principal de l'amende.

« Toutefois, en matière de douane, de contributions indirectes et d'octroi, le tribunal compétent pour prononcer la condamnation au principal de l'amende doit prononcer en même temps, sur les conclusions de la partie chargée des poursuites, la condamnation aux décimes et demi-décimes.

22 juillet 1902

COUR DE CASSATION (Chambre Civile)
Audience du 22 juillet 1902

LA COUR :

Statuant par défaut contre Dong-Hi, non comparant ;

Sur l'unique moyen du pourvoi :

Attendu que le dernier paragraphe de l'art. 1033, C. proc. civ. modifié par la loi du 13 avril 1895, porte que « toutes les fois que le dernier jour d'un délai quelconque de procédure, franc ou non, est un jour férié, ce délai sera prorogé jusqu'au lendemain » ;

Que, dans les termes généraux où elle est formulée, cette disposition s'applique aux délais fixés par les lois spéciales aussi bien qu'à l'ensemble des lois qui constituent le code de procédure civile ;

Attendu que l'article 6 du décret du 14 fructidor, an 3, rendu applicable à l'Indo-Chine par le décret des 16 et 23 février 1895 et promulgué dans ce pays par arrêté local du 10 août suivant, prescrit que, en matière de contraventions douanières, l'appel des jugements des juges de paix doit être notifié dans la huitaine de leur signification ; qu'en fait le jugement du juge de paix de Saïgon signifié à Dong-Hi le 19 novembre 1898, n'a été frappé d'appel que le 28 du même mois, mais que le 27 novembre, huitième jour du délai, était un dimanche et par conséquent un jour férié ; que, dès lors, en déclarant cet appel recevable, le tribunal civil de Saïgon n'a violé ni l'article 6 du décret du 14 fructidor, an 3 sus-mentionné, ni les autres dispositions des lois visées au pourvoi ;

Par ces motifs,

Rejette.

24 juillet 1902

DECRET

autorisant l'admission en franchise à la Nouvelle-Calédonie
de divers produits récoltés par des Français ou des
Sociétés françaises aux Nouvelles-Hébrides.

Art. 1er. — Les articles suivants : bananes, ignames, taros, fruits à pain, cœurs de cocotiers, oranges, citrons, ananas, évis, originaires des Nouvelles-Hébrides, récoltés par les établissements agricoles possédés par des Français ou par des Sociétés civiles ou agricoles françaises, sont exemptés de droit de douane à leur entrée en Nouvelle-Calédonie.

Art. 2. — Les marchandises devront être accompagnées d'un certificat d'origine, délivré par le délégué du Commissaire général, dans les Nouvelles-Hébrides, au nom du producteur ou de l'établissement producteur. Elles devront être importées en droiture.

4 septembre 1902

COUR DE CASSATION (Chambre Criminelle)
Audience du 4 septembre 1902

LA COUR :

Sur la fin de non recevoir soulevée d'office, prise de la violation de l'art. 7 du décret du 4 septembre 1894, portant organisation du service judiciaire dans le protectorat de la côte française des Somalis ;

Vu le dit article ;

Attendu que l'article 7 sus-visé n'ouvre le recours en cassation contre les jugements du Tribunal criminel spécial de la côte française des Somalis et dépendances que dans l'intérêt de la loi et conformément aux art. 441 et 442 C. instr. cr. ; qu'ainsi les parties condamnées ne sont pas recevables à se pourvoir ;

Attendu que cette disposition a été modifiée par un décret du 19 décembre 1900 dont l'art. 17 porte que les décisions du tribunal criminel spécial, sont susceptibles de recours en cassation, mais qu'il y a lieu de rechercher si ce décret a été rendu exécutoire dans la colonie :

Attendu qu'en vertu des décrets des 18 juin 1884 et 20 mai 1896 et de l'art. 43 de l'ordonnance du 18 septembre 1844 combinés, le Gouverneur de la côte française des Somalis et dépendances promulgue les lois, décrets, arrêtés et règlements ; qu'il en résulte que les décrets, même déjà promulgués en France, doivent être dans la colonie l'objet d'une promulgation spéciale émanée du Gouverneur ;

Attendu que cette formalité est substantielle, qu'il ne peut être suppléé en aucune manière à une promulgation régulière faite par arrêté du Gouverneur ;

Attendu qu'il est établi en fait que le décret du 19 décembre 1900 a été publié dans le numéro du *Journal Officiel* du Protectorat de la côte française des Somalis et dépendances du premier février 1901, mais qu'il n'est pas justifié que cette publication ait été précédée d'un arrêté de promulgation pris par le Gouverneur ;

D'où il suit que le décret précité n'est pas exécutoire dans la colonie ;

Par ces motifs,

Déclare non recevable le pourvoi.

26 décembre 1902

COUR DE CASSATION (Chambre Criminelle)
Audience du 26 décembre 1902

LA COUR :

Sur le moyen pris du défaut du rapport ;

Vu les art. 13, 14, 23 du décret du 16 décembre 1896, 209 de l'ordonnance du 14 février 1838 ;

Attendu qu'aux termes de l'art. 13 du décret susvisé, l'appel des jugements rendus en premier ressort par le Tribunal de paix à compétence étendue de Grand-Bassam, est porté devant un Conseil d'appel composé du Gouverneur ou de son délégué et de deux assesseurs ; qu'aux termes de l'art. 23 du même décret, en toute matière la législation civile, commerciale et criminelle du Sénégal, doit être appliquée en tout ce qui n'est pas contraire au dit décret ; quo d'après l'art. 209 de l'ordonnance du 14 février 1838, l'appel des jugements de première instance doit être jugé sur rapport ; que la formalité du rapport est un préliminaire indispensable pour arriver à la discussion et au débat des moyens de fait et de droit que les parties peuvent faire valoir ; qu'elle est substantielle à la validité des jugement ou arrêt rendus sur appel ;

Attendu que le Conseil d'appel de la Côte-d'Ivoire a statué sur l'appel dont il a été saisi, sans qu'il soit fait mention dans l'arrêt que cette formalité ait été accomplie ;

Sur le moyen pris de la fausse application et par suite de la violation de l'art. 35 du décret du 26 janvier 1897 sur les Douanes de la colonie ;

Attendu qu'on ne saurait confondre les introductions de marchandises faites avec une fausse déclaration qui donnent lieu aux pénalités des articles 29 à 33 de la section 2, du décret du 26 janvier 1897 avec les versements frauduleux prévus et punis par la section III du même décret et qui supposent les introductions sans déclaration et en dehors de toute surveillance des agents des Douanes ;

Attendu qu'il résulte des procès-verbaux et de l'arrêt que les marchandises de la compagnie demanderesse avaient été introduites en entrepôt sur des déclarations que l'administration des Douanes de la colonie a prétendu être fausses, quant à leur valeur, à raison d'un système de double facture qui a fait l'objet du débat ; qu'ainsi, il ne s'agissait pas d'introduction de marchandises sans déclaration ; que la peine appliquée, trois jours d'emprisonnement et 314.274 frs 98, n'est pas justifiée ;

Sur le moyen relatif à la confiscation des immeubles de la Société ; vu l'art. 23 du décret du 16 septembre 1896 ;

Vu l'art. 4 du code pénal ; vu aussi le décret du 26 janvier 1897 sur les Douanes ;

Attendu que la confiscation des magasins qui auraient abrité des marchandises introduites sur fausses déclarations ou même sans déclaration, n'est prononcée par aucune loi et qu'en appliquant cette pénalité exorbitante, le Conseil d'appel a commis un excès de pouvoir :

Sans qu'il soit nécessaire de statuer sur les autres moyens du pourvoi ;

Casse et renvoie devant le Tribunal d'appel de Konakry,.

19 janvier 1903

COUR DE CASSATION (Chambre des Requêtes)

Audience du 19 janvier 1903

LA COUR :

Attendu qu'il a été souverainement constaté et apprécié par l'arrêt attaqué que, d'une part, la Compagnie demanderesse avait été frappée d'amende par l'administration des Douanes, pour le seul fait d'avoir omis de porter sur le manifeste d'un de ses navires, des marchandises qui s'y trouvaient embarquées, ce qui constituait une infraction aux articles 1 et 2, titre 2 de la loi du 4 germinal, an II et, d'autre part, que les agissements imputés à Riccio par les conclusions d'appel, n'auraient pas eu pour effet d'empêcher le capitaine de vérifier le chargement de son navire et de s'assurer que tous les colis le composant étaient bien mentionnés sur son manifeste ;

Attendu qu'il résulte de là que le préjudice éprouvé par la Compagnie n'a pas été la suite immédiate et directe des faits du défendeur éventuel ; que l'action en responsabilité exercée contre ce dernier, n'était donc pas justifiée et qu'en le décidant, la Cour d'Aix n'a violé aucune des dispositions de loi visées dans la requête.

Par ces motifs,

Rejette le pourvoi.

3 avril 1903

COUR DE CASSATION (Chambre Criminelle)

Audience du 3 avril 1903

LA COUR :

Sur le moyen pris de la violation de l'art 215 du Code d'instruction criminelle et de l'article 2 du titre II de la loi du 4 germinal an II et 4 du titre II de la loi du 22 août 1791 ;

Attendu que Clémencia, capitaine du bateau « La Vigie » navire français, a été poursuivi devant le tribunal correctionnel de Cayenne, pour importation frauduleuse de marchandises et que ce tribunal s'est déclaré incompétent par le motif que le fait, tel qu'il est précisé par le procès-verbal, constituait, non le délit d'importation frauduleuse prévu et puni par les articles 1 et 2 de la loi du 2 juin 1875, mais la contravention d'omission au manifeste, simple contravention de douane ;

Attendu que la Cour d'Appel de Cayenne a infirmé ce jugement et, évoquant le fond, condamné le capitaine Clémencia à un mois d'emprisonnement, à une amende de 688 fr. valeur des marchandises omises au manifeste, avec confiscation du navire et de la cargaison entière ;

Mais, attendu que l'évocation ne peut avoir lieu que si l'annulation du jugement de première instance a été justement prononcée ; qu'il résulte clairement des énonciations du procès-verbal et de l'arrêt que les agents des douanes, procédant à la visite des marchandises du bord, ont trouvé dans la cale du navire « La Vigie » trois sacs de cacao non inscrits au manifeste ; que le fait ainsi précisé, qui a donné lieu à la saisie des marchandises, rentrait dans la compétence du juge de paix d'après les articles 4 du titre II de la loi du 22 août 1791 et 2 du titre II de la loi du 4 germinal an II ; que ce fait n'a pu changer de nature par suite du débarquement ultérieur qui a eu lieu sous l'autorité et la direction des agents des douanes et en l'absence et sans la participation du capitaine du navire ; que c'est donc à tort que le jugement d'incompétence rendu par le Tribunal correctionnel de Cayenne a été annulé et qu'il a été statué au fond par l'arrêt de la Cour d'Appel de la Guyane :

Casse et annule l'arrêt rendu le 14 novembre 1902 par la Cour d'Appel de Cayenne et renvoie devant le juge de paix de Cayenne.

27 avril 1903

COUR DE CASSATION (Chambre Civile)

Audience du 27 avril 1903

LA COUR :

Vu l'art 6 principium et § 8 du sénatus-consulte du 3 mai 1854 ;

Attendu que les sommes dont la restitution était demandée par Souques et C° ont été perçues en vertu d'un arrêté du Gouverneur de la Guadeloupe, du 31 janvier 1865 ; que des termes de cet arrêté, comme des actes qu'il vise, et notamment de la délibération du Conseil Général de la Colonie du 16 décembre 1864, il résulte que les droits établis à la Pointe à Pitre à cette date, sur le chargement des navires à l'entrée sous le nom de droits de quai, ont été créés au profit de cette ville et qu'ils constituaient ainsi une taxe communale ;

Attendu, qu'en 1865, le Gouverneur de la Guadeloupe ne jouissait plus du droit de légiférer en matière d'administration municipale, et en particulier, sur les recettes des budgets communaux ; que ce droit lui avait été enlevé par le sénatus-consulte du 3 mai 1854, dont l'article 6 § 8, dispose que les décrets rendus dans la forme de règlement d'administration publique statuent sur l'administration municipale ; que l'arrêté du 31 janvier 1865 est donc illégal comme émanant d'une autorité qui n'avait pas qualité pour l'édicter ;

Que, dès lors, en considérant comme légale et régulière dans les termes où elle a été faite, la perception des droits dont Souques et C° réclamaient la restitution et en les déboutant, en conséquence, de leur demande, le jugement attaqué a violé l'article ci-dessus visé.

Par ces motifs et sans qu'il soit besoin de statuer sur les autres moyens du pourvoi :

Casse et renvoie devant le Tribunal civil de Nantes.

7 juillet 1903

CONSEIL D'ETAT

FINANCES

Considérant que si cette disposition de l'avant-dernier alinéa du paragraphe 3 de l'article 33 de la loi de 1900 était prise dans son acception littérale, le Conseil d'Etat devrait renvoyer, pour modifications, aux assemblées locales, toute délibération qu'il désapprouverait, soit en totalité soit en partie ; mais qu'une telle procédure, étant donné le grand éloignement de la plupart des Colonies et l'unicité de session ordinaire de leurs Conseils Généraux, aurait le sérieux inconvénient de laisser en vigueur, pendant des périodes prolongées, des impôts dont le principe aurait été condamné ; qu'il paraît, dans ces conditions, que la disposition doit être entendue dans ce sens que le Conseil d'Etat a qualité pour donner force exécutoire à toutes les délibérations qu'il a admises, les Conseils Généraux n'étant appelés à revenir que sur celles des innovations votées par eux qui auraient provoqué ses critiques ; que cette façon de procéder emporte, par voie de conséquence, la validation de plano des tarifications nouvelles dans la limite des chiffres acceptés par le Conseil d'Etat, l'excédent seul se trouvant frappé de caducité, etc.

7 juillet 1903

CONSEIL D'ETAT

FINANCES

Considérant que le droit que les Gouverneurs tenaient du décret du 11 août 1866 de rendre provisoirement exécutoires, en attendant l'approbation du pouvoir central, les délibérations des Conseils Généraux relatives au mode d'assiette et aux règles de perception des contributions et taxes n'étant astreint, quant à son exercice, à l'observation d'aucun délai, avait motivé dans diverses Colonies, faute de sanctions définitives, des perceptions irrégulières ; que cet état de choses avait donné lieu à des critiques au sein de la Commission extra-parlementaire chargée de l'étude des réformes à apporter dans les budgets locaux ; qu'il y a été donné satisfaction dans le paragraphe final de l'article 33 de la loi du 13 avril 1900 portant que « jusqu'à l'approbation du Conseil d'Etat, la perception se fait sur les bases anciennes », qu'aucun doute n'est possible, étant donné le mot « bases », qui désigne non seulement le taux numérique, mais les modalités d'application de l'impôt, sur la volonté du législateur de mettre fin, dans toutes applications, au droit de mise à exécution provisoire dont jouissaient les Gouverneurs....

24 novembre 1903

LOI DES FINANCES. — *Circulaire ministérielle au sujet de l'interprétation de l'article 33 de la loi de Finances du 13 avril 1900.*

Paris, le 24 novembre 1903

. . . .

Il convient de remarquer que la Haute Assemblée ne s'est pas prononcée sur la question subsidiaire se rattachant au quatrième point et relative à l'octroi de mer.

Il s'agissait de savoir si les dispositions de la loi du 11 janvier 1892 relatives à l'octroi de mer, ont été abrogées par celles du paragraphe 3 de l'article 33 de la loi de 1900. Ce paragraphe débute en ces termes : « les Conseils Généraux des Colonies délibèrent sur le mode d'assiette, les tarifs et les règles de perception des contributions et taxes autres que les droits de douane, qui restent soumis aux dispositions de la loi du 11 janvier 1892 ».

Doit-on considérer que cette disposition laisse également en dehors de la nouvelle législation les droits d'octroi de mer réglementés aussi par l'acte de 1892, ou faut-il les assimiler aux contributions et taxes locales ordinaires ?

Il eut été intéressant de connaitre l'avis du Conseil d'Etat sur la forme dans laquelle doivent être approuvées les délibérations relatives à l'octroi de mer.

A défaut de réponse à ce sujet, il conviendra de résoudre la difficulté de la manière la plus prudente en recourant toujours à la compétence la plus élevée, c'est à dire en provoquant un décret en Conseil d'Etat pour le tarif, et un décret en forme de règlement d'administration publique pour le mode d'assiette, les règles de perception et le mode de répartition.

Gaston DOUMERGUE

Pour ampliation :
Le Directeur des Affaires d'Asie, d'Amérique et d'Océanie.
R. VASSELLE.

16 avril 1904

DECRET *déterminant le régime applicable, a l'importation dans les Colonies françaises, des produits originaires des Nouvelles-Hébrides récoltés ou fabriqués par des établissements commerciaux ou agricoles possédés ou exploités par des français ou par des Sociétés civiles ou commerciales françaises*

Article 1er. — Ne sont soumis à aucun droit de douane, à l'entrée dans les Colonies françaises autres que la Nouvelle Calédonie, les produits originaires des Nouvelles-Hébrides récoltés ou fabriqués par les établissements commerciaux et agricoles possédés ou exploités par des Français, ou par des sociétés civiles ou commerciales françaises.

Article 2. — Sont exempts de tout droit de douane les maïs originaires des Nouvelles-Hébrides importés en Nouvelle-Calédonie.

Article 3. — Des décrets rendus sur la proposition du ministre des colonies détermineront chaque année, d'après les statistiques officielles fournies par le Commissaire général de la République dans l'Océan Pacifique, la nature et les quantités de produits qui pourront être importées au régime de faveur prévu par les articles 1 et 2.

Article 4. — Dans la limite des crédits globaux fixés annuellement, comme il est dit à l'article précédent, le Commissaire général de la République dans l'Océan Pacifique déterminera la nature et les quantités de ces produits que chaque producteur ou établissement producteur pourra importer au régime de faveur prévu par les articles 1 et 2.

Ces crédits individuels et nominatifs seront supprimés en cas de fraude.

Article 5. — Les marchandises doivent être accompagnées d'un certificat d'origine délivré par le délégué dans l'archipel du Commissaire général de l'Océan Pacifique, au nom du producteur français ou de l'établissement producteur.

19 avril 1904

LOI *modifiant le paragraphe 1er de l'article 5 de la loi du 11 janvier 1892 sur le tarif général des Douanes, en ce qui concerne certains produits de l'Inde française*

Le Sénat et la Chambre des Députés ont adopté,

Le Président de la République française promulgue la loi dont la teneur suit :

Article 1. — Le paragraphe de l'article 5 de la loi du 11 janvier 1892 portant établissement du tarif général des Douanes est complété par les dispositions suivantes :

« Sont exceptés de cette règle les produits de l'Inde française qui sont placés en dehors du régime du tableau E.

« Ces produits sont soumis au même régime que ceux des pays les plus favorisés.

« Toutefois, l'Inde française aura le droit d'importer annuellement en franchise de droit sur les Colonies françaises :

« Deux millions de kilogrammes (2.000.000 de kilog.) de tissus de coton de toute nature jusqu'au N° 26 français.

« Un million cinq cent mille kilogrammes (1.500.00 kilog.) de filés en les limitant au N° 20.

« La franchise ne sera accordée aux tissus que s'ils ont été tissés avec des filés fabriqués à Pondichéry.

Article 2. — La répartition des quantités prévues à l'article précédent sera faite entre les fabriques ayant été en mouvement dans l'année :

1°. — Pour les tissus, en se basant sur le nombre de métiers à tisser en mouvement dans chaque fabrique et sur la durée du travail de chaque métier pendant l'année ;

2°. — Pour les filés, en se basant sur le nombre de broches de chaque établissement et sur la durée du travail de chaque broche pendant l'année.

Article 3. — Pour assurer l'exécution des conditions établies par l'article 2, chaque établissement sera exercé.

Article 4. — Un règlement d'administration publique déterminera l'application de la présente loi.

La présente loi délibérée et adoptée par le Sénat et par la Chambre des Députés sera exécutée comme loi de l'Etat.

Fait à Paris, le 19 avril 1904.
signé : E. LOUBET.

18 octobre 1904

COUR DE CASSATION (Chambre Civile)
Audience du 18 Octobre 1904

LA COUR :

Donne défaut contre Yen-An et statuant sur le pourvoi ;

Vu l'article 1er du décret du 28 septembre 1888, modifiant les attributions du Conseil colonial de la Cochinchine ;

Attendu qu'il résulte de cet article que, sauf les cas d'urgence, aucune action ne peut être introduite et qu'il ne peut y être défendu au nom de la colonie en Cochinchine, sans que le Conseil colonial ait statué sur l'instance à intenter ou à soutenir ; que cette règle qui touche à l'essence même des pouvoirs de ce Conseil et à l'organisation de la Colonie, est d'ordre public, et que son inobservation peut par suite être invoquée pour la première fois devant la Cour de Cassation ;

Attendu que, dans l'espèce, aucune urgence n'est constatée et qu'il n'apparaît pas que le Conseil colonial de la Cochinchine ait statué sur l'action soutenue, au nom de la colonie, par l'administration des douanes et régies de l'Indo-Chine, contre Yen-An, au sujet des taxes dont celui-ci demandait la restitution ;

Que dès lors, la Colonie n'a pu ester régulièrement en justice et que le jugement attaqué, par cela même qu'il a admis, en la forme, l'action introduite par Yen-An et la défense à cette action, sans qu'il fût justifié de l'accomplissement de la prescription de l'article susvisé, a violé cette disposition de loi.

Par ces motifs,

Et sans qu'il soit besoin de statuer sur le second moyen,

Casse.... et renvoie devant le Tribunal civil de Hanoï.

7 juillet 1905

COUR DE CASSATION (Chambre Criminelle)
Audience du 7 juillet 1905

LA COUR :

Vu le mémoire produit par l'administration des douanes et régies de l'Indo-Chine, demanderesse au pourvoi ;

Sur le premier moyen pris par ladite administration de la violation des articles 1134 et 1315 du Code civil et des articles 60 et 61 de l'arrêté du 5 juin 1903 ; en ce que l'arrêt attaqué a admis la régularité d'un appel formé au greffe du Tribunal, sous prétexte que le prévenu était sans ressources, alors que ce fait n'était que le résultat de ses propres affirmations, et qu'il était contredit par les renseignements de l'administration ;

Attendu que, pour reconnaître, conformément à l'article 61 précité, l'état d'insolvabilité de Pham Man Tri, et, par suite, la recevabilité de son appel, déclaré au greffe, l'arrêt ne vise pas seulement les déclarations du prévenu ; qu'il se réfère expressément « aux documents de la cause » ; que le juge de répression, appelé à statuer à cet égard, sur une question de pur fait, a pu baser sa conviction, sans violer aucune des règles de la preuve, sur tous les éléments du débat ; qu'il n'a fait qu'user d'un pouvoir d'appréciation qui n'est limité dans la matière par aucune disposition restrictive.

Sur le deuxième moyen pris par l'administration demanderesse « de la violation des articles 4 et 95 § 5 de l'arrêté du 20 décembre 1902, 3, 37, § 2, 44, 45 de l'arrêté du 5 juin 1903, de l'article 154 du Code d'instruction criminelle et de l'article 7 de la loi du 28 avril 1810, pour défaut de motif et manque de base légale, en ce que l'arrêt attaqué, statuant sur une poursuite pour fabrication clandestine d'alcool, en vertu d'un procès-verbal faisant foi jusqu'à inscription de faux, a relaxé le prévenu sous prétexte que le rapport de l'autorité indigène, au vu duquel avait été dressé le procès-verbal, présentait des lacunes et des invraisemblances et qu'il était impossible de déterminer exactement la matérialité de la contravention au moyen de ses seules énonciations, alors que ce rapport était conforme aux exigences des articles 3 et 37 § 2 de l'arrêté du 5 juin 1903, que les termes en étaient clairs et précis, et qu'ils se trouvaient corroborés par l'aveu du prévenu consigné au procès-verbal et sur la portée duquel l'arrêt ne s'explique pas » ;

Attendu qu'aux termes de l'article 44 susvisé de l'arrêté du 5 juin 1903 approuvé par décret du 30 août suivant, les procès-verbaux rédigés et affirmés par deux agents européens sont crus jusqu'à inscription de faux, et les rapports dressés par les autorités indigènes, dans les conditions prévues par l'article 3 du même arrêté, font foi jusqu'à preuve contraire ;

Attendu qu'il résulte du rapport dressé le 26 juillet 1904 par Nguyen-Dyonan-Thaï-Tri, huyen de Lang-Taï tel qu'il est relaté par les préposés des douanes Havy et Roscop que le dit jour, le dit hugen « s'est rendu au village de Kin Thao, pour opérer une perquisition chez Pham Man Tri, où il a trouvé une jarre contenant du riz en fermentation » :

Attendu, en outre, qu'il est constaté par les préposés sus-nommés, dans leur procès-verbal du 28 juillet affirmé le lendemain que, interpellé par eux, Pham Man Tri leur avait répondu : « que cette jarre de riz en fermentation, trouvée dans sa propriété, ne lui appartenait pas, que c'était probablement une autre personne qui l'avait déposée à l'endroit où le huyen l'a trouvée ».

Attendu d'une part, qu'en ce qui touche la déclaration contenue dans le rapport, et suivant laquelle la jarre a été saisie chez Pham Man Tri, l'arrêt entrepris l'écarte en ce que, sur ce point précis, la preuve contraire ait été rapportée par le prévenu, et en se fondant seulement sur l'absence d'autres détails ou précisions ; qu'il a violé ainsi les arcles 44 de l'arrêté précité et 154 du Code d'Instruction criminelle ;

Attendu, d'autre part, que, s'il appartenait au juge d'apprécier si les déclarations faites par le prévenu aux agents des douanes, et dont la matérialité est attestée jusqu'à inscription de faux par le procès-verbal desdits agents, doivent être interprétés comme contenant l'aveu du fait de détention prévu par l'article 95 § 5 de l'arrêté du 20 décembre 1902, la Cour n'a pu, sans violer les articles 154 du Code d'Instruction criminelle précitée et 7 de la loi du 20 avril 1810, écarter par simple prétérition, comme elle l'a fait, un élément de preuve essentiel, expréssement retenu dans le procès-verbal qui sert de base à la poursuite.

Par ces motifs,

Casse et renvoie devant la même Cour composée d'autres juges.

27 octobre 1905

COUR DE CASSATION (Chambre Criminelle)

Audience du 27 octobre 1905

LA COUR :

Sur le premier moyen du pourvoi pris de la violation de l'article 48 de l'arrêté du 5 juin 1903 sur la procédure en matière de contributions indirectes et de régies en Indo-Chine et de l'article 195 du Code d'Instruction criminelle et du manque de base légale, en ce que l'arrêt attaqué, saisi de la poursuite par un procès-verbal relevant à l'encontre du prévenu une double contravention, ne s'est impliqué que sur l'une d'entre elles et a relaxé Hua Hoa Tung de la seconde sans donner aucun motif à l'appui de ce chef de décision ;

Vu les dits articles ;

Attendu que la citation sur et aux fins du procès-verbal donnée à la requête des Douanes et Régies de l'Indo-Chine à Hua Hoa Tung saisissait le juge de répression de toutes les infractions paraissant résulter du dit procès-verbal et le mettait en demeure de statuer tant sur la contravention de vente d'opium sans licence, que sur la contravention d'un opium autre que celui de la Régie, les dites contraventions ayant été expressément relevées au dit procès-verbal ; qu'il ne résulte cependant d'aucune des énonciations de l'arrêt attaqué que la Cour d'Appel de l'Indo-Chine ait envisagé la prévention au point de vue de la contravention de vente d'opium sans licence, en quoi il y a eu violation des articles visés au moyen.

Sur le deuxième moyen du pourvoi pris de la violation des articles 5 et 6 de l'arrêté du 29 avril 1903, des articles 43 et 80 de l'arrêté du 7 février 1899, en ce que l'arrêt attaqué a refusé de considérer comme une contravention punissable la détention par un débitant d'opium d'une certaine quantité de dross manipulé, sous prétexte que seule la vente du dross était interdite, alors que le procès-verbal relatait en termes propres que la contravention relevée par l'agent verbalisateur résultait d'une vente d'opium falsifié.

Attendu que le procès-verbal dressé contre Hua Hoa Tung faisait foi des faits qui y étaient constatés et non de la qualification donnée à ces faits par l'agent verbalisateur que, si procès-verbal a été dressé à Hua Hoa Tung pour vente d'opium falsifié, la Cour d'Appel de l'Indo-Chine a pu, usant du pouvoir d'appréciation qui lui appartenait, déclarer que les faits constatés au procès-verbal et qu'elle tenait d'ailleurs pour constants, impliquaient uniquement que Hua Hoa Tung avait eu en sa possession deux bâtonnets et dix-huit boulettes de dross manipulé ; qu'en ne retenant pas dès lors à la charge de Hua Hoa Tung la contravention de vente d'opium falsifié et en décidant, d'autre part, que la manipulation du dross ne constituait pas une contravention-punissable, alors que la preuve n'était pas rapportée que cette manipulation ait conduit à la fabrication d'un opium, l'arrêt attaqué n'a ni méconnu la foi due au procès-verbal ni violé les articles visés

Par ces motifs ;

Casse et annule l'arrêt rendu du 6 décembre 1904 par la Cour d'Appel de l'Indo-Chine, en tant que cet arrêt a omis de statuer sur la contravention de vente d'opium sans licence relevée à la charge de Hua Hoa Tung, les dispositions du dit arrêt relatives au relaxe intervenu en faveur de Hua Hoa Tung du chef de vente d'opium falsifié et de détention sans autorisation d'un opium autre que celui de la Régie demeurant expressément maintenues et pour être statué à nouveau, mais seulement en ce qui concerne la contravention de vente d'opium sans licence, renvoie devant la Cour d'Appel de l'Indo-Chine autrement composée.

22 novembre 1905

COUR DE CASSATION (Chambre Civile)

Audience du 22 Novembre 1905

LA COUR :

Donne défaut contre le Directeur des Douanes de la Guyane française non comparant et statuant sur le pourvoi ;

Sur le 1er moyen :

Vu l'article 2, titre II, de la loi du 4 germinal an II,

Attendu que, par définition, le manifeste est l'état du chargement, et que le chargement comprend, suivant l'expression même de l'article ci-dessus visé, les marchandises qui sont confiées au capitaine ; que les bagages des passagers ne sont pas des marchandises au sens de cet article, et que, dès lors, leur omission au manifeste, comme celle des objets qui y sont contenus, ne constitue pas l'infraction prévue et punie par ledit article ; qu'il échet d'autant plus de le décider ainsi, que les articles 1 et 2, titre II, de la loi du 4 germinal an II ne sont qu'une reproduction abrégée de l'art. 4, titre II, de la loi des 6-22 août 1791, et que, dans l'énumération des choses que doit contenir la déclaration sommaire prescrite aux capitaines par cette disposition, figurent les caisses, ballots, balles et tonneaux de leur chargement, mais non les malles ou bagages des passagers ;

Et attendu que, des constatations du jugement attaqué, il résulte que l'or qui a donné lieu au procès-verbal dressé le 8 octobre 1900 contre Clarke, capitaine du navire anglais « Etta F. Tanner » par les préposés des Douanes de la Guyane française, a été trouvé dans une malle appartenant à un passager et placée à l'arrière du navire ; que, par suite, en déclarant que cet or aurait dû être porté au manifeste, et en prononçant, parce qu'il ne l'avait pas été, contre Clar une condamnation aux pénalités édictées par l'art. 2, titre II, de la loi du 4 germinal en 11, le Tribunal de Cayenne a faussement appliqué et ainsi violé ledit article.

Par ces motifs,

Et sans qu'il soit besoin de statuer sur les autres moyens du pourvoi,

Casse... et renvoie devant le Tribunal civil de Fort de France.

14 décembre 1905

COUR DE CASSATION (Chambre Criminelle)

Audience du 14 décembre 1905

LA COUR :

Sur le premier moyen ;

(Sans intérêt)

Sur le deuxième moyen pris de la violation des articles 48, 51, 52 et 53 de la loi du 28 avril 1816, des articles 33 et 37 de la loi du 21 avril 1818. 2 de la loi du 2 juin 1875, en ce que la Cour d'Appel a appliqué les peines prévues par l'article 51 précité, sans constater que le versement frauduleux ait été effectué par plus de six personnes :

Attendu que Rousseau a été poursuivi pour avoir participé comme intéressé, à l'importation, en contrebande, à Marie-Falante de 400 kilogrammes 500 grammes de tabacs en feuilles ;

Qu'il en résulte des constatations de l'arrêt entrepris que la geolette lui appartenant, qui a apporté la fraude par mer, était montée par le capitaine et cinq matelots ; que Rousseau, qui avait acheté le tabac à Fort-de-France, était lui-même à bord ; qu'il a coopéré tant au transport du tabac qu'à son introduction à Marie-Galante, où il a été sous sa direction ;

Attendu que ces faits constituent un ensemble d'actes indivisibles réalisant une opération unique d'importation frauduleuse, et que la Cour d'Appel a pu, même sans constater que les sept hommes, ayant pris une part active à l'apport du tabac, avaient également tous coopéré au versement à terre, décidé que l'acte de contrebande avait été accompli en réunion de plus de six personnes,

Sur le troisième moyen pris de la violation des articles 51 et 53 du 28 avril 1816, en ce que l'arrêt attaqué à condamné le demandeur à une amende excédant 1.000 francs bien que, d'après l'arrêt lui-même, la valeur de l'objet de la confiscation n'excédât pas cette somme et cela, en ajoutant arbitrairement à la valeur du tabac confisqué s'élevant à 405 francs 30 une somme de 916.34, montant des droits auxquels ce tabac aurait été assujetti, s'il avait été présenté à la Douane de la Guadeloupe ;

Attendu qu'aux termes des articles 48 et 51 combinés de la loi du 28 avril 1916, tout fait de contrebande commis en réunion de plus de six personnes donne lieu, indépendamment de la confiscation des marchandises et des moyens de transport et indépendamment d'un emprisonnement qui ne peut être moindre de six mois ni excéder

trois ans, à une amende solidaire de 1.000 francs, si l'objet de la con
fiscation n'excède pas cette somme, ou du double de la valeur des ob
jets confisqués, si cette valeur est supérieure à 1.000 francs ;

Attendu qu'en prenant pour base de l'amende la valeur de l'objet
confisqué, le législateur a entendu la valeur marchande au cours du
marché intérieur ;

Attendu que, pour fixer la valeur du tabac frauduleusement im
porté, la Cour d'Appel a ajouté le montant des droits de douane au
prix intrinsèque de cette marchandise, et qu'en procédant ainsi à cette
fixation, loin de violer les articles susvisés, elle les a justement appli·
qués ;

Et attendu que l'arrêt est régulier en la forme.

Par ces motifs,

Rejette.

23 décembre 1905

CIRCULAIRE *du Ministre des Colonies du 23 décembre 1905*
Au sujet du régime douanier applicable aux tabacs algériens à
l'importation dans les Colonies

Mon département a été consulté sur le régime douanier qu'il
convient d'appliquer aux tabacs algériens à l'importation dans les Colonies.

Ceux-ci se présentent sous un aspect différent selon la manufac-
ture dans laquelle ils ont été fabriqués. Il existe, en effet, en Algérie,
deux catégories de manufactures : les unes qui sont entièrement libres, emploient des matières premières d'origine algériennes ou nationalisées par le paiement des droits ; les autres qui fonctionnent
sous le régime de l'entrepôt réel et sont par suite soumis à la surveillance du Service, utilisant des tabacs étrangers non libérés d'impôts.

En ce qui concerne les produits fabriqués dans les manufactures
de la première catégorie, il y a lieu de se reporter à l'avis du Conseil d'Etat en date du 11 mai 1897 qui a été communiqué à votre administration par circulaire ministérielle du 22 du même mois, et aux
termes duquel les produits dont il s'agit doivent être admis en franchise dans les Colonies soumises au tarif général.

La Haute Assemblée a considéré, en effet, qu'il était admis qu'un
produit importé à l'état brut dans un pays d'Europe et qui a subi
dans ce pays une transformation complète ou même une main d'œuvre ayant pour effet de le faire passer dans une catégorie plus fortement taxée, est considéré dans son nouvel état comme originaire
du pays où il a été manufacturé ; elle a, dès lors, estimé qu'il conve-
nait de faire application aux tabacs algériens dont il s'agit des dispositions de l'article 5 de la loi du 11 janvier 1892 concernant l'importation dans une colonie française des produits originaires d'une autre
Colonie française.

Quant aux tabacs provenant des manufactures de la seconde ca·
tégorie, la question m'a été posée de savoir si à l'importation dans les
colonies, ils devaient bénéficier du traitement indiqué par le Conseil
d'Etat dans son avis précité, ou si au contraire, ils devaient être sou·
mis aux droits de douane. Dans ce dernier cas, il était nécessaire de

fixer le mode selon lequel ces droits devaient être calculés, en prenant pour base la matière première qui a servi à la fabrication de ces tabacs, ou les tabacs eux-mêmes, en l'état où ils sont importés.

D'accord avec Monsieur le Ministre des Finances j'estime que les tabacs dont il s'agit, fabriqués avec les matières premières d'origine étrangère qui n'ont pas acquitté les droits de douane en Algérie doivent être considérés comme produits étrangers, et comme tels, ils doivent être assujettis à l'entrée dans la Colonie au paiement des droits afférents, non pas à la matière première dont ils proviennent mais bien aux tabacs fabriqués eux-mêmes.

Il convient de remarquer, en effet, que les matières premières de ces produits n'étant pas d'origine algérienne ou n'ayant pas été nationalisés par le paiement des droits la franchise allouée par l'article 5 du 11 janvier 1892 aux produits originaires d'une colonie française importés dans une autre colonie française ne saurait leur être applicable. Le défaut de nationalisation de tout ou partie de leur matière ne permet pas davantage d'admettre ces produits en franchise en conformité de l'avis du Conseil d'Etat du 11 mai 1897. Ce texte ne vise que les tabacs fabriqués avec les matières premières libérées d'impôts ; le dernier considérant qui fait état des droits en vigueur en Algérie l'indique nettement. D'autre part, il est de principe fondamental que les marchandises qui sortent de l'entrepôt après y avoir subi ou non, certaines manipulations ou transformations, sont réputées étrangères et doivent, dès lors, être traitées pour l'application du tarif de la même manière que celles qui arrivent directement de l'étranger. Or, tel est bien le cas des tabacs susvisés.

J'ai l'honnneur en conséquence, de vous prier de vouloir bien donner au service de la Colonie que vous administrez des instructions conformes aux instructions qui précèdent.

Signé : CLEMENTEL

3 janvier 1906

COUR DE CASSATION (Chambre Civile)

Audience du 3 janvier 1906

LA COUR :

Donne défaut contre Eugène Baudin, Joseph Beluffat et Auguste Baudin, non comparants, et statuant sur le pourvoi ;

Sur le premier moyen :

Vu les § 3 et 4 de l'article 3 de la loi du 11 janvier 1892 ;

Attendu que, dans le § 3 de son article 3, la loi du 11 janvier 1892 ne vise que les produits importés dans les Colonies, et qu'ainsi ce n'est que pour les droits à l'importation que le § 4 du même article qui n'est que le développement du § 3 et qui s'y réfère même textuellement, exige des décrets rendus en forme de règlements d'administration publique ;

Attendu que le décret du 19 février 1903, sur lequel l'administration des douanes s'était fondée, dans l'espèce, pour refuser aux sieurs Baudin et Rebuffat l'autorisation d'embarquer trois cents vaches à destination de Lourenço-Marquez, a pour unique objet d'interdire l'exportation des vaches et des génisses hors de la colonie de **Madagascar et de ses dépendances** ;

Attendu, dès lors, que c'est à tort que l'arrêt attaqué a déclaré que ce décret, qui a été pris en conformité de l'article 1, deuxième alinéa, du décret du 30 janvier 1867, lequel est intervenu lui-même pour l'exécution de l'article 18 du senatus consulte du 3 mai 1854, aurait dû être rendu, le Conseil d'Etat entendu, et qu'en conséquence il n'était pas opposable aux défendeurs à la cassation ; qu'en le jugeant ainsi, ledit arrêt a faussement interprété et, par suite violé les dispositions de loi ci-dessus visées.

Par ces motifs,

Et sans qu'il soit besoin de statuer sur le second moyen,

Casse...... et renvoie devant la Cour d'Appel de la Réunion.

21 janvier 1907

COUR DE CASSATION (Chambre Civile)

Audience du 21 janvier 1907

LA COUR :

Sur le premier moyen du pourvoi :

Attendu que le demandeur en cassation prétend que les droits de consommation établis dans l'Annam et le Tonkin, sur les alcools, par les arrêtés du Gouverneur général de l'Indo-Chine en date des 21 décembre 1895 et 8 novembre 1897, et sur les tabacs par les arrêtés des 1er mars 1892, 23 décembre 1894 et 8 novembre 1897, ainsi que le droit de circulation établi dans l'Indo-Chine par arrêté du 29 octobre 1899, constituent en réalité, quelle que soit la dénomination qui leur a été donnée, des droits de douane, tant à raison de ce qu'ils auraient un caractère différentiel et protecteur, que de ce que la perception en devait être opérée sur tout le périmètre du territoire assujetti ;

Mais attendu, d'une part, qu'il résulte des termes de ces divers arrêtés que les taxes doivent être perçues sur les marchandises désignées, quelle que soit leur provenance ; qu'elles atteignent tous les produits similaires, aussi bien ceux du pays que ceux qui y sont importés, et que, parmi ces derniers il n'est fait aucune exception en faveur de ceux qui, étant originaires de la France continentale ou des colonies françaises, ne peuvent aux termes de l'art. 5 de la loi du 11 janvier 1892, être soumis à aucun droit de douanes ; qu'il est vrai que les tabacs dits « indigènes » ou « chinois » et les alcools dits « indigènes » sont frappés d'un droit moins élevé ; mais qu'il résulte de l'arrêt attaqué que ces désignations ne sont pas employées pour indiquer la provenance, mais qu'elles s'appliquent à des produits qui ne sont pas similaires à ceux de la France et de l'étranger, qui en diffèrent tant par leur nature que par leur préparation, et qui sont spécialement affectés à l'usage des Asiatiques ;

Attendu, d'autre part, qu'il appert de ces arrêtés que le recouvrement des droits a été assuré, pour les produits du pays, par l'organisation de l'exercice dans les distilleries et dans les fabriques de cigares et de cigarettes, et, pour les marchandises importées, par le paiement à l'entrée en Douane, à moins d'admission à l'entrepôt réel ou fictif ; que, dans ces circonstances et alors que le caractère différentiel et protecteur ne saurait être invoqué, on ne peut voir dans cette obligation de paiement à l'entrée qu'un mode de perception qui n'est pas de nature à faire perdre aux droits leur caractère de taxes locales ; qu'en le décidant ainsi, l'arrêt attaqué n'a violé aucun des textes visés par le premier moyen.

Sur le deuxième moyen :

Attendu que la taxe d'accostage dont il s'agit a été établie par arrêté du Gouverneur général de l'Indo-Chine en date du 8 janvier 1897, approuvé par décret du 20 décembre 1898, et qu'elle a été maintenue par arrêté du 12 février 1901, approuvé par décret du 8 juin suivant ;

Attendu que cette taxe n'est perçue que dans le port de Haïphong et non dans les autres ports du protectorat, qu'elle est d'un chiffre invariable de 25 centimes par tonne quelles que soient la valeur et la nature des marchandises, qu'elle frappe celles-ci à l'entrée comme à la sortie, sans distinction entre celles qui proviennent du dehors ou de l'intérieur et que le transport soit effectué au long cours ou au cabotage ; que le demandeur prétend en vain, pour lui attribuer le caractère de droit différentiel et protecteur, tirer argument de ce que les marchandises importées au long cours et qui seraient ensuite transportées au cabotage sur un autre point du protectorat, devraient payer deux fois le droit, une fois à l'entrée, et l'autre à la sortie, tandisque celles qui viennent de l'extérieur ne paient qu'une fois à la sortie, chacune des perceptions n'étant effectué qu'à raison de l'opération distincte de vérification à laquelle il y a lieu de procéder, et non à raison de la provenance de la marchandise ; qu'en décidant, dans ces conditions, que cette taxe n'a, à aucun égard, le caractère d'un droit de douane pour l'établissement duquel un décret rendu en la forme des règlements d'administration publique aurait été nécessaire, l'arrêt attaqué n'a violé aucun des textes visés au moyen.

Sur le troisième moyen pris dans ses deux branches :

En ce qui concerne la période antérieure au décret du 31 juillet 1898, qui a créé le budget général de l'Indo-Chine :

Attendu, d'une part, que le décret du 30 janvier 1867, qui ne dispose que pour les colonies proprement dites, n'est pas applicable aux protectorats de l'Annam et du Tonkin, où il n'a pas été promulgué ; qu'il n'y a lieu, dès lors, de rechercher si ses prescriptions ont été observées ; que, d'autre part, si les règles tracées pour le service financier des colonies par le décret du 20 mars 1882 ont été déclarées applicables au budget général de l'Indo-Chine par décret du 26 décembre 1887, ce budget général, qui venait alors d'être créé, a été supprimé par le décret du 11 mai 1888, pour n'être rétabli qu'en 1898 ;

Attendu que les pouvoirs en matière financière du Résident général établi au Tonkin et à l'Annam, qui ont été transmis sans modification au Gouverneur général de l'Indo-Chine par décret du 21 avril 1891, étaient déterminés par le décret du 27 janvier 1886 ; qu'aux termes de ce décret, le protectorat de l'Annam et du Tonkin constituait « au regard de la Métropole un service spécial, autonome, ayant son organisation, son budget et ses moyens propres » ; que l'article 10 disposait que le budget des recettes et des dépenses dressé chaque année par le Résident général en conseil de protectorat devait être envoyé « avec les documents explicatifs » au Ministère des Affaires Étrangères, pour être approuvé par le Président de la République, et qu'il était exécutoire à partir du 1er janvier suivant ; que le droit pour le Gouverneur Général de créer par des arrêtés des contributions locales pour faire face aux dépenses était donc certain, et que l'approbation donnée au budget emportait celle de ces arrêtés qui étaient envoyés en même temps, sans que le décret de 1885 exigeât pour chacun d'eux un décret spécial pour l'approuver ; qu'il suit de là, il est vrai que les arrêtés pris ne pouvaient être mis à exécution qu'en même temps que le budget ; mais que le fait de les avoir publiés sans mentionner cette réserve ne saurait entraîner la nullité des arrêtés régulièrement approuvés ; que seule la perception de taxes qui auraient été exigées avant le 1er janvier aurait été illégale et que le demandeur n'en a signalé aucune pour cette première période qui aurait été effectuée dans ces conditions ;

Attendu, quant à l'arrêté du 1er mai 1892, qu'on ne saurait tirer argument contre sa régularité de ce qu'il n'a pas été pris en conseil de protectorat, puisque, si ce conseil a été prévu par le décret de 1886, il n'a été organisé que par celui du 21 septembre 1894.

En ce qui concerne la période postérieure au décret du 31 juillet 1898 :

Attendu qu'aux termes de l'art. 3 de ce décret « les taxes et contributions indirectes autres que les droits de douane, destinés à alimenter le budget général, sont établies par le Gouverneur général, en Conseil supérieur de l'Indo-Chine ; le mode d'assiette et les règles de perception sont approuvées par décret » ;

Attendu que le demandeur ne conteste pas que les arrêtés pris depuis cette date aient été approuvés par décret, mais qu'il soutient, comme pour la première période, qu'ils ne pouvaient être mis à exécution avant cette approbation et que l'arrêt a invoqué à tort le décret du 30 janvier 1867 ;

Attendu que la seule perception qu'il signale comme ayant été effectuée dans ces conditions est celle d'une somme de 10 piastres 93 cents, payée pour droit d'accostage entre le 12 février 1901, date de l'arrêté qui, suivant lui, aurait établi cette taxe, et le 16 septembre suivant, date à laquelle a été publié le décret d'approbation ;

Mais attendu que cet arrêté porte expressément : « les disposi-« tions de l'arrêté du 8 janvier 1897 sont maintenues en ce qui con-« cerne le mode d'assiette et de perception de la taxe d'accostage à « Haïphong. La quotité reste fixée à 25 cents. par tonne de marchan-« dises » ; que cet arrêté, qui avait principalement en vue de régler et de faciliter la vérification des marchandises, n'apportait donc aucune modification en ce qui concernait le mode d'assiette, les règles de perception, ni même le tarif ; que c'est en conformité de l'arrêté de 1897, auquel il se réfère et qui a été approuvé, comme l'indique le demandeur lui même, par décret du 30 décembre 1898, que la perception contestée a été opérée ; qu'il suit de là que si l'arrêt attaqué a pu se fonder sur des motifs erronés, le moyen tiré de l'illégalité, soit des arrêtés qui ont établi les taxes sur les alcools, sur les tabacs et sur l'accostage, soit des perceptions, n'est justifié ni pour la première période, ni pour la seconde et qu'il doit être rejeté.

Sur le quatrième moyen :

Attendu que Lacombe soutenait qu'antérieurement à l'arrêté du 13 février 1901, qui avait, selon lui, innové sur ce point, la taxe d'accostage dans le port d'Haïphong ne pouvait être perçue sur les marchandises qui n'étaient pas introduites à l'intérieur même des docks ;

qu'il demandait en conséquence la restitution d'une somme de 45 piastres 98 cents ; qu'il prétend qu'en tout cas l'arrêt attaqué n'a pas répondu aux conclusions qu'il avait prises à ce sujet ;

Mais attendu, d'une part, que l'arrêté du 8 janvier 1897, qui a établi la taxe d'accostage et les droits de manipulation ne contenait la restriction signalée qu'en ce qui concernait ces derniers ;

Attendu, d'autre part, que le jugement, dont l'arrêt attaqué a adopté les motifs, dit que « les dispositions de l'arrêté du 8 janvier « 1897 ont été maintenues en vigueur, en ce qui concerne le mode « d'assiette et les règles de perception, par l'arrêté du 12 février 1901 » qu'il n'a fait en cela que reproduire les termes mêmes de ce dernier arrêté et qu'il a ainsi motivé et justifié son refus d'ordonner la restitution demandée.

Sur le 5e moyen :

Attendu qu'aucune disposition de loi n'interdisait à l'administration, propriétaire des magasins généraux construits dans les docks d'Haïphong, d'y rendre obligatoire l'assurance des marchandises qui y sont déposées, et, avec l'approbation du Gouvernement qui a été donnée comme il a été dit ci-après, de se porter elle-même assureur moyennant le paiement d'une taxe perçue à titre de prime, qu'il représentait la rémunération d'un service rendu ; qu'on ne saurait tirer argument de ce que le budget de l'Indo-Chine ne portait aucun crédit spécialement affecté à assurer le cas échéant le paiement des indemnités, puisqu'il y était ouvert un crédit pour les dépenses imprévues dans lesquelles était nécessairement compris, à raison de son caractère purement éventuel, l'acquittement des sommes qui pourraient être dues à la suite d'un sinistre ;

D'où il suit qu'en refusant de considérer la dite taxe comme illégale, et en refusant d'ordonner, pour ce motif, la restitution des droits perçus de ce chef en vertu de l'arrêté du 9 mars 1900, l'arrêt attaqué n'a violé aucun des textes visés par le moyen.

Sur les 6e et 7e moyens réunis :

Attendu qu'aux termes d'un décret du 8 juin 1901, promulgué par un arrêté du Gouverneur général de l'Indo-Chine, en date du 28 août suivant, ont été approuvés « le mode d'assiette et les règles de « perception des taxes et droits divers de manipulation, garde et as- « surance fixés pour les docks et magasins généraux de Haïphong par « l'arrêté du 12 février 1901 et le contrat du 3 février 1901 » ; que ce contrat passé entre le gouverneur général et les sieurs Briffaud et Cº concessionnaires des docks, a été annexé au dit décret et publié avec lui dans le Journal Officiel de l'Indo-Chine du 16 septembre suivant ; que l'arrêté du 8 janvier 1897 établissant les droits de manipulation et celui du 9 mars 1900 relatif à la taxe d'assurances sont spécialement visés dans ce contrat et participent par suite de l'approbation générale donnée par le décret ; que c'est en vertu de ces arrêtés et non du contrat passé avec les concessionnaires, auquel le demandeur est resté étranger, que les taxes litigieuses ont été perçues ; qu'il est dès lors sans intérêt de rechercher si les critiques dirigées contre la validité de cette convention sont fondées ;

Attendu, en ce qui concerne la régularité des arrêtés, qu'en prescrivant par le décret du 31 juillet 1898, que les taxes et contributions **indirectes établies par le Gouverneur général devaient être approu-**

vées par décret quant au mode d'assiette et aux règles de perception, le Président de la République, qui agissait en vertu de la délégation législative dont il est investi pour les colonies par le senatus-consulte du 3 mai 1854, s'était ainsi réservé le contrôle, tant sur la forme que sur le fond, des arrêtés ; que dès lors, les irrégularités dont ceux-ci pourraient être entâchés se trouvent couvertes par l'approbation donnée à ces actes par le législateur lui-même ; qu'il n'y a donc lieu de s'arrêter aux critiques de forme dirigées par le demandeur contre les arrêtés susvisés ;

Attendu, il est vrai, que l'approbation donnée au mode d'assiette et de perception des taxes n'implique pas celle des tarifs qui n'y é-taient pas soumis, et que le demandeur soutient que les arrêtés qui ont fixés ces tarifs sont irréguliers, en ce qu'ils mentionnent qu'ils ont été pris sur l'avis de la commission permanente et non en Conseil supérieur, comme l'exigerait le décret du 31 juillet 1898 ;

Mais attendu que le décret du 6 août 1898, qui a réorganisé le Conseil supérieur de l'Indo-Chine, autorise, par son article 4, le Gouverneur général à soumettre, en cas d'urgence, à la commission permanente, les affaires sur lesquelles le Conseil supérieur est appelé à donner son avis et que l'article 5 n'a excepté, pour les réserver exclusivement au Conseil, que certaines affaires déterminées au nombre desquelles n'est pas compris l'établissement des taxes ;

D'où il suit qu'en considérant comme régulièrement établis les droits dont il s'agit, l'arrêt attaqué n'a violé aucun des textes visés au pourvoi.

Par ces motifs,

Rejette.

2 février 1907

COUR DE CASSATION (Chambre Criminelle)

Audience du 2 février 1907

LA COUR :

Sur le deuxième moyen du pourvoi, pris de la violation de l'article 182 du code d'instruction criminelle et des droits de la défense, en ce que l'arrêt attaqué a déclaré les demandeurs pénalement responsables et les a condamnés comme tels, alors qu'assignés comme civilement responsables, ils n'ont jamais accepté les débats comme prévenus ;

Attendu que Clanis et Tanon ont été cités devant le tribunal de police de Cayenne, comme civilement responsables de Lhoris leur Capitaine, en vertu des articles 1382 et 1384 du code civil, que, le tribunal s'étant déclaré incompétent ils ont, sur l'appel du Ministère public et de l'Administration des Douanes, partie civile, été appelés, devant la Cour en la même qualité de civilement responsables ; qu'après un arrêt par défaut qui les a condamnés comme intéressés à la contrebande reprochée à Lhoris, ils ont, sur leur opposition à cet arrêt, conclu à la confirmation du jugement d'incompétence ;

Qu'ainsi il n'apparaît pas qu'à aucun moment de la procédure, ils aient consenti à ce que la qualité en laquelle ils avaient été cités fut modifiée ;

D'où il suit, qu'en les condamnant comme prévenus, alors qu'ils n'avaient au débat que la qualité de parties civilement responsables, l'arrêt attaqué a violé l'article de la loi visé au moyen.

Par ces motifs et sans qu'il y ait lieu de statuer sur le premier moyen du pourvoi :

Casse et renvoie la cause et les parties, devant la même Cour jugeant correctionnellement et composée d'autres juges.

15 mars 1907

COUR DE CASSATION (Chambre Criminelle)

Audience du 15 mars 1907

LA COUR :

Sur le premier moyen pris de la violation de l'article 1er du Code d'instruction criminelle, de l'arrêté du 14 fructidor an X, et des principes qui régissent le droit d'action dévolu à l'administration des Douanes, en ce que l'arrêt attaqué a condamné le demandeur à la peine corporelle de l'emprisonnement, alors que le ministère public n'avait pas interjeté appel du jugement ayant prononcé l'acquittement en première instance :

Vu les articles précités, ainsi que les articles 199 et suivants du Code d'instruction criminelle ;

Vu également le décret du 16 février 1895 ;

Attendu que, si la loi admet l'Administration des Douanes à participer dans une certaine mesure, à l'exercice de l'action publique, c'est uniquement pour lui donner le moyen d'obtenir les condamnations qui constituent la réparation du dommage causé par la fraude ; que tel est l'objet des confiscations et amendes qu'il lui est permis de requérir ; mais que la peine de l'emprisonnement ne peut être requise que par le ministère public ;

Attendu que, Ho Kong Fat, poursuivi par l'introduction frauduleuse d'opium, a été relaxé par jugement du tribunal correctionnel de Saint-Laurent-du-Maroni ;

Attendu que l'Administration des Douanes a interjeté appel de ce jugement, mais qu'il ne résulte d'aucune énonciation de l'arrêt attaqué, non plus que d'aucune pièce du dossier, que le ministère public en ait également interjeté appel ; que la Cour de la Guyane n'en a pas moins condamné Ho Kong Fat, non seulement à une amende et à la confiscation, mais encore à six jours d'emprisonnement avec sursis ; qu'en prononçant cette dernière peine sur le seul appel de l'Administration des Douanes, la Cour a violé les textes susvisés.

Sur le deuxième moyen pris de la violation des articles 36, 37, 38, 39 titre XIII de la loi des 6-22 août 1791, 38 n° 4 de la loi du 28 avril 1816, 11 de la loi du 10 brumaire an V, en ce que l'arrêt a déclaré valable la saisie d'une certaine quantité d'opium, déposée en entrepôt dans le rayon frontière, sous prétexte que ce dépôt constituant un entrepôt frauduleux, alors que Saint-Laurent du Maroni es. ure commune de plus de 2.000 habitants et que l'opium est une marchandise admise à l'importation moyennant le paiement d'un droit de plus de 20 francs le quintal ;

Vu ces articles, ainsi que le décret du 16 février 1895 ;

Attendu qu'il résulte tant des énonciations du procès-verbal que de celles de l'arrêt entrepris que, le 17 février 1906, des préposés des Douanes accompagnés d'un commissaire de police, ont effectué une visite domiciliaire dans la maison du demandeur, sise à Saint-Laurent du Maroni, dans le rayon frontière et qu'ils y ont découvert 16 kilogrammes 425 grammes d'opium, marchandise tarifée à plus de 20 frcs par 100 kilogrammes, sans qu'il leur ait été présenté de pièces justificatives d'une importation régulière ;

Attendu que le demandeur, ayant été poursuivi à raison de ce fait, pour infraction aux articles 38 § 4, 41, 42, 43 de la loi du 28 avril 1816, le tribunal l'a relaxé en se fondant sur ce que la population de Saint-Laurent de Maroni excède 2.000 âmes ;

Que la Cour d'Appel, sans contester cette circonstance a reforé le jugement et déclaré le prévenu coupable du délit d'entrepôt frauduleux par ces motifs que l'article II de la loi du 10 brumaire an V ne soumet à aucune restriction le droit de recherche des employés des Douanes dans le rayon frontière et que l'article 38 de la loi du 28 avril 1816 réputé introduites en fraude les marchandises prohibées et celles qui leur sont assimilées, trouvées dans le rayon frontière, que ce soit ou non dans une agglomération de moins de 2.000 habitants ;

Mais attendu, d'une part, que la loi du 10 brumaire an V est sans application dans cette matière ;

Attendu, d'autre part, que la disposition de l'article 38 de la loi du 28 avril 1816 qui répute introduites en fraude les marchandises prohibées ou tarifées à plus de 20 francs par 100 kilogrammes lorsqu'elles auront été reçues en magasin ou en dépôt dans le rayon frontière, n'est pas absolue ;

Que cette disposition prévoit que des ordonnances royales désigneront les communes où ces magasins et dépôts pourront être établis ;

Que ces ordonnances, n'étant pas intervenues les règles précédemment établies, en tant qu'elles déterminent les communes où ces dépôts sont autorisés, continuent de recevoir leur exécution et qu'il résulte de la combinaison de l'article 38 précité et de l'article 37 de la loi des 6-22 août 1791 que, si les dépôts de marchandises prohibées ou taxées à plus de 20 francs par 100 kilogrammes sont interdits dans le rayon frontière, cette interdiction ne s'applique pas aux lieux dont la population est d'au moins 2.000 âmes ;

Qu'il s'en suit qu'il y a eu violation des articles visés au moyen et que la condamnation prononcée manque de base légale.

Par ces motifs,

Casse...... et, pour être statué à nouveau, renvoie la cause et les parties devant la même Cour d'Appel composée d'autres juges.

30 avril 1907

COUR DE CASSATION (Chambre Civile)

Audience du 30 avril 1907

Donne défaut contre Navarin et statuant sur le premier moyen du pourvoi :

Vu l'article 33 N° 5 du décret du 4 février 1879,

Attendu qu'il résulte de cet article que, sauf le cas d'urgence, aucune action ne peut être introduite, et qu'il ne peut y être défendu, au nom de la Colonie du Sénégal, sauf que le conseil général ait statué sur l'aisance à intenter ou à soutenir ;

Attendu, que la violation de cette règle, qui touche à l'essence même des pouvoirs du Conseil Général et à l'organisation de la colonie, intéresse l'ordre public, et peut, par suite, être convoquée pour la première fois devant la Cour de Cassation ;

Attendu que, dans l'espèce, aucune urgence n'est constatée et qu'il n'apparaît pas que le Conseil Général ait statué sur l'instance engagée contre la colonie ; qu'en admettant comme l'allègue la défense, que, le 30 décembre 1897, le Conseil Général ait approuvé une décision de la commission coloniale, refusant d'inscrire au budget de la colonie une somme de 4.130 francs, 15, montant de condamnations aux dépens prononcées par des décisions antérieures, au profit de la dame Charras, contre le curateur aux successions et biens vacants de l'arrondissement de Saint-Louis, il est certain que c'est seulement par un exploit du 18 mars 1899, que le curateur, après avoir été assigné en paiement de cette somme par la dame Charas, a mis en cause la Colonie devant le tribunal ; que rien n'établit que le Conseil Général ait délibéré sur cette mise en cause, ni sur l'appel qui, plus tard, a été interjeté au nom de la Colonie contre le jugement de première instance ;

Attendu que la Cour du Sénégal, ayant admis l'appel en la forme et confirmé au fond le jugement, sans qu'il soit justifié que la Colonie ait été régulièrement représentée aux deux degrès de juridictions, a violé le décret susvisé.

Par ces motifs et sans qu'il soit besoin d'examiner le deuxième moyen ni le moyen additionnel :

Casse et annule l'arrêt rendu entre les parties par la Cour d'Appel du Sénégal et renvoie devant la Cour d'Appel de Bordeaux.

30 octobre 1907

COUR DE CASSATION (Chambre Civile)

Audience du 30 octobre 1907

LA COUR :

Sur le premier moyen :

Vu l'article 73 § 1er du décret organique du 12 décembre 1874 ;

Attendu qu'aux termes de l'art. 73 § 1er du décret susvisé, le Gouverneur est, à la Nouvelle Calédonie, investi du droit de régler par arrêté, pris en conseil privé, les matières d'administration et de police, en exécution des lois, décrets et ordonnances : que l'article 23 du même décret lui attribue la même surveillance sur la police de la navigation, et qu'un arrêté local du 16 juin 1866, pris en vertu des lice, en exécution des lois, décrets et ordonnances ; que l'article 23 avril 1843, et du décret du 14 janvier 1860, a rendu le pilotage légalement obligatoire dans la Colonie ;

Attendu, il est vrai, que, d'après l'article 43 du décret du 2 avril 1885, le Conseil général délibère sur le mode d'assiette et les règles de perception des contributions et taxes nécessaires pour l'acquittement des dépenses de la colonie, et que, d'après l'article 44, les délibérations qu'il prend ainsi doivent être approuvées par décret rendu sous la forme de règlement d'administration publique ;

Mais attendu que les droits de pilotage n'ont actuellement à la Nouvelle Calédonie, le caractère de contributions et taxes ; que, si le pilotage est, en principe, obligatoire pour les navires qui entrent dans les ports de cette Colonie, en sortent ou y relâchent, c'est dans l'intérêt exclusif de la navigation et pour assurer sa sécurité qu'il a été établi ; que les perceptions auxquelles il donne lieu n'ont pas pour objet l'acquittement des dépenses coloniales ; qu'elles sont uniquement la rétribution du service rendu par les pilotes aux navires ; qu'en vertu de l'arrêté du 23 décembre 1887 les droits de pilotage sont versés intégralement entre les mains des pilotes et constituent ainsi pour eux une rémunération directe et immédiate ;

Attendu, dès lors, que c'est à tort que l'arrêt attaqué a déclaré illégaux et nuls comme tels, les arrêtés du 31 décembre 1887 et du 10 janvier 1900, portant règlementation nouvelle des droits de pilotage à la Nouvelle-Calédonie, pour n'avoir été approuvés, ni l'un ni l'autre, par un décret rendu dans la forme d'un règlement d'administration publique et parce que, en outre, le second ne visait aucune délibération du Conseil Général de la Colonie ; qu'en statuant ainsi et en calculant en conséquence, dans la cause, des droits de pilotage réclamés par la Société des pilotes brevetés de la Nouvelle-Calédonie non d'après ces arrêtés, mais d'après le tarif fixé antérieurement par l'arrêté du 12 juin 1875, la Cour de Nouméa a méconnu le caractère des perceptions litigieuses et, par suite, les pouvoirs règlementaires que l'article 73 § 1er du décret du 12 décembre 1874 confère au Gouverneur en matière de navigation ; qu'elle a ainsi violé le dit article ;

Par ces motifs et sans qu'il soit besoin de statuer sur le 2e et le 3e moyen du pourvoi :

Casse et annule ;

Renvoie devant la Cour d'Appel d'Aix.

5 novembre 1907

COUR DE CASSATION (Chambre Civile)

Audience du 5 novembre 1907

LA COUR :

Sur le moyen unique :

Vu l'article 1er, tableau A, N° 526 de la loi du 11 janvier 1892 ;

Attendu qu'aux termes de l'article 1er, tableau A, n° 526, de la loi du 11 janvier 1892, les chaudières à vapeur de fabrication étrangère sont passibles, à leur entrée en France, d'un droit calculé d'après leur poids et variant suivant que le tarif applicable est le tarif général ou le tarif minimum ; que c'était sur cette disposition que se fondait l'administration des douanes pour réclamer à Delmas frères une somme de 540 francs 60, à raison de l'importation d'Angleterre en France d'une chaudière à vapeur auxiliaire qu'ils avaient, en remplacement de l'ancienne qui était usée, fait placer à Cardiff en 1901 sur leur navire « Fort-Louis ».

Attendu que vainement le jugement attaqué déclare qu'on ne saurait considérer comme marchandise importée qu'une marchandise non incorporée au navire, que le remplacement d'une chaudière inutilisable constitue une réparation au même titre que le remplacement de tout autre objet d'armement faisant partie du bâtiment, et qu'au cas où le navire français a été réparé à l'étranger, il résulte de l'article 8 de la loi du 27 vendémiaire an II qu'il n'est passible d'aucun droit lorsque, d'après cet article qui, en 1901, était encore en vigueur sur ce point, les frais de réparation n'ont pas excédé 6 francs par tonne de jauge ;

Attendu, en effet, que les termes de l'art. 1er, tableau A, n° 526, de la loi du 11 janvier 1892, sont généraux et absolus ; que le législateur ne distingue pas suivant l'affectation que l'importateur a donnée à l'objet importé ou la manière dont il entend en disposer ; que de telles distinctions ouvriraient la porte à la fraude et seraient subversives du système de nos tarifs qui ont pour but de faire donner la préférence aux produits de l'industrie nationale ;

Attendu dès lors, que c'est à tort que le jugement attaqué a refusé de faire application dans la cause de la disposition de loi ci-dessus visée et annulé la contrainte décernée le 24 mars 1902 par l'administration des Douanes contre Delmas frères, par le motif que le remplacement de la chaudière auxiliaire qui a donné lieu au litige constituait une réparation dont le montant était inférieur à six francs par tonneau de jauge ; qu'en statuant ainsi il a méconnu la dite disposition.

Par ces motifs,

Casse...... et renvoie devant le Tribunal civil de Rochefort.

22 novembre 1907

Paris, le 22 novembre 1907

Dépêche Ministérielle

*Au sujet de l'application des règlements métropolitains
en matière de Douane*

En vue de l'application à la Réunion du décret du 18 avril 1907 qui a modifié les formules de déclaration de douane votre prédécesseur intérimaire s'est adressé au Département par lettre du 16 septembre 1906, afin d'avoir des renseignements sur la procédure à suivre pour la mise en vigueur, dans les possessions soumises au régime de la loi du 11 janvier 1892, des lois et règlements métropolitains en matière de douane.

J'ai l'honneur de vous informer que depuis la promulgation dans les Colonies, de la loi du 11 janvier 1892 il a toujours été admis que, le tarif local devant être, en principe, le même que celui de la Métropole, toute modification décidée pour celle-ci était ipso-facto décidée pour les Colonies, et que les lois du tarif votées par le Parlement ainsi que toutes les règles de perception de ces droits, devaient être par leur seule insertion au Journal Officiel, tenues pour notifiées aux Gouverneurs chargés de les promulguer dans nos possessions.

La circulaire du 9 août 1898, transmissive d'un avis au Conseil d'Etat, en date du 28 juin précédent a seulement autorisé les Chefs des Colonies à retarder de six mois la promulgation afin de permettre aux intéressés de solliciter s'il y a lieu, une exception au tarif général et l'application des lois, des tarifs, décrets et règlements métropolitains ne saurait être retardée plus longtemps qu'au cas où cette exception serait régulièrement demandée.

Quant à la question subsidiaire qui fait également l'objet de la communication précitée et relative aux formules de déclarations employées par le commerce, j'estime qu'elle doit être envisagée comme une question d'administration intérieure. Par votre connaissance des besoins du commerce local, vous êtes le mieux à même d'apprécier s'il convient de modifier les imprimés en usage et de décider dans ce but, la mise en vigueur du décret du 18 avril 1897.

A cette occasion, je crois devoir ajouter qu'aux termes d'un arrêt de la Cour de Cassation du 4 septembre 1902, un décret même déjà promulgué en France, ne peut être rendu régulièrement applicable dans une Colonie par le seul fait de son insertion au Journal Officiel de cette Colonie.

Ce qu'il faut en outre et surtout, c'est que cette insertion ait été précédée d'un arrêté de promulgation pris par le Gouverneur, cette dernière formalité est substantielle, il ne saurait y être suppléé en aucune manière.

Signé : R. VASSELLE.

10 décembre 1907

COUR DE CASSATION (Chambre des Requêtes)

Audience du 10 décembre 1907

LA COUR :

Sur le premier moyen pris de la violation de l'article 1er, n° 5 du senatus-consulte du 4 juillet 1866 et de l'article 7 de la loi du 20 avril 1810, pour manque de base légale :

Attendu qu'il résulte de l'art. 1er § 5, du senatus-consulte du 4 juillet 1866 qu'aucune action ne peut être introduite et qu'il ne peut y être défendu au nom de la Colonie de la Réunion sans que le Conseil Général ait statué sur l'instance à intenter ou à soutenir : que toutefois, dans le cas d'urgence, le Gouverneur peut intenter toute action et y défendre sans délibération préalable du Conseil Général et faire tous actes conservatoires ;

Attendu que, d'après les termes mêmes de cette disposition en cas d'urgence, le Gouverneur de la Colonie a, non seulement le droit de faire des actes conservatoires, mais encore celui d'ester régulièrement en justice au nom de la Colonie ; que par suite, il n'est pas nécessaire qu'il soit habilité au cours de l'instance par une délibération du Conseil Général ;

Attendu que, dans l'espèce, l'urgence a été constatée par le jugement attaqué, ainsi que l'accomplissement des formalités prescrites par l'art. 3 de l'ordonnance locale du 10 mai 1843 et que c'est dès lors sans violer aucun des textes visés par le pourvoi que l'action introduite par Blay et fils contre la Colonie a été admise dans la forme, encore que le Conseil Général n'eut pas été appelé à statuer sur la défense de cette action ;

Sur le 2e moyen pris de la violation de l'art 9 de la loi du 1er août 1792 par fausse application des numéros 95 et 108 des observations préliminaires du tarif général annexé à la loi sur les Douanes du 11 janvier 1892, ensemble la violation de l'article 7 de la loi du 20 avril 1810, pour défaut de motifs et manque de base légale ;

Attendu que le jugement attaqué déclare en fait que les boites en fer blanc contenant du saindoux et du pétrole importés par les défendeurs éventuels, constituaient par elles-mêmes un emballage complet de la marchandise et, par suite, que les caisses en bois blanc dans lesquelles elles étaient placées ne pouvaient être considérées que comme un double emballage dont le poids devait être déduit du poids brut pour l'application du tarif, d'après des textes susvisés ;

Attendu que cette appréciation n'est nullement contredite par les conclusions des défendeurs éventuels, qu'elle échappe au contrôle de la Cour de Cassation et qu'elle justifie au fond la décision attaquée.

Par ces motifs,

Rejette.

30 décembre 1907

AVIS DU CONSEIL D'ETAT

Séance du 30 décembre 1907

RÉUNION. — *Etablissement de droits de consommation sur divers produits.*

La Section des Finances de la Guerre, de la Marine et des Colonies du Conseil d'Etat, sur le renvoi qui lui a été fait par le Ministre des Colonies, d'un projet de décret approuvant une délibération du Conseil Général de la Réunion, en date du 9 Octobre 1907, et tendant à la création de nouveaux droits de consommation, a cru devoir, tout en adoptant en principe le projet de décret, y introduire certaines réserves.

Elle rappelle, en se référant, en particulier à sa note en date du 26 janvier 1904 (octroi de mer de la Réunion), qu'il convient de n'appliquer de droits de consommation qu'aux objets dont l'usage comporte la consommation, ou qui sont immobilisés dans le lieu sujet par leur incorporation au sol, c'est-à-dire analogues à ceux que comprennent les tarifs d'octroi dans la métropole. Elle a cru devoir, en conséquence, excepter de l'approbation les taxes sur les poteries, faïences et porcelaines autre que celles qui sont destinées à la construction immobilière, les verres et cristaux autres que les verres à vitres, les fils et ficelles, les tissus, confections, papiers, autres que le papier à cigarettes ou les papiers de tenture, les ouvrages en peau, l'orfèvrerie, la bijouterie, l'horlogerie, les métaux autres que ceux qui sont destinés aux constructions immobilières, les machines autres que les machines fixées au sol à perpétuelle demeure, la coutellerie, les ouvrages en métaux, les armes, les instruments de musique, la carrosserie, le liège, la parasolerie, les instruments de précision, la tabletterie, la brosserie, la bimbeloterie, la mercerie, les ouvrages en caoutchouc et la chapellerie.

Elle a cru devoir écarter, toute taxe autre qu'au poids net, conformément à la règle générale en matières de droits de consommation et excepter provisoirement, en l'état de l'approbation, les taxes ad valorem, qui s'adaptant malaisément aux perceptions à l'intérieur, sauf au Conseil Général à soumettre ultérieurement à l'homologation pour les objets dont l'imposition n'est pas écartée en principe, aux termes de l'observation ci-dessus, l'établissement de droits spécifiques.

Elle a enfin excepté de l'approbation l'imposition de produits non dénommés, compris sous la designation générale « d'autres ».

En ce qui touche le taux des taxes, elle n'a pas cru possible d admettre, pour les vins de liqueur en bouteilles, une taxe supérieure à celle qui est prévue pour les mêmes vins en fûts, non plus que l imposition des huiles minérales, qui supportent déjà, à d'autres titres, des taxes élevées, ni la perception de taxes supérieures à 5 francs les 100 kilos sur les jambons, saucissons et conserves de viandes, et à 3 francs les 100 kilos sur le mantègue.

Il ne lui a pas paru, d'autre part, qu'il fut possible, en l'absence du texte de la nouvelle délibération du Conseil Général, d'homologuer en l'état, tout en maintenant les droits de douane actuels, une taxe sur les allumettes supérieures à o fr. 02 la boite.

Il a paru enfin à la Section qu'il y avait lieu d'une part, d'inviter le Conseil Général à compléter la règlementation des taxes de consommation par des dispositions fixant d'une façon précise les règles touchant les perceptions à l'intérieur et en particulier, celles qui concernent l'entrepôt et, d'autre part de limiter, en l'état, la perception des taxes au 31 décembre 1909.

Signé : E. FOCHIER, rapporteur ; C. LYON, Président

P. ROUSSEL, Secrétaire.

Pour copie conforme,
Le Secrétaire de la Section :
Signé : P. ROUSSEL..

30 janvier 1908

COUR DE CASSATION (Chambre Criminelle)

Audience du 30 janvier 1908

LA COUR :

Attendu que Mutel, poursuivi devant la Cour d'assises de Saint Pierre (de la Réunion), du chef d'attaque avec violences et voies de fait, en réunion armée, envers les agents des Douanes et des Contributions indirectes en tournée de surveillance pour la répression de la fraude, a bénéficié d'un verdict et d'une ordonnance d'acquittement que le premier arrêt entrepris a ensuite reçu l administration des Douanes en qualité de partie civile intervenante, et que le deuxième arrêt attaqué a, le même jour, condamné Mutel à 500 francs d'amende, par application des articles 14 titre XIII de la loi du 22 août 1791, et 2, titre IV de la loi du 4 germinal an II ; que s'étant pourvu contre ces deux arrêts, le demandeur a produit une quittance du receveur de l'enregistrement de Saint-Pierre attestant le versement d'une amende de pourvoi de 150 francs ;

Mais attendu que cette consignation est insuffisante ; qu'en effet les deux décimes et le demi-décime qui, en vertu des lois des 23 août 1871 et 30 décembre 1873, sont perçus à titre de supplément sur l'amende de cassation, forme une partie intégrante de cette amende, et doivent, dès lors, être compris dans la consignation ;

Que, d'autre part, par application de l'article 53 de la loi du 28 avril 1816, le pourvoi du demandeur, quoique formé dans une colonie, devait, pour être recevable, avoir acquitté les mêmes droits que s'il avait été déclaré en France ;

Qu'il suit de là que le demandeur aurait dû verser la somme de 150 francs augmentée du double décime et du demi-décime, c'est-à-dire celle de 187 francs 50 c. et que, faute par lui d'avoir effectué ce versement intégral, la déchéance est encourue.

Par ces motifs,

Déclare Mutel déchu de son pourvoi.

2 Avril 1908

Dépêche Ministérielle

Paris, le 2 avril 1908 (N° 26).

PROMULGATION DE DIVERS TEXTES RELATIFS AUX DOUANES

EXTRAIT

II. — Entrepôts fictifs

Le Conseil d'Etat a fait très judicieusement observer, il y a déjà plusieurs années, que le régime de l'entrepôt aux Colonies s'applique non seulement en matière de droits de douane mais aussi en matière de droits de consommation et d'octroi de mer. Or, si l'on peut, en ce qui concerne les premiers procéder par voie d'extension de la législation métropolitaine, il n'en est pas de même en ce qui concerne les autres, dont la perception ne peut être valablement réglementée que dans les formes prévues par l'art. 33 § 3 de la loi de finances du 13 avril 1900. La jurisprudence de la Haute Assemblée afin de concilier ces règles exige que le régime de l'entrepôt fasse l'objet dans chaque colonie, d'un acte spécial rendu dans la forme des règlements d'Administration publique, sur l'avis conforme du Conseil Général.

. . . .

Signé : R. VASSELLE.

27 novembre 1909

COUR DE CASSATION (Chambre Criminelle)

Audience du 27 novembre 1909

LA COUR :

Attendu que Thibault a été poursuivi pour avoir révélé un ensemble de faits confidentiels par leur nature, qui ne lui avaient été confiés et dont il n'avait eu connaissance qu'en raison de son ancienne qualité de Directeur des Douanes à Paris ; qu'il ressort des constatations de l'arrêt attaqué que Thibault a été cité comme témoin devant la cour d'assises de la Seine à la requête d'un accusé, préposé des Douanes, poursuivi pour faux ; qu'il a été interrogé à la demande de la défense, sur le point de savoir si, comme directeur des Douanes, il n'avait pas eu connaissance de fraudes beaucoup plus graves que celles dont la Cour était saisie, et si l'administration ne s'était pas montrée beaucoup plus indulgente ; qu'il répondit, en donnant des chiffres et des noms, qu'il avait connu une transaction énergiquement réprouvée par lui-même, mais consentie par l'administration dans une importante affaire de fraude ; qu'il ajouta que, par une lettre immédiatement expédiée, le ministre de l'Intérieur fut informé de cette transaction, qui paraissait désirée ;

Attendu que tout citoyen doit la vérité à la justice, lorsqu'il est interpellé par elle, sauf dans le cas où les faits sur lesquels il est interrogé, secrets dans leur nature, sont parvenus à sa connaissance dans l'exercice d'une profession aux actes de laquelle la loi, dans un intérêt général et d'ordre public, a imprimé le caractère confidentiel et secret, ou dans le cas où ces mêmes faits lui ont été confiés sous le sceau du secret, à raison d'une semblable profession ;

Attendu que les fonctionnaires de l'administration des Douanes ne sont pas assujettis, par les termes de leur serment professionnel, à garder le secret sur les actes de leurs fonctions ; que ces actes ne sont pas secrets par leur nature et que les circonstances de la transaction qui a fait l'objet de la déposition du prévenu ne lui avaient pas été confiées sous le sceau du secret ; qu'ainsi Thibault, dans l'espèce, ne tombait pas sous le coup de l'art. 378 code pénal ; qu'en le jugeant ainsi la Cour d'appel, loin de violer le texte visé au moyen, en a fait, au contraire, une exacte application.

Par ces motifs,

Rejette.

29 décembre 1909

COUR DE CASSATION (Chambre des Requêtes)

Audience du 29 décembre 1909

LA COUR :

Sur le premier moyen :

Attendu que l'article 2 du décret du 28 décembre 1895, organisant la justice française à Madagascar, porte qu'en toute matière les tribunaux appliqueront les lois françaises « qui sont et demeurent promulguées dans l'Ile et ses dépendances » ; que ce décret a été publié au Journal Officiel de la Colonie le 27 février 1896, et qu'un exemplaire de ce journal a été déposé au greffe du tribunal de Tananarive le 1er octobre suivant ;

Attendu que, si l'article 38 du décret du 9 juin 1896 et l'exposé des motifs de la loi d'annexion du 6 août suivant énoncent, le premier les dispositions des lois et codes français qui sont rendus applicables à Madagascar seront promulguées suivant les formes prescrites, le second, que les lois françaises, modifiées ou non, y feront l'objet d'une promulgation spéciale, cette référence à la double formalité d'un décret du président de la République et d'un arrêt du résident général ou gouverneur de la Colonie n'a visé évidemment que l'avenir ;

Attendu, d'autre part, que les décrets des 7 mars 1897, 22 février 1900 et 11 janvier 1903 qui, en établissant à Madagascar des taxes de consommation, disposent que les contraventions relevées pour fausses déclarations dans la valeur, la qualité ou la quantité et généralement toutes fraudes en matière de taxes, seront constatées et poursuivies « conformément à la législation douanière », supposent nécessairement que, dans la pensée du Gouvernement, les lois douanières métropolitaines étaient alors en vigueur dans la Colonie ; qu'il est d'ailleurs de jurisprudence que lorsqu'un service similaire à ceux de la métropole a été régulièrement introduit dans une Colonie, les lois et règlements qui assurent le fonctionnement de ce service y deviennent exécutoires par voie de conséquence ; que le moyen tiré de ce que la contrainte décernée contre la Compagnie X.... l'a été en vertu d'une loi qui n'était point applicable à Madagascar, n'est donc pas fondé.

Sur le deuxième moyen :

Attendu que la contrainte étant la voie générale qu'emploient certaines administrations de l'Etat pour le recouvrement des droits qui sont, en principe, payables au comptant, il n'est pas nécessaire que la somme pour laquelle une contrainte est décernée ait été d'abord définitivement liquidée ; que l'agent du fisc, s'appuyant sur les éléments dont il dispose, en arbitre le chiffre, sauf à l'augmenter ou à le diminuer, et que la plus pétition n'est point un obstacle à la régularité de la contrainte en la forme.

Sur le troisième moyen :

Attendu que la prescription d'un an établie par l'article 25, titre XIII, de la loi de 1791, en faveur du redevable qui a mis régulièrement l'administration en mesure de percevoir les droits ne saurait être invoquée par celui qui a usé de manœuvres frauduleuses précisément pour se soustraire au paiement de ces droits ;

Que, dans l'espèce, il a été prétendu que, pour faire croire aux employés de la douane de Majunga que les déclarations qu'elle leur faisait sur la valeur des tissus importés étaient sincères, la Compagnie X..... avait produit de fausses factures établies exprès à Marseille, et dissimulant jusqu'à 40 % de la valeur des marchandises ; qu'en mettant par de telles pratiques obstacle à l'exercice des agents du fisc, la Compagnie s'est rendue non recevable à réclamer la protection de la loi ;

Sur le quatrième moyen :

Attendu que les ordonnances de non lieu, qui peuvent tomber en cas de survenance de nouvelles charges, n'ont qu'un caractère provisoire et ne sauraient exercer d'influence sur l'action en dommages-intérêts portée devant les tribunaux civils ;

Que l'ordonnance du 19 janvier 1907 disant qu'il n'y avait lieu à suivre contre le représentant à Majunga de la Compagnie X.... sur la double prévention de contrebande et d'escroquerie, constate, d'ailleurs, que, pour tromper la douane sur la valeur des marchandises importées, l'agent de la Compagnie avait accompagné ses fausses déclarations de fausses factures établies sciemment dans ce but ; que les juges civils ont pu conclure de ces faits que la Compagnie X.... ne s'était pas bornée à faire des déclarations simplement mensongères, et que les procédés frauduleux auxquels elle avait eu recours avaient mis obstacle à la prescription.

Sur le cinquième moyen :

Attendu que le jugement attaqué n'a pas dit, comme le prétend le pourvoi, qu'il serait procédé à l'expertise prescrite par le décret du 5 août 1810 et les lois douanières postérieures, laquelle ne peut se faire d'ailleurs que sur la marchandise elle-même ou les échantillons qui la représentent ;

Que pour s'éclairer sur la valeur de marchandises depuis longtemps livrées à la consommation, il a seulement chargé les membres de la commission instituée près du ministère du commerce, qu'il investissait des fonctions d'experts, de répondre aux questions qu'il leur posait en s'entourant de tous renseignements, en consultant les livres et pièces de comptabilité et en entendant tous témoins ; qu'il a si peu visé l'expertise spéciale dont les résultats lient le juge et qui ne peut être l'objet d'aucun recours, qu'il a prescrit d'après le dépôt du rapport il serait conclu et statué ce qu'il appartiendrait ; qu'il résulte de ces circonstances que le moyen manque en fait ;

Attendu que le jugement attaqué, duement motivé, n'a en conséquence, violé ni faussement appliqué aucun des textes ou principes susvisés.

Par ces motifs,

Rejette.

29 décembre 1909

COUR DE CASSATION (Chambre des Requêtes)
Audience du 29 décembre 1909

LA COUR :

Sur le moyen unique du pourvoi :

Attendu que l'article 2 du décret du 28 décembre 1895, organisant la justice française à Madagascar, porte qu'en toute matière les tribunaux appliqueront les lois franjaises « qui sont et demeurent promulguées dans l'Ile et ses dépendances » ; que ce décret a été publié au Journal Officiel de la Colonie le 27 février 1896, et qu'un exemplaire de ce journal a été déposé au greffe du Tribunal de Tananarive le 1er octobre suivant ;

Attendu que, si l'article 38 du décret du 9 juin 1896 et l'exposé des motifs de la loi d'annexion du 6 août suivant énoncent, le premier que les dispositions des lois et codes français qui sont rendues applicables à Madagascar seront promulguées suivant les formes prescrites, le second, que les lois françaises, modifiées ou non, y seront l'objet d'une promulgation spéciale, cette référence à la double formalité d'un décret du Président de la République et d'un arrêté du Résident général ou Gouverneur de la Colonie n'a visé évidemment que l'avenir ;

Attendu, d'autre part, que les décrets des 7 mars 1897, 22 février 1900 et 11 janvier 1903, qui, en établissant à Madagascar des taxes de consommation, disposent que les contraventions relevées pour fausses déclarations dans la valeur, la qualité ou la quantité et généralement toutes fraudes en matière de taxes, seront constatées et poursuivies « conformément à la législation douanière », supposant nécessairement que, dans la pensée du gouvernement, les lois douanières métropolitaines étaient alors en vigueur dans la Colonie ; qu'il est d'ailleurs de jurisprudence que lorsqu'un service similaire à ceux de la Métropole a été régulièrement introduit dans une Colonie, les lois et règlements qui assurent le fonctionnement de ce service y deviennent exécutoires par voie de conséquence ; que le moyen tiré de ce que l'appel formé par la Compagnie X..... du jugement du 24 août 1908 n'était point irrecevable, les lois sur les douanes n'étant point applicables à Madagascar où elles n'avaient point été régulièrement promulguées, n'est pas fondé.

Par ces motifs,

Rejette.

16 février 1910

COUR DE CASSATION (Chambre Civile)

Audience du 16 février 1910

LA COUR :

Statuant par défaut à l'égard des défendeurs.

Sur le moyen additionnel :

Vu l'article 1er N° 5 du senatus-consulte du 4 juillet 1866 portant : « Le Conseil Général statue...... 5° sur les actions à intenter ou à soutenir au nom de la Colonie, sauf dans le cas d'urgence où le Gouverneur peut intenter toute action et y défendre sans délibération préalable du Conseil Général et faire tous les actes conservatoires » ;

Attendu qu'il résulte de ces textes que le Gouverneur de l'Ile de la Réunion a seul qualité pour représenter la Colonie en justice ;

Attendu, dès lors, que les droits de Douane étant compris dans les recettes ordinaires de la Colonie, c'est contre le Gouverneur seul que peut être demandée et prononcée la restitution de ceux qui auraient été indûment perçus ;

Attendu que l'action de Mohamed Goolam frères et Cⁱᵉ était dirigée tant contre le Gouverneur, pris comme représentant du service local, que contre les sieurs Thom de Palmas, Chef du bureau des Douanes, et Caron, percepteur, pris le premier comme représentant le service des Douanes et le second comme représentant le service du Trésor ;

Attendu que le jugement attaqué, après avoir mis le Gouverneur hors de cause, sur sa demande, a condamné Thom de Palmas et Caron, es-qualités, au remboursement de sommes payées pour droits de Douane, en invoquant l'article 44 du décret du 20 novembre 1882 ;

Mais attendu que cet article était sans application dans la cause ; qu'il vise uniquement la responsabilité encourue par les agents qui ont perçu des contributions non autorisées par les autorités compétentes ; que ce n'est pas en leur nom personnel que Thom de Palmas et Caron ont été poursuivis et condamnés, mais en qualité de représentants des administrations auxquelles ils sont préposés, c'est-à-dire, en réalité, de la colonie, qui ne pouvait être représentée que par son Gouverneur ;

Qu'en statuant ainsi le jugement attaqué a formellement violé l'article de loi susvisé ;

Par ces motifs et sans qu'il soit besoin de statuer sur les autres moyens du pourvoi ;

Casse et renvoie devant le Tribunal Civil d'Aix.

29 mars 1910

LOI du 29 mars 1910

Article 6. — Les règlements généraux relatifs à l'application des droits seront révisés par décrets publiés au Journal Officiel.

Article 7. — .... Les tarifs faisant l'objet de la présente loi ne seront exécutoires, en ce qui concerne les importations des produits étrangers dans les Colonies, les possessions françaises et les pays de protectorat de l'Indo-Chine, qu'après que des décrets en forme de règlement d'administration publique, rendus sur le rapport du Ministre des Colonies, du ministre du Commerce et de l'Industrie et du Ministre des Finances, et après avis des Conseils Généraux ou Conseils dêAdministration des Colonies, auront déterminé les produits qui, par exception au § 3 de l'article 3 de la loi du 11 janvier 1892, seront l'objet d'une tarification spéciale. L'effet de cette disposition ne pourra excéder le délai d'un an.

. . . .

8 avril 1910

LOI DE FINANCES (8 avril 1910)

Article 27. — Les denrées coloniales autres que le sucre et les tabacs originaires des colonies, possessions françaises et pays de protectorat de l'Indo-Chine, acquittent en Algérie, et sous les mêmes conditions, les mêmes droits que dans la métropole, sauf application du tarif spécial algérien, lorsque celui-ci est plus favorable.

Les tabacs originaires des territoires susvisés sont passibles, en Algérie, des taxes inscrites au tarif local ; les allumettes chimiques de la même origine acquittent le droit prévu au tarif métropolitain à l'égard des allumettes importées pour le compte du monopole.

11 mai 1910

COUR DE CASSATION (Chambre Civile)

Audience du 11 mai 1910

LA COUR :

Sur les deux premiers moyens :

Attendu que la délibération du Conseil Général de la Guadeloupe du 8 décembre 1902, approuvée par les décrets du 5 septembre 1903, rendus, le premier le Conseil d'Etat entendu, le second sur l'avis de la section des finances, de la guerre, de la marine et des Colonies de ce Conseil, a, dans son article 1er déclaré « les droits d'octroi de mer applicables aux objets de toute provenance, qu'ils soient importés, récoltés, préparés ou fabriqués dans la colonie » ; que c'est sur cette disposition que le service des douanes de la Guadeloupe se fondait pour demander à Cayrol le paiement de ces droits, conformément au tarif fixé par la même délibération, sur 30 caisses et une caissette d'allumettes et sur 20 caisses de cigarettes qui lui avaient été expédiées du Hâvre par le navire « la Normandie » ;

Attendu que pour refuser ce paiement, Cayrol contestait la légalité des droits réclamés ; qu'il alléguait que le 1er décret du 5 septembre 1903 n'avait approuvé ni l'article 2 § 2 de la délibération du 8 décembre 1902, portant que « des arrêtés du Gouverneur en conseil privé assureraient la perception des droits d'octroi de mer sur les objets compris au tarif de ces droits qui viendraient à être récoltés, préparés ou fabriqués dans la colonie » ni les notes H et F du tarif dans lesquelles il était mentionné que l'on ne fabriquait pas des cigarettes et d'allumettes chimiques à la Guadeloupe, ni l'article 4 n° 4 portant prélèvement au profit du budget local, du montant des dépenses de l'instruction primaire ; que ce refus partiel d'approbation, il concluait que ce tarif était illégal, « que tout au moins, pour les cigarettes et les allumettes, il ne pouvait être appliqué légalement » ;

Mais attendu, d'une part, que des termes mêmes des articles 6 de la loi du 11 janvier 1892 et 33 de la loi du 13 avril 1900, il ressort qu'en ce qui concerne les délibérations des Conseils Généraux des colonies sur le mode d'assiette, les tarifs et les règles de perception des contributions et taxes, le Conseil d'Etat est investi d'un droit d'approbation ou de non approbation ; que ce droit implique celui d'approbation partielle, qu'en ce cas les conseils généraux ne sont appelés à délibérer de nouveau que sur les articles auxquels cette approbation a été refusée, que toutes les autres parties de la délibération ont force exécutoire ;

Attendu, d'autre part, que le jugement attaqué déclare qu'il n'existe pas à la Guadeloupe de fabriques de cigarettes et d'allumettes ; que, dès lors, en ce qui concerne ces produits, Cayrol n'était pas fondé à exciper du défaut de règlementation à l'intérieur, pas plus qu'il ne l'était à soutenir que la taxe en litige avait le caractère d'un droit différentiel et protecteur et qu'elle jouait ainsi le rôle d'un droit de douane ; que vainement il prétend que, par le refus d'approbation des notes H et F du tarif, le décret du 5 septembre 1903 a affirmé l'existence à la Guadeloupe de cigarettes et d'allumettes de fabrication indigène ; que telle n'est pas la portée de ce refus ; que, s'agissant d'un impôt qui devait frapper indistinctement les objets de toute provenance, le Conseil d'Etat n'a pas crû devoir approuver des mentions qui pouvaient lui paraître de nature à en restreindre la généralité, mais qu'il n'a ni pu, ni voulu dépouiller l'autorité judiciaire du droit de vérifier les conditions de fait dans lesquelles cet impôt était réclamé ;

Attendu, dès lors, qu'en statuant comme il l'a fait sur les points qui font l'objet du premier et du deuxième moyen, le tribunal civil de la Pointe-à-Pitre n'a pas violé les articles de loi et le décret visés par ces moyens.

Sur le 3ᵉ moyen :

Attendu que si, comme il a été dit plus haut, la délibération du Conseil Général de la Guadeloupe du 8 décembre 1902 approuvée par les décrets du 5 septembre 1903, porte dans son article 1ᵉʳ que « les droits d'octroi de mer sont applicables aux objets de toute provenance, qu'ils soient importés, récoltés, préparés ou fabriqués dans la colonie ». il ne s'ensuit pas que Cayrol soit fondé à invoquer le défaut d'organisation de la surveillance douanière dans les îles St-Martin et de St-Barthélemy pour refuser le paiement de ces droits sur les caisses d'allumettes et de cigarettes qui lui ont été expédiées du Hâvre à la Pointe-à-Pître ;

Que, par elle-même, l'absence de perception qui peut être, dans ces deux îles, la conséquence de ce défaut de surveillance n'a atteint ces droits ni dans leur principe, ni dans leur légalité ; qu'en fait, elle ne fait pas grief à Cayrol pour les marchandises qu'il importe à la Pointre-à-Pître ; que dès lors, en déclarant, dans ces circonstances, la demande de l'administration des douanes fondée et en y faisant droit, le jugement attaqué n'a pas violé les textes invoqués au 3ᵉ moyen.

Par ces motifs,

Rejette.

14 mai 1910

COUR DE CASSATION (Chambre Criminelle)

Audience du 14 mai 1910

LA COUR :

Sur le moyen pris de la violation par fausse application de l'art. 19 de la loi du 27 juillet 1822, modifié et complété par les art. 4 de la loi du 7 mai 1881 et 9 de la loi du 11 janvier 1892, en ce que la Cour d'Appel, avant de statuer au fond dans une poursuite pour importation par bureau, sans déclaration, de marchandises soumises à des taxes de consommation intérieure, a renvoyé le ministère public et le prévenu, pour la détermination de la valeur des dites marchandises, devant le comité d'expertise légale institué par les articles de loi précités ;

Vu lesdits articles, ensemble la loi du 2 juin 1875 et l'art. 41 de la loi du 28 avril 1816 sur les douanes :

Attendu, dans l'espèce, que la détermination de la valeur des marchandises frauduleusement importées est nécessaire, soit pour permettre de fixer le chiffre de l'amende édictée par l'article 41 de la loi du 28 avril 1816, soit à raison de la condamnation à intervenir, le cas échéant, pour tenir lieu de la confiscation des marchandises, lesquelles n'ont pas été saisies ; mais que, pour fixer cette valeur, on ne saurait étendre à la poursuite exercée devant la juridiction correctionnelle le mode d'expertise légale spécialement organisé par l'art. 19 de la loi du 27 juillet 1822, à l'occasion des déclarations qui sont faites dans les bureaux de douane, pour le cas où il s'élèverait des doutes ou des difficultés entre la Régie des Douanes et le commerce sur l'espèce, l'origine, la qualité ou la valeur des marchandises déclarées ; que, saisi par le ministère public d'un fait de fraude à réprimer, le tribunal correctionnel procède dans les termes du droit commun auquel il n'a été dérogé par aucun des textes relatifs à la poursuite et aux pénalités en la matière ; que, dès lors, il lui appartient d'arbitrer, d'après les éléments résultant de l'instruction et des débats, après s'être éclairé, au besoin, à l'aide d'une mesure d'instruction, la valeur des marchandises de fraude, qui doit servir de base aux condamnations à prononcer ;

Attendu que, le prévenu ayant contesté devant le juge d'appel les chiffres admis par les premiers juges pour la valeur des marchandises frauduleusement importées, et sur lesquels ceux-ci s'étaient basés pour fixer les amendes appliquées, la Cour d'appel de Tananarive a décidé qu'elle ne pouvait, sans excès de pouvoir, faire une évaluation qui rentrait exclusivement dans la compétence du comité d'expertise légale institué par la loi du 27 juillet 1822 ; qu'elle a, dès lors, renvoyé les parties devant ce comité : qu'en statuant ainsi, la Cour d'Appel a méconnu les pouvoirs qui lui appartiennent et a faussement appliqué et par suite violé les textes susvisés.

Par ces motifs,

Casse pour être statué à nouveau sur l'appel, interjeté par le prévenu, du jugement du tribunal de Diègo-Suarez du 26 janvier 1909, renvoie l'affaire et Laudie devant la même Cour composée d'autres juges

30 mai 1910

COUR DE CASSATION (Chambre Civile)

Audience du 30 mai 1910

LA COUR :

Sur la fin de non recevoir opposée au pourvoi :

Attendu que la demanderesse produit une délibération du Conseil Général de la Guadeloupe en date du 30 Octobre 1907 l'autorisant à ester en justice devant la Cour de Cassation, dans l'instance relative au pourvoi formé par elle contre le jugement rendu par le tribunal civil de la Pointe-à-Pitre, le 5 mai 1904, au profit de Cayrol ; qu'il importe peu que cette délibération n'ait été prise et que, par suite, l'autorisation n'ait été donnée que postérieurement à l'admission du pourvoi ; qu'il suffit qu'elle ait été donnée et qu'il en soit justifié actuellement devant la Cour ;

Rejette la fin de non recevoir.

Et statuant sur le pourvoi :

Sur le 2e moyen :

Attendu que si, aux termes de l'article 1er, § 5, du senatus-consulte du 4 juillet 1866, le Conseil Général, dans les colonies de la Martinique, de la Guadeloupe et de la Réunion, statue sur les actions à intenter ou à soutenir au nom de la colonie, il est fait exception à cette règle lorsqu'il y a urgence ; que dans ce cas, le Gouverneur peut, d'après le même article, intenter toute action ou y défendre sans délibération préalable du Conseil ;

Attendu, en l'espèce, que l'action intentée par Cayrol tendait à faire dire que les droits d'octroi de mer que lui réclamait le service des Douanes de la Guadeloupe pour les 900 sacs de sel qui lui avaient été expédiés de Marseille par le navire « Restituta Madre » n'étaient pas dus, et à faire condamner ce service à lui livrer ces 900 sacs ; que le tribunal de paix du canton de la Pointe-à-Pitre, devant qui cette action était portée, l'a accueillie et « vu l'urgence » qui était invoquée par le demandeur, a ordonné la livraison sans délai et l'exécution provisoire de son jugement ; que, sur l'appel du Gouverneur de la Guadeloupe, le tribunal civil de la Pointe-à-Pitre a confirmé cette décision et ordonné, comme le premier juge, contre liquidation des droits de statistiques et de quai la livraison immédiate des marchandises retenues par la Douane ou la restitution des droits, s'ils avaient été versés par Cayrol ; qu'il a donc ainsi constaté l'urgence et que, dès lors, le 2e moyen n'est pas fondé ;

Sur le 3e moyen :

Attendu qu'aux termes de l'article 1er de la délibération du Conseil Général de la Guadeloupe du 8 décembre 1902 approuvée par les décrets du 5 septembre 1903 « les droits d'octroi de mer sont applicables aux objets de toute provenance qu'ils soient importés, récoltés, préparés ou fabriqués dans la Colonie » ; que de cette disposition il résulte que le rayon de l'octroi de mer n'est restreint aux limites de la Guadeloupe proprement dite et de la Grande Terre, qu'il comprend tout le territoire de la colonie, c'est-à-dire du groupe d'îles placées sous la même administration ;

Attendu, d'autre part, qu'il est déclaré par le jugement attaqué que le sel produit et consommé dans l'île de Saint Martin l'une des dépendances de la Colonie, ainsi que dans l'île de Saint Barthélemy, est indemne de tous droits au lieu de sa production, et que la taxe qui frappe cette denrée ne lui est alors appliquée que lorsqu'elle est introduite dans les autres parties de la colonie ;

Attendu, par suite, que, par rapport au sel ainsi produit et consommé dans ces îles, l'octroi de mer revêt le caractère d'un droit différentiel et protecteur et joue le rôle de droit de douane ; que, dès lors, le décret du 5 septembre 1903, qui en a approuvé le tarif n'ayant pas été rendu dans la forme de règlement d'administration publique, c'est à bon droit que le tribunal civil de la Pointe-à-Pitre a déclaré illégale la perception opérée par l'administration des douanes sur les 900 sacs de sel que Cayrol avait reçus de Marseille ;

Constatant ainsi le jugement attaqué n'a pas violé les articles visés au 3e moyen.

Par ces motifs,

Rejette.

25 novembre 1910

CONSEIL D'ETAT

(STATUANT AU CONTENTIEUX)

Séance du 25 novembre 1910

1ere espèce ;

LE CONSEIL :

Vu les décrets des 16 février et 28 décembre 1895, art. 25 ;

Vu la loi du 4 fructidor an III ;

Vu la loi du 16 avril 1897 ;

Vu la loi du 24 mai 1872 ;

Considérant que les deux requêtes susvisées sont connexes, qu'il y a lieu, dès lors, de les joindre pour y statuer par une seule décision ;

Considérant qu'aux termes du décret du 16 février 1895 les lois, arrêtés et décrets spécialement dénommés, notamment la loi du 14 fructidor an III article 10, sont rendus applicables aux colonies, aux possessions françaises et aux pays de protectorat de l'Indo-Chine dans lesquels la loi du 11 janvier 1892 est en vigueur ; que la loi du 16 avril 1897 ayant placé l'île de Madagascar et ses dépendances sous le régime douanier institué par la loi du 11 janvier 1892, l'article 10 de la loi du 14 fructidor an III est applicable dans toute l'étendue de cette colonie ;

Considérant que ladite loi dispose, dans son article 10 que les tribunaux de paix qui connaissent en 1ere instance, des saisies, jugeront également en 1ere instance les contestations concernant le refus de payer les droits, le non rapport des acquits-à-caution et les autres affaires relatives aux douanes ;

Considérant que, par les deux décisions attaquées en date du 23 janvier 1907, le gouverneur général de Madagascar a prescrit à la Société requérante, en exécution d'une soumission souscrite par son représentant de verser au Trésor de la Colonie le montant du double droit et de l'amende prévus par la loi à raison d'une soustraction de marchandises dans un entrepôt fictif que les décisions précitées sont intervenues sur les questions douanières et que les contestations soulevées par la Compagnie Marseillaise, touchent à la perception de droits de douane ; qu'aux termes de l'article 10 précité de la loi du 14 fructidor an III, les tribunaux judiciaires sont seuls compétents pour en connaître ; que, dès lors, les requêtes susvisées ne sont pas recevables.

Décide :

Les requêtes susvisées de la Compagnie Marseillaise de Madagascar sont rejetées.

2ᵉ espèce,

LE CONSEIL :

Vu le décret du 26 août 1904 ;

Vu les décrets des 16 février et 28 décembre 1895, article 2 ;

Vu la loi du 16 avril 1897 ;

Vu la loi du 14 fructidor an III ;

Vu la loi du 24 mai 1872 ;

Considérant qu'aux termes de l'article 5 du décret susvisé du 26 août 1904, relatif à la perception des taxes de consommation à Madagascar « les infractions relevées pour fausse déclaration dans la valeur, la quantité ou la qualité et toutes les fraudes en matière de taxes de consommation à l'importation seront constatées, poursuivies et punies conformément à la législation douanière » ;

Considérant que, d'après l'article 10 de la loi susvisée du 14 fructidor an III, les juges de paix connaissant de toutes affaires relatives aux douanes ;

Considérant que la décision attaquée est intervenue à la suite d'un procès-verbal de contravention dressé contre la Compagnie requérante pour fausses déclarations de la valeur des tissus d'origine française importés à Madagascar ; qu'elle a pour objet de déterminer le montant des droits et de l'amende imposés en exécution d'une transaction souscrite par son représentant ; que les contestations soulevées par la Société française de commerce et de navigation touchent à la perception de taxes indirectes régies par la législation douanière ;

Que dès lors, il n'appartient qu'aux tribunaux judiciaires d'en connaître et que la requête ci-dessus visée n'est pas recevable.

Décide :

La requête susvisée de la Société Française de commerce et de navigation est rejetée.

3 janvier 1911

COUR DE CASSATION (Chambre des Requêtes)

Audience du 3 janvier 1911

LA COUR :

Attendu que l'administration des Douanes de Majunga, ayant conçu des doutes sur la sincérité de treize déclarations passées par la Compagnie marseillaise lors de l'introduction à Madagascar, du 13 juin 1907 au 16 janvier 1908, de tissus frappés d'un droit de consommation ad valorem de 8 %, a demandé la communication des connaissements et s'est aperçue que le frêt qu'on lui avait dit être de 38 frcs. la tonne, était porté à 50 francs ; que la Compagnie Marseillaise s'est alors prévalue d'une convention en date du 31 juillet 1906, aux termes de laquelle la Compagnie des Messageries Maritimes aurait consenti, dans certaines conditions, à réduire son frêt à 38 francs ;

Attendu qu'appelé à choisir entre les renseignements que lui fournissaient ces divers documents, le tribunal de Majunga a pu laisser de côté la convention de 1906, que les faits postérieurs avaient pu modifier et qu'il pouvait, en tout cas, considérer comme une contre-lettre, pour s'attacher seulement aux connaissements que la loi du 30 mars 1872 signale comme l'un des éléments de la perception des droits ; qu'il n'a violé en cela ni l'article 1321 code civil, ni l'art. 283 code du commerce ; et qu'en constatant que les déclarations faites par la Compagnie Marseillaise n'avaient été ni exactes, ni complètes, il a pu la condamner aux amendes prévues par la loi ;

Attendu, en ce qui touche la seconde branche du moyen, que les juges ne sont pas tenus d'ordonner une expertise quand ils trouvent dans la cause les éléments de leur conviction ; qu'en présence de la certitude absolue que les juges de Majunga ont dit avoir acquise de la fausseté des déclarations, ils pouvaient se dispenser de recourir soit à l'expertise spéciale de la loi du 5 août 1810, qui suppose que la marchandise est encore dans les mains de la douane, soit à tout autre mode de preuve.

Par ces motifs,

Rejette.

10 janvier 1911

COUR DE CASSATION (Chambre Civile)
Audience du 10 janvier 1911

LA COUR :

Sur le premier moyen du pourvoi :

Attendu que le décret du 2 avril 1885 sur le Conseil Général de la Nouvelle Calédonie dispose, art. 49 et 50 : « Le gouverneur intente les actions, en vertu de la décision du Conseil général, et il peut, sur l'avis conforme de la commission coloniale, défendre à toutes actions intentées contre la Colonie ». — « Aucune action judiciaire ne peut, à peine de nullité, être intentée contre la colonie, qu'autant que le demandeur a préalablement adressé au Gouverneur un mémoire exposant l'objet et les motifs de sa réclamation ; il en est donné récépissé. L'action ne peut être portée devant les tribunaux que deux mois après la date du récépissé » ;

Attendu, qu'en vertu de ces dispositions, si, au cas où l'action est intentée au nom de la Colonie, l'autorisation du conseil général est indispensable pour la validité de la procédure, la nullité n'est édictée, lorsque la colonie est défenderesse, que si le demandeur n'a pas déposé le mémoire prescrit ou s'il a formé son action avant l'expiration du délai de 2 mois à partir de la date du récépissé ; que, passé ce délai, il peut valablement agir, alors même que l'avis de la commission coloniale n'aurait pas été donné ;

Attendu qu'il résulte des documents produits et qu'il n'est pas contesté que le mémoire préliminaire à l'action que Ballande se proposait d'intenter à la colonie a été déposé au secrétariat du gouvernement le 22 juillet 1901, date à laquelle il en a été donné récepissé, et que l'action n'a été introduite que le 27 septembre suivant : qu'il a donc été satisfait aux prescriptions du décret, et que le moyen tiré de ce que l'arrêt attaqué n'aurait pas constaté l'autorisation du conseil général n'est pas fondé.

Sur le troisième moyen du pourvoi :

Attendu que, si l'incompétence à raison de la matière peut être invoquée en tout état de cause, et même pour la première fois devant la Cour de cassation, c'est à condition que la compétence de la juridiction saisie n'ait pas été reconnue, soit expressément, soit implicitement, par une décision passée en force de chose jugée ; qu'il en est ainsi notamment lorsqu'un arrêt s'est prononcé définitivement sur une question intéressant le fond même du débat ;

Attendu qu'à la demande de Ballande en restitution de droits perçus sur des marchandises importées, la colonie de la Nouvelle Calédonie avait opposé la prescription de 6 mois ou de 2 ans ; que cette exception a été rejetée par un arrêt du 22 octobre 1904 par le motif qu'il s'agissait de droits perçus en vertu d'un tarif illégalement établi ; que cet arrêt tranchait une question touchant au fond même du droit, sur laquelle le juge ne pouvait statuer sans affirmer, par celà même, implicitement sa compétence ; que, signifié le 20 novembre 1904 il n'a pas fait l'objet d'un pourvoi et a acquis l'autorité de la chose jugée ; qu'il y a lieu dès lors, de déclarer non recevable le moyen tendant à faire annuler, comme rendu par un juge incompétent, l'arrêt attaqué du 2 septembre 1905, qui a statué ultérieurement sur le fond.

Sur le quatrième moyen :

Attendu qu'à la différence des tarifs d'octroi de mer, que les conseils généraux des colonies sont autorisés à voter et qui peuvent être rendus provisoirement exécutoires par arrêtés du Gouverneur, jusqu'à leur approbation par décret, aucune exception au tarif métropolitain des douanes ne peut, aux termes des art. 3 et 4 de la loi du 11 janvier 1892, résulter que d'un décret rendu dans la forme des règlements d'administration publique ;

Attendu qu'il est constaté par l'arrêt attaqué que les sommes dont Ballande demandait la restitution ont été perçues en vertu d'un arrêté du Gouverneur de la Nouvelle Calédonie du 8 juin 1893 rendant exécutoire un tarif voté le 22 avril précédent par le conseil général de la colonie ;

Attendu que les droits établis par cette délibération sous la qualification de droits « d'octroi de mer » frappaient « les objets de toute provenance à leur entrée dans la colonie » ; qu'ils atteignaient donc uniquement les marchandises venues du dehors, et à raison de leur importation, à l'exclusion de tous produits similaires de l'intérieur, qui s'en trouvaient exemptés ; qu'ils n'avaient, par conséquent, pas le caractère purement fiscal de taxes d'octroi perçues sur la consommation locale, mais celui de taxes douanières de nature à affecter les rapports commerciaux de la colonie, soit avec la métropole et avec les autres colonies françaises, soit avec les pays étrangers ; que c'est donc avec raison que l'arrêt attaqué a considéré comme illégaux tant le tarif voté le 22 avril 1893 que l'arrêté du Gouverneur qui en a ordonné l'exécution provisoire, et qu'il a condamné la colonie à la restitution des droits perçus.

Rejette ces moyens.

Mais sur le deuxième moyen :

Vu l'article 1153 du Code civil ;

Attendu qu'il est de principe qu'aucun impôt, direct ou indirect, ne peut être augmenté, diminué ou modifié qu'en vertu d'une loi ; que, dès lors, s'agissant, dans l'espèce, de droits de douanes, la colonie ne pouvait être tenue du paiement des intérêts des sommes indûment perçues ; d'où il suit qu'en condamnant la colonie de la Nouvelle-Calédonie aux « intérêts de droit », de la somme qu'elle est condamnée à restituer, l'arrêt attaqué a faussement appliqué et par suite, violé l'article de loi susvisé.

Par ces motifs,

Casse et annule l'arrêt rendu entre les parties par la Cour d'Appel de Nouméa à la date du 2 septembre 1905, mais seulement dans le chef qui a condamné la colonie au paiement des intérêts de la somme à restituer ;

Renvoie, quant à ce, devant la Cour d'Appel d'Aix.

4 avril 1911

COUR DE CASSATION (Chambre des Requêtes)

Audience du 4 avril 1911

LA COUR :

Attendu qu'aux termes du décret du 14 fructidor an III et de la loi du 9 floréal an VII toutes les contestations en matière de douane sont jugées, quelle que soit la valeur du litige, en première instance par les juges de paix, en appel par les tribunaux civils ; que cette législation a été rendue applicable à Madagascar ; que toutefois le décret du 9 juin 1896, qui a organisé la justice dans cette colonie, n'ayant point établi de juge de paix là où il instituait des tribunaux de première instance, il s'est agi de savoir si les affaires de douane qui, par la force des choses, se trouvaient portées directement devant ces tribunaux, y doivent être jugées en premier et en dernier ressort ;

Attendu que, du seul fait que les tribunaux de première instance sont chargés de juger des affaires dont la connaissance aurait appartenu aux juges de paix, il suit nécessairement qu'ils ont sur ces affaires plénitude de juridiction ; qu'autrement il faudrait dire que toutes celles de ces affaires sur lesquelles les juges de paix n'auraient statué qu'en premier ressort pourraient être, en vertu de la règle des deux degrés de juridiction, déférées ensuite à la Cour ; qu'en déclarant, par suite, non recevable l'appel du jugement du tribunal de Majunga du 10 août 1908, qui avait statué sur une contestation en matière de douane, la Cour de Tananarive n'a violé aucun des textes visés par le pourvoi.

Par ces motifs,

Rejette.

6 avril 1911

COUR DE CASSATION (Chambre des Requêtes)
Audience du 6 avril 1911

LA COUR :

Attendu qu'il résulte des constatations du jugement attaqué que la Compagnie de navigation mixte a demandé au directeur des douanes l'autorisation de faire venir d'Angleterre à Marseille quatre chaudières destinées à remplacer celles qui étaient à bord de son vapeur « La Marsa » offrant de payer les droits sur le navire à raison de deux francs par tonneau de jauge que l'administration des douanes a refusé cette proposition parce que les chaudières sont passibles, à leur entrée en France d'un droit d'importation ; qu'à la suite de ce refus la Compagnie a envoyé sur lest « La Marsa » à Glascow, où, dans les ateliers de la Clyde Shipbuilding and Engeneering Company, ont été exécutées des réparations qui se sont élevées à 465.650 francs dont 177. 500 francs pour prix des chaudières ; que sitôt ces réparations terminées la Compagnie a fait entrer « la Marsa » au port de Marseille sous le couvert d'un acte de francisation provisoire délivre par le Consul, acte que l'administration des douanes refusa de transformer en francisation définitive, exigeant au contraire le paiement de la somme de 27. 440 francs montant des droits d'importation afférents aux quatre chaudières anglaises, d'un poids de 196.000 kil. incorporés au navire en remplacement des anciennes ; que la Compagnie demanderesse prétendit ne devoir qu'une somme de 4.330 francs pour droit de francisation, motif pris de ce que son bâtiment qui avait subi en Angleterre des réparations excédant 15 francs par tonneau de jauge, avait été réputé étranger aux termes de la loi du 27 vendémiaire an II ;

Attendu que le tribunal a estimé avec raison que le fait par la Compagnie de navigation mixte d'avoir cherché intentionnellement à faire perdre à son navire la qualité de navire français dans le seul but, en la récupérant immédiatement après à l'aide d'une francisation abusive, de se soustraire au paiement des droits dûs au Trésor, constituait une manœuvre faisant fraude à la loi dont cette Compagnie ne pouvait réclamer le bénéfice ;

Attendu qu'aux termes de l'article 1er, tableau A n° 526 de la loi du 11 janvier 1892, les chaudières à vapeur de fabrication étrangère sont passibles, à leur entrée en France, d'un droit calculé d'après leur poids et variant suivant que le tarif applicable est le tarif général ou le tarif minimum ; que les termes de cet article sont généraux et absolus ; que le législateur ne distingue pas suivant l'affectation que l'importateur a donnée à l'objet importé ou la manière dont il entend en disposer ; que de telles distinctions ouvriraient la porte à la fraude et seraient subversises du système de nos tarifs qui ont pour but de faire donner la préférence aux produits de l'industrie nationale en écartant, par des droits mesurés, la concurrence étrangère ;

Attendu qu'il suit de là que les dispositions de l'article 8 de la loi du 27 vendémiaire an II ne sont pas applicables aux chaudières et que le jugement attaqué, régulièrement motivé, en déclarant la compagnie de navigation mixte mal fondée dans ses prétentions, loin d'avoir violé les textes visés au pourvoi, en a fait une exacte application ;

Par ces motifs,

Rejette.

2 mai 1911

COUR DE CASSATION (Chambre des Requêtes)
Audience du 2 mai 1911

LA COUR :

Attendu, en fait, qu'il résulte tant des qualités de l'arrêt attaqué que de cet arrêt lui-même que, par cinq soumissions souscrites par le sieur Gragnon, fondé de pouvoirs de la Compagnie marseillaise de Madagascar, celle-ci avait constitué un entrepôt fictif dans ses magasins situés à Andevorante ; qu'à la suite de recensements opérés les 11 et 12 décembre 1906, la Compagnie n'a pu ni représenter les marchandises déposées, consistant en pétrole, eaux de vie et absinthe, ni justifier de l'acquittemnt des droits ; elle a alors souscrit, représentée par son fondé de pouvoirs, sous la caution solidaire de la maison Oswald, deux soumissions contentieuses, aux termes desquelles elle déclarait s'en rapporter entièrement à la décision de l'administration des douanes, relativement aux suites pécuniaires dont cette affaire serait jugée susceptible, s'engageant à considérer la décision administrative à intervenir comme jugement définitif, contre lequel elle renonçait à tout recours judiciaire ; que l'administration a fixé la dette de la Compagnie au double droit, plus une amende égale au double de la valeur de la marchandise soustraite ; que la Compagnie a immédiatement versé les sommes afférentes au montant des droits simples, mais a refusé le paiement du surplus s'appuyant aux pénalités encourues ; que, l'administration des Douanes ayant décerné deux contraintes contre la Compagnie ; celle-ci y a fait opposition et argué de leur nullité parce que la voie d'exécution par contrainte ne saurait être légalement employée pour le recouvrement séparé des pénalités et n'était régulière qu'au cas de recouvrement simultané des pénalités et de l'impôt ;

Attendu que, si le droit de décerner contrainte contre les soumissionnaires ne s'étend pas, en principe, aux amendes qui, variables dans leurs chiffres, doivent pour cette raison être fixées par les tribunaux, il n'en est plus de même quand aucun doute ne subsiste sur la quotité des sommes à recouvrer ; qu'en effet, les dispositions des articles 12 et 13 de la loi du 22 août 1791 s'appliquent à toutes celles que les redevables se sont engagés à payer ;

Attendu que, par les soumissions contentieuses susvisées, la Compagnie demanderesse a reconnu le fait de « soustraction absolue » qui lui était imputé et pris l'engagement formel de s'en rapporter entièrement à la décision de l'administration des douanes quant aux conséquences pécuniaires de cette contravention ; que cet engagement n'avait d'autre limite que le maximum des pénalités édictées par la loi ; qu'ainsi le montant des sommes à recouvrer dépendait uniquement de l'Administration à qui la voie de la contrainte était dès lors ouverte sans restriction.

Attendu qu'il suit de là que si un des motifs donnés par la Cour peut être critiquable, sa décision est incontestablement justifiée.

Sur le moyen additionnel :

Attendu que le pourvoi fait grief à l'arrêt attaqué d'avoir déclaré recevable un appel formé contre une décision du juge de paix d'Andevorante et statué au fond sur le dit appel, alors que, s'agissant d'une contravention douanière, la Cour d'appel n'était pas compétente pour connaitre et apprécier une telle decision qui est de la compétence en dernier ressort des tribunaux de première instance ;

Mais attendu que si, à Madagascar, dans les localités où il n'y a pas de résident faisant fonctions de juge de paix, les affaires concernant la douane doivent être portées directement devant le tribunal civil qui statue en dernier ressort, il en est autrement là où existe un magistrat faisant fonctions de juge de paix, à qui a pu être soumis le litige en conformité de l'art. 1er du 14 fructidor an III rendu applicable aux Colonies par l'article 1er du décret du 16 février 1895 ; que, dans ce cas, c'est la Cour d'appel de Tananarive qui, aux termes de l'article 9 du décret du 9 juin 1896, constitue le deuxième degrè de juridiction ; qu'ainsi le moyen n'est pas fondé.

Par ces motifs,

Rejette.

21 juillet 1911

<h1 style="text-align:center">CONSEIL D'ETAT</h1>

(Statuant au contentieux)

(Séances (2) du 21 juillet 1911)

1ere espèce

LE CONSEIL :

Considérant que, par traité en date du 5 novembre 1885, le sultan de la Grande-Comore a concédé au sieur Humblot le droit d'exploiter dans toute l'étendue de l'île toutes richesses quelconques et toutes les terres qu'il voudrait mettre en culture, ces terres étant données au concessionnaire en toute propriété, sans impôt ni location ;

Considérant que le sieur Humblot a rétrocédé une partie de sa concession à la société française de la Grande-Comore ;

Considérant qu'à la date du 9 avril 1897, le ministre des colonies, agissant au nom de l'Etat français chargé d'administrer l'île de la Grande-Comore, a passé avec la société française de la Grande-Comore une convention dans le but de réviser les droits et obligations que cette société tenait de la concession antérieurement faite par le sultan au sieur Humblot, de fixer sur de nouvelles bases les relations de la compagnie et du Département français des colonies, et de déterminer en conséquence les droits dont la dite société pourra se prévaloir à l'égard de l'administration française et les obligations dont elle sera tenue à l'avenir ; que la signature par le ministre des colonies de cette convention, qu'il lui appartient de conclure en vertu de ses pouvoirs généraux d'administration, engage l'Etat français, et que le conseil d'Etat est compétent pour connaître des difficultés auxquelles a donné lieu l'exécution de ce contrat ;

Considérant qu'aucune règle de droit public s'imposant au repré-sentant de l'Etat français traitant dans les conditions ci-dessus rap-pelées ne faisait obstacle à ce que ce dernier confirmât au profit du sieur Humblot et de ses ayants-cause dans ses rapports avec l'admi-nistration française de la Grande-Comore l'exonération d'impôts dont ils étaient bénéficiaires dans cette ile en vertu de leur titre primitif de concession ; que, dès lors, le ministre des colonies n'est pas fondé à soutenir qu'en l'absence d'un acte spécial émané du pouvoir légis-latif, la clause de la convention du 9 avril 1897 qui, restreignant l'e-xonération générale et perpétuelle d'impôts accordée en 1885 par le sultan de la Grande-Comore au sieur Humblot et à ses ayants-cause, a maintenu au profit de ces derniers pendant 50 ans l'exemption de certains impôts, doit être considérée comme nulle et non avenue en tant qu'elle concernerait des impôts, perçus par l'administration fran-çaise ; que cette clause lie au contraire cette administration et doit recevoir son application ;

Considérant que la convention ci-dessus mentionnée du 9 avril 1897 porte que le Département des colonies prend l'engagement de dégrever la compagnie pendant 50 ans à partir du 1er janvier 1897 de l'impôt foncier et des droits de sortie et de tous autres impôts quel-conques, à l'exception de l'impôt de capitation, des droits de patente et des droits de douane à l'entrée ; que la taxe de consommation, établie par l'arrêté du Gouverneur de Mayotte et dépendances du 1er décembre 1906, est perçue sur tous les produits consommés dans l'ile de la Grande-Comore, quelle que soit leur provenance, qu'ils y aient été importés, récoltés, préparés ou fabriqués ; qu'elle ne rentre donc pas, comme l'a soutenu à tort le ministre des colonies, dans la catégorie des droits de douane au paiement desquels la société est assujettie, mais qu'elle est au contraire de celles dont l'exonération a été maintenue au profit de cette compagnie par les dispositions ci-dessus rappelée de la convention de 1897 ;

Décide :

Art. I. — La décision ci-dessus visée du Ministre des Colonies est annulée.

Art. II. — Il est déclaré que la Société française de la Grande-Comore a droit jusqu'au 1er janvier 1947 à l'exonération de la taxe de consommation établie à la Grande-Comore par l'arrêté du Gouver-neur de Mayotte et dépendances du 1er décembre 1906.

2ème espèce

LE CONSEIL :

Considérant que, par traité en date du 5 novembre 1885, le sul-tan de la Grande-Comore a concédé au sieur Humblot le droit d'ex-ploiter dans toute l'étendue de l'ile toutes richesses quelconques et tou-tes les terres qu'il voudra mettre en culture, ces terres étant données au concessionnaire en toute propriété sans impôts ni location ;

Considérant que le sieur Humblot a retrocédé une partie de sa concession à la Société française de la Grande-Comore et une autre partie au sieur Legros ;

Considérant qu'à la date du 9 avril 1897 le ministre des colo-nies, agissant au nom de l'Etat français chargé d'administrer l'ile de la Grande Comore a passé avec la Société française de la Grande

Comore une convention dans le but de réviser les droits et obligations que cette société tenait de la concession antérieurement faite au sieur Humblot, de fixer sur de nouvelles bases les relations de la compagnie et du département français des colonies et de déterminer en conséquence les droits dont la dite société pourra se prévaloir à l'égard de l'administration française et les obligations dont elle sera tenue à l'avenir ;

Considérant qu'il résulte des pièces versées au dossier que le ministre des colonies et le sieur Humblot se sont mis d'accord à la date du 24 juin 1897 pour reconnaître que la clause de la convention du 9 avril 1897, restreignait l'exonération générale et perpétuelle d'impôts accordée par Saïd Ali au sieur Humblot et à ses ayants cause, assujettissant la société de la Grande Comore, seule nommément désignée dans la dite convention, au paiement de diverses contributions, mais maintenant au profit de cette Société pour 50 ans l'exemption de tous les autres impôts, devra s'appliquer au sieur Legros, rétrocessionnaire, comme la société de la Grande Comore, d'une partie de la concession du sieur Humblot, et que le sieur Legros, par sa lettre du 3 juillet 1899 a accepté d'exécuter cette convention ; qu'il est ainsi intervenu, sur ce point, entre le ministre des colonies, d'une part, le sieur Humblot et le sieur Legros d'autre part, c'est à dire entre toutes les parties en cause, un accord ayant la même valeur qu'une convention formelle ; que ce contrat qu'il appartenait au ministre de conclure en vertu de ses pouvoirs généraux d'administration, engage l'Etat français et que le Conseil d'Etat est compétent pour connaître des difficultés auxquelles son exécution a donné lieu ;

Considérant qu'aucune règle de droit public ne faisait obstacle à ce que le ministre des colonies, traitant dans les conditions ci-dessus rappelées, confirmât au profit du sieur Humblot et de ses ayants-cause dans leurs rapports avec l'administration française de la Grande Comore, l'exonération d'impôts dont ils étaient bénéficiaires dans cette ile en vertu de leur titre primitif de concession ; que, dès lors, le ministre des colonies n'est pas fondé à soutenir qu'en l'absence d'un acte spécial émané du pouvoir législatif français, la clause de la convention du 9 avril 1897 ci-dessus mentionnée, rendue applicable au sieur Legros par la convention du 24 juin suivant, qui a maintenu pour 50 ans l'exemption de certains impôts au profit des bénéficiaires de ces accords, doit être considérée comme nulle et non avenue en temps qu'elle concernerait des impôts perçus par l'administration française ; que cette clause doit au contraire recevoir son application ;

Considérant qu'il résulte de ce qui précède que le ministre des colonies a dénié à tort au sieur Legros le bénéfice de l'exemption partielle et temporaire d'impôts stipulée à son profit dans les conditions précisées par la convention du 9 avril 1897 à laquelle se réfère celle du 24 juin suivant ; qu'il y a lieu en conséquence d'annuler sa décision et de condamner le ministre, ès-qualités qu'il agit, au remboursement d'une somme égale au montant de celles que le sieur Legros justifiera avoir versées pour l'acquittement des impôts, à l'exonération desquels il avait droit.

Décide ;

Article I. — Les décisions ci-dessus visées du ministre des colonies sont annulées.

Article II. — Le ministre des colonies es-qualités paiera au sieur Legros une somme égale au montant des impôts que celui-ci justifiera avoir acquittés et à l'exonération desquels il avait droit dans les termes de la convention du 9 avril 1907.

Article III. — Le sieur Legros est renvoyé devant le ministre des colonies pour la liquidation de sa créance.

2 janvier 1912

COUR DE CASSATION (Chambre des Requêtes)

Audience du 2 janvier 1912

LA COUR :

Attendu qu'aux termes de l'art. 33 § 3 de la loi de finances du 13 avril 1900, « les conseils généraux des colonies délibèrent sur le mode d'assiette, les tarifs et les règles de perception des contributions et taxes autres que les droits de douane qui restent soumis aux dispositions de la loi du 11 janvier 1892 ; que ces délibérations sont applicables après avoir été approuvées par des décrets en Conseil d'Etat ».

Attendu que le pourvoi fait grief au jugement attaqué d'avoir déclaré régulièrement établies, en la forme des taxes locales de consommation, une taxe sur les allumettes, votée le 6 avril 1908 par le conseil général de la Réunion, approuvée par décret du 15 août suivant, sur avis conforme de la section des Finances du Conseil d'Etat, alors qu'en réalité, atteignant exclusivement des produits importés à leur entrée sur tous les points du territoire, cette taxe affecterait directement les relations de la colonie avec la métropole, les autres colonies françaises et les pays étrangers ; qu'elle présenterait les caractères essentiels des droits de douane, et ne pouvait légalement être édictée que suivant les règles de la loi du 11 janvier 1892 ;

Mais attendu que la taxe litigieuse a été établie sur les allumettes de toute origine et de toute provenance, consommées dans la colonie, qu'elles y aient été importées ou fabriquées ; qu'en maintenant ainsi sur un pied d'égalité les marchandises fabriquées à l'intérieur et celles qui y sont importées, cette taxe ne saurait avoir pour effet direct et nécessaire d'affecter les rapports de la métropole avec les colonies et ceux de la métropole et des colonies avec les pays étrangers ; qu'il importe peu qu'il existe ou non actuellement des fabriques d'allumettes dans l'île puisque, du jour où il s'en établira elles seront soumises à cette taxe qui, à aucun moment, n'aura eu le caractère de droits différentiels et protecteurs ; que c'est donc avec raison que le jugement attaqué, dûment motivé, a confirmé la décision par laquelle le juge de paix de St Denis s'est déclaré incompétent pour statuer sur la demande en restitution de prétendus droits de douanes indûment perçus.

Par ces motifs,

Rejette.

5 janvier 1912

COUR DE CASSATION (Chambre Criminelle)

Audience du 5 janvier 1912

LA COUR :

Attendu que, d'après les énonciations d'un procès-verbal dressé par un agent européen des douanes et régies de l'Indo-Chine, il a été découvert dans le jardin de Ngayen Van Giat, attenant à sa maison d'habitation, quatre récipients renfermant 60 kilogrammes de riz en fermentation ;

Attendu que ce procès-verbal, aux termes de l'art. 44 de l'arrêté du 5 juin 1903, faisait foi jusqu'à preuve contraire ; qu'il constatait une contravention prévue par l'article 95 § 5 de l'arrêté du 20 décembre 1902, portant que « la détention de substances en macération ou en fermentation (riz, fruits, mélasses).... constitue l'infraction en matière de fabrication d'alcool » ;

Attendu qu'il résulte des art. 14 du décret du 1ᵉʳ décembre 1902 et 50 du décret du 17 juin 1889, qu'au Tonkin, la forme de procéder en matière correctionnelle, au regard des annamites ou asiatiques assimilés, est réglée par les dispositions du Code d'Instruction criminelle relatives à la procédure devant les tribunaux correctionnels ; qu'il suit de là qu'au cas de poursuites contre des annamites ou asiatiques assimilés, en vertu d'un procès-verbal faisant foi en justice, la preuve contraire ne peut être administrée que conformément aux dispositions de l'art 154 du code d'instruction criminelle, étendues à la matière correctionnelle par l'art. 189 du même Code ; que dès lors, d'une part, cette preuve ne peut résulter que de dépositions de témoins entendus après avoir prêté serment, ou de procès-verbaux, expertises, ou autres documents authentiques ; qu'on ne peut attacher ce caractère probant à un simple rapport de renseignements émanant d'un agent local, ou à des attestations en forme de pétition émanant de particuliers, ces rapports et attestations ne pouvant équivaloir à des dépositions faites sous la foi du serment ; que, d'autre part, un simple doute manifesté par le Juge sur la réalité du délit constaté par le procès-verbal, ne saurait équivaloir à la preuve contraire du fait établi et le faire disparaître ;

Attendu que la Cour d'Appel a prononcé la relaxe de Nguyen van Giat pour ces motifs : 1° que les récipients avaient été placés dans le jardin du prévenu, à l'insu de ce dernier, par un tiers qui aurait agi dans un esprit de vengeance ; 2° que les matières renfermées dans ces récipients étaient non en fermentation mais en décomposition ou du moins qu'il existait sur ce point un doute qui devait profiter à l'inculpé ;

Attendu qu'il appert de l'arrêt que ces motifs de relaxe ont été puisés soit dans un rapport d'un agent administratif indigène soit dans une pétition des notables du village habité par le prévenu, alors que la preuve contraire n'aurait pu résulter que de dépositions faites sous la foi du serment par l'agent ou les notables susdésignés ;

Attendu, de plus, que l'arrêt, dans le deuxième motif sus-énoncé s'est fondé sur un simple doute pour écarter la foi due au procès-verbal ; qu'ainsi il y a eu violation de l'art. 154 du code d'instruction criminelle.

Par ces motifs,

Casse et annule l'arrêt de la Cour d'Appel de l'Indo-Chine 3ᵉ chambre, séant à Hanoï, du 13 décembre 1910, prononçant la relaxe de Nguyen van Giat, et, pour être statué à nouveau sur l'appel interjeté par l'administration des douanes et régies de l'Indo-Chine, du jugement rendu le 3 octobre 1910, par le tribunal de Haïphong, renvoie l'affaire et les parties devant la même Cour composée d'autres juges.

10 juin 1912

COUR DE CASSATION (Chambre Civile)
Audience du 10 juin 1912

LA COUR :

Sur l'unique moyen du pourvoi :

Et d'abord sur les deux fins de non recevoir opposées par le défendeur.

Sur la première fin de non recevoir :

Attendu qu'aux termes de l'art. 10 du décret du 1ᵉʳ juillet 1880, portant réorganisation de la justice dans les établissements français de l'Océanie, le recours en cassation est ouvert, en matière civile et commerciale, contre les arrêts du tribunal supérieur de Papeete, statuant comme juridiction d'appel ; que l'art 10 du décret du 31 mai 1902, portant réorganisation de la propriété foncière aux îles Marquises, déclare susceptibles de recours devant ce tribunal les décisions de la commission instituée par l'art. 8 du même décret pour statuer sur les demandes en reconnaissance de droits sur des immeubles situés dans ces îles ; que la voie du recours en cassation était donc, dans l'espèce, ouverte au gouverneur des Etablissements français de l'Océanie.

Sur la deuxième fin de non recevoir :

Attendu que le décret du 31 mai 1902 a été, comme celui des 1ᵉʳ-13 décembre 1858, rendu en vertu du droit que le Chef de l'Etat tient de l'article 18 du senatus-consulte du 3 mai 1854, de régler législativement ce qui concerne les colonies ; qu'il émane donc du même pouvoir et qu'il a pu, par suite, déroger à ce décret, en statuant comme il l'a fait sans un rapport du garde des sceaux, ministre de la justices ; qu'à la vérité, le décret des 1ᵉʳ-13 décembre 1858 avait été rendu dans la forme des règlements d'administration publique, mais que c'est uniquement parce qu'il était applicable aux colonies de la Martinique, de la Guadeloupe et de la Réunion, pour lesquelles l'intervention du Conseil d'Etat avait été prescrite par l'article 6 du senatus consulte du 3 mai 1854 ; que, pour les autres colonies, cette intervention n'était pas exigée, qu'elle n'était pas, par suite, obligatoire, et que, dès lors, en ce qui concerne le rapport du garde des sceaux, il était, en 1902 loisible au chef de l'Etat de ne pas se conformer à ce décret pour les îles Marquises ;

Attendu, d'autre part, que l'art 3 de la loi constitutionnelle du 25 février 1875 dispose, dans son dernier alinéa, que, « chacun des actes du Président de la République doit être consigné par un ministre ; que le Président de la République étant constitutionnellement irresponsable, l'objet de cette disposition est de suppléer à son irresponsabilité par la responsabilité ministérielle ; que, d'après son texte comme d'après son esprit, le contre-seing d'un seul ministre suffit donc pour la validité des décrets présidentiels ; que c'est à tort, en conséquence que le défendeur conteste la légalité du décret du 31 mai 1902, et soutient, par suite, que le gouverneur des Etablissements français de l'Océanie est sans qualité et sans intérêt pour critiquer l'arrêt du tribunal supérieur de Papeete ;

Rejette les deux fins de non recevoir.

Et statuant au fond :

Vu l'article 2 du décret du 31 mai 1902 ;

Attendu que, d'après les constatations mêmes de l'arrêt attaqué, il fut, en 1843, à la suite de l'occupation par la France des îles Marquises, convenu entre le ministre de la marine et des colonies, représentant l'Etat, et l'archevêque de Chalcédoine, supérieur général de la congrégation dite de Picpus, que les fonctions ecclésiastiques seraient remplies, dans ces îles par huit membres de cette association ; que les prêtres qui les rempliraient resteraient sous la juridiction du vicaire apostolique de l'Océanie orientale qui aurait le droit de les déplacer et de les remplacer quand il le jugerait convenable, en se concertant, à cet égard avec le gouverneur de la colonie ; que, sur les fonds du département de la marine, chaque prêtre recevrait un traitement annuel de deux mille francs ; qu'ils résideraient habituellement deux ensemble pour desservir le même poste, sans qu'on pût les obliger à se placer isolément ; que leur installation et l'entretien des maisons ou logements qu'ils occuperaient seraient au compte de l'Etat, qu'enfin ils seraient sous la dépendance d'un supérieur particulier nommé par le vicaire apostolique de l'Océanie Orientale, qui serait chargé d'entretenir avec l'autorité locale les rapports habituels intéressant le service ;

Attendu que, si, de ces constatations, il résulte que la mission catholique ainsi constituée n'était ni une dépendance de la congrégation de Picpus, ni une congrégation particulière soumise à la nécessité de l'autorisation légale, il en résulte ainsi qu'elle formait une réunion ou un groupement d'individus qui, pour pouvoir acquérir et posséder, devait être investi de la personnalité civile ; que, pour établir l'existence de cette personnalité, l'arrêt attaqué parle, il est vrai, d'actes intervenus entre la mission et les représentants du pouvoir central dans les Etablissements français de l'Océanie, qu'il déclare, notamment, qu'un arrêté du gouverneur de ces Etablissements en date du 26 novembre 1860, a prescrit de payer à la mission une somme de 5.422 francs 22 restée disponible sur l'article du budget colonial affecté aux traitements des prêtres missionnaires et qu'un autre arrêté lui a, le 19 mars 1863, concédé deux bâtiments, sis à Taiohoe et Vaitahu, l'un pour être transformé en église, l'autre à destination d'hôtel pour évêché ; mais que de pareils actes ne peuvent être considérés comme constitutifs de la personnalité civile ; que, seuls, la loi ou un décret rendu en la forme de règlement d'administration publique auraient pu conférer l'existence de la mission catholique des îles Marquises et, avec l'existence, la capacité juridique d'acquérir et de posséder ;

Attendu, dès lors, que c'est à tort que le tribunal supérieur de Papeete a rejeté les conclusions du gouverneur des Etablissements français de l'Océanie tendant à faire dire que la mission n'avait pu faute d'existence légale, acquérir ni prescrire, et a accueilli les demandes en reconnaissance d'immeubles en son nom par l'évêque Martin ; qu'en statuant ainsi il a faussement appliqué et, par suite, violé l'article ci-dessus visé.

Par ces motifs,

Casse.... et renvoie devant la Cour d'Appel d'Aix.

17 juin 1912

COUR DE CASSATION (Chambre Civile)
Audience du 17 juin 1912

LA COUR :

Sur la fin de non-recevoir opposée au pourvoi :

Attendu qu'aux termes du décret du 14 fructidor an III et de la loi du 9 floréal an VII, rendus applicables à Madagascar par la loi du 16 avril 1897, toutes les contestations en matière de douanes sont jugées, quelle que soit la valeur du litige, en première instance par les juges de paix, en appel par les tribunaux civils ; qu'à Madagascar, le décret du 9 juin 1896, qui a organisé la justice dans cette colonie, n'a point établi de juges de paix là où il instituait des tribunaux de première instance et qu'ainsi, par la force des choses, les affaires de douanes se trouvent portées directement devant ces tribunaux ;

Attendu que, du fait seul que les tribunaux de première instance sont chargés de juger les affaires dont la connaissance aurait appartenu aux juges de paix, il suit nécessairement qu'ils statuent sur ces affaires en dernier ressort ;

Que le jugement attaqué n'était donc pas susceptible d'appel et que, dès lors, le recours en cassation formé par Mante frères et Borelli de Régis ainé est recevable ;

Rejette la fin de non recevoir, et statuant au fond.

Sur l'unique moyen du pourvoi :

Vu l'article 10 du décret du 14 fructidor an III :

Attendu que si, en matière de douanes, le décret du 14 fructidor an III, dans ces articles 2, 3, 4, attribue en cas de saisie, compétence au juge de paix dans le ressort duquel se trouve le bureau où ont été conduits les objets saisis, aucune disposition de loi n'a déféré au juge de paix du lieu de perception la connaissance des actions en restitution des droits formées par les redevables ; que l'article 10 du décret précité, aux termes duquel « les tribunaux de paix qui connaissent en première instance des saisies, jugeront également en première instance les contestations concernant le refus de payer les droits, le non rapport des acquits-à-caution et les autres affaires relatives aux douanes », n'a trait qu'à la compétence *ratione matériæ* que d'après son texte même, son seul objet est d'attribuer, en première instance, aux tribunaux de paix, le jugement des contestations en matière de douanes ;

Attendu que, dans l'espèce, Mante frères et Borelli de Régies aîné réclamaient à la colonie de Madagascar la somme de 430.065 francs qu'ils prétendaient avoir été indûment perçus par l'administration des Douanes pour droits de sortie sur les bœufs qu'ils avaient exportés de Madagascar, du 17 septembre 1896 à la fin de décembre 1900 ; que le siège du Gouvernement Général de l'île est Tananarive, et que, dès lors, c'est à bon droit que, par application de la règle que le défendeur doit être assigné devant le tribunal de son domicile, les demandeurs avaient assigné le Gouverneur en qualité de représentant de la Colonie, devant le tribunal civil de la dite ville statuant comme tribunal de paix, qu'en se déclarant incompétent par le motif que le juge compétent était celui du lieu où les droits, dont la restitution était réclamée, avaient été perçus et que la perception avait été faite en dehors de son ressort, ce tribunal a faussement interprété et par suite, violé l'article ci-dessus visé.

Par ces motifs,

Casse.... et renvoie devant le tribunal de première instance de Majunga.

18 octobre 1912

COUR DE CASSATION (Chambre Criminelle)

Audience du 18 octobre 1912

LA COUR :

Vu la connexité, joint les pourvois formés par Marty et l'administration des Douanes et Régies de l'Indo-Chine contre l'arrêt de la Cour d'Appel de l'Indo-Chine du 3 mars 1911 et statuant par un seul arrêt.

En ce qui touche le pourvoi de Marty :

Sur le moyen unique du pourvoi pris de la violation des art. 1, 3 et 7 de la loi du 10 avril 1906 ;

Attendu qu'à la suite d'un procès-verbal régulier dressé par un agent de l'administration des Douanes constatant qu'alors que le vapeur « Hong Kong » se trouvait dans les limites du port d'Haïphong Sui-Sung, chauffeur à bord du dit vapeur, avait été surpris, débarquant frauduleusement une quantité de 450 grammes d'opium de contrebande, des poursuites ont été intentées contre Sui-Sung pour infractions aux articles 1, 4 et 5 de la loi du 12 avril 1906 ; que l'arrêt attaqué, qui a confirmé le jugement du tribunal correctionnel d'Haïphong en ce qu'il avait condamné Sui-Sung à 15 jours d'emprisonnement et à 500 francs d'amende a déclaré bonne à l'égard de Marty armateur, la saisie conservatoire du vapeur Hong-Kong » pour sûreté du paiement de la dite amende ;

Attendu qu'il est prétendu par le pourvoi que l'art. 7 de la loi du 10 avril 1906 n'autoriserait la saisie conservatoire du navire pour sûreté du paiement de l'amende que dans le cas où cette amende étant encourue par le capitaine, la responsabilité civile de l'armateur qui a fait choix du capitaine se trouve engagée ; que, lorsque, comme dans l'espèce, le délinquant a été découvert, le capitaine est, aux termes de l'article 3 déchargé de toute responsabilité et, par suite, le navire ne peut faire l'objet d'une saisie ;

Attendu que l'application de l'art. 7 de la loi du 12 avril 1906 n'est point restreinte au cas où le capitaine est condamné à l'amende déterminée en l'art. 1er ; que l'art. 7 vise expressément tous les cas d'infraction spécifiés dans les différents articles de la loi ; qu'il doit être entendu en ce sens que, dès qu'un acte frauduleux, relatif à des objets prohibés, taxés à 20 francs ou plus les 100 kilos ou passibles de taxes intérieures, constaté à bord d'un navire dans les limites d'un port ou d'une rade de commerce, entraîne l'application de l'amende déterminée en l'art. 1er, le navire peut faire l'objet d'une saisie conservatoire pour sûreté du paiement de cette amende ;

D'où il suit qu'en validant la saisie conservatoire du vapeur « Hong-Kong » l'arrêt attaqué a fait une exacte application des articles visés au moyen.

Par ces motifs,

Rejette le pourvoi de Marty contre l'arrêt de la Cour d'Appel de l'Indo-Chine du 3 mars 1911, le condamne à l'amende et aux dépens.

En ce qui concerne le pourvoi formé par l'administration des Douanes et régies de l'Indo-Chine ;

Sur le moyen pris de la violation, par défaut d'application de l'art. 70 de l'arrêté du Gouverneur Général de l'Indo-Chine du 7 février 1899, approuvé par décret du Président de la République du 30 août 1899, de la fausse interprétation de la loi du 10 avril 1906 en ce que l'arrêt attaqué, tout en constatant qu'un versement frauduleux avait été effectué dans l'espèce au préjudice de l'administration requérante et que celle-ci se trouvait, de ce fait dans la situation même prévue par l'article 70 de l'arrêté sus-visé, a refusé de lui allouer les dommages-intérêts auxquels elle concluait, sous pretexte que l'article 1er de la loi du 10 avril 1906 aurait restreint aux pénalités qu'il prévoit la répression des contraventions et délits douaniers et aurait ainsi tacitement, mais nécessairement, abrogé toutes dispositions antérieures accordant aux administrations le bénéfice de réparations civiles supérieures et celles qu'il édicte ,

Attendu que la loi du 10 avril 1906, relative aux fraudes en Douanes commises à bord d'un navire, après avoir spécifié que la confiscation ne pourra être prononcée qu'à l'égard des objets prohibés taxés à plus de 20 francs les 100 kilos ou passibles de taxes intérieures, dispose que l'amende sera l'égale de la valeur des dits objets et de 500 francs au moins et que l'auteur de l'acte frauduleux commis à bord ou au débarquement sera, en outre, condamné à la peine d'emprisonnement édictée par les articles 42, 43 de la loi du 28 avril 1816 ;

Attendu que la loi du 10 avril 1906 détermine limitativement les sanctions encourues à raison des infractions qu'elle réprime, que cette loi a été par son article 8, déclarée applicable à l'Algérie et aux colonies ;

Attendu que le fait poursuivi, quel qu'en fut le caractère, rentrait dans les prévisions de cette loi ; qu'il ne pouvait, dès lors, entraîner toutes sanctions que celles qui y sont édictées ;

D'où il suit que l'arrêt attaqué a, à bon droit, décidé qu'il ne pouvait être fait application, dans l'espèce, de l'art. 70 de l'arrêté du Gouverneur général de l'Indo-Chine du 7 février 1899, qui, dans les

cas de fraude prévus au dit arrêté accorde à la régie des dommages-intérêts dont le montant ne peut être inférieur à 5 fois la valeur
de la quantité de la matière frauduleuse ;

Qu'il en résulte que le moyen ne saurait être accueilli ;

Et attendu que l'arrêt est régulier en la forme.

Par ces motifs,

Rejette.

Et vu l'article 436 du code d'instruction criminelle, condamne
la dite administration à l'indemnité envers le sieur Marty.

11 janvier 1912

LOI *portant modification de la loi du 11 janvier 1892*
en ce qui concerne le régime douanier de St Pierre et Miquelon.

Art. 1. — Les tarifs, l'assiette et les règles de perception des
droits de douane, applicables aux produits étrangers à St Pierre et
Miquelon, sont établis par décret en forme de règlement d'administration publique, rendu sur la proposition du ministre des colonies,
du ministre des Finances et du ministre du Commerce et de l'Industrie, après avis du Conseil d'Administration de la Colonie.

30 janvier 1912

COUR DE CASSATION (Chambre Criminelle)

Audience du 30 janvier 1913

LA COUR :

Attendu qu'aucune loi métropolitaine ne peut être mise en vigueur dans une colonie en vertu d'un arrêté de promulgation émanant du Gouverneur de cette colonie, si elle ne contient une disposition spéciale portant qu'elle est applicable aux colonies ou si elle
n'a été déclarée exécutoire par un décret du chef de l'Etat ;

Attendu que le décret du 15 janvier 1853, qui a déclaré exécutoires dans les colonies diverses lois métropolitaines parmi lesquelles sont énumérées la loi du 19 juillet 1845 (art. I) sur la vente des
substances vénéneuses et l'ordonnance du 29 octobre 1846 portant
règlement pour l'exécution de cette loi, n'a statué que pour les établissements qui constituaient alors le domaine colonial de la France,
que l'incorporation du Tonkin à ce domaine n'a eu lieu qu'en 1884 ;
qu'il en résulte que le Gouverneur général de l'Indo-Chine n'a pu
légalement faire état de ce décret dans l'arrêté du 16 juillet 1908
pour promulguer en Indo-Chine les dispositions susvisées ;

Mais attendu que l'art. 17 du décret du 22 février 1890 dispose :
« les tribunaux de première instance et le cour criminelle du Tonkin
se conforment à la législation civile et criminelle en vigueur en
Cochinchine, qui est déclarée applicable au Tonkin » ; que ce décret doit être interprété en ce sens que les deux pays doivent être
soumis à la même législation ; que, par suite, en vertu de ce décret
l'article 1er de la loi du 19 juillet 1845 et l'ordonnance du 29 octobre 1846, qui avaient été rendus applicables en Cochinchine par les
art. 18 et 37 du décret du 27 juillet 1864 sont devenus applicables au

Tonkin, et que ce même décret a nécessairement conféré au Gouverneur général de l'Indochine le droit de promulguer au Tonkin les dites dispositions ; qu'en déclarant, dès lors, que les textes susvisés étaient exécutoires en Indochine, et en en faisant application au prévenu, en l'état des faits retenus à sa charge, l'arrêt attaqué n'a commis aucune violation de la loi.

Par ces motifs,
Rejette.

28 avril 1913

COUR DE CASSATION (Chambre des Requêtes)
Audience du 28 avril 1913

LA COUR :

Sur le moyen unique :

Attendu que, par décret du 18 octobre 1904, le Gouvernement général de l'Afrique occidentale française a été formé : 1° de la colonie du Sénégal et des pays de protectorat de la rive gauche du fleuve ; 2° de la colonie de la Guinée française ; 3° de la colonie de la Côte d'Ivoire ; 4° de la colonie du Dahomey ; 5° de la colonie du Haut Sénégal et du Niger ; 6° du territoire civil de la Mauritanie ; que les dépenses d'intérêt commun à l'Afrique occidentale française sont inscrites à un budget général alimenté : 1° par les recettes propres aux exercices mis à sa charge ; 2° par le produit des droits de toute nature, à l'exception des droits d'octroi communaux, perçus à l'entrée et à la sortie dans toute l'étendue de l'Afrique occidentale française sur les marchandises et sur les navires ;

Attendu que, sauf en ce qui concerne la Côte d'Ivoire et le Dahomey, où, en vertu d'une convention internationale du 14 juin 1898 les produits étrangers ne peuvent être soumis à un tarif autre que celui appliqué aux produits français, le Gouvernement général de l'Afrique occidentale française peut assujettir les produits étrangers à des taxes différentielles ; que les droits à percevoir à l'entrée et à la sortie de l'Afrique occidentale françaises sur les tissus de cotons dits « guinées » ont été fixés par décret du 14 avril 1905 à 5 % de leur valeur au lieu d'importation, avec une surtaxe de 7 % sur ceux d'origine étrangère ; qu'un autre décret, en date du 10 mars 1906, modifiant le précédent quant aux droits sur les « guinées », a fixé la taxe qui les frappe à 0. 025 par mètre avec surtaxe de 0.06 par mètre pour celles qui proviennent de l'étranger ;

Attendu que le pourvoi reproche à la Cour d'Appel de Dakar d'avoir déclaré applicable à la Colonie du Haut Sénégal et du Niger le décret du 10 mars 1906, qui n'y avait pas été dûment publié, alors que seules les taxes fixées par le décret de 1905 pouvaient être perçues sur les marchandises dédouanées à Kayes depuis l'établissement de ce bureau auxiliaire de douanes dans le Haut Sénégal, jusqu'au décret du 2 février 1911 qui aurait régularisé la situation ;

Mais attendu qu'aux termes de l'art. 1er du décret du 14 avril 1905, c'est dès leur entrée en Afrique Occidentale française que les marchandises doivent acquitter la taxe d'importation ; que cette entrée n'a été possible à l'origine que par le Sénégal, et qu'ainsi les

« guinées » à destination de Kayes ont toujours été soumises, en débarquant à Saint-Louis, au tarif du Sénégal ;

Attendu qu'il résulte des constatations et des appréciations de
l'arrêt attaqué, d'une part, que c'est à la demande des importateurs
que le bureau de Kayes a été créé ; qu'en donnant au commerce la
faculté de verser les droits de douane à la trésorerie de Kaynes, au
lieu de les faire payer à celle de Saint Louis, l'administration a simplement voulu dispenser les importateurs tant de formalités longues
et couteuses que de la nécessité d'avoir des transitaires et de payer
les droits au Sénégal à l'arrivée des marchandises, alors que celles-
ci ne parvenaient à destination et ne pouvaient être livrées à la consommation que fort longtemps après ce paiement ; d'autre part,
qu'à l'époque de la création du bureau auxiliaire de Kayes il n'existait pas de « Journal Officiel » dans la Colonie du Haut Sénégal et
du Niger et que, par suite, le décret de 1906 n'a pu être publié que
dans le « Journal Officiel » du Gouvernement Général de l'Afrique
occidentale française ; que, si le décret du 2 février 1911 reproduit
celui du 'o mars 1906 et a été publié dans le Journal Officiel actuellement existant de la colonie du Haut Sénégal et du Niger, ce n'est
point, comme le soutien à tort la Compagnie coloniale de l'Afrique
française, afin de rendre au décret de 1906 la force exécutoire que
lui aurait fait perdre l'établissement du bureau de Kayes, mais afin
d'atteindre les marchandises qui, en raison de la construction du che-
min de fer de Konakry à Kayes, disposent aujourd'hui d'une nouvelle
route de pénétration vers les régions du centre de l'Afrique, sans
passer par le Sénégal ; qu'il y aurait, dès lors, intérêt pour le buq-
get général de l'Afrique occidentale française à ce que les « guinées »
continuassent à être frappées dans tous les cas des droits spécifiques
qu'elles doivent payer au tarif du Sénégal ;

Attendu qu'en déboutant, dans ces conditions, la Compagnie
demanderesse de sa demande en restitution de taxes prétendues indûment perçues, l'arrêt attaqué n'a violé aucun des textes de loi visés au moyen.

Par ces motifs,

Rejette.

28 avril 1913

Paris, le 28 avril 1913

Ministère des Colonies
Secrétariat et contreseing
2ᵉ Section
*Détaxes des denrées
secondaires*
(871)

Monsieur le Ministre des Colonies,
à Monsieur le Gouverneur de
La Réunion

Le projet de loi sur le régime douanier colonial déposé récemment par le Gouvernement sur le bureau de la Chambre, prévoit
l'exonération complète à leur entrée en France, des denrées coloniᴀ-
les autres que les sucres et le poivre. La Commission des Douanes
de la Chambre a pensé que cette disposition était susceptible d'être
dès maintenant, favorablement accueillie par le Parlement et dans

le but d'en hâter l'approbation, elle a décidé de la disjoindre du projet de la loi et d'en poursuivre immédiatement l'étude. Le Gouvernement s'est rallié à cette disjonction. Il est permis d'espérer, dans ces conditions, que la détaxe des denrées coloniales, autres que le sucre et le poivre, pourra être votée dans un délai assez court et pourra être appliquée à partir du 1er janvier 1914.

Dans cette éventualité, il convient de se préoccuper sans retard de remanier, en conséquence, les tarifs douaniers en vigueur dans les Colonies assimilées, en ce qui concerne les produits similaires importés de l'étranger. Ainsi que vous le savez le dégrèvement d'un produit colonial, à l'entrée dans la Métropole, doit avoir pour conséquence l'inscription simultanée dans les tarifs de la Colonie intéressée, pour le produit dont il s'agit de droits équivalents à ceux du tarif métropolitain. En vertu de cette règle, les cafés, les cacaos, thés, etc. importés de l'étranger devront donc être soumis à l'entrée des Colonies du 1er groupe, aux mêmes droits que s'ils étaient importés en France, à partir du jour de l'application de la détaxe des denrées similaires coloniales.

J'ai en conséquence, l'honneur de vous prier de m'adresser à cet effet, un projet de décret préparé dans la forme règlementaire, après délibération du Conseil Local et accompagné d'un dossier en triple expédition. Etant donné que ce décret devra être communiqué aux Départements des Finances et du Commerce et soumis ensuite au Conseil d'Etat, ce qui exigera un temps relativement long, il importe que vous vous occupiez de sa préparation dès réception de la présente dépêche, afin d'être en mesure d'en assurer la promulgation à la date à laquelle la loi, dont la Commission des Douanes de la Chambre poursuit en ce moment l'examen, sera appliquée.

Signé : Morel.

22 mai 1913

COUR DE CASSATION (Chambre Civile)

Audience du 22 mai 1913

LA COUR :

Vu les art. 25 et 30 de la loi du 21 germinal an XI ;

Attendu que, si les dispositions de l'art. 2 de la déclaration du 25 avril 1777, relatives à la possession et à l'exercice par la même personne, ayant titre à cet effet, de la charge de pharmacien, n'ont pas été reproduites explicitement par la loi de germinal an XI, elles sont du moins virtuellement contenues dans les art. 25, 26 et 30 de cette dernière loi ; qu'en effet, l'art. 25 implique la réunion dans une seule personne, légalement reçue, de la possession du titre et du fonds ; que les art. 21 et 26 excluent la faculté d'avoir une officine ouverte sans avoir en même temps le titre légal autorisant à prendre une patente de pharmacien ; que l'art. 30, en renvoyant expressément aux lois antérieures pour procéder contre ceux qui fabriqueraient ou débiteraient, sans autorisation légale, des préparations ou compositions médicales, s'est appropriée les conditions de légalité antérieurement établies en même temps que leur sanction pénale ;

Attendu que de telles dispositions sont manifestement inconciliables avec la faculté de faire gérer une pharmacie, même par une personne qui serait apte à la posséder et qu'elles sont la conséquence de ce que la profession de pharmacien n'est pas libre ;

Attendu que la loi de germinal an XI est devenue applicable au Tonkin en vertu de la promulgation qui en a été régulièrement faite, le 27 février 1866, par arrêté du général commandant le corps expéditionnaire ; qu'il était dans les pouvoirs de ce dernier, investi par le gouvernement métropolitain, suivant un télégramme du 31 décembre 1884, « de l'autorité absolue sur tout le Tonkin, pendant la durée des opérations », de prendre, de sa propre initiative, toutes les dispositions de police et de sûreté ; que ce cas exceptionnel déroge nécessairement à la règle générale en vertu de laquelle les lois métropolitaines n'ont autorité dans les colonies qu'à la condition d'y avoir été déclarée applicables, soit par la loi même, soit par un décret préalable et d'y avoir été promulguées par un arrêté du Gouverneur ; que les mesures d'ordre général et permanent, comme celles concernant la règlementation de la pharmacie, après qu'elles ont été ainsi régulièrement prises, restent en vigueur, tant qu'elles n'ont pas été modifiées ou abrogées ;

Attendu que, par exploit en date du 26 mai 1908, le sieur Maire, pharmacien à Hanoï, a assigné devant le tribunal civil de cette ville le sieur Brousmiche, également pharmacien au même lieu, en même temps qu'à Tourane et à Haïphong pour :

« Attendu qu'un pharmacien ne peut avoir deux, et à plus forte raison, plusieurs officines, ainsi qu'il résulte notamment de la loi de germinal an XI », voir dire que ce dernier serait tenu de fermer ses officines de Hanoï et de Tourane, et s'entendre condamner à 10.000 piastres de dommages-intérêts ;

Attendu que l'arrêt attaqué a rejeté cette demande, par ce motif qu'il n'existait, dans la colonie, aucun texte interdisant à un pharmacien d'être propriétaire de deux ou plusieurs officines ; qu'il déclare, notamment, d'une part, que l'interdiction du cumul de pharmacies par un même pharmacien n'est formulée que par la déclaration du 27 avril 1777 qu'elle n'est point reproduite par la loi de germinal an XI ; que ces deux lois « conservent chacune leur physionomie et leur autorité propres et ne se réfèrent nullement l'une à l'autre » ; que la déclaration de 1777 n'est pas applicable au Tonkin, faute d'y avoir été promulguée, que, s'expliquant, d'autre part, sur la loi de germinal an XI, le dit arrêt en repousse également l'application pour cause d'irrégularité de sa promulgation ; qu'il soutient que l'arrêté du général, commandant le corps expéditionnaire, en date du 27 février 1886, aurait dû être précédé d'un décret du gouvernement métropolitain sanctionnant par avance cette mesure ;

Attendu qu'en statuant ainsi, l'arrêt attaqué a violé les textes de loi susvisés.

Par ces motifs,

Casse.... et renvoie devant la Cour d'Appel d'Aix.

23 juin 1913

COUR DE CASSATION (Chambre des Requêtes)

Audience du 23 juin 1913

LA COUR :

Sur le premier moyen :

Attendu que le pourvoi fait grief au jugement attaqué d'avoir refusé d'ordonner la restitution de taxes indûment perçues, parce qu'elles constitueraient, en réalité, des droits de douane qui n'ont pas été mis en vigueur par une loi ou un décret rendu après avis du Conseil d'Etat ;

Mais attendu qu'il résulte des constatations des juges du fond que les perceptions dont la restitution est demandée ont été effectuées en vertu de l'art. 4 de l'arrêté du 7 février 1899, approuvé par décret du 23 juillet suivant ; que la taxe établie sur les allumettes en Indo-Chine frappe les allumettes de toute origine et de toute provenance consommées dans la colonie, qu'elles y aient été importées ou fabriquées ; que la taxe litigieuse, notamment, n'a d'autre but que d'assurer le remboursement des frais avancés par la Régie pour l'apposition sur les boites d'allumettes de marques, vignettes ou timbres destinés à prévenir la fraude, frais mis à la charge tant des fabricants locaux que des importateurs ;

Attendu qu'en maintenant ainsi sur un pied d'égalité les marchandises fabriquées à l'intérieur et celles qui y sont importées, cette taxe ne saurait avoir pour effet direct et nécessaire d'affecter les rapports de la métropole avec les colonies et ceux de la métropole et des colonies avec les pays étrangers ; qu'elle n'a pas le caractère de droits différentiels et protecteurs et, par suite, de droits de douane ;

Attendu que le juge de paix, dont la décision a été confirmée par le jugement attaqué, a estimé avec raison que la taxe litigieuse n'étant pas une taxe douanière, il n'était pas compétent pour examiner si, en fait, des perceptions avaient été à tort majorées au détriment des réclamants.

Sur le 2e moyen :

Attendu que le pourvoi élève une double critique contre la taxe litigieuse elle-même, dont la régularité avait été reconnue devant les juges du fond ; qu'il soutient, d'une part, que cette taxe a été établie par une autorité incompétente, le directeur général des douanes ; d'autre part, que les arrêtés d'approbation des décisions de ce fonctionnaire ne pouvaient être pris par le Gouverneur Général qu'après avis du Conseil Supérieur de la colonie.

Sur la première branche :

Attendu que ce ne sont pas les décisions du directeur général qui ont créé la taxe litigieuse, qu'elle a été établie par l'art. 4 de l'arrêté du 7 février 1899 ; que le directeur général des douanes a simplement déterminé le montant des frais d'apposition de vignettes, dont le chiffre a été successivement réduit, sans aucune distinction entre les deux catégories de redevables, selon les variations des procédés de manipulation.

Sur la deuxième branche :

Attendu que si, aux termes de l'art. 3 du décret du 31 juillet 1898, les taxes et contributions indirectes, autres que les droits de douane, sont établies par le gouverneur général en Conseil supérieur de la Colonie, cette disposition, qui vise expressément les taxes destinées à alimenter le budget général de l'Indochine, n'est pas applicable en l'espèce où il ne s'agit que de remboursement de dépenses avancées par l'administration ; qu'ainsi le jugement attaqué, dûment motivé, n'a violé aucun des textes visés au moyen.

Par ces motifs,

Rejette.

5 août 1913

LOI *relative à l'établissement du régime douanier colonial.*

LOI du 5 Août 1913

Le Sénat et la Chambre des Députés ont adopté,

Le Président de la République promulgue la loi dont la teneur suit :

Article unique :

A partir du 1er janvier 1914, le régime douanier des produits d'origine coloniale établi par le tableau E annexé à la loi du 11 janvier 1892 sera modifié comme suit :

Produits d'origine coloniale :

Sucres, mélasses non destinées à la distillation : droits du tarif métropolitain ;

Sirops, bonbons et biscuits : droits du tarif métropolitain ,

Confitures et fruits de toute sorte confits au sucre et au miel : droits du tarif métropolitain ;

Poivres : droit du tarif minimum métropolitain, diminué de 104 francs ;

Produits d'origine coloniale non spécifiés ci-dessus : exempts.

La présente loi, délibérée et adoptée par le Sénat et par la Chambre des Députés, sera exécutée comme loi de l'Etat.

Signé : R. Poincaré.

6 août 1913

CONSEIL D'ETAT
STATUANT AU CONTENTIEUX
Audience du 6 août 1913

LE CONSEIL :

Sur les conclusions relatives aux droits de consommation et de statistiques :

Considérant qu'aucun texte de loi ou de décret n'attribue compétence au conseil du contentieux administratif pour connaître les demandes à fin de restitution des droits de consommation et de statistique ; qu'ainsi, c'est à tort, d'une part, que la Société requérante a saisi de sa réclamation le Conseil du Contentieux administratif de la colonie de Mayotte et dépendances, et d'autre part, que celui-ci ne s'est pas déclaré incompétent pour y statuer ;

Décide :

Art. I. — L'arrêté susvisé, en date du 23 mars 1907, par lequel le Conseil du contentieux administratif de Mayotte et dépendances a statué sur la réclamation de la Société requérante relative à la contribution des patentes et aux droits de consommation et de statistique, est annulé.

Art. II. — Le surplus des conclusions de la requête de la société Humblot et Cie et sa réclamation relative à la contribution des patentes et aux droits de consommation et de statistique, sont rejetés.

9 août 1913

COUR DE CASSATION (Chambre Criminelle)
Audience du 9 août 1913

LA COUR :

Vu le mémoire produit à l'appui du pourvoi ;

Sur le moyen tiré de la violation, par refus d'application, de l'article 84 du décret du 28 septembre 1897, relatif au service de la douane au Dahomey, et de la violation, par fausse interprétation, des articles 1, 2 et 19 du décret du 16 août 1912, portant réorganisation de la justice indigène en Afrique occidentale française ,

Vu les dits articles :

Attendu, en droit, qu'il est de principe que les lois générales ne dérogent pas aux lois spéciales antérieures, à moins d'un texte formel à cet égard ou de dispositions absolument inconciliables ;

Attendu, en fait, que Azindé, sujet indigène, étant poursuivi devant le tribunal correctionnel de Cotonou, en vertu de l'art. 84 du décret du 28 septembre 1897, comme inculpé d'avoir frauduleusement introduit des marchandises sur le territoire de la Colonie du Dahomey ;

Attendu que le tribunal de Cotonou et la Cour d'Appel, séant à Dakar, se sont successivement déclarés incompétents, en indiquant que la compétence appartiendrait à l'une des juridictions de la justice indigène, à savoir au Tribunal de cercle, et en invoquant les articles 1, 2 et 19 du décret du 16 août 1912, portant réorganisation de la justice indigène en Afrique occidentale française ; Qu'en effet, aux termes des articles 1 et 2 de ce décret, sont justiciables des tribunaux indigènes, à l'exception des indigènes habitant le ressort des tribunaux de 1e instance du Sénégal, les individus originaires des possessions françaises de l'Afrique Occidentale française, de l'Afrique Equatoriale française et des possessions étrangères comprises entre ces territoires qui n'ont pas, dans leur pays d'origine, le statut des nationaux européens ; que, d'autre part, aux termes de l'article 19 § 2 du même décret, le Tribunal de cercle connaît.... 5° des infractions spéciales prévues et punies par les règlements de l'autorité publique ; 6° des infractions commises au préjudice de l'Etat, de la Colonie ou d'une administration publique ;

Mais attendu que le décret du 28 septembre 1897 servant de base à la poursuite, règle spécialement le fonctionnement du service des douanes au Dahomey, et que, dans sa section II, concernant les « tribunaux appelés à juger les affaires de douane », il porte, art. 84 : « Les juges de paix à compétence étendue de Porto-Novo et de Ouidah, connaîtront, en premier ressort, de toutes les contestations relatives aux douanes, ainsi que de toutes les infractions aux lois et règlements régissant la matière, à l'exception des crimes qui seront portés devant le Tribunal criminel compétent » ; que, d'ailleurs, la juridiction des juges de paix sus-visés de Porto-Novo et de Ouidah a été remplacée, en vertu du décret du 10 novembre 1903, par celle du tribunal de 1° instance de Cotonou ;

Attendu que les dispositions d'ordre général du décret du 16 août 1912 n'abrogent pas formellement l'article 84 précité du décret du 28 septembre 1897, spécial au service des douanes du Dahomey ; Qu'elles ne pourraient être considérées comme l'abrogeant tacitement que si elles étaient absolument inconciliables avec le dit article ; que cette inconciliabilité n'existe pas ; Que le décret du 28 septembre 1897 contient un système complet de législation en matière de douane ; Qu'il prévoit, non seulement, par son article 84, la compétence de la juridiction française à l'égard de tous prévenus, indigènes ou européens, mais aussi la compétence de la même juridiction, soit pour recevoir l'affirmation des procès-verbaux (art. 97), soit pour suivre, le cas échéant, la procédure en inscription de faux (art. 81 à 83) ; Que le décret du 16 août 1912 n'a en rien modifié ce qui est ainsi réglé pour l'affirmation et l'inscription de faux au regard des procès-verbaux en matière de douane ; que, par suite, l'on doit admettre qu'il n'a pas entendu abroger non plus la disposition concordante du même texte indiquant le Tribunal appelé à juger, au fond, sur les dits procès-verbaux ;

Attendu qu'il suit de là que l'art. 84 du décret du 28 septembre 1897, n'ayant été abrogé ni expressément, ni tacitement, les infractions qu'il prévoit, en matière de douane, à l'égard aussi bien des prévenus indigènes que des prévenus européens, ne peuvent être poursuivis, à l'encontre de tous, que devant la juridiction française désignée par le même article ; qu'en décidant le contraire, l'arrêt attaqué a violé les textes visés au moyen.

Par ces motifs,

Casse et annule l'arrêt, en date du 23 mai 1913, rendu par la Cour d'Appel de Dakar, sur l'appel du Ministère public, contre une décision d'incompétence prononcée par le tribunal correctionnel de Cotonou dans l'affaire Azindé, et, pour être statué à nouveau, conformément à la loi, renvoie la cause et les parties devant la Cour d'appel de Dakar, composée d'autres juges.

19 février 1914

DIRECTION GÉNÉRALE DES DOUANES.

CIRCULAIRE *au sujet du délai d'application des décisions concernant le tarif.*

Aux termes de l'article 29 des Observations préliminaires du tarif, les décisions ministérielles et les décisions de l'Administration, rendues à titre général, ont leur effet à compter de la date de leur notification aux Bureaux des Douanes. En ce qui concerne spécialement les décisions relatives à l'application du tarif, l'Administration a pris pour règle de les publier au Journal Officiel, après les avoir notifiées au Service par voie de lettre commune, et celles qui portent assimilation, c'est-à-dire modifiant le régime applicable à des marchandises non dénommées au tableau des droits, deviennent exécutoires dans les délais ordinaires prévus à l'article 15 de l'ouvrage précité.

Il a été reconnu que l'application stricte de cette dernière disposition est susceptible de gêner les transactions commerciales, lorsqu'il s'agit de marchandises déjà cataloguées, pour lesquelles intervient un nouveau classement entraînant la perception d'un droit plus élevé.

En vue de remédier à cet inconvénient, les Départements ministériels compétents ont décidé, sous la date du 16 février courant, qu'il serait accordé désormais, dans les cas de l'espèce, un délai uniforme, dont la durée a été fixée à un mois à partir de la date de l'insertion de la décision au Journal Officiel. Ce délai sera applicable à toute décision qui aura pour conséquence de faire acquitter à une marchandise une taxe supérieure à celle perçue antérieurement.

Il est bien entendu que la présente décision n'affecte pas les règles relatives à l'entrée en vigueur des lois ou décrets portant modification du tarif, non plus que des décisions ministérielles ou administratives autres que celles se rapportant à un surclassement de certaines marchandises.

Je prie les Directeurs de notifier la présente circulaire au service et au commerce.

14 mars 1914

COUR DE CASSATION (Chambre des Requêtes)
Audience du 14 mars 1914

LA COUR :

Sur le moyen unique de cassation, pris de la violation de la loi du 11 janvier 1892, § 3, de la convention de Bruxelles du 5 mars 1902, approuvée par la loi du 27 janvier 1903, de la loi du 28 janvier 1903, art. 1, du décret du 21 août 1903, de la loi du 21 novembre 1906, du tarif général métropolitain et de l'art. 7 de la loi du 20 avril 1810, pour défaut de base légale, ensemble violation du décret du 4 août 1906 et de l'art. 1er du décret du 1er février 1902 relatif à la promulgation des lois en Indochine.

En ce qui concerne la première branche :

Attendu qu'aux termes de l'art. 3 § 4 de la loi du 11 janvier 1892, relative à l'établissement du tarif général des douanes, les produits étrangers importés dans les colonies, les possessions françaises et les pays de protectorat de l'Indochine, à l'exception des territoires énumérés au § 2, sont soumis aux mêmes droits que s'ils étaient importés en France ; qu'aux termes de l'art. 3 de la convention relative au régime des sucres conclue à Bruxelles le 5 mars 1902 entre la

France et divers Etats européens promulguée par décret des 28-31 mai 1903, les Hautes parties contractantes se sont engagées à limiter au chiffre maximum de 6 francs par 100 kilogrammes pour le sucre raffiné et les sucres assimilables au raffiné, la surtaxe, c'est à dire l'écart entre le taux des droits ou taxes auxquels sont soums les sucres étrangers et celui des droits ou taxes auxquels sont soumis les sucres nationaux ; qu'ainsi, en aucun cas et sous aucun prétexte, le droit de douane sur les sucres et les produits sucrés importés en Indochine et pays signataires de ladite convention ne saurait dépasser cette somme de 6 francs par 100 kilog. ; qu'en exigeant des défendeurs éventuels la somme de 31 francs, l'administration des douanes et régies a illégalement compris sous la qualification de droits de douane celle de 25 francs perçue dans la métropole pour droits de consommation ; que c'est donc à juste titre que le jugement attaqué, dûment motivé, en a ordonné la restitution.

En ce qui concerne la deuxième branche ;

Attendu que le pourvoi soutient aujourd'hui que partie des marchandises importées par les défendeurs éventuels étant d'origine suisse, ne pouvait bénéficier de la réduction de taxe résultant de la convention de Bruxelles, avant l'adhésion de la Suisse à cette convention, laquelle ne date que du 4 août 1906, et avant que le décret qui a rendu cette adhésion obligatoire ait été promulgué régulièrement en Indochine ;

Mais attendu qu'il ne résulte ni des qualités du jugement attaqué, ni de ce jugement lui même que l'administration ait demandé à établir que certaines des marchandises litigieuses aient été importées de la Suisse ; que ce moyen bien que d'ordre public, n'ayant pas été soumis aux juges du fond et étant mélangé de fait et de droit, n'est pas recevable devant la Cour de Cassation.

Rejette.

Par ces motifs,

27 mars 1914

CONSEIL D'ETAT

Séance du 27 mars 1914

2ᵉ Arrêt

LE CONSEIL :

Considérant qu'aux termes de l'art 10 du décret du 26 juillet 1854, il appartient au Gouverneur de la Réunion d'autoriser les chefs d'administration et de service à entrer en Conseil général pour y être entendus sur les manières qui rentrent dans leurs attributions respectives et que cette disposition est exclusive du droit pour le conseil général de s'opposer à l'entrée de ces fonctionnaires .

Considérant qu'il résulte du procès-verbal de la séance du 9 août 1910 que le Conseil Général de la Réunion a refusé de laisser entrer à la dite séance le Chef du Service des Douanes ; que, par ce refus, il a violé la disposition ci-dessus rappelée de l'art. 10 du décret du 26 juillet 1854 ; que, dès lors, c'est à bon droit que sa délibération a été annulée par l'arrêté attaqué du Gouverneur de la Réunion.

Décide :

La requête des membres du Conseil Général de la Réunion est rejetée.

12 mai 1914

COUR DE CASSATION (Chambre Civile)

Audience du 12 mai 1914

LA COUR :

Vu les articles 6 et 10 du décret du 14 fructidor an III ;

Attendu qu'aux termes du décret du 14 fructidor an III de la loi du 9 floréal an VII, rendus applicables à Madagascar par le décret du 16 avril 1897, toutes les contestations en matière de douanes sont jugées, quelle que soit la valeur du litige, en première instance par les juges de paix, en appel par les tribunaux civils ; qu'à Madagascar le décret du 9 juin 1896 qui a organisé la justice dans cette colonie, n'a point établi de juges de paix là où il instituait des tribunaux de première instance, et qu'ainsi, par la force des choses, les affaires des Douanes se trouvent portées directement devant ces tribunaux ;

Attendu que, du fait seul que les tribunaux civils sont chargés de juger des affaires dont la connaissance aurait appartenu aux juges de paix, il suit nécessairement qu'ils statuent sur ces affaires en dernier ressort ;

Attendu que ces principes s'appliquent également aux contestations en matière de taxes de consommation à l'importation ; qu'en effet, les articles 3 et 5 du décret du 26 août 1904, relatif à ces dernières taxes, renvoient pour la liquidation et la perception des droits et aussi pour la constatation, la poursuite et la répression des fraudes aux règles et aux pénalités établies par la législation douanière ; qu'en déclarant, par suite, recevable l'appel du jugement du tribunal de Tamatave, en date du 30 mars 1908, qui avait statué sur une contestation au sujet des taxes de consommation à l'importation et, en infirmant ce jugement, la Cour de Tananarive a violé les textes de loi ci-dessus visés.

Par ces motifs,

Casse et renvoie devant la Cour d'Appel de la Réunion.

22 août 1914

DECRET

LE PRESIDENT DE LA REPUBLIQUE FRANCAISE,

Sur le rapport des ministres des Colonies, des Finances et du Commerce,

DECRETE,

Article unique. — Les Gouverneurs Généraux et les Gouverneurs des Colonies sont autorisés, s'ils le jugent opportun, à suspendre les droits applicables aux denrées d'alimentation de première nécessité à leur entrée dans la Colonie, ainsi que ceux applicables aux mêmes marchandises originaires des mêmes Colonies à la sortie de celles-ci.

Fait à Paris le 22 août 1914.

Signé : POINCARE

Par le Président de la République :

Le Ministre des Colonies,   *Signé* : Raynaud.
Le Ministre des Finances,   *Signé* : Noulens.
Le Ministre du Commerce,   *Signé* : Thomson.

20 novembre 1914

COUR DE CASSATION (Chambre Criminelle)

Audience du 20 novembre 1914

LA COUR :

Sur le deuxième moyen du pourvoi, pris de la violation des articles 95 et 96 de l'arrêté du Gouverneur général de l'Indochine, en date du 20 décembre 1902, modifié par l'arrêté du 12 novembre 1908 de l'article 4 de l'arrêté du 8 mars 1906, des articles 3 et 5 du code d'instruction criminelle et de l'article 7 de la loi du 20 avril 1810 pour manque de base légale, en ce que l'arrêt attaqué a déclaré obligatoire la présentation d'un mémoire préalable au Résident supérieur, au cas de poursuite, par voie de citation directe, à la requête de l'administration des Douanes et Régies alors que cette formalité ne peut, tant à raison de sa nature que de son objet, être requise qu'en ce qui concerne les instances portées devant les juridictions civiles ;

Vu les dits articles :

Attendu que l'arrêté du Gouverneur général de l'Indo-Chine, en date du 8 mars 1906, règlementant les conditions dans lesquelles les villages du Tonkin peuvent emprunter et ester en justice, n'a été édicté, d'après les textes et les rapports du Résident supérieur, visés dans son préambule qu'en vue seulement de supprimer les abus résultant de l'immixtion des européens ou assimilés, comme de certains indigènes, dans les affaires communales et « protéger les dits villages contre une imprévoyance facilement exploitable » ; que tel a été le but exclusif de toutes les dispositions qu'il renferme ; que si, notamment, l'art. 4 du dit arrêté dispose : « Quiconque voudra intenter une action contre le village sera tenu d'adresser préalablement au Résident un mémoire exposant l'objet et les motifs de sa réclamation. Il lui en sera donné récepissé. La présentation du mémoire empêchera toute prescription ou déchéance ; Aussitôt après sa réception, le Résident transmettra le mémoire au Conseil des notables pour en délibérer », cette disposition a trait exclusivement aux actions qui sont de la compétence de la juridiction civile et n'est pas applicable aux actions pénales ; que d'ailleurs, la nature spéciale de la juridiction appelée à connaître les actions pénales ; les formes et les délais que comportent ces actions et l'intérêt public qui s'attache à la répression, ne permettent pas d'appliquer le dit article en cette matière ;

Attendu que les communes de Quan-Thuong et Quan-Puong Dong

représentées dans la cause par le Ly-truong de chacune d'elles, sont poursuivies à la requête de l'administration des Douanes et Régies de l'Indochine pour infractions aux articles 95 et 96 de l'arrêté du Gouverneur Général, en date du 20 décembre 1902, réglementant le régime de l'alcool dans cette colonie, modifié, en ce qui concerne l'article 96, par arrêté du 12 novembre 1908 ; que l'action dirigée contre elle a donc bien le caractère d'une action pénale ;

Attendu, dès lors, qu'en décidant que, faute d'avoir préalablement présenté au Résident supérieur un mémoire exposant l'objet et les motifs de sa réclamation, l'Administration des Douanes et Régies était, en l'état, irrecevable en son action contre les dites communes et qu'il y aavit lieu de surseoir à statuer sur cette action, l'arrêt attaqué a faussement appliqué et, par suite, violé l'article 4 susvisé, de l'arrêté du 8 mars 1906 ;

Par ces motifs, et sans qu'il y ait lieu de statuer sur le premier moyen du pourvoi :

Casse et annule l'arrêt de la 3e chambre de la Cour d'Appel de l'Indochine, siègeant à Hanoï, en date du 6 mai 1913 et, pour être statué, conformément à la loi sur l'appel interjeté par l'administration des Douanes et Régies de l'Indochine du jugement du tribunal correctionnel de Nam-Dinh du 6 février 1913, renvoie la cause et les parties devant la Cour d'Appel de l'Indochine, autrement composée, à ce désignée par délibération spéciale prise en la Chambre du Conseil.

3g m   13:5

TRIBUNAL CIVIL DE MAJUNGA
Audience du 30 mars 1915

LE TRIBUNAL :

Attendu que le litige soumis à l'appréciation du tribunal comporte l'examen des deux questions suivantes :

1° — Les droits de sortie sur les bœufs constituent-ils des droits de douane ou sont-ils de simples taxes locales de consommation

2°. — S'ils constituent des droits de douane, l'action de Mante et Borelli est-elle éteinte par la prescription

Sur le premier point :

Attendu que les droits de douane ont pour but de protéger les produits nationaux, à la différence des taxes de consommation qui ont simplement un caractère fiscal ; que cette protection se manifeste soit en empêchant l'entrée des marchandises étrangères, soit en facilitant l'exportation au moyen de primes, soit en interdisant ou en réduisant l'exportation, soit encore ce qui est le cas de l'espèce, en établissant les taxes à la sortie ;

Attendu que le but poursuivi entraine, comme conséquence, une inégalité dans le traitement des marchandises ; que certaines sont frappées d'un droit tandis que les autres, celles qu'on veut protéger, en sont affranchies ; qu'à ce point de vue, le droit de douane a un caractère différentiel, à la différence encore des taxes de consommation qui s'appliquent indistinctement à toutes les marchandises similaires ;

Attendu qu'il est, dès lors, permis de dire que le droit de douane se distingue de la taxe de consommation en ce qu'il est différentiel et protecteur ;

Attendu qu'en appliquant ce raisonnement aux faits de la cause on reconnaît que les droits de sortie, dont on réclame la restitution, présentent ce double caractère ; qu'ils sont différentiels, car ils ne frappent pas tous les produits similaires, c'est à dire tous les bœufs et que ceux-là seuls, qui sortent du territoire, supportent l'impôt de 15 francs par tète ; qu'ils sont en outre protecteurs, car il suffit de lire l'arrêté du 15 septembre 1898 pour reconnaître que cette taxe de 15 francs a été établie pour enrayer l'appauvrissement du troupeau de Madagascar et favoriser son développement ;

Attendu que, dans ces conditions, il n'est pas douteux que les droits de sortie dont il s'agit sont des droits de douane qui n'ont pu être établis par un simple arrêté du Gouverneur général.

Sur le second point :

Attendu qu'aux termes du § 1er de l'article 25 de la loi du 22 août 1791, aucune personne n'est recevable à former contre la régie des douanes des demandes en restitution de droits et de marchandises deux ans après l'époque que les réclamateurs donneraient au paiement des droits ;

Attendu que cet article est conçu en termes généraux et que rien n'autorise le tribunal à faire la distinction que proposent Mante et Borelli, entre le paiement intégral de droits irrégulièrement perçus et le paiemnet partiel de droits inexactement calculés ; et que, dans les deux cas, l'irrégularité du paiement ne change pas de caractère, parce que, au lieu de provenir d'un règlement, elle proviendra d'une erreur de calcul ;

Attendu que les droits dont il s'agit ayant été perçus jusqu'au 12 décembre 1910, et la demande en justice de Mante et Borelli étant du 25 juillet 1914, l'action est prescrite.

En ce qui concerne les dépens :

Attendu qu'aux termes de l'article 17 du titre VI de la loi du 4 germinal an II, l'instruction des affaires de douane est verbale, sur simple mémoire, et sans frais de justice à répéter de part ni d'autre.

Par ces motifs,

Le tribunal, statuant en matière civile, contradictoirement et en dernier ressort :

Dit que les droits de sortie établis sur les bœufs de Madagascar constituent des droits de douane et comme tels ne pouvaient être établis pas simple arrêté du Gouverneur général ;

Déclare, toutefois, prescrite l'action des demandeurs et par suite les déboute de toutes leurs demandes, fins et conclusions.

14 août 1915

LOI *approuvant le décret du 22 août 1914, qui a autorisé les Gouverneurs Généraux et Gouverneurs des Colonies à suspendre les droits applicables aux denrées d'alimentation et de première nécessité à l'entrée et à la sortie de leurs colonies respectives.*

Le Sénat et la Chambre des Députés ont adopté,

Le Président de la République promulgue la loi dont la teneur suit :

Art. I. — Est ratifié et converti en loi, le décret du 22 août 1914, autorisant les Gouverneurs Généraux et Gouverneurs des Colonies à suspendre les droits applicables aux denrées d'alimentation et de première nécessité à l'entrée et à la sortie de leurs colonies respectives.

Les arrêtés pris en vertu de l'acte visé au paragraphe précédent seront insérés au Journal Officiel.

Les pouvoirs conférés aux Gouverneurs Généraux et aux Gouverneurs des Colonies par le décret du 22 août 1914 prendront fn lors de la signature du traité de Paix.

Article II. — Les Gouverneurs Généraux et les Gouverneurs des colonies sont autorisés à rétablir les droits d'entrée et de sortie, dans leurs colonies respectives, dès qu'ils le jugeront opportun.

Ils devront toutefois prononcer ce rétablissement dans les six mois qui suivront la signature du traité de Paix.

Passé ce délai, et en l'absence de toute disposition spéciale en ordonnant la perception, les droits d'entrée et de sortie, suspendus en vertu du décret du 22 août 1914, seront rétablis et recouvrés comme ils l'étaient antérieurement.

La présente loi, délibérée et adoptée par le Sénat et par la Chambre des Députés, sera exécutée comme loi de l'Etat.

Fait à Paris, le 14 août 1915.

17 août 1915

LOI *du 17 Août 1915 relative à la répression des infractions aux dispositions règlementaires portant prohibition de sortie ou de réexportation en suite d'entrepôt, de dépôt, de transit, de transbordement ou d'admission temporaire de certains produits ou objets.*

Le Sénat et la Chambre des Députés ont adopté,

Le Président de la République promulgue la loi dont la teneur suit :

Art. I. — Quiconque aura commis ou tenté de commettre une infraction aux dispositions législatives ou règlementaires portant prohibition de sortie ou de réexportation en suite d'entrepôt, de dépôt, de transit, de transbordement ou d'admission temporaire de certains produits ou objets, sera puni d'un mois à deux ans d'emprisonnement et d'une amende de 100 à 5.000 francs ou de l'une de ces deux peines seulement.

Les marchandises et objets saisis seront confisqués ainsi que les moyens de transport.

Art. II. — Le tribunal pourra ordonner, dans tous les cas, que le jugement de condamnation sera publié intégralement ou par extraits dans les journaux qu'il désignera et affiché dans les lieux qu'il indiquera, le tout conformément aux dispositions prescrites par l'article 7 de la loi du 1er août 1905.

L'article 453 du code pénal est applicable au délit prévu par la présente loi.

La présente loi, délibérée et adoptée par le Sénat et par la

Chambre des Députés, sera exécutée comme loi de l'Etat.

Fait à Paris, le 17 août 1915.

20 décembre 1915

TRIBUNAL DE PREMIERE INSTANCE DE GRAND BASSAN

Audience du 20 décembre 1915

LE TRIBUNAL :

Attendu que deux textes circonscrivent le débat actuel sur la compétence : 1° l'art. 75 du décret du 26 janvier 1897 règlementant la douane à la Côte d'Ivoire ; l'art. 3 titre XI de la loi des 6-22 août 1791 ; que ce dernier texte, il est vrai, n'a jamais été promulgué en Côte d'Ivoire ni au Sénégal, le décret du 16 février 1895, dont fait état le demandeur, n'ayant jamais été lui-même promulgué dans les colonies, exclues, comme celles de l'Afrique occidentale française, du tarif douanier métropolitain par la loi du 11 janvier 1892 ; mais que, cependant, la dite loi des 6-22 août 1791, avec les modifications apportées par l'article 10 de la loi du 14 fructidor an III, est considérée comme applicable au Sénégal et par suite, en Afrique occidentale française, son principe ayant servi de base aux actes de l'autorité qui ont organisé les services douaniers dans cette colonie (Cass. 18 février 1878. D. 1878, 1, 129) ;

Attendu que l'art. 75 du décret du 26 janvier 1897 donne compétence au tribunal judiciaire de la Côte d'Ivoire « pour toutes les contestations relatives aux douanes » ; que ce texte contient une référence implicite aux principes contenus dans l'art. 3 du titre XI de la loi des 6-22 août, modifié par la loi du 14 fructidor an III art. 10 à savoir que, pour les actions concernant tous autres objets que la perception des droits (refus de payer, non rapport des acquits à caution et toutes autres affaires relatives à l'impôt), on se conformerait à ce qui était ou serait prescrit par les lois générales du royaume, c'est à dire au principe de la séparation des pouvoirs édictés par les lois des 24 août 1790 et 16 fructidor an III ;

Attendu que la jurisprudence n'a jamais varié sur cette interprétation ; que les tribunaux judiciaires ont toujours été reconnus compétents pour connaître, non seulement des demandes en remboursement de droits, mais des demandes en indemnités basées sur une application erronée ou abusive des lois fiscales : saisies non fondées (Cass. Req. 22 janvier 1835) ; visites domiciliaires infructueuses (Cass. civ. 31 juillet 1886) ; retenue non justifiée d'un navire ou de moyens de transport par terre (Cass. civ. 3 messidor an XI) ; retard apporté dans l'expédition d'une marchandise par suite du refus de délivrer un acquit à caution, passavant, congé ou autre titre de transport (Trib. Seine 3 décembre 1895 ; Cass. Civ. 3 juillet 1905) ,

Mais attendu qu'il ne s'agit en l'espèce de statuer ni sur la perception des droits, ni sur une saisie, ni sur l'application de textes d'ordre fiscal ; qu'il s'agit de savoir si c'est légitimement ou non qu'une caisse de parfumerie a été déclarée propriété du gouvernement général et vendue à son profit exclusif et, au cas où cette appropriation ne serait pas fondée en de dommages-intérêts pour le préjudice causé par cette appropriation ;

Attendu que, depuis l'arrêt en date du 31 juillet 1875 du Tribunal des conflits qui a posé ce principe, la jurisprudence est restée constante dans l'affirmation que l'autorité judiciaire ne peut être valablement saisie qu'autant qu'il s'agit de dommages-intérêts réclamés accessoirement à des contestations relatives à l'impôt, pour lesquelles compétence a été attribuée à cette autorité par les lois des 6-22 août 1791 et 14 fructidor an III.

Par ces motifs,

Se déclare incompétent pour connaitre du litige soulevé par la maison Guiffard contre le gouvernement général de l'A.O.F.

Renvoie le demandeur à se pourvoir ainsi qu'il avisera.

CONSEIL D'ETAT

NOTE au sujet de l'enlèvement des marchandises avant paiement des droits de Douane et des taxes de consommation et paiement de ces droits et taxes en traites à 4 mois.

La section des Finances de la Guerre, de la Marine et des Colonies du Conseil d'Etat, qui a été saisie, à la date du 18 février 1916 par le Ministre des Colonies, d'un projet de décret relatif à l'enlèvement à Madagascar et Dépendandes des marchandises avant paiement des droits de douane et taxes de consommation ainsi qu'au paiement de ces droits et taxes au moyen de traites à 4 mois, a présenté les observations suivantes :

En ce qui concerne le mode et les conditions de paiement envisagés par les droits de douane, il y a lieu de remarquer que le projet ne se réfère ni à une modification des tarifs ni à la législation concernant les pénalités en matière de droits de douane mais qu'il tend simplement à assurer la mise en vigueur à Madagascar des dispositions de l'article 2 de la loi du 15 février 1875 et de l'article II de la loi du 29 décembre 1884 qui doivent être considérés aux termes de la jurisprudence, comme faisant corps avec la législation destinée à assurer l'application aux Colonies de la loi du 11 janvier 1892. Les dispositions contenues dans ces textes se trouvent donc de plein droit applicables à Madagascar, et il appartient au Gouverneur Général de prendre, pour leur mise à exécution les mesures qui, dans la métropole, sont dévolues au Ministre des Finances.

La Section fait en outre remarquer, en ce qui concerne le crédit des droits en matière de taxes de consommation, qu'il s'agit là d'une question qui, aux termes de l'article 74 § C du décret du 29 décembre 1912, doit être réglée par arrêté du Gouverneur Général en Conseil, et en conséquence de ce qui précède, elle estime que le projet de décret est sans objet.

Signé : Maringer, rapporteur — J. L. Deloncle, Conseiller d'Etat, Président de la séance — P. Roussel, secrétaire

7 mars 1916

COUR DE CASSATION (Chambre Civile)
Audience du 7 mars 1916

LA COUR :

Donne défaut, et statuant sur l'unique moyen du pourvoi :

Vu l'article I du décret du 30 janvier 1867 et l'art. II du décret du 10 mars 1893 ;

Attendu qu'en principe, dans les matières spéciales qui rentrent dans ses attributions, un gouverneur à la faculté d'étendre à la colonie et d'y mettre en vigueur un texte de la législation métropolitaine et que ce texte devient applicable quand il a été régulièrement promulgué et publié ; que si, dans la métropole, des modifications successives ont été apportées à la législation originaire, il ne peut être tenu compte de ces changements que dans la mesure où les dispositions nouvelles ont été elles mêmes, l'objet d'une promulgation et d'une publication régulières ou incorporées dans un arrêté loca¹ qui a été lui même régulièrement publié ; que cette règle s'applique à la colonie de la Côte d'Ivoire quand il s'agit, notamment, comme dans l'espèce, de l'établissement de taxes de nature à encourager les opérations de commerce et à en favoriser les progrès, en vertu des articles 2 du décret du 10 mars 1893, 20 § 1er de l'ordonnance organique du 7 septembre 1840 et du décret du 30 janvier 1867 ;

Attendu que, par arrêté local du 19 août 1909, le lieutenant gouverneur de la Côte d'Ivoire a réglé les tarifs d'embarquement et de débarquement du wharf de Grand-Bassam ; qu'aux termes des articles 3, 8 et 10 de cet arrêté, les marchandises, exception faite pour les animaux et les billes, devaient payer les taxes, tant pour le service du wharf que pour celui de l'appontement de la lagune et des voies ferrées, soit à l'importation, soit à l'exportation « par tonneau d'affrètement, tel qu'il est défini au décret du 25 août 1861 », ce décret fixant l'unité de tonneau à 1 mètre cube ;

Attendu que Plantay et Cie, après avoir, d'octobre 1909 à février 1910, acquitté les droits sur leur marchandise d'après ce tarif, ont soutenu qu'il avait été fait, par l'administration une application erronée des dispositions du décret du 25 août 1861, dont le texte devait être appliqué dans la colonie avec les interprétations et compléments que lui avait apportés, dans la métropole le décret du 25 septembre 1864, lequel a spécifié que le tonneau de cubage doit s'entendre de 1 mètre cube 44 décimètres cubes ; qu'ils ont en conséquence fait assigner la colonie en remboursement de 1.225 francs 40 cmes somme perçue, suivant eux, en trop comme correspondant à la différence de cubage, par tonneau d'affrètement entre un mètre et un mètre 44 décimètres ;

Attendu que le jugement attaqué, tout en reconnaissant que le décret du 25 septembre 1864 n'avait pas été promulgué dans la colonie, a néanmoins, ordonné la restitution réclamée par le motif qu'en visant, dans son préambule, le décret du 25 août 1861 l'arrêté du 19 août 1909 y devait comprendre forcément le décret du 25 septembre 1864, ce dernier ne faisant qu'interpréter et compléter celui de 1861 ; que dès lors, le décret de 1864 devait être considéré comme ayant force de loi, et que ce serait à tort que l'on repousserait ses dispositions comme contraires à la législation locale concernant l'établissement du warf ;

Attendu qu'en statuant ainsi, le jugement attaqué a violé les textes de lois ci-dessus visés.

Par ces motifs,

Casse.... et renvoie devant le tribunal civil de Conakry.

30 mars 1916

LOI du 30 mars 1916
TITRE IV

Art 10. — Le § 3 de l'article 73 de la loi de Finances du 13 avril 1900 est modifié ainsi qu'il suit :

« Les Conseils généraux des Colonies délibèrent sur le mode d'assiette et les règles de perception des taxes et contributions autres que les droits de douane qui restent soumis aux dispositions de la loi du 11 janvier 1892.

Ces délibérations, sauf en ce qui concerne les tarifs, ne seront applicables qu'après avoir été approuvées par décrets en Conseil d'Etat ;

« Les délibérations relatives aux tarifs des taxes et contributions peuvent être annulées par décrets rendus sur le rapport du Ministre des Colonies.

Cette annulation doit intervenir dans un délai de quatre mois pour les Colonies de l'Océan Atlantique et de six mois pour les autres Colonies ; ce délai court du jour de la clôture de la session où les délibérations dont il s'agit auront été votées.

« Les délibérations relatives aux tarifs deviennent définitives par la rénonciation du Ministre des Colonies à l'exercice du droit d'annulation ou par l'expiration des délais impartis au paragraphe précédent ».

16 mai 1916

CONSEIL D'ETAT
Séance du 16 mai 1916

Au sujet de l'application aux Colonies des textes organisant la procédure de l'expertise légale en matière de Douanes,

AVIS

La Section des Finances de la Guerre, de la Marine et des Colonies du Conseil d'Etat, sur le renvoi qui lui a été fait par le Ministre des Colonies d'une demande d'avis sur le point de savoir dans quelle forme doivent être promulgués dans les Colonies assimilées, les textes qui ont organisé dans la Métropole la procédure de l'expertise légale en matière de Douanes ;

Vu la loi du 11 janvier 1892 ;

Vu le sénatus-consulte du 3 mai 1854, articles 6, 8 et 18 ;

Considérant qu'aux termes de l'article 3 § 3 de la loi du 11 janvier 1892, les produits étrangers importés dans les Colonies, les possessions françaises et les pays de protectorat de l'Indo-Chine sont soumis aux mêmes droits que s'ils étaient importés en France :

Considérant que l'extension des tarifs métropolitains aux Colonies, désormais confondues en principe avec la France continentale en un seul territoire douanier doit être regardée comme emportant ipso facto, dans les dites colonies, toutes les règles en vigueur dans la métropole qui en déterminent les bases et les exceptions, les tempéraments et les échéances, et que, par suite, l'application des textes déterminant les modalités de perception inséparables des tarifs, et prévues par les règlements métropolitains, n'est subordonnée dans nos possessions coloniales qu'à l'accomplissement d'une formalité de promulgation par arrêté des Gouverneurs ;

Considérant toutefois que, conformément à l'arrêt de la Cour de Cassation en date du 27 avril 1894, il n'en saurait être de même des textes frappant de sanctions pénales les infractions aux prescriptions de la législation douanière métropolitaine, par cette raison que ni l'article 3 § 3, précité ni aucun autre article de la dite loi ne rend expressément applicable aux Colonies françaises la législation douanière métropolitaine relative aux pénalités et que l'application de la dite législation ne peut résulter que d'un décret du Chef d'Etat en ordonnant la promulgation et, suivant le cas, dans les formes prévues par les articles 6 et 8 du sénatus-consulte du 3 mai 1854 ;

Considérant que de ce qui précède il résulte, en ce qui concerne spécialement la procédure de l'expertise légale que les dispositions de caractère purement règlementaires inscrites dans les textes métropolitains sont exécutoires aux Colonies dès qu'elles ont fait l'objet d'une promulgation par arrêté des Gouverneurs ;

Que, par contre, celles qui comportent l'établissement de pénalités ne peuvent y être appliquées qu'en vertu d'un décret du Chef de l'Etat pris conformément aux prescriptions des articles 8 et 18 du sénatus-consulte du 3 mai 1854 ; ou pour les Colonies de la Guadeloupe, de la Martinique et de la Réunion, dans la forme des règlements d'administration publique en exécution de l'article 6 du dit sénatus-consulte lorsque les textes métropolitains ne peuvent passer dans la législations coloniale qu'après avoir subi des modifications.

Est d'avis

Qu'il y a lieu de répondre au Ministre des Colonies dans le sens des observations qui précèdent.

Signé : Focher, Rapporteur ; R. de Mouy, Président et P. Roussel, Secrétaire.

29 novembre 1916

AVIS DU CONSEIL D'ETAT

relatif aux droits des Conseils Généraux sur les tarifs et taxes

(Exécution de la loi du 30 mars 1916).

Séance du 29 novembre 1916

Section des Finances, de la Guerre, de la Marine et des Colonies.

La section des Finances, de la Guerre, de la Marine et des Colonies du Conseil d'Etat, sur le renvoi qui lui a été fait par le Ministre des Colonies d'une demande d'avis portant sur les points suivants :

1º. — La délibération d'un conseil général colonial, qui dégrève complètement un article et le soustrait en définitive à la taxe qui le frappait antérieurement, a-t-elle pour résultat de modifier l'assiette de l'impôt ou bien le tarif ?

2º. — La délibération du 8 juin 1916, par laquelle le conseil général de la Nouvelle Calédonie a étendu l'exemption du droit d'octroi de mer au chlorure de potassium, au sulfate d'ammoniaque, àu carbonate et au sulfate de potassium, modifie-t-elle l'assiette de la taxe ou bien le tarif ?

Vu la loi du 30 mars 1916, article 10 ;

Vu la délibération du Conseil général de la Nouvelle Calédonie, en date du 8 juin 1916 ;

1°. — Sur la première question

Considérant que l'article 10 de la loi du 30 mars 1916 donne d'une part, aux conseils généraux des Colonies le droit de voter les tarifs des contributions et taxes, sous réserve du contrôle exercé par le Ministre des Colonies, et dispose, d'autre part, que les délibérations des conseils généraux concernant le mode d'assiette et les règles de perception ne sont exécutoires qu'après avoir été approuvées par décret en Conseil d'Etat ;

Considérant qu'il résulte de ce texte que, si le Conseil Général ne délibère que sous bénéfice de cette approbation, sur la détermination des objets qui peuvent être frappés des taxes et sur leur nomenclature, il a plein pouvoir dans les conditions prévues par la loi, pour prendre des décisions en ce qui concerne la fixation, l'élévation ou l'abaissement du chiffre de ces taxes ;

Considérant par suite, que lorsque le conseil général inscrit dans la colonne du tarif une mention d'exemption pour certains objets soumis en principe aux taxes en vertu de délibérations régulièrement approuvées, sans toutefois modifier la nomenclature établie, la délibération qu'il prend à cet effet ne doit pas être soumise à l'approbation par décret en Conseil d'Etat ;

2°. — Sur la seconde question :

Considérant, en ce qui touche le cas particulier soumis à l'examen de la section, que, par la délibération du 8 juin 1916, le Conseil Général · de la Nouvelle Calédonie a décidé que certains produits chimiques seraient exempts des droits d'octroi de mer, alors que, par suite de délibérations antérieures, il avait soumis à un régime unique tous les produits chimiques ; qu'en statuant ainsi, il a modifié la nomenclature régulièrement approuvée et a pris une délibération qui doit être approuvée dans les formes prévues par la loi.

Est d'avis,

Qu'il y a lieu de répondre au Ministre dans le sens des observations qui précèdent.

Signé : E. Fochier, président
et P. Roussel, secrétaire

Pour extrait conforme :
Le secrétaire de la section :
Signé : P. Roussel.

4 mai 1917

COUR DE CASSATION (Chambre Criminelle)
Audience du 4 mai 1917

LA COUR :

Sur le moyen pris de la violation et fausse application des art. 1134 code civil, 1 code commerce, 28 § 1, 36 du décret du 23 mai 1907, 23 de l'arrêté du gouvernement général de Madagascar du 30 octobre 1908, en ce que l'arrêt attaqué a condamné le demandeur pour prétendu commerce d'or sans patente, d'une part, sans constater qu'il ait fait ledit commerce d'une manière répétée et habituelle et, d'autre part, en le rendant personnellement responsable du défaut de paiement de la patente par la méconnaissance de sa qualité d'employé et la dénaturation de ses déclarations à l'instruction :

Attendu que, si la Cour d'Appel n'a pas déclaré formellement que le prévenu avait fait d'une manière habituelle le commerce de l'or, elle a constaté que ledit prévenu, gérant de la maison de commerce établie à Majunga par la Société Kandjée Dwarkadas, de Bombay, a acheté à diverses reprises de l'or à la Compagnie occidentale de Madagascar et à la maison Guilgot et Richardet, de Majunga et a ensuite exporté cet or, du poids de 10 kilogrammes 874 grammes, à Zanzibar, à la place de monnaie, pour éviter le cours élevé du change ;

Attendu que la Cour relève, en outre, la déclaration faite par le prévenu dans un interrogatoire, qu'en exportant de l'or à Zanzibar, il avait été mû par le désir de réaliser un bénéfice sur le cours du change, d'où elle déduit qu'il a agi dans un intérêt direct et personnel ; qu'en interprétant ainsi la déclaration faite par Parsotam-Govindjée au cours de l'instruction, la Cour d'Appel ne l'a pas dénaturée ; que les constatations de l'arrêt impliquent que ce dernier s'est livré d'une manière habituelle et pour son propre compte au commerce de l'or ; que, dès lors, en le condamnant à une amende de 1000 francs pour avoir contrevenu au décret du 23 mai 1907, qui édicte que le commerce de l'or ne peut être fait à Madagascar sans une patente hors classe, la cour n'a violé aucun des textes visés au moyen.

Sur le 2° moyen pris de l'incompétence, excès de pouvoir, par fausse application des art. 1 et 3 de la loi des 6-22 août 1791, titre V et 34 de celle du 17 décembre 1914, en ce que, d'une part, l'arrêt attaqué a, par application des textes sus-visés, condamné le demandeur à 500 francs d'amende pour exportation d'or sans autorisation, alors que la dite infraction au décret du 1er mai 1915 ne pouvait, à raison de la date à laquelle elle a été commise être punie que des peines prévues à l'art. 471 n° 15 code pénal ; d'autre part et subsidiairement, que, si la loi de 1791 avait été applicable, la poursuite n'aurait pu être intentée que par l'administration des douanes et devant le juge de paix ;

Attendu que Parsotam-Govindjée a été poursuivi en outre, pour avoir contrevenu, avant la promulgation à Madagascar de la loi du 17 août 1915, des contraventions douanières de la compétence des juges de paix, prévues et punies par les art. 1 et 3 du titre 5 de la loi du 22 février 1791 et 10 de la loi du 4 germinal an II ;

Attendu qu'à Madagascar, où il n'existe que des juges de paix dans les localités où siègent des tribunaux de première instance, ces tribunaux aux termes de l'art. 5 du décret du 9 juin 1896, connaissent des affaires de simple police et de police correctionnelle en dernier ressort des contraventions de police et à charge d'appel de toutes les autres contraventions et de tous les délits correctionnels ; qu'il s'ensuit qu'à Majunga, où le décret du 24 février 1902 a substitué un tribunal de première instance à la justice de paix à compétence étendue qui y existait auparavant, toutes les poursuites en matière de douane doivent être portées, directement devant ce tribunal ; qu'ainsi se trouve justifiée, dans l'espèce, la compétence du tribunal séant à Majunga, lieu de l'infraction et de la résidence du prévenu, et l'application de la loi du 22 août 1791.

Mais en ce qui touche l'exercice de l'action par le ministère public :

Vu les lois des 4 germinal an II et 14 fructidor an III ;

Attendu que ces lois, d'après lesquelles toutes les infractions en matière de douanes doivent être poursuivies devant les juges de paix par l'administration des Douanes, n'ont attribué à cet égard aucune action au ministère public ; que si, des lois postérieures ont transporté aux tribunaux correctionnels la connaissance d'un certain nombre d'infractions douanières et conféré au ministère public le droit d'en poursuivre la répression, ces dispositions nouvelles sont étrangères à la contravention d'exportation de marchandises prohibées à la sortie, laquelle avant la loi du 17 août 1915, était restée de la compétence des juges de paix et ne pouvait être poursuivie qu'à la requête de l'administration des Douanes ; qu'il suit de là que le Ministère public était sans qualité pour poursuivre le prévenu de ce chef et que la circonstance qu'à défaut de juge de paix l'affaire a dû être portée devant le tribunal correctionnel n'a pu avoir pour effet de l'habiliter à exercer une action qui ne lui appartenait pas.

Par ces motifs,

Casse et annule, mais seulement du chef de la condamnation prononcée pour exportation d'or, l'arrêt rendu le 10 juin 1916 par la Cour d'Appel de Tananarive, tout ce qui, dans le dit arrêt, se réfère au commerce de l'or sans patente, étant expressément maintenu ; et, pour être statué, du chef de l'exportation d'or, sur les appels du jugement rendu le 22 mars 1916, par le tribunal de Madagascar, renvoie la cause et le prévenu devant la même cour d'appel composée d'autres juges.

11 mai 1917

CONSEIL D'ETAT

11 mai 1917

Vu la requête présentée pour la colonie des établissements français d'Océanie, tendant à ce qu'il plaise au Conseil annuler un arrêté en date du 11 juin 1910, par lequel le Conseil du Contentieux administratif des Etablissement français de l'Océanie a déclaré le sieur Raoulx, usinier, demeurant à Papeete, exonéré des droits d'octroi de mer sur les rails du matériel Decauville introduits par lui dans la colonie ;

Se faisant, attendu que le Conseil du Contentieux était incompétence judiciaire en matière douanière ayant été rétablie dans la colonie par le décret du 16 février 1895, et au fond que le matériel en question ne saurait être considéré ni comme une machine, ni comme un accessoire de machine ; là décharger de toutes condamnations prononcées contre elle, le tout avec conséquence de droits et dépens ;

Vu les décrets des 5 août 1881, 9 mai 1892, 11 février 1895 et

11 mars 1897 ;

Sur la compétence ;

Considérant que le décret du 11 mars 1897, fixant le mode d'assiette, de perception et de répartition des droits d'octroi de mer dans les établissements français de l'Océanie, décide que « la perception « des droits d'octroi de mer a lieu d'après les lois, décrets, déci- « sions ministérielles, arrêtés locaux, en vigueur dans la colonie en « matière de douanes » ;

Considérant que le décret du 9 mai 1892, régulièrement promulgué dans la colonie des établissements français de l'Océanie, et portant l'établissement d'un régime douanier dans cette colonie, décide (art. 44), que « toutes contestations relatives à l'application des tarifs sont soumises au tribunal du contentieux administratif, instruites et jugées sommairement » ;

Considérant que, si le décret du 16 février 1895 (art. 1er) a rendu applicable aux colonies dans lesquelles la loi du 11 janvier 1892, est en vigueur un certain nombre de lois et décrets relatifs aux douanes, parmi lesquels le décret du 14 fructidor an III instituant la compétence judiciaire, il n'est pas justifié que ce décret ait été régulièrement promulgué dans la dite colonie ; qu'il suit de là qu'en l'absence de cette formalité essentielle prévue par les articles 59 et 120 du décret du 28 décembre 1885, le décret précité du 9 mai 1892 y est resté en vigueur, et que c'est dès lors avec raison que le Conseil du contentieux administratif a statué au fond ;

Au fond :

Considérant que, dans les établissements français de l'Océanie, les droits de douane sont fixés par les décrets du 9 mai 1892, et les droits d'octroi de mer par le décret du 11 mars 1897 ;

Considérant que, dans les tableaux annexés aux dits décrets, « toutes machines quelconques destinées à l'agriculture et à l'industrie, y compris les accessoires nécessaires à la mise en œuvre » ;

Considérant que les rails d'un matériel Decauville ne sont pas des machines ou des accessoires proprement dits de machines ; qu'il y a donc lieu d'annuler l'arrêté du Conseil du contentieux qui a exonéré le sieur Raoulx des droits afférents aux dits rails ;

Art. I. — Les conclusions de la colonie tendant à l'annulation pour incompétence de l'arrêté du Conseil du contentieux administratif de la dite colonie en date du 11 juin 1910 sont rejetées.

Art II. — Le dit arrêté est annulé au fond.

Art. III. — Le sieur Raoulx paiera les droits afférents aux rails d'un matériel Decauville introduits par lui dans la colonie.

Art. IV. — Le sieur Raoulx supportera les dépens de première instance et d'appel.

31 janvier 1918

COUR DE CASSATION (Chambre Criminelle)

Audience du 31 janvier 1918

LA COUR :

Sur la première branche :

Attendu que des colis postaux, adressés de Marseille à Melhem

Chebli sous la dénomination de mercerie, arrivèrent en octobre 1913 à Conakry ; que ces colis, ouverts par le Service de la Douane, renfermaient des capsules pour fusil à piston, marchandise prohibée dans l'Afrique Occidentale française ; que Chebli a été poursuivi à raison de ces faits ; que, par un premier jugement passé en force de chose jugée, le tribunal correctionnel a prononcé la nullité des procès-verbaux et autorisé la partie publique à rapporter, par toutes les voies de droit, la preuve de l'infraction ; que, par un second jugement, après enquête à sa barre, il a condamné le prévenu pour complicité d'introduction dans la Colonie de marchandises prohibées ;

Attendu que, l'arrêt attaqué, la Cour d'Appel de Dakar a infirmé le jugement et relaxé Melhem Chebli par le motif que celui-ci dès qu'il eut été prévenu de l'arrivée des colis, avait refusé de prendre livraison et que, s'il avait dit ensuite au receveur de la Poste de les réexpédier à Ténériffe où s'était rendu l'expéditeur, il avait donné à ce fonctionnaire une simple indication d'adresse et qui ne pouvait équivaloir à une déclaration de réexpédition et, par suite, à une mainmise sur la marchandise ;

Attendu que vainement, le pourvoi prétend que la Cour qui a déclaré s'en tenir, à défaut du témoignage du receveur de la Poste, aux explications du prévenu sur ce qui s'est passé dans le bureau de poste, avait le devoir, qu'elle n'aurait pas rempli, d'ordonner toute mesure d'instruction nécessaire pour contrôler les allégations du dit prévenu ;

Mais attendu qu'il ne résulte ni explicitement ni implicitement des motifs de l'arrêt que l'audition du receveur de la poste, si elle était possible, aurait été utile pour la manifestation de la vérité ; que la Cour n'était, dès lors, pas tenue d'entendre ou de faire entendre ce témoin.

Sur la seconde branche :

Attendu que le pourvoi se fait un grief de ce que la Cour d'appel, statuant en matière douanière, aurait fait bénéficier le prévenu de l'excuse de la bonne foi ; mais que tel n'est pas le sens de l'arrêt attaqué ; que la Cour s'est bornée à induire des circonstances de la cause, qu'elle a souverainement constatées, que Melhem Chebli n'avait nullement participé à l'infraction commise par l'expéditeur des marchandises saisies ; que l'arrêt ne renferme, d'ailleurs, aucune contradiction de motifs ;

Mais, sur le second moyen pris de la violation des art. 276, 408, 413 code instruction criminelle, 23, titre X de la loi des 6-22 août 1791, 24 de l'arrêté local du 29 juin 1865, 1 et 2 du décret du 4 mai 1903 et 7 de la loi du 20 avril 1810, en ce que l'arrêt attaqué a infirmé en totalité le jugement de condamnation, y compris la confiscation des marchandises prohibées, et a rejeté sans motifs des conclusions prises en appel par l'Administration des Douanes et tendant à cette confiscation, alors que cette mesure pénale et fiscale s'impose absolument et dans tous les cas soit de condamnation, soit même d'acquittement quand il s'agit de marchandises prohibées ;

Vu les articles 23 du titre X de la loi des 6-22 août 1791, 7 et 24 de l'arrêté du Gouverneur du Sénégal, en date du 29 juin 1865, encore en vigueur lorsqu'ont été commis les faits incriminés, et 23 du décret du 11 mai 1892, ensemble le décret du 4 mai 1903 et celui du 27 novembre 1915 ;

Attendu qu'il résulte de la combinaison de ces textes que, lorsque les marchandises importées sont de la classe de celles qui sont prohibées à l'entrée, la confiscation en doit toujours être prononcée indépendamment de toute répression de l'agent et même au cas de nullité du procès verbal ;

Attendu que néanmoins la Cour d'Appel, qui a constaté l'introduction en Guinée de 35 kilog. 75 grammes de capsules pour fusil, marchandise prohibée dans l'Afrique occidentale française par le décret du 4 mai 1903, a omis de prononcer la confiscation de ces munitions.

Par ces motifs,

Casse et annule l'arrêt de relaxe, rendu le 25 mai 1917 par la Cour d'Appel de Dakr au profit de Melhem Chebli, mais seulement en ce que la confiscation des marchandises importées n'a pas été prononcée, le surplus du dit arrêt étant expressément maintenu et, pour être statué à nouveau, conformément à la loi, sur la confiscation, renvoie la cause et les parties devant la même Cour composée d'autres juges.

22 février 1918

LOI *portant création d'un fonds commun de Contributions Indirectes au profit des Communes.*

EXTRAIT

Le Sénat et la Chambre des Députés ont adopté,

Le Président de la République promulgue la loi dont la teneur suit :

. . . .

Art. V. — Les Conseils Généraux des Colonies où a été promulguée la loi du 5 avril 1884 pourront, sous les conditions dans lesquelles s'exercent leurs prérogatives financières, majorer le droit de consommation sur l'alcool et les boissons hygièniques au profit des Communes.

La présente loi, délibérée et adoptée par le Sénat et par la Chambre des Députés, sera exécutée comme loi de l'Etat.

Fait à Paris le 22 février 1918

Signé : R. POINCARE.

10 avril 1918

CIRCULAIRE MINISTERIELLE
relative aux délibérations des Conseils Généraux
(10 avril 1918)

Deux précédentes circulaires ministérielles, en date des 19 avril et 11 janvier 1917, adressées à Messieurs les Gouverneurs des Colonies, ont attiré leur attention sur l'importance des modifications apportées par la loi du 30 mars 1916 — dans son article 10 — à la loi du 13 avril 1900, art. 33 § 3, complété depuis par la loi du 30 juin

1917 ; et sur la méthode que les Conseils Généraux des Colonies étaient dès lors, appelés à introduire dans leurs délibérations suivant leur objet ; ces circulaires faisaient ressortir la nécessité, toute particulière, qui s'impose à ces Assemblées, de prendre des délibérations nettement distinctes suivant que leurs décisions se réfèrent au mode d'assiette ou aux règles de perception des taxes et contributions à créer ou à transformer, et doivent avant leur mise en vigueur rester subordonnées à une approbation préalable par décrets en Conseil d'Etat, ou suivant qu'elles ont trait à une pure question de tarifs, à instituer ou à modifier, et qu'elles peuvent devenir exécutoires par elles mêmes sans qu'aucun acte intervienne pour les sanctionner, si leur annulation n'a pas été prononcée, par voie de décret simple, dans un délai fixé à quatre mois pour les Colonies de l'Océan Atlantique et à six mois pour les autres possessions.

Je crois devoir vous rappeler les deux circulaires en question et leur objet, mais il est un autre point sur lequel il paraît nécessaire d'attirer et de retenir l'attention des assemblées locales. Il arrive assez fréquemment que, désireux de fixer les règles de perception relatives à un impôt, les Conseils Généraux inscrivent dans leurs délibérations des dispositions qui constituent en réalité, de véritables règlements de police ou autres, qui relèvent de l'autorité administrative et pour lesquels les assemblées locales ne sont investies d'aucun pouvoir par la législation financière des Colonies.

Aussi, le Conseil d'Etat a-t-il été amené, à diverses reprises, à excepter de l'approbation de certaines délibérations des dispositions de cet ordre, et à formuler des observations à cet égard ; cet errement est apparu, à nouveau, récemment, à l'occasion d'un projet de décret relatif à la création, dans une de nos colonies, d'une taxe de surveillance sur les produits explosifs ; il a donné lieu à une note de la section des Finances, de la Guerre, de la Marine et des Colonies, dont je reproduis, ci-après la partie principale (Avis Conseil d'Etat du 12 février 1918).

« A côté des dispositions consacrées à la création d'une taxe locale et à son mode de perception, les délibérations des Conseils généraux contiennent souvent un véritable règlement de police étranger à l'établissement et au mode de perception de cette taxe ; dans l'état actuel de la législation, un règlement de cette nature ne peut émaner que de l'autorité administrative, c'est à dire du Gouverneur ou du Chef de l'Etat métropolitain après consultations, si cette autorité le juge utile, des assemblées locales. »

Il semble, dès lors, qu'il serait plus conforme à l'esprit de cette législation de ne plus soumettre à la forme d'approbation déterminée par les lois des 13 avril 1900 30 mars 1916 et 30 juin 1917, l'ensemble des délibérations afférentes à la taxe, et d'inviter les Conseils Généraux à ne plus se considérer, pour les autres dispositions, que comme des Assemblées donnant à l'autorité administrative les avis sur les règlements de police que celle-ci a seule qualité d'édicter.

Je vous serai obligé de porter la présente circulaire à la connaissance du Conseil Général, lors de sa prochaine réunion, et de le prier de vouloir bien s'inspirer des remarques qu'elle contient pour la rédaction de ses futures rédactions.

Signé : Henry SIMON

18 avril 1918

COUR DE CASSATION (Chambre Civile)
18 avril 1918

LA COUR :

Sur le premier moyen :

Attendu que, par exploit en date du 28 octobre 1910, l'administration des douanes et régies de l'Indochine a fait citer le sieur Evensen, capitaine du vapeur norvégien Brandt, venant de Hong Kong, devant le Juge de paix de Saïgon, pour s'entendre condamner au paiement : 1°. — de 15.592 piastres 36 cents d'amende ; 2°. — 77.961 piastres 80 cents de dommages-intérêts, à raison de la découverte faite à bord de son navire, en rade de Saïgon, de 111 kilogs 374 grammes d'opium de contrebande ; que les condamnations réclamées ont été prononcées ; mais que le tribunal civil de Saïgon a confirmé la sentence en ce qui concerne l'amende seulement, et l'a infirmée, quant aux dommages-intérêts dont il a déchargé le capitaine Evensen ;

Attendu qu'en statuant ainsi le jugement attaqué a fait une exacte application des textes de loi qui régissent la matière ;

Attendu, en effet, qu'aux termes de l'article 60 de l'arrêté du Gouverneur de l'Indochine, en date du 7 février 1898, sur le régime du monopole de l'opium dans cette colonie, approuvé par décret du 30 août 1899, « tout versement frauduleux, toute tentative de versement frauduleux d'opium, soit dans l'enceinte des ports, soit sur les côtes de l'Indochine, sont poursuivis et punis conformément aux dispositions des articles 2 et 4 de la loi de douane du 2 juin 1875, 34 et 37 du titre VI de la loi du 21 avril 1818, 51, 52, 53 du titre V de la loi du 28 avril 1816 ;

Attendu que la loi du 10 avril 1906, relative aux fraudes en douane commises dans l'intérieur des navires, déclarée par son article 8 applicable aux colonies, et, par conséquent, à l'Indochine, a modifié et atténué les sanctions ainsi visées ;

Attendu que le pourvoi soutient vainement que cette loi, appartenant à la législation douanière, n'a pu avoir pour effet de porter atteinte à l'arrêté du Gouverneur général de l'Indochine du 7 février 1899, qui rentre dans la législation sur les monopoles ;

Que cette distinction ne saurait être admise, puisque l'arrêté se réfère expressément, pour la répression de la fraude qu'il définit, aux dispositions pénales des lois de douane en vigueur dans la métropole ;

Attendu que l'article 65 de cet arrêté disposait que tout transporteur d'opium de contrebande dont le propriétaire restait inconnu devait être déclaré personnellement responsable de la contravention commise ;

Que cette imputation de faute, à raison de ses termes absolus, atteignait le capitaine du navire transporteur, même si sa surveillance n'avait pas été en défaut ;

Que, pour le cas de fraude ainsi prévu, l'article 70 accordait à la régie un droit à des dommages-intérêts dont le montant ne pouvait pas être inférieur à cinq fois la valeur de la quantité de matière frauduleuse calculée au prix officiel de l'opium de la régie ;

Mais attendu, d'une part, que l'article 3 de la loi du 10 avril 1906 a dérogé à l'article 65 précité, en déchargeant le capitaine de toute responsabilité, lorsqu'il administre la preuve qu'il a rempli tous ses devoirs de surveillance ;

Attendu d'autre part, que l'article 1 de la même loi, après avoir spécifié que la confiscation ne pourra être prononcée qu'à l'égard des objets prohibés taxés à plus de 20 francs les 100 kilogs ou passibles de taxes intérieures, dispose que le capitaine sera condamné à une amende égale à la valeur desdits objets et de 500 francs au moins, et que l'article 5 ajoute que l'auteur de l'acte frauduleux, constaté à bord ou au débarquement, sera en outre, condamné à la peine d'emprisonnement édictée par les articles 42 et 43 de la loi du 28 avril 1816 ;

Attendu que ces textes énumèrent limitativement les sanctions encourues ; que le fait poursuivi rentrait dans leurs prévisions ; que, par suite, il ne pouvait être fait application, en l'espèce, de l'article 70 de l'arrêté du 7 février 1899, qui accorde à la régie des dommages intérêts ;

Par ces motifs, rejette ce moyen.

Mais sur le second moyen :

Et d'abord sur la fin de non-recevoir qui lui est opposée, tirée de la nouveauté du moyen :

Attendu qu'après avoir déclaré nuls pour vice de forme le procès-verbal contenant tout à la fois la constatation du délit et la saisie-conservatoire du navire et, par voie de conséquence, la saisie, la sentence du juge de paix a, néanmoins, ordonné, sur la réquisition de l'administration des douanes, cette saisie pour assurer le paiement des condamnations qu'elle a prononcées ;

Que, sur appel, l'administration des douanes a conclu à la confirmation pure et simple du jugement et, par suite, au maintien de ce chef ; que le capitaine Evensen en a demandé, au contraire la réformation et, par conséquent, la main-levée de la saisie ; qu'ainsi le moyen n'est pas nouveau ;

Au fond :

Vu l'article 7 de la loi du 10 avril 1906 ;

Attendu que, si la saisie conservatoire du navire peut être prononcée sur un procès-verbal dressé par les agents des douanes à l'effet de constater la fraude, elle peut, à défaut de ce procès-verbal, ou s'il est irrégulier, être ordonnée par le jugement qui reconnaît l'infraction comme dûment établie et la réprime ; qu'une pareille mesure constitue, depuis la suppression de la confiscation du navire, le moyen le plus efficace d'assurer le recouvrement de l'amende encourue ;

Attendu que le jugement attaqué, tout en retenant la responsabilité du capitaine et en le condamnant à l'amende pour importation prohibée de l'opium, a cependant déclaré la saisie-conservatoire caduque par suite de la nullité du procès-verbal, par le motif que, « le procès-verbal renfermant tout à la fois la constatation du délit et la saisie conservatoire du bateau, ayant été déclaré nul pour vice de forme, la saisie tombait avec le procès-verbal, le juge de paix ne pouvait ni la valider, ni la prononcer » ;

En quoi il a violé sur ce point, l'article de loi susvisé ;

Par ces motifs,

Casse et annule, mais seulement du chef de la saisie-conservatoire, le jugement rendu entre les parties par le tribunal civil de Saïgon le 15 février 1911, etc....

7 décembre 1918

LE TRIBUNAL DES CONFLITS
Séance du 7 décembre 1918

LE TRIBUNAL :

Considérant qu'en procédant à l'enquête dont l'avait chargé le Gouverneur général de l'Indochine sur les affaires de Kuong Tchéou Van et en adressant à un haut fonctionnaire, à la suite de cette enquête, un rapport sur les dites affaires, auxquelles le sieur Caillard s'était trouvé mêlé, le sieur de Keratry a fait des actes de sa fonction administrative ; que la manière dont il a rempli cette fonction échappe au contrôle de l'autorité judiciaire, laquelle est également incompétente pour apprécier si le commissaire enquêteur s'est conformé aux instructions qu'il avait reçues du Gouverneur général et s'il a excédé les limites de la mission que ce dernier lui avait donnée ; qu'il n'appert d'aucune des circonstances de l'affaire que les faits reprochés au sieur Keratry, tels qu'ils sont articulés dans l'exploit introductif d'instance ou dans les conclusions ultérieures du sieur Caillard, aient le caractère de fautes personnelles se détachant des actes de fonctions sus-énoncées ; qu'il résulte de ce qui précède que la contestation soulevée par le sieur Caillard est de la compétence administrative et que le résident supérieur au Tonkin a élevé à bon droit le conflit.

Décide :

Art. I. — L'arrêté de conflit ci-dessus visé pris par le résident supérieur au Tonkin, le 30 mars 1918, est confirmé.

Art. II. — Sont considérés comme nuls l'exploit d'assignation en date du 8 juillet 1916 et l'acte d'appel du 22 mars 1918.

20 décembre 1919

COUR DE CASSATION (Chambre Criminelle)
Audience du 20 décembre 1919

LA COUR :

Sur le premier moyen, pris de la violation du décret du 27 novembre 1915 sur le service des Douanes dans l'Afrique occidentale (art. 61, 62, 63 et 168) et de la violation, par fausse application, de la loi du 17 août 1915 (art. 1er), en ce que l'arrêt attaqué a appliqué à un fait de tentative d'exportation de monnaies d'argent françaises les pénalités de la loi du 17 août 1915, alors que cette loi est remplacée pour l'Afrique occidentale par le décret du 27 novembre 1915, lequel punit le fait d'exportation et non la tentative d'exportation ;

Attendu que les demandeurs ont été condamnés pour infraction à la loi du 17 août 1915, rendue applicable dans l'Afrique occidentale française par le décret du 8 septembre 1915 ; que, vainement le pourvoi soutient que cette loi a été abrogée par le décret du 27 novembre 1915 ; qu'il est de principe que les lois générales ne dérogent pas aux lois spéciales à moins d'un texte formel ou de dispositions absolument inconciliables ;

Attendu que le décret du 27 novembre 1915 a un caractère général, qu'il organise le service des Douanes en Afrique occidentale française et n'envisage pas les infractions que la loi spéciale du 17 août 1915 a eu pour but de réprimer ; qu'il ne porte pas abrogation de cette loi et ne comporte aucune disposition qui soit inconciliable avec elle ; qu'ainsi le moyen n'est pas fondé.

Sur le deuxième moyen, pris de la violation du décret du 25 août 1915 et fausse application de la loi du 17 août 1915, en ce que l'arrêt attaqué a frappé des peines de la loi la tentative d'exportation, non à l'étranger, mais en territoire occupé et soumis à l'administration française :

Attendu que le moyen ne saurait être accueilli qu'un territoire occupé militairement ne peut être considéré comme une partie du territoire national ; qu'il en était ainsi, à l'époque des faits, du Togo, colonie allemande, et que par suite, c'est à bon droit que la cour a fait application aux prévenus des dispositions de la loi du 17 août 1915 et du décret du 25 août 1915 pour avoir tenté d'y exporter des monnaies d'argent françaises.

. . . .

Par ces motifs,

Rejette.

24 décembre 1919

COUR DE CASSATION (Chambre Civile)

Audience du 24 décembre 1919.

LA COUR :

Attendu que l'article 2 du décret du 28 décembre 1895 organisant la justice française à Madagascar, porte que : en toute matière, les tribunaux appliquent les lois françaises qui sont et demeurent promulguées dans l'Ile et ses dépendances ; que ce décret a été publié au Journal Officiel de la Colonie le 27 février 1896 ; que, ainsi, d'après le texte précité, le pouvoir métropolitain, promulgant, lui même, à Madagascar, les lois françaises alors existantes, laisse seulement au résident général, depuis gouverneur général, le soin d'en faire la publication, conformément à l'article 2 de ce décret ; que c'est là une dérogation au principe d'après lequel aucun texte législatif ne peut être exécutoire aux colonies, s'il n'a fait l'objet d'un arrêté de promulgation émané du Gouverneur ;

Attendu que cette interprétation du décret du 28 décembre 1895 est la seule qui se concilie avec la faculté laissée par le même article 2 précité, dans son paragraphe final, aux tribunaux de Madagascar, d'écarter, par une disposition spéciale et motivée du jugement, celles des lois métropolitaines qui lui paraissent inapplicables ; que la liberté d'un tel choix, qui s'explique quand il s'agit d'une promulgation en bloc de toutes les lois françaises, ne se comprendrait plus si elle devait être étendue à des textes métropolitains régulièrement promulgués par l'autorité locale ;

Attendu, d'ailleurs, que le résident général a, lui même, promulgué, en même temps que trois autres décrets, celui du 28 décembre 1895, « pour être exécuté suivant sa forme et teneur » ; qu'il a pris, à cet effet, un arrêté en date du 20 avril 1896 ;

Attendu, il est vrai, que le décret du 9 juin 1896 promulgué à Madagascar par arrêté du Gouverneur général du 19 juillet suivant, et l'exposé des motifs de la loi d'annexion du 6 août 1896, énonçant, le premier (art. 38) que les dispositions des lois et codes français, qui sont rendues applicables à Madagascar et dépendances, seront promulguées suivant les formes prescrites ; le second que les lois françaises, modifiées ou non, y feront l'objet d'une promulgation spéciale, ont fait rentrer Madagascar et ses dépendances dans le droit commun colonial, au point de vue de la forme de promulgation, mais que ces textes ont laissé à la promulgation résultant de l'arrêté du 20 avril 1896, indépendamment de celle dérivant du décret du 28 décembre 1895 lui-même, sa pleine efficacité ; qu'ils n'ont statué que pour l'avenir ; qu'ainsi le décret de 1893 pris au lendemain de la conquête et pour satisfaire aux besoins urgents du moment a produit tous ses effets pour la période antérieure ;

Attendu en conséquence, que sont applicables à Madagascar et dépendances, notamment les lois relatives aux douanes, antérieures à l'annexion et auxquelles se réfère, en ce qui concerne la procédure et les pénalités, le décret du 26 août 1904, établissant dans la colonie des taxes de consommation ;

Attendu, d'autre part, que le décret précité du 28 août 1904, après avoir déclaré que les fraudes en matière de taxes de consommation à Madagascar et dépendances, sont poursuivies et punies conformément à la législation douanière, quand il s'agit de produits importés, et conformément aux règles établies pour les contributions indirectes, quand il s'agit de produits récoltés ou fabriqués dans la Colonie, dispose, dans le paragraphe 2 de l'article 8, que « la poursuite devant les tribunaux et l'exécution des jugements et arrêts ont lieu à la requête du Gouverneur Général, qui peut, d'ailleurs, toujours transiger » ;

Attendu que cette disposition du paragraphe 2, conçue en termes généraux, s'applique, tant en ce qui concerne le droit de poursuite du Gouverneur général que son droit de transaction, aux infractions relatives à toutes les taxes de consommation, sans qu'il y ait lieu de distinguer entre celles intéressant les produits récoltés ou fabriqués dans la Colonie et quel que soit le chiffre des intérêts engagés ;

Attendu que, pour annuler une transaction portant sur une somme de 50.000 francs, ratifiée par le Gouverneur général intervenue entre l'Administration des Douanes de Madagascar et la Société française de commerce et de navigation, à l'encontre de qui avaient été constatées des fraudes, en matière de taxes de consommation à l'importation, le jugement attaqué s'est fondé d'abord sur l'inapplicabilité à la Colonie de Madagascar des lois pénales douanières métropolitaines du 22 août 1791 et du 7 mars 1861, faute d'une promulgation spéciale dans la Colonie, et, subsidiairement sur le défaut de qualité du Gouverneur général, pour ratifier la transaction litigieuse, laquelle était soumise à raison du chiffre des intérêts engagés, à la seule approbation ministérielle ;

Attendu qu'aucun de ces motifs ne justifie légalement la décision attaquée.

Par ces motifs,

Casse.

4 janvier 1920

LOI *du 4 janvier 1920.*

Tendant à l'application à la Guadeloupe, à la Martinique et à la Réunion des lois du 8 janvier 1905 et du 16 avril 1914 modifiant divers articles de la loi du 5 avril 1884, sur l'organisation municipale, et à la modification en tant qu'elles s'appliquent aux colonies de certaines dispositions de l'article 133 de la même loi du 5 avril 1884.

. . . .

Art. 3. — Sont modifiés comme suit les paragraphes 3, 4 et 14 (alinéa 1er in fine) de l'article 133 de la loi du 5 avril 1884 sur l'organisation municipale, en ce qui concerne la Guadeloupe, la Martinique et la Réunion.

« Les recettes du budget ordinaire se composent.

. . . .

3°. — Du produit des centimes ordinaires et spéciaux affectés aux communes par les délibérations du Conseil général exécutoires dans les conditions prévues par les taxes et contributions du budget local.

4°. — Du produit de la portion accordée aux communes dans certains des impôts et droits perçus pour le compte de la Colonie 14 - (alinéa 1er)........ et, dans les colonies des ressources dont la perception est autorisée par les lois ou des délibérations du Conseil général exécutoires dans les conditions prévues par les taxes et contributions du budget local.

Art. 4. — Le paragraphe 1er de l'article 141 de la loi du 5 avril 1884 est ainsi complété.

« .... Ils votent également les centimes additionnels dont la perception est autorisée par des délibérations du Conseil général à la Guadeloupe, à la Martinique et à la Réunion ».

La présente loi délibérée et adoptée par le Sénat et par la Chambre des députés, sera exécutée comme loi de l'Etat.

Fait à Paris, le 4 janvier 1920.

R. POINCARE

Par le Président de la République, le Ministre des Colonies.

Henry SIMON.

23 janvier 1920

CONSEIL D'ETAT

(statuant au Contentieux)

Séance du 23 janvier 1920

LE CONSEIL :

Vu le décret du 5 août 1881 ;

Vu le décret du 28 novembre 1885 ;

Vu le décret du 9 mai 1892 ;

Vu le décret du 16 février 1895 ;

Vu le décret du 11 mars 1897 ;

Sur la compétence :

Considérant que le décret du 11 mars 1897, fixant le mode d'assiette, de perception et de répartition des droits d'octroi de mer dans les Etablissements français de l'Océanie, décide que « la perception des droits d'octroi de mer a lieu d'après les lois, décrets, décisions ministérielles, arrêtés locaux en vigueur dans la colonie en matière de douanes » ;

Considérant que le décret du 9 mai 1892, régulièrement promulgué dans la Colonie des Etablissements de l'Océanie et portant établissement d'un régime douanier dans cette colonie décide à l'art. 44 que « toutes contestations relatives à l'application des tarifs sont soumises au Tribunal du contentieux administratif, instruites et jugées sommairement » ;

Considérant que, si l'article 1er du décret du 16 février 1895 a rendu applicable aux Colonies, dans lesquelles la loi du 11 janvier 1892 est en vigueur, un certain nombre de lois et décrets relatifs aux douanes, parmi lesquels le décret du 14 fructidor an III instituant la compétence judiciaire, il n'est pas justifié que ce décret ait été régulièrement promulgué dans la dite colonie ; qu'il suit de là, qu'en l'absence de cette formalité essentielle, prévue par les articles 59 et 109 du décret du 28 décembre 1885, le décret précité du 9 mai 1892 y est resté en vigueur, et que c'est, dès lors avec raison, que le Conseil du Contentieux administratif a statué au fond.

Au fond :

Considérant que, dans les Etablissements français de l'Océanie, les droits de douane sont fixés par le décret du 9 mai 1892 et les droits d'octroi de mer par le décret du 11 mars 1897 ;

Considérant que, dans les tableaux annexés aux dits décrets, sont exempts de droits : 1°. — « les machines agricoles ou industrielles, machines-outils, accessoires des dites machines » et 2° « les machines motrices pour la navigation ou la locomotion » et que le tableau des exemptions et immunités joint au décret du 11 mars 1897 sur l'octroi de mer mentionne également au § 1er « toutes machines quelconques destinées à l'agriculture et à l'industrie, y compris les accessoires nécessaires à la mise en œuvre » ;

Considérant en ce qui concerne les tuyaux de cuivre et la toile métallique, qu'alors même que ces objets constitueraient des accessoires proprements dits de machines motrices pour la navigation, aucune disposition des tarifs ne les exonèrerait des droits de douane et des droits d'octroi de mer en raison de cette destination ; que, du reste, les métaux ouvrés et prêts à employer et la toile métallique sont explicitement désignés comme devant être frappés respectivement de taxes ad valorem de 13 % et de 10 % au tarif douanier et de 12 % au tarif de l'octroi de mer ;

Considérant, en ce qui concerne les plaques tournantes, les ponts à bascules ; les croisements de voie, les boites, les éclisses, les boulons, les wagonnets, les accessoires et pièces de rechange pour wagonnets, les wagons auto déchargeurs, les pièces de rechange pour les dits wagons et le matériel d'amarrage (bouées, chaines, ancres et accessoires divers) que ces divers objets ne constituent pas des machines ou des accessoires proprement dits de machines ; que du reste, les tableaux annexés aux décrets précités frappent explicitement les wagons d'un droit de douane de 20 %, les wagons, leurs accessoires et les pièces détachées pour wagons d'un droit d'octroi de mer de 12 %, les instruments de pesage d'un droit d'octroi de mer de 12 %, et les chaines et les ancres de toute dimension d'un droit d'octroi de mer de 8 % ;

Considérant, qu'il résulte de ce qu'il précède que le Conseil du Contentieux administratif a décidé à tort que les objets ci-dessus énumérés étaient exonérés des droits d'octroi de mer et des droits de douane ;

Considérant au contraire, que les portes de trémies sont des accessoires de machines industrielles utilisées par la Compagnie française des phosphates de l'Océanie pour les besoins de son exploitation : qu'il y a donc lieu de maintenir sur ce point l'arrêté du Conseil du Contentieux administratif, en date du 26 décembre 1912 en tant qu'il a prononcé l'exonération des droits d'octroi de mer pour ces objets :

Décide :

Art. I. — L'arrêté susvisé du Conseil du Contentieux administratif, en date du 26 décembre 1912, est annulé en tant qu'il a fait droit aux conclusions de la Compagnie française des phosphates de l'Océanie tendant à être exonérée des droits de douane et des droits d'octroi de mer pour des tuyaux de cuivre et de la toile métallique, et des droits d'octroi de mer pour des plaques tournantes, des ponts à bascule, des croisements de voie, des boîtes, des eclisses, des boulons, des wagonnets, des accessoires et pièces de rechange pour wagonnets et du matériel d'amarrage (bouées, chaînes, ancres et accessoires divers). Ces conclusions sont rejetées et la colonie est déchargée de la condamnation prononcée contre elle en remboursement des droits perçus sur les dits objets.

Art. II. — L'arrêté susvisé du Conseil du Contentieux administratif, en date du 8 septembre 1913 qui a exonéré la Compagnie française des phosphates de l'Océanie des droits de douane **et des** droits d'octroi de mer pour des wagons auto chargeurs et leurs pièces de rechange et condamné la Colonie au remboursement des droits perçus sur ces objets, est annulé. La demande de la Compagnie tendant à être exonérée de ces droits est rejetée.

Art. III. — Les dépens exposés devant le Conseil de Contentieux administratif dans l'affaire N° 53.650 resteront à la charge de la Colonie des établissements français de l'Océanie. Les dépens exposés devant le Conseil du Contentieux administratif dans l'affaire N° 57.994 et tous les dépens exposés devant le Conseil d'Etat sont mis à la charge de la Compagnie française des phosphates de l'Océanie.

Art IV. — Le surplus des conclusions de la requête N° 53.650 est rejeté.

30 mars 1920

COMITE CONSULTATIF DU CONTENTIEUX

Au sujet des décrets des 14 juin et 8 juillet 1919 portant

majoration des taxes douanières

Séance du 30 mars 1920

AVIS

Le Comité du Contentieux des Colonies, consulté par le Ministre sur le point de savoir si les décrets des 14 juin et 8 juillet 1919, établissant des surtaxes sur les marchandises étrangères introduites en France, sont applicables aux Colonies soumises au régime douanier métropolitain et peuvent y être promulguées par les Gouverneurs ;

Vu la loi du 11 janvier 1892 ;

Vu la loi du 6 mai 1916 ;

Vu les décrets des 14 juin et 8 juillet 1919 ;

semble les pièces du dossier ;

Considérant qu'aux termes de l'article 3 § 3 de la loi du 11 janvier 1892, les produits étrangers importés dans les Colonies, les possessions françaises et les pays de protectorat de l'Indo-Chine, à l'exception de certaines Colonies énumérées au dit article, sont soumis aux mêmes droits que s'ils étaient importés en France, que par suite toute modification apportée au tarif métropolitain doit être regardée comme applicable ipso-facto, à la suite d'une promulgation effectuée dans les dites Colonies et possessions ;

Considérant que, par application de la loi du 6 mai 1916, qui a autorisé le Gouvernement pendant la durée des hostilités à prohiber provisoirement, par décrets, l'entrée des marchandises étrangères, ou à augmenter les droits de douane, les décrets des 14 juin et 8 juillet 1919 ont établi des surtaxes sur les droits inscrits au tarif métropolitain ;

Considérant que ; le Gouverneur général de Madagascar se conformant à la règle posée par la loi de 1892 a procédé à la promulgation dans la Colonie des décrets sus-visés ;

Considérant que, conformément au principe établi par la loi du 11 janvier 1892, les modifications apportées aux tarifs de la métropole par ces décrets doivent être regardées comme applicables aux Colonies assimilées, bien que leur texte ne les ait pas expressément étendues aux dites Colonies et nonobstant la mention inscrite à l'article 4 du décret du 14 juin 1919 et à l'article 9 du décret du 8 juillet 1919 spécifiant que « ces dispositions sont applicables en Algérie » que l'omission des Colonies assimilées ne saurait en effet être interprêtée comme portant atteinte à la règle établie par la loi de 1892 ;

Considérant toutefois, en raison des doutes qu'a pu faire naître la rédaction de ces décrets et l'argument qu'on a pu tirer de leur application expressément énoncée à l'Algérie, il serait de bonne administration pour éviter toute contestation de procéder par voie législative à la ratification des mesures prises par le Gouverneur général de Madagascar en vue de leur promulgation dans la Colonie.

Est d'avis :

Qu'il y a lieu de répondre au Ministre dans le sens des observations qui précèdent.

Le Rapporteur. — Signé : FOCHIER

II mai 1920

AVIS DU CONSEIL D'ETAT
relatif au caractère des droits de sortie
(extrait du registre des délibérations de la section)
Séance du 11 mai 1920

La section des Finances, de la Guerre, de la Marine et des Colonies du Conseil d'Etat, sur le renvoi qui lui a été fait par le Ministre des Colonies d'un projet de décret approuvant une délibération du Conseil Général de la Guadeloupe instituant un droit de sortie sur les vanilles et les vanillons ;

Vu le sénatus-consulte du 4 juillet 1866 ;

Vu la loi du 11 janvier 1892 ;

Vu l'article 55 de la loi de Finances du 29 juin 1918 ;

Considérant que les droits de douane se distinguent des taxes purement fiscales par leur caractère différentiel et protecteur et que des taxes prélevées à l'entrée ou à la sortie, qui comportent l'application d'un régime différent, soit aux produits en provenance ou à destination de certains pays, soit aux consommateurs ou aux producteurs du pays à la frontière duquel elles sont perçues et qui affectent ainsi les relations de ce pays avec l'extérieur, doivent être regardées comme constituant des droits de douane ;

Considérant que, par suite, les droits de sortie établis dans certaines Colonies sur les produits locaux exportés, lors même qu'ils auraient été créés en remplacement de l'impôt foncier et pourraient être regardés comme représentatifs de cet impôt, constituent des droits de douane s'ils ont pour effet de frapper uniquement les produits destinés à l'exportation alors que les produits de même nature destinés à la consommation locale ne sont soumis à aucun droit équivalent ;

Considérant que si, dans les Colonies pourvues d'un Conseil général, les taxes et contributions locales sont votées par cette assemblée, dont les délibérations, exécutoires en ce qui concerne les tarifs, doivent être approuvées par décret en Conseil d'Etat, en ce qui concerne le mode d'assiette et les règles de perception, l'établissement des droits de douane, par contre, doit faire l'objet de décrets rendus dans la forme des règlements d'administration publique ;

Considérant que les taxes de sortie dont l'établissement a été voté par le Conseil général de la Guadeloupe sur les vanilles et les vanillons ne frappent que les produits exportés de la Colonie et que les consommateurs locaux sont affranchis de toute taxe équivalente ; que dans ces conditions les taxes précitées, qui créent une différence de traitement entre les produits consommés dans la Colonie et ceux qui sont destinés au dehors, revêtent ainsi le caractère de droits de douane, et par conséquent ne sauraient être instituées sans recourir à la procédure prévue par l'établissement des droits de cette nature ; qu'il conviendrait donc que l'administration saisit le Conseil d'État, si elle le juge utile, d'un projet de décret instituant à la Guadeloupe des droits de douane à la sortie sur les vanilles et les vanillons,

Est d'avis :

Qu'il n'y a pas lieu d'adopter le projet de décret approuvant la délibération du Conseil Général de la Guadeloupe relative aux droits de sortie sur les vanilles et les vanillons.

10 juillet 1920

ARRET *rendu par la Chambre Criminelle de la Cour de Cassation sur les pourvois formés par le Procureur Général près la Cour d'Appel de l'Indo-Chine et l'administration des Douanes et Régies de cette colonie, dans l'affaire Condamine et autres*

(Vente de l'opium à Kouang-Tchéou-Wan)

10 juillet 1920

LA COUR :

III. — En ce qui concerne Condamine et Nguyen-Van-Than,

Sur le moyen pris, dans la requête du procureur général et l'acte de pourvoi de l'administration, de la violation des décrets des 30 janvier 1867, 8 février 1880, 21 avril 1891, 5 janvier 1900, 24 février 1915, 9 octobre 1915, 20 octobre 1911 et de la fausse application des décrets des 6 mars et 20 septembre 1877 et du 30 décembre 1912 ;

Attendu que Condamine et Nguyen-Van-Than ont été condamnés, l'un à 500 francs d'amende et à six jours d'emprisonnement avec sursis, comme coupable d'avoir, à Fort-Bayard, en août 1918, introduit sciemment en contrebande sur le territoire de Kouang-Tchéou-Wan, 2 kilogrammes 700 d'opium préparé de la Régie indo-chinoise provenant du Tonkin, l'autre à deux amendes de 500 francs et à deux mois d'emprisonnement avec sursis, comme coupable d'avoir en septembre 1917, détenu sciemment 31 kilogrammes d'opium de même qualité et provenance et d'avoir, en juillet 1918, colporté et détenu sciemment 540 grammes d'opium de mêmes qualité et provenance ;

Attendu que, sur l'appel de ces deux prévenus, la cour de l'Indo-Chine a, par l'arrêt attaqué, relaxé Condamine et Nguyen-Van-Tham, notamment par le motif que l'arrêté du Gouverneur général du 27 février 1914, en vertu duquel les condamnations avaient été prononcées par la justice de paix à compétence étendue de Kouang-Tchéou-Wan, édictant des peines supérieures aux peines de simple police, n'avait pas été converti en décret dans le délai de six mois fixé par le décret du 30 septembre 1877, et que, par conséquent cet arrêté était caduc aux termes du décret du 6 mars 1877 ;

Attendu qu'à supposer, comme le prétendent les pourvois et contrairement à ce qu'a déclaré l'arrêt attaqué que l'arrêté du 27 février 1914, en tant qu'il a été pris pour la détermination de l'assiette du tarif, des règles de perception et du mode de poursuite des taxes et contributions publiques, ait été exécutoire, soit à la date même de sa promulgation, soit au moins à la date de la promulgation du décret du 24 février 1915, qui a approuvé le budget général de l'Indo-Chine et le budget annexe de Kouang-Tchéou-Wan, il suffit, pour reconnaître que l'arrêt attaqué, en relaxant les deux prévenus, n'a violé aucun des textes visés au moyen et a fait une exacte application des décrets des 6 mars et 20 septembre 1877, de constater que les dispositions de ces décrets n'ont pas été abrogées, explicitement ou implicitement, par les décrets du 21 avril 1891, du 5 janvier 1900, du 9 octobre 1915 et du 20 octobre 1911 ;

Qu'elles s'appliquent aussi bien aux arrêtés que le gouverneur général peut prendre, dans certaines conditions, pour la détermination de l'assiette, du tarif, des règles de perception et du mode de poursuite des taxes et contributions publiques autres que les droits de douane, qu'aux arrêtés pris par le même gouverneur en matière d'administration et de police ;

Que tout arrêté du gouverneur général en tant qu'il édicte des pénalités excédant les peines de simple police, doit, sous peine de caducité de ces dispositions pénales, être soumis au contrôle du gouvernement de la métropole et converti en décret dans le délai de six mois et que l'arrêté du 27 février 1914 n'a été approuvé par décret qu'à la date du 27 juin 1919, c'est à dire postérieurement aux faits poursuivis et après l'expiration du délai de six mois couru du 27 février 1914.

Sur le moyen pris, dans le mémoire de Me Labbé, avocat, de la violation par fausse application des articles 12 du décret du 20 octobre 1911, 74 du décret du 30 décembre 1912 et 1er du décret du 5 janvier 1900, de la violation de l'article 7 de la loi du 20 avril 1810, pour manque de base légale, en ce que l'arrêt attaqué a décidé que le gouverneur général de l'Indo-Chine, chargé de l'administration du territoire de Kouang-Tchéou-Wan, ne pouvait prendre, en matière fiscale, d'arrêtés comportant des peines supérieures à celles de simple police et immédiatement exécutoires, alors que les pouvoirs qu'il tient des décrets des 5 janvier 1900 et 20 octobre 1911, en ce qui concerne le territoire de Kouang-Tchéou-Wan, sont généraux et absolus, qu'ils ne sont limités par aucune disposition qui vienne les subordonner en ce qui touche le mode d'établissement des taxes et contributions à l'approbation d'une autorité quelconque et qu'au contraire l'article 12 du décret du 20 octobre 1911 énonce en termes formels que le gouverneur général établit en conseil de gouvernement les taxes et redevances de toute nature nécessaires au budget du territoire de Kouang-Tchéou-Wan, et alors, par suite, qu'en assimilant la situation de ce territoire à celle des autres parties de l'Indo-Chine au point de vue budgétaire et fiscal, l'arrêt entrepris a commis une confusion qui doit en entraîner la cassation ;

Attendu que, sans avoir à rechercher si le gouverneur général a, en matière budgétaire et particulièrement en matière de taxes et

contributions, des pouvoirs plus étendus en ce qui concerne le territoire de Kouang-Tchéou-Wan qu'en ce qui concerne les autres parties du gouvernement de l'Indo-Chine, il n'y a lieu, sur ce deuxième
moyen ainsi que sur le premier moyen, qu'à constater qu'il ne résulte
des textes visés aucune dérogation aux dispositions des décrets des 6
mars et 20 septembre 1877 ; que dès lors, la décision de relaxe, prononcée par l'arrêt attaqué, est justifiée puisque l'arrêté du 27 février
1914 n'a reçu l'approbation par décret qu'à la date du 27 juin 1919 ;

Attendu, d'autre part, que Me Duraterte, qui a fait la déclaration de pourvoi au nom de l'administration des douanes et régies de
l'Indo-Chine, n'était muni d'un pouvoir que pour se pourvoir contre
Condamine et contre Cavelle ;

Et attendu que l'arrêt attaqué est régulier en la forme ;

Rejette le pourvoi du procureur général ; dit n'y avoir lieu de
statuer sur le pourvoi formé au nom de l'administration contre Nguyen-Van-Tham ;

Rejette le pourvoi de cette administration contre Condamine,
condamne ladite administration aux dépens et à l'indemnité envers
Condamine.

5 novembre 1920

COUR DE CASSATION (Chambre Criminelle)

Audience du 5 novembre 1920

Sur le premier moyen du pourvoi, pris de la violation des articles 41 de la loi du 28 avril 1816, et 1er de la loi du 2 juin 1875 en
ce que la Cour statuant sur sa compétence, a considéré comme délits d'importation non déclarée, des faits ne constituant que des contraventions de fausses déclarations ;

Attendu qu'il résulte des qualités de l'arrêt attaqué qu'Auzy a
été traduit devant la juridiction correctionnelle sous la prévention
d'avoir : 1° à Saïgon, le 18 mars 1918, importé, sans déclaration, 37
barres de fer en acier laminé pesant ensemble 15.980 livres anglaises
soit 7.240 kilogrammes, et ce en substituant au lot de 37 barres arrivé d'Hong-Kong par le steamer « Tjong Thinh » des barres de même métal et de dimensions inférieures prises à la consommation ;
que, d'autres chefs et inculpations relevaient des infractions semblables qui auraient été commises à l'aide du même procédé dans le courant de l'année 1918 ;

Attendu que le pourvoi soutient que les marchandises importées
avaient toutes fait l'objet de déclarations de douane ; que, si des irrégularités ont été constatées dans ces déclarations, ces irrégularités
n'étaient relatives qu'au poids des marchandises déclarées ; que, dès
lors, les infractions relevées par la poursuite ne constitueraient que
des contraventions de la compétence du juge de paix jugeant comme
juge civil ;

Mais attendu qu'il n'échet de faire état des déclarations en douane qui auraient été faites par Auzy concernant les marchandises arrivant de l'extérieur par le port de Saïgon, que si, comme le prétend
la prévention il a été substitué à ces marchandises ces marchandises
prises à la consommation, il en est nécessairement résulté que les
marchandises auxquelles ces déclarations étaient applicables n'ont

pas été présentées aux agents des Douanes ; qu'ils doivent dès lors, à défaut de toute visite ayant pu être opérée sur le vu des dites déclarations, être considérées comme ayant été importées sans déclaration ; qu'il suit de là qu'en déclarant que, dans le cas où les faits seraient établis, Auzy aurait commis le délit prévu par l'art 1er de la loi du 2 juin 1875 et que, par voie de conséquence, la juridiction correctionnelle était compétente pour connaitre de la poursuite le jugement dont l'arrêt attaqué a adopté les motifs n'a commis aucune violation de la loi.

Sur le deuxième moyen du pourvoi, pris de la violation et de la fausse application des mêmes textes, et de l'article 7 de la loi du 20 avril 1810, d'un défaut des motifs, en ce que la Cour, statuant sur sa compétence, a donné aux faits de la cause la qualification du délit d'importation non déclarée prévu par ces textes sans démontrer que les éléments constitutifs de ce délit se rencontreraient dans l'espèce :

Attendu que, de ce qui vient d'être dit sous le premier moyen, il appert qu'en précisant les circonstances dans lesquelles les faits auraient été commis, la Cour d'appel de Saïgon a, par là même, établi que ces faits avaient été légalement qualifiés ; qu'il s'agissait en l'espèce, d'après l'arrêt, de marchandises prohibées qui auraient été importées sans déclaration et qu'il est constant que la loi des douanes n'a établi, sous le rapport de la prohibition, aucune distinction entre les marchandises prohibées d'une manière générale et celles dont l'admission, comme dans l'espèce, ne peut avoir lieu que par certains bureaux ;

Attendu que, des conclusions ayant été prises devant la Cour à l'effet de contester la légalité de la qualification qui avait été donnée aux faits poursuivis, la Cour d'Appel de Saïgon, en adoptant les motifs des premiers juges, a répondu d'une façon implicite, mais suffisante, aux dites conclusions ;

Et attendu que l'arrêt est régulier en la forme,

Rejette.

5 mars 1921

COUR DE CASSATION (Chambre Criminelle)
Audience du 5 mars 1921
POURVOI EN CASSATION — AMENDE — DECIMES

. . . .

Attendu que les demandeurs, poursuivis pour délit en matière électorale, se sont pourvus contre un arrêt du 6 décembre 1920 par lequel la Cour d'Appel de la Martinique a rejeté leurs conclusions tendant à contester la régularité de sa composition ;

Qu'ils produisent une quittance du receveur de l'enregistrement Port de France attestant le versement à titre de consignation de l'amende de cassation, d'une somme de 150 francs ;

Attendu que cette consignation est insuffisante ;

Qu'en effet, les deux décimes et le demi-décime qui, en vertu de l'article 1er de la loi du 23 août 1871 et de l'article 2 de la loi du 30 décembre 1873, sont perçus à titre de supplément de l'amende de cassation, forment une partie intégrante de cette amende et doivent, dès lors, être compris dans la consignation ;

Que, par application de l'article 58 de la loi du 28 avril 1816, le pourvoi des demandeurs, quoique formé dans une Colonie, devait pour être recevable, avoir acquitté les mêmes droits que s'il avait été déclaré en France ;

Qu'il suit de là que les demandeurs auraient dû verser la somme de 150 francs, augmentée du double décime et du demi décime, c'est à dire celle de 187 francs 50 ;

Que, faute par eux d'avoir effectué ce versement intégral ils encourent la déchéance de leur pourvoi ;

Déclare Thomas, Limol, Castry et Lagrosillière déchus de leur pourvoi ;

Condamne solidairement les demandeurs à l'amende et aux dépens.

18 mars 1921

COUR DE CASSATION (Chambre Criminelle)

Audience du 18 mars 1921

LA COUR :

Sur le premier moyen, pris de la violation, par refus d'application, de l'article 1er du décret du 13 août 1919 et de l'article 5 de la loi du 23 octobre 1919 ;

Attendu que les quatre prévenus étaient poursuivis pour avoir en mars 1920, enfreint les dispositions de l'article 1er du décret précité, en n'indiquant pas le prix de denrées alimentaires (sucre et riz de Madagascar), vendues au détail dans leurs magasins ; que la Cour d'Appel les a renvoyés des fins de la poursuite par le motif que le dit décret n'avait pas été promulgué dans la Colonie ;

Attendu que le demandeur soutient que, la loi du 23 octobre 1919 qui punit dans son article 5 ceux qui auront contrevenu aux prescriptions du décret du 13 août 1919, relatif à l'affichage des prix de vente, ayant été promulguée le 4 décembre 1919 par arrêté du Gouverneur de la Réunion et publiée le 12 du même mois dans le Journal Officiel de la Colonie, cette promulgation a rendu ipso facto obligatoire le décret du 13 août 1919, visé dans la dite loi ;

Mais attendu qu'alors même qu'on admettrait que le Gouverneur eût promulgué implicitement le décret du 13 août 1919, en promulgant la loi du 23 octobre 1919 dont l'un des objets est de proroger, de sanctionner et d'étendre les dispositions de ce décret, il n'en demeurerait pas moins certain que le dit décret n'a pu devenir obligatoire à la Réunion, faute d'avoir été porté à la connaissance des habitants par sa publication régulièrement effectuée dans la forme légale ;

Qu'il n'y a lieu, dès lors, d'accueillir le premier moyen ;

Mais sur le moyen pris de la violation, par défaut d'application, de l'article 213 du Code d'Instruction criminelle et des arrêtés pris par le Gouverneur de la Réunion les 4 et 7 février 1920 ;

Vu cet article, ainsi que les dits arrêtés, publiés dans les numéros des 6 et 7 février du Journal Officiel de la Réunion par lesquels il est prescrit aux commerçants d'afficher d'une manière apparente dans leurs magasins les prix maxima du sucre et du riz de Madagascar, vendus au détail ;

Attendu que la Cour d'Appel avait le devoir de rechercher si les faits poursuivis comme réprimés par des textes qu'elle déclarait inapplicables ne tombaient pas sous le coup des arrêtés ci-dessus visés, et qu'elle devait, s'il en était ainsi prononcer les peines encourues, dans le cas où la partie publique n'aurait pas demandé le renvoi ;

Qu'en ne le faisant pas, la Cour a violé les dispositions visées au moyen ;

Par ces motifs, casse, etc.....

22 mars 1921

COUR DE CASSATION (Chambre des Requêtes)

Audience du 22 mars 1921

LA COUR :

Sur le moyen unique du pourvoi :

Attendu que Mante frères et Borelli de Régis poursuivent la répétition de droits de douane qu'ils prétendent avoir été indûment perçus sur l'exportation des bœufs à Madagascar ; que la décision attaquée les a déboutés de leur demande parce qu'elle avait été introduite après le délai de deux ans établi par l'art. 25 du titre XIII de la loi du 22 août 1791 sur les douanes ; qu'ils soutiennent que ce délai dont il s'agit ne leur était pas opposable en l'espèce, où la perception opérée contre eux n'avait pas eu lieu par suite d'une erreur commise dans l'application du tarif préexistant, mais sur un tarif incomplètemment et illégalement établi ; qu'il suivrait de là que la perception indue était régie, au point de vue de la réclamation en restitution, non par le court délai de l'art 25 précité, mais par le délai de 30 ans établi par le droit commun pour la répétition de l'indû ;

Mais attendu que l'art. 25 de la loi du 22 août 1791 ne fait aucune distinction entre les diverses causes de perception ; qu'il a pour but de protéger les finances publiques contre les réclamations tardives de nature à mettre en question l'équilibre des budgets réglés que, si la jurisprudence avait distingué entre les perceptions excessives faites par erreur et les perceptions fondées sur des tarifs illégalement appliqués, cette interprétation a été écartée en matière de contributions indirectes par la loi de finances du 8 avril 1910 ; que, sans doute, cette loi n'est applicable qu'aux contributions indirectes, mais que le législateur lui a donné un caractère interprétatif, qui doit d'autant plus être admis en matière de douanes, que le texte de la loi de 1791 est encore plus général que celui de l'article 247 de la loi du 28 avril 1816.

Par ces motifs,

Rejette.

12 octobre 1921

LE MINISTRE DES PENSIONS

à Monsieur le Gouverneur de la Réunion,

Au sujet de l'application aux Colonies des coefficients
des tissus de coton

J'ai l'honneur de vous transmettre ci-inclus copie d'une lettre par laquelle le syndicat général de l'Industrie cotonnière française appelle mon attention sur la situation très difficile qui est faite à l'Industrie cotonnière métropolitaine sur le marché de nos Colonies par l'insuffisance de la protection douanière, et demande que les coefficients institués dans la métropole soient aussitôt rendus applicables dans nos possessions d'outre mer.

Le Département a déjà pris nettement position à cet égard et, d'accord avec son comité consultatif du contentieux il estime que les coefficients de majoration sont applicables ipso-facto aux Colonies du premier groupe. Je vous ai fait connaître à cet égard, que vous aviez qualité pour promulguer les textes métropolitains par arrêtés, ceux-ci devant être ensuite soumis à la ratification du Parlement.

Cette question de principe n'est donc pas à débattre à l'occasion de la demande du syndicat précité, qui reçoit quant au fond satisfaction par avance. La seule question qui se pose touche simplement à la rapidité de la promulgation des textes.

Aux termes de notre législation douanière coloniale, en effet, les Conseils locaux possèdent la faculté de demander des exceptions aux nouveaux tarifs et ils jouissent, à cet effet, d'un délai de 6 mois.

Cette faculté reste entière, mais si vous estimez avec moi qu'il convient de seconder les efforts que l'Industrie cotonnière métropolitaine tente pour reprendre sur le marché colonial la place prépondérante qu'elle y occupait avant la guerre et que la guerre lui a fait perdre, je vous prierai de vouloir bien examiner la possibilité de donner satisfaction à ses désirs.

Il suffirait, en l'occurence, lorsque le besoin d'exception ne se fait pas sentir pour la Colonie que vous administrez d'assurer rapidement l'application des coefficients sans attendre l'expiration des délais légaux, où, dans le cas contraire de me saisir de vos propositions avec la plus grande célérité.

Je vous serais obligé de me faire connaitre la suite qu'il vous aura paru possible de donner à la présente dépêche.

Signé : MAGINOT.

11 mars 1922

CIRCULAIRE MINISTERIELLE

Au sujet de l'importation des rhums coloniaux en France.

Interprétation de l'article 89 de la loi du 25 juin 1920.

Direction des Affaires Economiques   1ᵉʳ bureau

Paris, le 11 mars 1922 (n° 1593)

LE MINISTRE DES COLONIES

à Monsieur le Gouverneur de la Réunion

Je crois devoir appeler, d'une façon toute spéciale votre attention sur l'intérêt qu'il y aurait à faire connaître aux producteurs de rhums de nos Colonies, que la loi du 25 juin 1920, en maintenant l'interdiction d'importation des alcools étrangers en France, a également compris dans cette prohibition d'importation les rhums fabriqués avec des matières premières d'origine étrangère.

L'article 89 de cette loi n'a fait que consacrer sans limitation de durée l'interdiction d'importation des alcools étrangers en France, et la question s'étant posée de savoir si les rhums fabriqués avec des matières premières étrangères étaient également visées par cette interdiction, le Ministre des Finances a répondu affirmativement.

Ainsi donc, par suite de l'interprétation donnée par le Ministre des Finances à l'article 89 de la dite loi, les rhums fabriqués dans nos colonies avec des matières premières étrangères (sucres et mélasses) seront considérés comme des alcools étrangers et par voie de conséquence, lorsque ces matières premières aujourd'hui prohibées, seront de nouveau autorisées à l'importation dans les Colonies, les rhums qu'elles auront servi à fabriquer ne pourront pas être importés en France tant que les alcools étrangers eux-mêmes resteront prohibés à l'importation. Mais conformément aux dispositions de l'art. 89 de la loi précitée, lorsque les alcools étrangers pourront être importés en France, auquel cas ils seront soumis à une surtaxe, ces rhums considérés comme étant de provenance étrangère, seront traités de la même façon, c'est à dire pourront entrer en France en payant cette surtaxe. Aux termes du § 5 du texte susvisé, en effet, seuls seront exempts de cette surtace à leur arrivée en France les rhums provenant de la mise en œuvre des matières premières (sucres mélasses) récoltés ou fabriqués dans nos Colonies.

Cette question n'avait pas jusqu'ici de portée pratique puisque les matières premières étrangères elles-mêmes (sucres et mélasses) destinées à la fabrication des rhums ne pouvaient pas être importées dans nos colonies en vertu des décrets de prohibition du 29 décembre 1917 et du 8 juillet 1919 ; mais lorsque cette prohibition provisoire sera levée, il deviendra utile que les fabricants de rhums sachent que malgré la suppression de cette prohibition, les rhums fabriqués avec les matières premières ne pourront pas être actuellement importés en France.

Je vous rappelle d'ailleurs que le décret du 5 septembre 1920 pris en exécution de l'article 89 de la loi du 25 juin 1920 sur les conditions d'importation des rhums en France, a eu soin de prévoir que l'importation des rhums des colonies françaises dans la métropole serait subordonnée à la production d'un certificat spécial attestant que ces rhums ont bien été fabriqués avec des produits de la Colonie.

Cette réglementation vient confirmer que les rhums fabriqués avec des matières premières étrangères ne sont pas admis à l'entrée en France, puisque la justification exigée ne pourrait pas être produite par les rhums de cette catégorie.

J'ai l'honneur de vous faire parvenir sous ce pli, copie de la lettre de Monsieur le Ministre des Finances en date du 29 novembre dernier, relative à cette question, en vous priant d'en faire insérer le contenu au Journal Officiel de la Colonie à la suite de la présente circulaire.

Signé : A. SARRAUT.

MINISTÈRE DES FINANCES

Direction du Contrôle des Administrations financières
et de l'Ordonnancement

1er bureau

Le Ministre des Finances,

à Monsieur le Ministre des Colonies,

Paris, le 29 novembre 1921 (1500 C. I).

Par dépêche N° 6832 du 11 novembre 1921, vous avez bien voulu poser la question de savoir si le 3e paragraphe de l'article 89 de la loi du 25 juin 1920 qui réserve à l'État l'importation des alcools d'origine ou de provenance étrangère ou Colonial serait le cas échéant, applicable aux rhums fabriqués dans les Colonies avec des sucres, des cannes ou des mélasses d'origine étrangère.

J'ai l'honneur de vous faire connaître qu'il a été entendu que le 3e paragraphe de l'article 89 ne visait pas les rhums des Colonies françaises provenant de la mise en œuvre de matières premières récoltées ou fabriquées dans la Colonie, qui sont exonérées de la surtaxe prévue au § 4.

Mais la même faveur ne saurait être étendue aux rhums fabriqués dans les Colonies avec des matières premières d'origine étrangère, lesquels restent frappés de la prohibition d'importation pour compte particulier spécifiée au 3e § de l'article 89.

L'article 4 du décret du 5 septembre 1920 pris pour l'application de l'article 89 de la loi du 25 juin prévoit d'ailleurs que l'importation des rhums des Colonies françaises dans la métropole est subordonnée à la production d'un certificat attestant que ces rhums sont des produits du crû de la Colonie.

Paul DOUMER.

24 juillet 1922

COUR DE CASSATION (Chambre Civile)

Audience du 24 juillet 1922

LA COUR :

Sur le moyen unique, pris dans sa première branche :

Attendu que Bouloguet, négociant à la Pointe-à-Pitre (Guadeloupe) a reçu de l'île Saint Martin, dépendances de la Colonie, diverses cargaisons de sels marins sur lesquels il a payé un droit d'octroi de mer s'élevant à 6.200 francs ; qu'il a réclamé devant le juge de paix, juge des instances en matière de douane, la restitution de cette somme, sous le prétexte que, les sels de Saint Martin étant indemnes de toute redevance au lieu de leur production, l'octroi de mer revêtait à leur égard le caractère différentiel et protecteur qui caractérise le droit de douane ;

Attendu que le jugement attaqué a confirmé, à bon droit, celui par lequel le juge de paix s'est déclaré incompétent ;

Qu'en effet, la taxe établie, conformément à la délibération du Conseil Général en date du 30 octobre 1907, approuvée par le décret en forme de règlement d'administration publique du 25 avril 1908, sur les objets récoltés, préparés ou fabriqués dans la colonie, ne pouvait avoir le caractère différentiel et protecteur propre à la taxe douanière, et constituait une simple taxe locale ; que l'absence de perception à l'île Saint Martin ne pouvait restreindre la généralité de cette taxe et, par suite, en altérer le principe et la légalité, puisqu'elle tenait, d'après le jugement attaqué, à l'impossibilité de tout recouvrement, les salines n'étant pas clôturées, et le grapillage suffisant aux besoins très réduits de la population indigène ;

Mais sur la seconde branche du moyen :

Vu l'article 473 'du code de procédure ;

Attendu qu'il n'y a lieu à évocation que si le jugement est infirmé ; que dès lors, en évoquant le fond, alors qu'il confirmait la décision du juge de paix, le jugement attaqué a violé le texte ci-dessus violé ;

Casse......

31 janvier 1923

COUR DE CASSATION (Chambre Civile)

Audience du 31 janvier 1923

LA COUR :

Attendu qu'une ordonnance royale du 16 avril 1837 a établi à Saint Paul (Réunion) un bureau permanent des Douanes, et que, par une autre ordonnance royale du 18 octobre 1846, cette localité a été placée au nombre des ports de commerce ouverts aux importations comme aux exportations ;

Attendu que, par deux arrêtés en date du 13 février 1911, le gouverneur de la Réunion a fermé provisoirement, en attendant sa fermeture définitive, le bureau des douanes de Saint Paul et l'a remplacé par un bureau ambulant destiné à permettre seulement l'exportation des sucres et autres denrées, et dont les frais étaient mis à la charge des personnes qui en feraient usage pour l'exploitation des embarcadères désignés sous le nom de marines ;

Attendu que le Gouverneur a assigné, devant le tribunal civil de Saint Denis, la Société des Marines Réunies de Saint Paul pour la faire condamner à payer avec les intérêts de droit, la somme de 3.681 francs 72, montant de sa part contributive dans les dépenses occasionnées par le fonctionnement du bureau ambulant pendant l'année 1912 ;

Attendu que l'arrêt attaqué a rejeté à bon droit cette demande par suite de l'irrégularité des arrêtés sur lesquels elle était fondée ;

Attendu, en effet, qu'aucune disposition légale ne permettait au gouverneur de la Réunion d'ordonner la fermeture d'un bureau de douanes créé par un acte de l'autorité centrale ;

Attendu, il est vrai que l'article 3 de la loi du 11 janvier 1892 a soumis les produits importés dans les colonies aux mêmes droits que s'ils étaient importés en France, mais qu'il existait antérieurement, dans la Colonie de la Réunion, un service des douanes dont le fonctionnement n'était pas incompatible avec l'application des nouveaux tarifs ; que, si la loi précitée a eu pour conséquence de substituer aux anciens règlements coloniaux les règlements en vigueur dans la Métropole, les bases des droits perçus en vertu de ces tarifs, elle n'a pas augmenté en cette matière les pouvoirs du gouverneur et ne lui a pas conféré la faculté de prendre les arrêtés dont il s'agit ; que ce pouvoir ne résulte pas davantage de l'article 18 de l'ordonnance du 30 décembre 1829, aux termes duquel « toutes les fois qu'il s'agira de la création ou de la suppression d'un bureau des Douanes, soit de l'extension ou de la restriction de ses attributions, il en sera délibéré en conseil d'administration, et la délibération, ainsi que l'avis du dirécteur général, seront déférés au Ministre des Finances » ; que cette disposition spéciale à la Métropole, est étrangère aux attributions des gouverneurs des colonies ;

. Attendu que l'engagement par lequel la Société des Marines Réunies de Saint Paul s'est obligée à payer une partie des dépenses du bureau ambulant avait pour cause la fermeture du bureau permanent ; que l'illégalité de cette mesure entraîne donc la nullité de cette obligation.

Par ces motifs,

Rejette.

13 avril 1923

COUR DE CASSATION (Chambre Criminelle)
Audience du 13 avril 1923

LA COUR :

Statuant sur le pourvoi de Truong van Hung contre un arrêt ren du le 26 juillet 1921 par la cour de Saïgon et aux termes duquel la dite cour, tout en renvoyant le demandeur des fins de la poursuite dont il était l'objet pour détention illégale de sel, l'a débouté de sa demande reconventionnelle en dommages-intérêts :

Attendu que Truong van Hung était poursuivi, par l'administration des Douanes et Régies de l'Indochine pour détention illégale de sel ; qu'il a formé contre la dite administration et son préposé Ponce, agent verbalisateur, une demande reconventionnelle en dommages intérêts pour obtenir réparation du préjudice que lui auraient causé : 1°. — l'arrestation prétendue illégale dont il avait été l'objet et la détention qui s'en était suivie ; 2° — la saisie du sel et de la jonque servant à son transport ; 3°. — la poursuite exercée contre lui ;

Attendu que la Cour d'Appel de Saïgon, tout en prononçant l'acquittement dudit Truong van Hung, l'a débouté de sa demande reconventionnelle ; que c'est à cette dernière disposition de l'arrêt que s'attaque le pourvoi.

En ce qui concerne les chefs de demande tendant à obtenir réparation du préjudice que la poursuite et la saisie auraient causé au demandeur et sur le moyen régulièrement pris de la violation des articles 1 et 3 du Code l'instruction criminelle, 341 du Code pénal, 1382 du Code Civil et 7 de la loi du 20 avril 1810, pour défaut de motifs et manque de base légale, en ce que l'arrêt a rejeté la demande reconventionnelle en dommages intérêts de l'exposant, basée sur son arrestation illégale, par le seul motif « qu'en faisant détenir à la maison commune Truong van Hung, jusqu'à ce que le procès-verbal eut été afifrmé, Ponce ne faisait que se conformer à un usage constant en matière de contravention douanière » ;

Vu les articles 1382 code civil et 7 de la loi du 20 avril 1810 ;

Attendu qu'aux termes de ce dernier texte, les arrêts qui ne contiennent pas les motifs sont déclarés nuls ;

Attendu que l'insuffisance des motifs équivaut à un défaut de motifs ;

Attendu que la Cour d'Appel, pour rejeter la demande reconventionnelle, s'est fondée sur ce que le préposé Ponce avait bénéficié d'un non lieu en ce qui concernait l'arrestation illégale de Truong van Hung, et qu'en faisant détenir celui-ci jusqu'à ce que le procès-verbal eut été affirmé, Ponce n'avait fait que se conformer à un usage constant en matière de contraventions douanières, qu'il était établi, d'autre part, que ce préposé s'était rendu, le 27 mai 1920, à la justice de paix de Baclieu pour faire affirmer son procès-verbal, sans pouvoir rencontrer le juge de paix ;

Attendu que les faits ainsi constatés ne sont pas exclusifs de la faute alléguée par le demandeur et ne constituent pas dès lors, des motifs suffisants de sa décision attaquée ;

Par ces motifs,

Casse et annule l'arrêt de la Cour d'Appel de Saïgon du 26 juillet 1921, mais seulement en ce qu'il a débouté Truong van Hung des chefs de la demande reconventionnelle fondée sur le préjudice qu'aurait causé au demandeur son arrestation et sa détention dans la maison commune de Baclieu ; et pour être statué à nouveau sur ces chefs de demande, les autres dispositions de l'arrêt étant maintenues, renvoie la cause et les parties en l'état où elles se trouvent, devant la Cour d'Appel de Saïgon autrement composée.

19 juillet 1923

COUR DE CASSATION (Chambre Civile)

Audience du 19 juillet 1923

Caille et Chatel et autres

contre

Gouverneur de l'Ile de la Réunion et autres

LA COUR :

Ouï en l'audience publique de ce jour Mr le Conseiller Lenard en son rapport, MM^{es} Cail et Labbé Avocats des parties en leurs observations ainsi que M. Matter Avocat général, en ces conclusions, et après en avoir immédiatement délibéré conformément à la Loi ;

Sur la première branche du moyen unique ;

Attendu que le décret du 15 février 1908 a établi, au profit du service local de la Colonie « La Réunion » une taxe de consommation de 2 centimes sur les boîtes d'allumettes importées ou fabriquées dans l'Ile ;

Que le décret du 15 août de la même année a élevé cette taxe à 6 centimes ;

Que Caille, Chatel et autres ont acquitté la surtace de 4 centimes sur les allumettes introduites antérieurement au premier décret et en ont réclamé la restitution, qui leur a été refusée par l'arrêt attaqué ;

Attendu d'après le pourvoi, que la surtaxe ne pouvait être appliquée qu'aux allumettes introduites postérieurement au décret établissant ce droit, et de plus, ayant acquitté la taxe initiale de 2 centimes, laquelle, dans l'espèce, n'aurait pu être légalement perçue en fait, n'avait pas été perçue ;

Mais attendu qu'en principe, les lois d'impôts sont applicables à tous les objets frappés de droits nouveaux, du jour où elles sont devenues exécutoires ; que les débitants ou fabricants de ces objets ne peuvent exciper de l'affranchissement antérieur de tous droits pour prétendre à l'exemption de nouveaux impôts ;

Que les droits sont exigibles sur tous les produits taxés sans distinction, quand bien même la disposition génératrice d'impôt, ne contiendrait aucune mention expresse assujettissant les produits importés ou fabriqués avant sa promulgation ;

Qu'il importe peu que, dans l'espèce, la taxe initiale de 2 centimes ait été perçue ou ne l'ait pas été, l'absence de perception d'une taxe ne l'atteignant ni dans son principe, ni dans sa légalité ;

Sur la seconde branche ;

Attendu que le pourvoi prétend encore qu'au moment de la perception de la taxe supplémentaire, la taxe initiale étant prescrite, cette prescription s'opposait à tout recouvrement ;

Mais, attendu que la circonstance que, par suite de l'inaction des services financiers de la Colonie, le recouvrement de la taxe de 2 centimes se trouvait prescrite, n'implique pas qu'il en fut de même de la taxe supplémentaire, ces deux taxes étant indépendantes l'une de l'autre et ne procédant pas du même texte ;

Attendu, dès lors, que l'arrêt attaqué n'a point violé les textes visés au moyen ;

Par ces motifs,

Rejette.

6 novembre 1923

COUR DE CASSATION (Chambre Civile)

Audience du 6 novembre 1923

LA COUR :

Attendu que l'arrêt attaqué, infirmant le jugement du tribunal civil d'Hanoï, arbitre les honoraires de Lauchy curateur de la succession vacante Amilhat, à la somme de 2.600 piastres, par application du texte même de l'art. 7 du décret du 27 janvier 1855, lequel alloue au curateur une remise dont le taux est réglé d'après l'importance des intérêts qu'il a gérés et eu égard aux soins que la curatelle a exigés ;

Attendu que selon le pourvoi, il devrait être alloué à Lauchy une remise forfaitaire de 5 % sur le solde créditeur, conformément aux textes de l'art 7 précité, modifié par l'art. 1er du décret du 21 janvier 1882 ;

Attendu que le décret du 14 mars 1890 a étendu sur toutes les Colonies françaises le décret du 27 janvier 1855 sur l'administration des successions vacantes dans les Colonies de la Martinique, de la Guadeloupe et de la Réunion et que ce décret du 14 mars 1890 a été promulgué en Indochine par arrêté du Gouverneur Général en date du 31 mai suivant ;

Attendu que le décret du 27 janvier 1855, ainsi rendu applicable à l'Indochine, a été publié dans le Journal Officiel de cette Colonie, numéro du 26 juin 1890 ; que la publication reproduit l'art 7 du décret dans son texte primitif et non avec la modification survenue en 1882 ; qu'il s'ensuit que c'est l'art 7 tel qu'il était rédigé en 1853 qui est devenu applicable en Indochine ;

Par ces motifs,

Rejette.

COUR DE CASSATION (Chambre Criminelle)

Audience du 1er décembre 1923

LA COUR :

Sur le premier moyen pris de la violation des art. I de la loi du 19 juillet 1845, 3, 5, 6, 14 de l'ordonnance royale du 29 octobre 1846, fausse application des art. 2, 3, 4 de la loi du 12 juillet 1916, de l'art 1 code civil, des articles 59 et 129 du décret du 28 décembre 1885 et de l'art. 7 de la loi du 20 avril 1810 pour manque de base légale en ce que l'arrêt attaqué a appliqué à Le Brazidec les pénalités édictées par la loi du 12 juillet 1916, au sujet de la détention d'opium sans motif légitime, et d'un défaut de tenue d'un registre spécial aux substances vénéneuses, alors que, d'une part, l'arrêt attaqué n'a pas constaté légalement que le concluant n'ait pas tenu son registre conformément aux prescriptions règlementaires de l'ordonnance du 29 Octobre 1846 et que, d'autre part, et en tous cas, les dispositions de la loi susvisée du 12 juillet 1916, aggravant les pénalités édictées par la loi du 19 juillet 1845, ne sont pas applicables dans la colonie faute d'y avoir jamais été promulguées ;

Attendu qu'il est constant qu'à la date du 27 décembre il est intervenu un décret portant application, dans les Etablissements français de l'Océanie, de la loi du 12 juillet 1916 ; que ce décret a été promulgué par arrêté du Gouverneur du 14 mars 1917, inséré le lendemain dans le Journal Officiel local ;

Attendu que, si ce décret a édicté les mesures transitoires suspendant pendant cinq années l'effet de la loi précitée, il a cessé d'être en vigueur à partir du 16 mars 1922 qu'ainsi il a fait place à compter de cette date, ladite loi, dont le texte a été publié le 15 janvier 1918 dans la feuille officielle de la Colonie. Qu'il suit de là que les infractions commises par le demandeur, du 16 mars au 31 mai 1922, tombaient sous le coup de la loi du 12 juillet 1916 ;

Attendu qu'à défaut du règlement d'administration publique du 14 septembre 1916, non promulgué dans la Colonie l'ordonnance royale du 29 octobre 1846 y est resté applicable ;

Attendu que les pharmaciens doivent conformément à l'art. 6 de cette ordonnance, inscrire les prescriptions médicales relatives aux substances vénéneuses sur un registre établi dans la forme déterminée par le paragraphe 1er de l'article 3 de la dite ordonnance, lequel édicte que « tous achats ou ventes de substances vénéneuses seront inscrits sur un registre spécial côté et paraphé par le maire ou par le Commissaire de Police » ; que l'opium est classé parmi ces substances dans le tableau annexé à l'ordonnance du 29 octobre 1846 ;

Attendu que Le Brazidec a contrevenu aux dispositions légales ci-dessus en ne tenant pas le registre prescrit, ainsi qu'il appert de l'arrêt attaqué, et qu'il a encouru les pénalités qui y sont édictées ;

Attendu, en conséquence que, sur ce point, l'arrêt a fait une exacte application des textes de loi visés au moyen, et que le pourvoi de ce chef, doit être rejeté ;

Et attendu que l'arrêt est régulier en la forme.

Sur le second moyen pris de la violation des art I et suivants 7, 10, 13, 31, du décret du 9 mai 1892, fausse application de l'art 19 du même décret, excès de pouvoir et violation de l'art. 7 de la loi du 20 avril 1810, pour contradiction de motifs, manque de base légale, en ce qui concerne l'arrêt attaqué a appliqué à un délit qualifié d'importation frauduleuse de 48 kilog. d'opium en 14 colis des peines d'amende de 5.000 francs, en visant l'art 19 du décret du 9 mai 1892, alors que ce texte concerne le délit de fausse déclaration relativement à la nature de la marchandise et que le seul délit susceptible d'être relevé à la charge de Le Brazidec consistait dans un retard à la déclaration, cas visé par l'art. 13 du décret du 9 mai 1892, qui le punit d'une amende maximum de 100 francs, ou tout au plus dans une importation sans déclaration, en fraude des droits d'entrée, cas visé par l'art. 31 du même décret qui le punit d'une amende maximum de 500 francs, et alors d'ailleurs, que l'arrêt attaqué déclare dans ses motifs qu'il s'agit bien d'une importation sans déclaration ;

Vu l'article 31 du décret du 9 mai 1892 ;

Attendu qu'aux termes de cet article, toute tentative individuelle d'introduction de marchandises en fraude des droits d'entrée est punie de la confiscation des marchandises et d'une amende de 100 à 500 francs contre le porteur.

Attendu qu'il résulte de l'arrêt attaqué que de Balman, employé de Le Brazidec, s'est présenté le 20 mai 1922 au bureau de poste de Papeete, et qu'il s'est fait livrer douze colis postaux arrivés à l'adresse de son employeur ; que ces colis contenaient de l'opium et que de Balman les a fait porter chez Le Brazidec sans faire à la Douane aucune déclaration ;

Attendu que le fait ainsi constaté constituait le délit prévu et puni par l'article 31 du décret du 9 mai 1892 et qu'en appliquant à Le Brazidec les peines édictées par l'art. 19 du dit décret, l'arrêt attaqué a violé par défaut d'application l'art. 31 et par fausse application l'art 19 de ce décret ; et sans qu'il y ait lieu de statuer sur les autres moyens.

Par ces motifs ;

Casse et annule l'arrêt rendu le 30 décembre 1922 par le Tribunal supérieur de Papeete et renvoie l'affaire et les parties devant le même tribunal composé d'autres juges.

Table Analytique

Première Partie

Principes de Législation Coloniale

CHAPITRE PREMIER

EMPIRE COLONIAL FRANÇAIS

ARTICLE II

Deux groupes de Colonies

ARTICLE III

Législation Douanière

§ 1ᵉʳ. — *Généralités.*

§ 2. — *Tarif douanier.*

§ 3. — *Règlementation douanière.*

§ 4. — *Pénalités douanières.*

SECTION IV

LÉGISLATION FINANCIÈRE DES COLONIES

ARTICLE PREMIER

Régime Financier

§ 1ᵉʳ. — *Budgets.*

§ 2. — *Taxes et Contributions*

§ 3. — *Droits de Douane*

Deuxième Partie

Droits de Douanes et autres

CHAPITRE PREMIER

DROITS DE DOUANE

SECTION PREMIÈRE

NOTIONS HISTORIQUES

ARTICLE PREMIER

ARTICLE III

Colonies du deuxième groupe

§ 1er. — *Généralités*

§ 2. — *Importations dans ces Colonies*

§ 3. — *Exportations de ces Colonies*

a). — En France

b). — Aux colonies françaises

c). — Dans l'Afrique du Nord

ARTICLE IV

Régime douanier des Territoires autres que ceux des deux groupes

ARTICLE V

Contentieux douanier

§ 1er. — *Colonies du 1er groupe*

CHAPITRE II

DROITS DE SORTIE

ARTICLE PREMIER

Généralités

ARTICLE II

Caractère des droits de sortie

ARTICLE III

Mode d'établissement

ARTICLE IV

Perception - Infractions

CHAPITRE III

OCTROI DE MER

ARTICLE PREMIER

CHAPITRE IV

TAXES DE CONSOMMATION ET AUTRES TAXES LOCALES

ARTICLE PREMIER

Historique - Mode d'établissement

§ 1er. — *Avant 1854 et 1866*

ARTICLE II

Taxes de Consommation

ARTICLE III

Autres Taxes

Troisième Partie

Jurisprudence

Arrêts, lois, décrets, arrêts, instruction, cités au cours de
l'ouvrage et suivis d'un astérisque. Les textes sont classés
dans l'ordre chronologique.

FIN

Table Alphabétique

(Cette table se réfère aux numéros de l'ouvrage)

FIN

www.ingramcontent.com/pod-product-compliance
Lightning Source LLC
LaVergne TN
LVHW011901180726
843502LV00003B/541